林孟平 著

輔導與心理治療 增訂版

U0132642

商務印書館

輔導與心理治療（增訂版）

著　　者：林孟平
責任編輯：江先聲　黎彩玉
封面設計：張　毅
出　　版：商務印書館（香港）有限公司
　　　　　香港筲箕灣耀興道 3 號東滙廣場 8 樓
　　　　　http://www.commercialpress.com.hk
發　　行：香港聯合書刊物流有限公司
　　　　　香港新界荃灣德士古道 220－248 號荃灣工業中心 16 樓
印　　刷：中華商務彩色印刷有限公司
　　　　　香港新界大埔汀麗路 36 號中華商務印刷大廈
版　　次：2023 年 3 月第 9 次印刷
　　　　　© 2008 商務印書館（香港）有限公司
　　　　　ISBN 978 962 07 6401 1
　　　　　Printed in Hong Kong

增訂版序

　　執筆寫這增訂版序，除了思潮起伏，心中還很歉咎。原因是，本書初版於一九八六年，後於一九八八年底增訂至今二十年，雖然早在一九九〇年代中期，已在籌劃增修，可惜總未能成事。實在有愧於愛護我的讀者、學生，甚至是同輩的學者和商務印書館的朋友。

　　在構思此文之時，總有一種在整理人生的味道。卡可夫 (Carkhuff) 的名句，又再湧現眼前。他說："心理輔導是生命的流露。"從事心理輔導服務和培訓多年，至今依然醉心，不但珍惜自己有眾多機會進入人生命的深處，陪伴他們經歷成長的挑戰，經歷苦痛，然後超越與成長；與此同時，我體會到心理輔導工作與自己生命、生活得以整合所帶來的自由、豐盛與滿足。不過，在生命中作出這種選擇，也絕對不輕省。其引發的種種課題、問題和挑戰，往往令我心力交瘁。可幸的是，危機與苦難，人生難免，我珍惜。因為我相信人本學派的信念：它們帶來發展與成長的機會。透過多年來生活的驗證，那是千真萬確的事實。

　　過去多年奔波於香港中文大學與內地眾高校的校園，我全心全意迷醉的目的只有一個：在華人社會推動心理輔導專業的發展。過往幾十年，在華人聚居的中國內地、台灣、香港和其他國家地區的華人社會，無論在政治、經濟、社會和文化方面，均變化急劇。這些變化為人帶來不少積極的效益，例如生活水平改進、就業機會增多和知識的多元等。不過，與此同時，種種的改變亦導致人產生更多適應方面的困難，社會問題亦相應增多和加劇，繼而出現種種心理輔導的需求。惟從事此專業的人才卻遠遠供不應求，培訓甚為不足。加上由於心理輔導專業與社會和文化的關係十分密切，本土化的研究和培訓，對中文授課、中文著作和研究文獻等的需求甚大。欠缺中文著作，使心理輔導的發展舉步為艱，尤其在中國內地，不諳外語的學者較多，也限制了心理輔導的發展。

出於對上述問題的關注，我決定以中文撰寫《輔導與心理治療》。撰寫本書時我正在香港中文大學任教，而大學對教員的評核，重視以英文在國際期刊發表學術論文而輕中文著作。不過，既然我以輔導專業作為生命一部分，再加上個人信仰衍生的中國夢和願景——到中國內地推廣心理輔導，我甘冒“扣分”之險，選擇了以中文出版。令人興奮的是，其後北上講學時，所到之處，教授與同工幾乎是人手一冊地以此書為最主要的入門學習基礎。

每一次看到大家對此書的珍惜，心中的激動久久不能平息。時至今日，中國內地的中文心理輔導書籍逐漸增多，其中也有原創著作。惟令人憂心的是，有不少書籍的學術及專業水準成疑。例如有不少翻譯自外國經典著作的書，聞說只是學生的個人習作，在欠缺嚴格督導與審閱下結集成書，結果錯漏百出。但由於具名者是重點大學的教授，銷量也很不錯。這種情況若不正視，對中國內地的心理輔導專業將帶來難以估計的惡劣影響。深盼專業中有心之士能費心多作監察，保證輔導專業書籍的素質。因為心理輔導的培訓與服務，在中國內地，正值萌芽期，高素質的研究與學術專業書籍，是此專業能否健康發展的關鍵。

隨着中國內地的改革開放，我一九九五年第一次被邀請到上海講學，對象是高校的心理輔導員。對我這個基督徒來說，是神應允了我二十多年衷誠的禱告：“在祖國大地上推廣心理輔導專業，服事內地同胞。”

其後，北上講學的機會越來越多。到了一九九七年四月，一個由香港中文大學教育研究所主辦，華中師範大學協辦，由我統籌和主講的高校心理輔導培訓班在武漢華中師大舉辦。培訓班主要為內地 81 所重點高校的心理輔員、醫師、教授、研究人員、講師和學生工作人員，進行連續 16 天的專業培訓。參與此培訓班的學員，都是當時各高校中負責心理輔導的核心份子，且經學校代我甄選，由校長推薦。共 150 人獲得獎學金，20 人自費參加培訓班。令我告慰的是，學員包括北京、天津、黑龍江、江西、山西、河北、江蘇、河南、上海、陝西、廣東、海南、四川、浙江、甘肅、吉林、廣西、福建、安徽、山東、遼東、青海、蒙古及湖北共 24 個省市、自治區的高校。

　　我之所以在此詳細描述這次培訓班，是有原因的。由於心理輔導在中國內地剛剛起步，當時從事此項工作的，即使是學校的負責人，能具有心理輔導與治療系統培訓資歷的，也是鳳毛麟角；不少人只是自學，或只參加過一些零散而素質十分參差的極短期培訓。另一方面，隨着國家的急速發展和社會轉變，對輔導的需求日大。有關工作人員很想進修，以得到專業方面的支援。故此，參與培訓的學員，在肯定學習成效的同時，亦深感培訓班確實為學員，甚至為國家的心理輔導工作帶來活力與挑戰，公認這次培訓班是中國內地心理輔導專業發展的里程碑。

　　到中國內地推廣心理輔導的過程中，我最擔心的是，其核心信念“心理輔導專業對每個人價值的重視”能被接納嗎？對人的尊重和強調個體的重要，會否是此專業在中國內地發展的一個障礙？而參與心理輔導工作人員的背景參差，使我更加憂心。事實上，參加這次武漢培訓課程的學員中，超過三份一是從事思想政治教育的人員。而其他則分別為馬列室主任，及醫學、哲學、物理、化學、中文、歷史、生物等學系的教學人員。不出所料，大家不時對有關課題提出質疑，尤其是心理輔導的基本哲學與信念，討論也異常激烈。但令我告慰的是，到了培訓班的中段，爭辯消失，學員逐漸掌握心理輔導的精神，全情投入學習之中。根據事後評估，這次培訓班除了學習效益極高外，令我放下心頭大石的是，學員不但接納心理輔導的哲學和理念，同時紛紛表達那是他們期待與渴慕已久的及時“晨曦”、“甘露”、“清泉”、“暮鼓晨鐘”，是高校學生工作的新方向。

　　個人醉心於心理輔導專業，除了有見其治療、補救性功能外，最令我欣賞和珍貴的是人本學派（Humanistic approach）強調的“促進全人發展和高素質的生活與人生”。故此，在培訓班結業禮上，華中師範大學心理學系主任劉華山教授的總結重點，很令我放心。他說：“學員討論的結果顯示：我們的目標要重視林教授一再強調的國家對人民幸福的關注，不要把心理輔導僅僅當作一項單純的學術研究來發展，而且要把心理輔導造成一種有益於人的發展，和社會精神文明程度提高的社會運動。"的確，劉教授的總結，反映出大家明白心理輔導的終極關懷是超越了處理問題和醫治病患。大致上亦認同以促進人的自我實現（self-actualization），潛能充分發展和美好整全人生等為輔導的終極目標。

此次的增修訂版，距離理想還遠。我能夠做到的是刪減了一些過時的篇章和內容，而在理論部分，增加了"阿德勒治療法"（Adlerian Therapy），在學生輔導部分，則增加了"學校輔導的主要範疇與重點"和"全校參與輔導──以健康自我形象為核心"兩節，同時加入新一章"華人社會的輔導專業──現況及前景"。不過，想到自己久病初癒，就視之為"接納限制"的一個學習。希望在下一次的增修，在質與量兩方面，都能有所改進。

林孟平
二〇〇八年夏

初版序

一九八二年秋，我開始執教於香港中文大學教育學院，除了負責碩士課程的幾個輔導課程外，還要任教教育文憑課程中的學生輔導一科。由於"學生輔導"是文憑課程的必修科，每年修讀的人數相當多，而同學們的學習興趣亦極為濃厚。但由於基本閱讀和參考資料絕大多數是西方學者的論著，以致同學在學習中，因文化和語文所帶來的限制頗大。故此，幾年來，同學們往往要求我回應他們的需要，在兼顧本土化的大前提下，採用中文在輔導有關課題上進行寫作。

的確，在輔導專業中，文化是一個關鍵性重點；同時，在多年的工作中，我和不少參與這專業的同工們，都深深體會到輔導的本土化是整個輔導專業在香港和中國的發展過程中必須要努力的方向，否則，不但輔導的果效會受到限制，長遠來說，還可能會產生流弊和不良的影響。此外，更重要的是，從積極的角度來看，輔導需要本土化，以使能配合中國文化和中國人的特色，以使輔導能夠在中國人當中充分發揮它的功能。事實上，在個人多年的觀察和思考中，我肯定輔導專業在中國人當中發展的可能性。錢穆先生曾經清楚指出，中國人的性格，是重和合性的。當中國人談到"人"的時候，不重在講個別的個人，而較重在講人倫。他認為人倫是人與人相處的一種共同關係；要能與人相處，才各成其為人。*錢先生這一論點，和在西方建立的輔導理論，強調人與人協調關係的重要，實在不謀而合。多年來部分國人認為我國固有傳統和現代新潮流有如水火之不相容，其實這是錯誤的看法。事實上今天我們一方面要對西方文化持開明的態度，同時，也要致力對中國文化和中

---

* 錢穆：《從中國歷史來看中國民族性和中國文化》(香港：中文大學出版社，1982)，頁 23-35。

國人取得客觀透徹的認識，以期出入於兩種文化之際，能夠產生兼采並用，相輔相成的果效。例如在人倫觀念上播植，從積極角度入手，當會有助於輔導在中國社會的生根、萌芽和拓展，以期終致可以有效地協助國人成長，促進和改良中國人的生活質素。

其實，兩三年前，基於各方面的需要，不少輔導界的同工已建議我在這方面作點寫作。但由於個人經驗不足和學養有限，實在不敢動筆。在許多考慮中，最主要的，除上述原因外，就是因為感到輔導本土化實在是一個極大挑戰。如今，由於同學們的一再要求，由於關心輔導發展的同工和朋友的一再鼓勵，我大膽地將多年的經驗和心得，加上教學時所用的講義，努力作出整理，付之成文。在過程中，我深感到撰寫導論式的著作實在是一件艱難的工作，但既然起了步，雖然一度感到力有不逮，也沒法不盡力完成。

本書是輔導心理學的一本入門書，除可供大學有關通論課程作教科書之用外，有興趣透過心理輔導幫助人的，也可用作個人的閱讀和參考。本書嘗試理論和實際並重：在第一章，首先討論輔導和心理治療的異同，以及輔導的本質特性兩個重要的課題，以協助讀者在觀念上有正確的根基。在第二章，我分別處理了輔導目標、價值觀和人觀等幾個在輔導專業中最關鍵的哲學課題，其後，再和大家討論輔導員本身質素的重要。在第三章，我嘗試介紹了七種具影響力的輔導理論。不過，在一本導論式的輔導專書中要從眾多理論中作出選擇，並非易事。我只能考慮到在香港從事輔導的專業同工，在十多年的開荒工作後，已大體有了一些共通的選擇。換言之，我所選擇的七個理論，是大家較多採用，並認為是較具有實用價值的。在第四章，我以“輔導關係”為主線，探討輔導過程中的一些實際問題。在緊隨的第五章中，我探究了一些專業問題。在最後的第六、七章，我分別討論了團體輔導和學生輔導；有關學生輔導的探討，主要是就我在教學上所發現的需要，協助教師在這重要的範疇上有較全面的認識和思考。

本書曾一再強調，輔導過程其實就是輔導員和受導者的一種真誠和諧人際關係的建立和發展，強調輔導員本身修養的重要，以及探求輔導終極目標的必要。而這終極目標，我相信就是協助受導者達致自我實現。也就是說，本書強調了輔導中的基要的"人"的因素。這着重點顯透於書中的每一章節，使全書的繁複內容有了一個貫串的中心思想。讀者讀畢全書後，不但可以認識我的輔導模式，同時，也會窺見我對人性和人生的看法；換言之，透過本書，讀者對我會有一定程度的認識。事實上，預期這情況的出現，是反映了我認為輔導就是生命的流露這一個重要的信念。

在此務必一提的是，對於英文"counseling"一辭，在台灣編譯館出版的《心理學名詞》中的翻譯是"輔導"，而在台灣輔導界的學者中，柯永河不但將"counseling"譯為"輔導"，同時更將輔導和心理治療視為等同。不過宗亮東、張植珊、李東白和吳武典等則譯之為"諮商"。至於台灣其他學者如鄭心雄，就將"輔導"和"諮商"交替使用。香港中文大學一九八二年出版的《中譯心理學詞彙》，將"counseling"譯為"諮商"和"輔諮"。可見"輔導"一詞與"輔諮"並"諮商"等詞，是具有相同意義的。在本書中，我採用"輔導"作為"counseling"的正式翻譯，原因是在過去十多年中，香港有關專業人士，是一直用"輔導"來翻譯"counseling"；為了尊重香港各專業人士的意見，也為了避免引起不必要的混淆和誤會，我最後就決定採用"輔導"這名詞。同時，我也強調了輔導就是心理治療。

其實，對於"輔導"和"心理治療"兩個名詞，雖然近年來西方著名學者多已交替使用，但對一部分人來說，仍視此為一具爭論性的課題。故此，我不但在導論中嘗試作出探討，說明無論是輔導或心理治療，都是一個助人的過程，在這過程中，由一位具專業資格的治療員或輔導員，為一位或多位因心理困擾而尋求協助的人，提供一種特別幫助；那就是透過一個具治療功能的關係，致力促進受導者克服成長的障礙，產生行為的改變，以致使個人得以充分發展，邁向自我實現。至於這個在輔導或心理治療過程中出現的關係，縱然不是完全一樣，但在實質上，總可算是基本相同的。除此之外，輔導與心理治療無論在理論、技巧和過程中，也沒有明顯的區分。故此在本書中，"輔導"和"心理治療"、"輔導員"和"治療員"等等用語，都是交互應用的。

此外，為了強調這重要的觀念，我亦着意地將書名定為《輔導與心理治療》。在此，我要謝謝我尊敬的老師柏德遜教授（C. H. Patterson），雖然去年他來香港講學時告訴我，我的輔導理論和模式已有異於昔日受業於他的時期，但無論如何，我可以感受到他的接納和內心的欣悅。而事實上，他對我的教導和啟迪不管怎樣都是影響深遠的。其次，我要謝謝我的輔導入門老師樸栢女士（L. Popp）。雖然，在理論上她沒有機會對我多作教導，但她卻讓我從她身上看到輔導員本身修養的重要。同時，在紐約兩年、並以後多年的相處和交往中，她令我對人性和人生的觀念產生更積極的改變，以致加深了我對輔導的興趣和承擔。我也要謝謝過去因信任我而肯接受我輔導的受導者，在相交的過程中，我不但珍惜自己有機會陪伴他們同走人生的道路，目睹他們改變和成長，同時，在這些過程中，我也可以更深入地體會人生，認識自己，並對有關輔導的眾多課題作出多方面的思考和整理。

最後，我要衷心謝謝商務印書館的江先聲先生耐心地為全書作編輯上的整理，我的弟婦林王彩英女士和甥女孫愛森小姐不分晝夜地為我抄寫稿件；他們三位的支持和協助，是最具實質，又費時傷神的，我在此致以衷心的謝意。

在寫作過程中，由於教學及其他各類事務的繁多，實在不敢相信此書能得以完成。而完稿後，又發覺其中疏漏和不足之處實在不少。不過，今天仍然按計劃付印，除前文所敍述的理由外，或者，也是我努力處理自己的"完美主義"性格的一個具體行動吧。至於種種大小瑕疵和謬誤，則有待日後有機會再版時作出修改了。

林孟平
一九八六年於香港中文大學教育學院

目　錄

第一章 | 導 論

第一節　輔導是甚麼？

1.0

　　基於近年來社會急劇的轉變，整個香港的都市化令到香港人的生活出現了巨大的變化，基於城市生活的迫促，社區生活的貧弱，同儕間的圍牆，親屬關係的疏離和家庭功能的解體，許多人表現得無力適應，最終也就出現了情緒的困擾，而種種問題亦隨之湧現，這許多的人極需要他人的援手。在這情形下，輔導的需求便相應日益增加了。在政府、各志願機構和宗教團體的努力之下，各類型的輔導服務紛紛出現，而在大家多年的努力後，到今天，表面上似乎已經略有成果了；但事實上，其中問題頗多，倘若不加以正視和處理，恐怕日後會影響到輔導專業在香港的健康發展。而其中最大的問題，就是大家在基本上對輔導缺乏正確的認識，以致在百花齊放的情況下，各類服務與設施，良莠不齊，一般尋求幫助的當事人，實在無從辨別其間的優劣。

　　在一九八〇年的一個"香港的輔導與輔導員"調查中，調查員在論及輔導的定義時指出甚至許多自稱為輔導員的人，對輔導的基本概念也相當混淆，並有許多誤解。這些輔導員所提供的"輔導服務"，包括了資料提供、忠告、討論和深入的心理治療，範圍相當廣泛；而在許多情況中，只要是"輔導員"花點時間和別人談話，就已經被視為進行"輔導"了，[1] 當然，大家都知道，造成這情況的主要根由，是在於不少工作者無論是職前或是在職的輔導訓練實在不足，很需要作出改善。不過可惜這問題並未得到有關方面的正視，以致時至今日，我們能提供的研習機會仍然十分少；再加上在形勢所迫之下，政府不斷增加各類"輔導"工作者，在小學、中學進行種種輔導工作。這種根底薄弱的情況，實在令一羣專業人士憂慮，叫他們不得不努力尋求解決之方。

其實，當我們從事某一項工作，卻對該工作缺乏正確的認識時，流弊是會很大的，對自己來說是虛有其名，對大眾來說是勞民傷財；就辦事效率來說可能事倍功半，或甚至會無果效。在輔導專業的推廣中，一方面我固然憂慮有以上的情況出現，而另一方面，我更加擔心當事人的福利安危，和整個輔導專業的發展會因此出現許多不必要的障礙。故此，若要輔導得以正常發展，除了要全面地改善和加強工作者的輔導訓練外，更需要從最基本的觀念着手，例如要讓廣大市民認識輔導的涵義，以及其工作對象、工作範圍和工作方法等，以期能收正本清源的果效。

1.1 輔導不是甚麼？

要清楚認識輔導是甚麼之前，我相信最好是先知道輔導不是甚麼；不過，這已經是一個很具爭論性的課題。以下我嘗試從輔導的一些普遍觀念入手，而不是基於任何一個學派和方法，來和大家作一個初步的討論：

一、輔導過程中，雖然往往會包括資料的提供，但單單資料的提供，卻並不是輔導。例如有一位學生向老師詢問到加拿大唸大學所需的費用問題，倘若教師只告訴他一個數字，而忽略了他憂形於色、徬徨無告的情緒，則整個過程也就並非輔導過程。

二、輔導並不是一種社交談話。在飲宴場合、在雞尾酒會、或甚至在日常的社交中，我們與他人的談話往往是相當表面和膚淺的，很客氣，缺乏內容，同時流於非人化與形式化，但輔導卻是一個人性化、個人化和有內涵的過程。

三、輔導不是普通的會見 (interview)，在普通的會見中，通常主要的目的，是盡量在最短時間內，搜集最多被接見者的有關資料，如個人興趣、能力、特長等，以便作出評核與甄選。

四、輔導過程中往往會包括教導，但若只有教導或只是在說教，卻又不是輔導了。例如十七歲的大明對輔導員說：「我根本沒有朋友，的確很孤單。」而輔導員馬上回答說：「沒有朋友可以傾談，當然就會孤單了。不過，一個人太過孤單是不對的，人是羣體的動物，很需要朋友，你應當主動參加學校和社區的青少年活動，好叫自己在德智體羣美各方面都有均衡的發展。況且，你今年十七歲，正是最需要透過不同的學習和活動來認識自己、發展自己的時刻。」雖然輔導員說了很多話，但卻並非在進行輔導。

五、倘若一位輔導員在面對當事人時，只是在作邏輯分析，他就不是在進行輔導。因為在輔導過程中，基要的條件是我們陪伴着當事人去面對人生；而事實上，人生是個心理過程，而非邏輯過程。況且當事人在接受輔導時，多是焦慮不安和混亂徬徨的，沒有多大能力來對自己作邏輯性的分析，故此千萬不要強迫他們在這方面進行思考。而另一方面，在面對當事人時，輔導員應該有清晰的頭腦，縱然是投入於輔導關係中，卻應仍有能力利用自己的邏輯思維和分析能力來協助當事人面對和處理問題。

六、不少當事人尋求輔導，一心只想輔導員給予忠告和建議；其實，不少當事人最渴望的是我們給他們一個肯定的答案並且為他們作決定。然而這些卻不是輔導的根本目標，首先我們要留意，輔導的最終目的，是協助當事人認識自己，接納自己，盡量發揮自己的潛能，從而得以邁向自我實現；而在這過程中他一定要學習對自己的行為和人生負責任，否則也就不能達致建立自己的目的。故此我們不應該剝奪了他們學習的機會。再者，在當事人的心目中，輔導員的專業訓練和地位，都具有權威性，倘若我們隨便給予忠告和建議，他們往往就如奉聖旨般照樣去行，實在很沒意思。

可能有人會說：「就是因為輔導員的專業能力和成熟程度，給當事人作出忠告和建議正是應該的；甚至最好是為當事人作決定，免得他自行摸索而犯錯。」這話表面聽來，似乎很合理，但我要再提醒大家，在輔導終極目標的大前題下，在關注當事人成長的基要條件下，我們要盡量讓他有機會在人生過程中學習對自己負責，學習做個人的抉擇。當然，我同意倘若交由他們自己作決定，往往有可能犯錯，然而卻也有可能成功。倘若成功了，固然十分美好，可以獲致一個成功的經驗；而就算失敗了，也可以從中學到功課與教訓，作為以後的鑒誡。反過來說，倘若輔導員為他作了決定，而他不經思索就照着輔導員的忠告和建議去做，那樣即使結果是成功，對他來說，也不會帶來滿足和成功感；因為功在輔導員。又倘若結果是遭遇失敗，由於不是他的決定，不是他的主意，他也就不必負責，甚或可以怪罪輔導員。總的來說，由輔導員給當事人作出決定，整個過程對當事人是毫無助益的。故此，除非輔導員打算以後長久將當事人當作嬰兒般照顧，背負他、懷抱他和保護他，否則就當信任和尊重他，放心讓他逐步學習長大。

七、許多人以為輔導員的職責只是為人解決問題，這觀念實在是錯誤的。事實上，單單解決問題並不是輔導。因為倘若每一次輔導都只是替當事人把問題解決，這種"頭痛醫頭，腳痛醫腳"的情形就會繼續下去，當事人日後面對人生的種種複雜問題，豈不是永無休止的需要輔導員的幫助？故此，治本才是良方，而問題的得以解決，只應視作為整個治本過程中的副產品。例如就以第四項的那個例子來說，要解決大明的問題，方法很多；如果我們的注意力只集中於他沒有朋友，感到孤單這困難上，簡單處理起來，就或者着意替他安排，讓他在學校參加他較有興趣的攝影學會，在社區青少年中心參加電腦班和美術設計小組；這些安排本來不錯，但問題是大明能否按照安排而投入各羣體當中。

其實，在輔導過程中，輔導員應該對問題有全面的評估，以期能夠顧及一些較高層次的目標。例如在大明的個案中，當我們作出探討後，會發覺沒有朋友和孤單只是大明許許多多的問題的其中之一，而問題的癥結是在於他的自我形象很差，故此對自己完全沒有信心，因此影響了他生活中的每一個環節；倘若輔導員能發覺這問題的關鍵，留意到這是大明長大過程中的一個發展性困難，就一定會着手幫助他校正對自己的看法，好讓他重建自信，當他在這方面有所改進後，沒有朋友和孤單的問題自然就會相應得到解決了。

八、許多人會用安慰和開解的方法來幫助人，在輔導過程中，有些輔導員也會用這些方法。但我們卻要留意，單單有安慰和開解，都不是輔導。人們在日常生活中用安慰的言語來協助人暫時處理個人的感受，固然有一定的意義與價值，但在輔導過程中，若要徹底的幫助當事人，其中的重點就是要對方能勇敢面對自己和自己的感受，然後進一步積極作出處理。至於安慰和開解，一方面會令當事人抑壓自己的感受，甚至否定自己的感受，更很可能會令當事人選免正面地面對問題，阻礙了重要的"清理"過程。故此，不合時宜和不必要的安慰和勸解，輔導員應盡量小心避免；因為雖然一些溫情的說話可令當事人感到很受用，但當事人要面對的問題卻也仍然存在，他內心的痛苦也還始終沒有根除，而日子一旦拖長了，對當事人的傷害必然會增加。

此外，安慰的重點往往是出於我們個人主觀的看法，對當事人很難收效。例如黃太太的兒子考不上大學而沮喪消沉，最後竟然精神崩潰，黃太太在痛苦中尋求輔導，倘若輔導員安慰她說："你的兒子如今要進入精神病院，固然可惜，但我今早約見的丁太太，情況更慘，因為她的兒子會考的成績太差，昨天晚上跳樓自殺身亡。你看，你的遭遇不是比她好得多嗎？"由於這些安慰說話是出於輔導員主觀的看法和感受，忽略了輔導員應要設法從當事人的參照標準（frame of reference）來達到同感的了解，故此，這些話無法對黃太太有所幫助；因為事實上，丁太太的兒子出事對黃太太來說，可說是毫無關係的，因黃太太當時所關切的只是自己親愛兒子的安危。由此可見，輔導員的安慰，對黃太太不但沒有幫助，還忽略和否定了她的感受。

九、同感是輔導過程中的主要條件之一，但同感有別於同情，而同情的態度和行為並不是輔導。許多人誤會一個人求助時，會渴望他人的同情，但這是極錯誤的看法。事實上，雖然人在困苦或失敗中要接受別人的輔導時，內心的掙扎會很強烈，在自卑與自尊的相互交錯糾纏不清中，會變得過分敏感，然而正因為如此，我們發現輔導的基要條件尊重、真誠和同感才是真正能夠協助他們達致積極改變的。故此，我們要小心，當事人需要的是同感，並不是同情，而輔導員的同情，沒有治療性的功能，相反地，只能產生負面的結果。

十、面對着某些特別的人，有人認為若採用恐嚇和威迫利誘的方法，才會收效，否則就會徒勞無功。對這種主張，我不敢苟同。何況，基本上來說這些行為和方法都不是輔導；因為這種表現，是基於我們不信任和不尊重當事人。

十一、有人以為若要幫助人改過向上，最有效的方法就是作當頭棒喝，加以批評和指責，這說話本身已值得商榷；而且，倘若我們在幫助別人的時候，只進行批評和指責，那就不是輔導了。因為正如我們也曾一再提到，輔導的主要條件之一是尊重，而所謂尊重是要我們能接納當事人；批評和指責的出現，卻正是由於我們不能設身處地的從當事人的立場和身分去體察事物和感受事物，也就是說沒有同感的存在，這也就充分表現出我們並沒有接納和尊重當事人了。至於在輔導過程中，要是我們不同意當事人的看法，或是發現他有不當之處，就應該在具治療功能的輔導關係中，坦誠適當地表達、討論和澄清。如果只有批評和指責，就只會破壞輔導之功能。

十二、在日常生活中，常常見到人們在談話時，會使用一些冷嘲熱諷的說話來作講述的方法之一，不過這方法並不宜應用於輔導。因為在輔導時，輔導員貴於能與當事人真誠相處，而人們交談中要用嘲諷，卻是基於不想或者不敢坦白說話，以致要轉彎抹角的來達到目的。在輔導中，我們很重視直接的溝通，而且在一個良好的輔導關係中，當基要條件都具備時，是不必應用冷嘲熱諷這種"激將法"的。

1.2 輔導是甚麼？

假設現在我們已清楚甚麼不是輔導，那麼，輔導到底是甚麼呢？記得在多年的教學中，每當我和學生研討完甚麼不是輔導之後，他們的反應相當有趣，一方面大家驟然驚覺自己過去曾犯了許多的錯誤，多少有點不安，而與此同時，許多人會感到徬徨，既然這些都不是輔導，那麼甚麼才是輔導呢？

多年以來，學者紛紛為輔導作出定義，其中最具影響力的是羅哲斯（Rogers）的說法；因為他在一九四○年代，心理分析仍是獨霸心理治療界的當兒，能作出下面的界定，實在是極具震撼力的。他指出：

> 輔導是一個過程，其間輔導者與當事人的關係能給予後者一種安全感，使其可以從容地開放自己，甚至可以正視自己過去曾否定的經驗，然後把那些經驗融合於已經轉變了的自己，作出統合。[2]

自羅氏之後，不少學者有不同的意見，以下是其中一部分人的看法，可以反映出在各種看法之中，雖存在着一定程度的差異，但同時卻又有不少相似和重疊的地方，很值得大家詳細探討：

> 輔導是一個出現在某種"一對一關係"中的過程，在這關係中，其中一個人被難題所困擾，自己無法應付，故此需要另一位受過專業訓練工作的人來協助他，好讓他對個人面對的種種困難，能夠找到解決的辦法。
>
> 赫行與米頓（Hahn & Miton）1955[3]

> 輔導是一個過程，輔導員在其中協助當事人對自己需要作的決定、計劃和適應等種種有關的事實作出解釋。
>
> 史密司（Smith）1955[4]

> 輔導是一個關係，在這關係中，其中一個人努力去協助另一個人了解和解決個人的適應問題；而所謂適應範圍，是包括了教育輔導、就學輔導和有關社會與個體關係的輔導。
>
> 英吉利殊（English）1958[5]

> 輔導是一個過程，透過這過程，輔導員可以協助當事人增強生活的適應能力；而且，輔導是發展性的，透過輔導，叫人的潛質能得以充分發展。
>
> 泰萊（Tyler）1969[6]

輔導是一個教導與學習的歷程，目的是要幫助當事人學習認識自己。

史迪費（Steffre）1970[7]

輔導是一個幫助人的過程，而在這過程中，兩人所要建立的某種關係不但是必需的條件，而且那關係是足夠令人改變和成長的。同時，我們要知道輔導是為那些缺乏了良好的人際關係以致產生問題的人所進行的一種特別的治療。

柏德遜（Patterson）1974[8]

輔導是一個幫助人處理困難的過程……，而行為輔導就是一個幫助人去學習如何解決有關人際、情緒和抉擇問題的過程。

甘寶仕（Krumboltz）1976[9]

輔導是一個過程，在這幫助當事人的過程中，輔導員協助當事人探討他對自己，對其他生命中的重要人物，和對環境中重要範疇的感受和看法。

艾遜拔與德里尼（Eisenberg & Delaney）1977[10]

輔導是一個學習的過程，也是一個系統性的程序，輔導員為了要幫助當事人去改變行為，也就得介入當事人的生活，擔當協調的工作。

巴杜費沙、李安納和荷西（Pietrofesa, Leonard & Hoose）1978[11]

至於中國的學者中，唐守謙認為輔導是輔導員和學生在個別關係的方式下，連續進行接觸會談，由輔導員提供各種助力，使學生能有效地順應自己的智慧、性向、興趣、能力等，在各方面有適當的發展，同時也能順應自己的家庭、學校、社會等環境，而得到健全的適應，俾能獲致自我了解與自我實現，並冀能取得解決自身所遭遇到的問題的能力。[12] 而李東白就認為輔導是一種"口頭學者"的過程，輔導員要在尊重當事人的獨特性和固有價值的情況下，協助他們明白自己，並正視自己所不滿意的行為和態度，找出原因後作出修正。[13] 至於王連生則將輔導解釋為一種幫助個人自我指導的高度藝術，是一種有愛心有技術的專業，在輔導員和當事人合作的過程中，促進當事人身心的健全發展。[14] 而鄭心雄給輔導所下的定義為：

> 經由一個專業化的人際關係，由這個關係中經由合格訓練的一方，幫助另一方的個人，使他能夠發動、整理、並綜合自己的思考能力，進而求得深度的自我了解，並依此而能成立一較佳的自我選擇及決定，而解決難題，同時面對未來。這全部的歷程，不論使用理論、工具及方法的不同，統稱為輔導。[15]

至於詹維明，則嘗試從狹義和廣義來作界定。她指出：

> 從狹義看，輔導最簡單的定義是"幫助一個人自助"。而詳盡一點的解釋就是說兩個人在一個特別情況下的溝通。這兩個人其中一個是輔導員，受過專業訓練，明白心理學原則，能用合適的技巧和方法幫助當事人明白自己，引導他適應環境，與人建立融洽和諧的關係，改正短處，發揮長處，成為一個內心平安，滿於現實，對社會有貢獻的人。若從廣義看，輔導是全人發展，當事人藉着輔導過程學會面對難題和解決難題的原則，從而全面均衡地發展他的人生。[16]

在多年的工作中，我也曾嘗試為輔導下一個定義，發覺那並非容易的事。在今天，我認為輔導是一個過程，在這個過程當中，一位受過專業訓練的輔導員，致力與當事人建立一個具治療功能的關係，來協助對方認識自己、接納自己，進而欣賞自己，以致可以克服成長的障礙，充分發揮個人的潛能，使人生有統合並豐富的發展，邁向自我實現。

1.3 輔導不但是一種科學、也是一種藝術

這似乎是一個很有趣的說法，但事實上，輔導在本質上，的確兼具着不同的特質，以致不但可稱之為一種科學，同時也可視之為一種藝術。我們就從輔導專業今天的發展來看，基於多年來學者的努力，我們已積累了不少的知識作我們工作的參考和作根據。例如，我們已經可以分辨成功和失敗的輔導，已經找到客觀的標準來判別好和壞的輔導員的特性，而當我們要致力協助當事人成長時，亦有相當明確的指引和途徑；故此，我們說輔導是一種科學。不過，從另一個角度來看，在輔導過程中，我們往往會發現有不少難以證明和難以測量的範疇，不容易，甚至不可能用科學方法來進行研究，例如輔導員本身的特質，他的敏銳度和直覺，他對當事人那份關切與愛護，以及人性的回應等等，都一一為輔導過程加上藝術的色彩。而一位成功的輔導員，必須要兩者兼備，才能有效地幫助當事人。那就是說，我們從事輔導的人，一定不能忽略專業的研究和實證，但在這些研究的應用上，卻還要順乎自然而且有人本的取向。

論到輔導是一種藝術，這不單是西方人的看法，我們中國的學者也是一樣認同的，例如吳鼎就曾指出儒家所謂“循循善誘”乃儒家教學的一種高度藝術。事實上，只是透過會談，輔導員就不但要協助當事人認識自己，認識自己與他人的關係，還要協助當事人在態度和行為上有所改變，實在不簡單。而且在會談過程中，輔導員要應付的不只是當事人的理性問題，還有更重要的是處理對方的態度和情緒，以免出現只有“坐言”而不能“起行”的情況；所以吳氏認為輔導要促進學生能知能行，決心改過遷善，增強其奮發向上的勇氣，實在是一種藝術。[17]

註釋

1   Fanny Cheung and the Counselling Survey Task Force, *Counselling and Counsellors in Hong Kong* (Hong Kong: Educators' Social Action Council, 1980), 13.

2   C. R. Rogers, *Counseling and Psychotherapy* (Boston: Houghton Mifflin, 1942), 70.

3   Milton E. Hahn and Malcohn S. Machean, *Counseling Psychology* (New York: McGraw – Hill Book Co., 1955), 6.

4   Glenn E. Smith, *Counseling in the Secondary School* (New York: MacMillan, 1955), 156.

5   H. B. English and A. C. English, *A Comprehensive Dictionary of Psychological and Psychoanalytical Terms* (New York: David Mckay Co., 1958), 127.

6   L. Tyler, *The Work of the Counselor* (New York: Appleton – Century – Crofts, Educational Division, Meredith Corporation, 1969), 13 – 16.

7   B. Stefflre, "Counseling in the Total Society: A Primer," in W. V. Hoose and J. J. Pietrofesa, (eds.) *Counseling and Guidance in the Twentieth Century* (Boston: Houghton Mifflin, 1970), 251 – 265.

8   C. H. Patterson, *Relationship Counseling and Psychotherapy* (New York: Harper & Row, 1974), 13.

9   John Krumboltz and Carl Thoresen, *Counseling Methods* (New York: Holt, Rinehart and Winston, 1976), 1.

10   S. Eisenberg and D. J. Delaney, *The Counseling Process*, 2nd Ed. (Chicago: Rand McNally, 1977), 2 – 3.

11   J. J. Pietrofesa, G. E. Leonard and W. V. Hoose, *The Authentic Counselor* (Chicago: Rand McNally, 1978), 6 – 13.

12   見唐守謙：《教育指導》，第十章附註（一）。台灣：東海大學出版，第二四零頁。

13   參考李東白：《輔導學原理》，第十五章第三節。台灣：中國輔導學會出版。

14   見王連生：《教育輔導原則與技術》，第一章第一節。台灣：大一書局出版，第一至五頁。

15   見鄭心雄等：《輔導學研究在中國》，第一章。台灣：幼獅文化事業公司出版，第三頁。

16   見詹維明："輔導是甚麼？"，《輔導簡訊》第一卷第一期。香港：突破輔導部出版，第三頁。

17   吳鼎：《輔導原理》。台灣編譯館主編，五南圖書出版公司出版，一九八三年八月再版，第六十二頁。

第二節 輔導與心理治療的異同

2.0

　　一直以來，學者對於輔導（Counseling）和心理治療（Psychotherapy）兩個名詞有很多的不同的看法；其中不少學者嘗試將二者分辨，但由於他們的論據缺乏說服力，故此並未成功。固然，大家都同意二者實在是有差別的，但往往卻不能將二者完全清楚作出分野。因為事實上，無論輔導或心理治療工作的重點，基本上都是集中在同樣的一個過程，而倘若我們要在這過程中界定一些差異，就往往會流於表面化而不夠實在。[1] 其實早在五〇年代，美國心理學人員協會就已經嘗試將二者的差異分辨清楚，但結果仍是無法達致一個清楚的分界；[2] 不過有一個觀點卻是普遍認同的，學者主張視輔導與心理治療為一個連續體，其中心理治療關注的是那些不正常和情緒受到嚴重困擾的人，而輔導則關注那些基本上是正常的人。而自此之後，不同的組織和個別學者都紛紛就此論據發表意見，可惜，至今仍未能有一定論。

2.1 兩者是否相似？

　　學者至今無法將輔導與心理治療作出分野，主要是因為二者頗多相似之處，首先，無論是輔導或心理治療，過程大致相同，而在二者的工作過程中，目標都同是一個最基本的課題。學者們曾提出許多似是而非的論說，但在深入的探討後，最終發現二者的目標基本相同，不外是個人探討、自我認識、行為改變、性格發展和個人成長等，而同時大家都着意除去當事人自我毀滅的行為。至於在工作進行中，當事人無論是受助於輔導員或治療師（therapist），施助者與受助者兩人的關係，亦已被公認為過程中統合的部分，不可或缺。而事實上，由於輔導與心理治療的確難以分別，故此從羅哲斯（Rogers）開始，就已經將這兩個名稱交替運用。[3]

　　班邁（Brammer）與蘇士松（Shostrom）就這問題，曾經將他們對心理治療模式的看法詳列如下：

1. 清楚知道當事人有困難或有適應不良的症候，對生活的苦痛有所申訴，而需要他人的幫助。

2. 與當事人建立關係。

3. 引導當事人表達感受；同時對問題作出澄清和詳盡之說明。

4. 對當事人所述的感受和個人資料作探討。

5. 探索改變的理想方面。

6. 將當事人的感受作出適當的處理，同時透過增強和解釋等方法來導引當事人作出改變。

7. 促進當事人的自覺，協助他發展觀察和分辨能力，並給他作出行動評判。

8. 對整體關係從始到終作出評核。[4]

　　若我們將班氏和蘇氏的模式與其他學者所建議的作比較，一定會發現許多不同之處；但至於其中的兩大重點，即是當時人的成長和治療的過程，卻必然是大同小異的。

2.2　兩者之間是否有差異？

　　在一九五六年，美國心理學人員協會的輔導心理部以當事人精神困擾的嚴重程度來對輔導和心理治療作出區分，而學者接納此區分法的亦大有其人；[5] 例如莫勒（Mowrer）、班邁（Brammer）和蘇士松（Shostrom）就相信輔導過程中所牽涉的問題比不上心理治療。他們認為前者處理問題較表面化，後者的處理則深入到當事人性格之結構。他們又認為輔導所涉及的是"正常人"和"正常問題"，而心理治療則運用深入的交接進行深層的心理分析來協助問題嚴重和行為變態的人。[6]

　　對於這說法，學者認為最大的問題出現在"正常"與"變態"這兩個用語上。雖然柏德遜（Patterson）指出無論在個別或團體的情況都可以就當事人情緒困擾的程度作出區分，[7] 但卻又強調若要區分正常和嚴重受困擾的人，實在有許多困難。而且，他提醒大家，那些作此建議的人，自己也無法清楚地將二者劃分界限。此外，他提出一個不容忽視的質詢，他提問說：倘若心理治療學家只處理變態和有異常行為的人，那末，在治療過程中，如果當事人已有進步，達到我們假設可以界定為正常人的境地，則到時他到底應該轉介到輔導員那兒繼續未完的過程，抑或仍然接受心理治療學家的幫助呢？鍾勒（Jourand）是一位健康心理學者（Health Psychologist），他強調我們要小心，不要將正常行為和健康的行為混為一談，因為事實上，從他的專業角度來看，二者是有差異的；故此，他亦提出疑問：“到底甚麼是正常行為？”。[8]至於論及深層治療，泰萊（Tyler）曾大力反對這說法，她說：“固然在心理治療中我們要深切而全面地了解當事人複雜性格中的各種特質，但同樣地，這情況亦必須出現於任何輔導關係，因為輔導工作絕對不容許流於表面化，而事實上，世界上根本沒有‘例案’這回事。”[9]

亦有不少學者，在嘗試界定輔導和心理治療的分別時，卻最終採納了連續的服務的說法。例如雲斯（Vance）與窩司基（Volsky），一方面持有莫氏等之看法，另一方面卻也指出輔導和心理治療是銜接於一條連續的線上的，分別對於不同的當事人，提供各別適當有效的服務。

不少學者又嘗試從問題的性質來作出區分，例如有人就嘗試從“意識”和“無意識”的不同層次來說明。莫勒（Mowrer）曾經將輔導界定為一個過程，而在這過程中，輔導員幫助那些在意識層面經歷掙扎和矛盾的當事人，協助他們處理正常的焦慮；至於心理治療，他認為除了處理當事人無意識的衝突外，就是處理神經質的焦慮。[10]而泰萊（Tyler）則曾經指出在輔導過程中輔導員往往協助當事人在教育、就業各方面作抉擇，而在心理治療過程中，心理治療學家所關注的主要是當事人的態度、感受和他的情緒狀況；換言之，泰氏是想以智性（cognitive）和情感（affective）來將輔導和心理治療作出分別。[11]

不過，柏德遜（Patterson）反駁以上兩人的論說，他指出雖然在許多人眼中，輔導是一種較重智性發展的活動，所採用的方法，也較為理性，通常包括了解決問題的技巧，但在任何行為中，都包涵了智性和情感的成分，而任何的抉擇，也不是單純智性的決定。再者，柏氏指出在眾多學派中，理性情緒治療法是被公認為最偏向智性的模式，但其創始人艾利斯（Ellis）

卻不用輔導這字眼，而稱自己的學派為理性情緒心理治療（rational emotive psychotherapy）。[12] 同時，現實問題在本質上也並非只是智性的問題，任何一個患妄想狂的人都或多或少要面對情境問題和環境問題。至於人際關係問題，從某一角度看，其實亦不單只是一個現實問題，也是當事人的性格問題。故此，柏氏強調我們根本不可能將正常和神經質的焦慮清楚區分；同時，也無法分辨所謂意識與無意識的衝突矛盾，因為在一般情況中，兩者經常是同時出現的。此外，他也指出泰氏在著作中，起先曾用適應輔導員（Adjustment counselor）這名稱，但後來又表示這種輔導員從事的工作亦可稱為治療。[13] 由此觀之，其實各學者雖各有論點，但混淆不清和前後矛盾之處，又的確不少。至於韓德遜（Hendrickson）和他的同事亦曾就以上的論點提出疑問，他們認為在任何心理治療過程中，情緒矛盾是工作的核心，因為這問題往往植根於當事人性格的最深層面；同時不同程度的情緒矛盾亦會在當事人意識和無意識的狀態中出現。最後，他們還指出，不同程度的情緒衝突亦會隨着當事人理性和非理性的行為出現；故此，要對各課題詳盡地區別，根本並不可能。不過，韓氏等又嘗試作界定，認為若將輔導和心理治療來作比較時，前者較後者更着重當事人的理性和意識層面的問題。不過，卻又同時要深深顧及人的非理性思想和行為，要牽涉到無意識的層面，才能有效地幫助人。[14] 而有學者就所出現的爭議作出結論，認為那基本上是個語意學上的問題而已。[15]

　　波查（Blocher）則嘗試從發展的角度來討論這問題，他最後指出若將"發展性輔導"與心理輔導作比較，在基本假設上，有五個不同點：

　　1. 在輔導員眼中，當事人並非精神病人。

　　2. 發展性輔導員的焦點是現在與將來。

　　3. 當事人就是當事人，並非病人，所以對當事人來說，輔導員所予他的權威人物的形象，不及教師和同伴的形象來得鮮明和強烈。

　　4. 輔導員在輔導過程中在道德上並非中性，也不是非道德的，他們有個人的價值、感受和標準。不過，他們不會將這一切強加於當事人，而於此同時，也不會嘗試作隱藏的功夫。

5. 除了協助當事人獲得新的見識之外，輔導員會致力促使當事人在過程中產生行為的改變。[16]

柏德遜（Patterson）曾嘗試從當事人情緒受困擾的程度、問題的性質、療程的目標和過程中所採用的方法和技巧等四個方面來找出二者的差別，但最後的結論是二者基本上是沒有重要的分別的；相反地，兩者相似之處實在極多。其中最特別值得重視的是柏氏對"輔導"的界定，他認為越來越多人把輔導視作為一個很個人的關係，而這界定，同樣適用於心理治療。簡而言之，在良好的心理治療關係中所具有的特質，在良好的輔導關係中，同樣可以找到，是完全相同的。不過，他指出當工作人員是在一個醫療性場所工作，而同時工作對象也曾被診斷為精神病者時，就該稱為心理治療。而至於在其他非醫療性場所進行的，就稱為輔導。同時他又指出，雖然有人說不必用兩個名詞來代表同一功能的工作，但在實際情況中，卻有必要保留輔導與心理治療兩個名稱，主要是可以防備那些非醫務人員和沒有醫療人員進行督導的人濫用心理治療之名；至於針對現今"輔導"名稱被濫用的問題，他就建議專業的輔導員應該稱為心理輔導員，以便與非專業的人有所區分。[17]

註釋

1　John J. Pietrofesa, Howard H. Splete, Alan Hoffman, and Diana Pinto, *Counseling: Theory, Research, and Practice* (Boston: Houghton Mifflin, 1978), 33.

2　Institute for Human Adjustment, *Training of Psychological Counseling* (Ann Arbor: University of Michigan Press, 1950).

3　Carl R. Rogers, *Counseling and Psychotherapy* (Boston: Houghton Mifflin, 1942); Bordin, *Psychologcial Counseling*, 2nd Ed. (New York: Appleton–Century–Crofts, 1968); L. M. Brammer and E. L. Shostrom, *Therapeutic Psychology: Fundamentals of Counseling and Psychotherapy* (New Jersey: Prentice–Hall, 1968); C. H. Patterson, *Relationship Counseling and Psychotherapy* (New York: Harper & Row, 1974).

4　Brammer and Shostrom, op. cit., 104.

5　M. E. Hahn and M. S. MacLean, *Counseling Psychology* (New York: McGraw–Hill, 1955); Bordin, op. cit., 60.

6　O.H. Mowrer, *Learning Theory and Personality Dynamics* (New York: Ronald Press, 1950); Brammer and Shostrom, op. cit.

7　Cecil H. Patterson, *The Therapeutic Relationship: Foundations for an Eclectic Psychotherapy*

(Monterey, California: Brooks/Cole, 1985), 162.

8   Sidney M. Jourard, *Personnal Adjustment* (New York: MacMillan Co., 1963).

9   L. Tyler, *The Work of the Counselor* (New York: Appleton – Century – Crofts, 1969), 13.

10   O. H. Mowrer, "Anxiety Theory as a Basis for Distinguishing Between Counseling and Psychotherapy," in R. F. Berdie (ed.), *Concepts and Programs of Counseling; Minnesota Studies in Student Personnel Work, No. 1* (Minneapolis: University of Minnesota Press, 1951), 7 – 26. Mowrer has since indicated that he no longer accepts this distinction. See O. H. Mowrer, "Changing Conceptions of the Unconscious," *Journal of Nervous and Mental Diseases,* 129 (1959), 222 – 232; reprinted in O. H. Mowrer, *The Crisis in Psychiatry and Religion* (Princeton, New Jersey: Van Nostrand, Reinhold, 1961).

11   Tyler, op. cit., 12 – 13.

12   A. Ellis, *Reason and Emotion in Psychotherapy* (New York: Lyle Stuart, 1962).

13   Patterson, *Relationship Counseling and Psychotherapy*, 3 – 14.

14   Donald E. Hendriekson and Frank H. Krause, *Counseling and Psychotherapy: Training and Supervision* (Ohio: Charles E. Menill, 1972), 14 – 21.

15   W. Evraiff, *Helping Counselors Grow Professionally* (Englewood Cliffs, New Jersey: Prentice - Hall, 1963), 8.

16   D. Blocher, *Developmental Counseling*, 2nd Ed. (New York: Ronald Press, 1974).

17   Patterson, *Relationship Counseling and Psychotherapy*, 1 – 13.

第二章 | 輔導的目標與輔導員本身修養的重要

第一節　輔導的目標

1.0

在日常生活中，我們每做一件事，通常第一步總是要弄清楚目標是甚麼，然後才起步，一方面免得方向錯誤，以致費時失事，另外一方面，目標如果清晰明確，則無論是制訂計劃和實行計劃，都會有效得多。但很可惜，在輔導專業中，輔導目標多年來是一個經常被忽略的課題，以致學者引以為憂，例如早在一九六五年亞畢告（Arbuckle）就曾經嚴厲地指出：

> 太多輔導員並不明白自己在做甚麼；可是有更多的人，對自己所做的工作，了解很不足夠。結果這些輔導員雖然知道自己在做甚麼，卻又不清楚為何自己在從事此項工作。另外就是那些知道自己為何做這做那，但卻又不知如何去做的一輩。[1]

亞氏的提醒，似乎作用不大，因而到了一九七四年，柏德遜（Patterson）又嘗試帶引大家正視這不健康的現象，他指出學者研討輔導與心理治療的論説文章雖然很多，但在比例上就太少人討論輔導的目標這課題了。[2]

1.1　一個極富爭論性的課題

的確，學者的論著中很少涉及輔導目標這一個問題；至於其中的原因，相信一定相當複雜，在此我只想從一個我關注的角度和大家略作討論。論到輔導目標，其實無可避免地是會牽涉到每個輔導學者的價值觀與人生觀的，若更具體地說，從這課題的論述中可以反映出輔導學者的人生趨向。通常我們會問：身為輔導專業人員，自己所釐定的輔導目標與公眾的期望是否協調一致呢？或者亦可以問：我們所釐定的輔導目標，是否要切合公眾的期望呢？若要切合，又如何能將就各類型的人和各種因文化、宗教、國籍等不同而價值趨向有差異的社羣呢？而且，當談到輔導目標，就自然會涉及期望的結果；而對於這些問題，無論是尋求輔導的人，或是其他服務行業的專家，或是所服務的機構，或是一般公眾，甚或是政府當局，都或多或少會感到興趣的。而有些很關鍵的問題，更是大家都關注的。例如素沙（Shertzer）和史東（Stone）就曾列舉下列問題：

> 你在輔導中，到底想做甚麼？
>
> 輔導的宗旨（purpose）是甚麼？
>
> 甚麼是輔導的目標（aim）？
>
> 輔導的目的（objective）又是甚麼？
>
> 進行輔導，期望的結果是甚麼？[3]

若更徹底地提問，問題就會更加尖銳，而成為："輔導的目標應該是甚麼？"或者"輔導過程所要獲致的是甚麼產品呢？"與"透過輔導過程，甚麼才是我們理想中的產品呢？"這些問題，固然十分敏感，但我們卻不能否認是一些很基本的問題，我們是不應加以逃避的。除此之外，這些問題所牽涉的課題很廣，至今學者的論點模糊不清的仍是很多，而犯駁之處亦不少；故此在難以處理和難以討好的情形下，人們就都傾向於迴避而不敢正視，這也是可以理解的。

1.2　學者的意見

若我們將輔導目標和其他輔導課題作比較，無可否認，學者對這問題的討論確是不多；但無論如何，有一些輔導或心理治療學者，卻也曾經具體表示了他們的意見。例如約哈特 (Jahoda) 就曾提出 "積極的心理健康" 的建議;[4]懷特 (White) 的 "有效能的人"[5]和邦納 (Bonner)、馬思勞 (Maslow) 的 "能幹的人",[6]都備受重視。而以下是其他一些學者的意見:

> 重新恢復自我,將它從種種束縛中釋放,好讓它能夠重新控制自己。
>
> 佛洛伊德 (Freud)[7]

> 輔導的終極目標是在協助當事人發展成為一個健康、成熟而能自我實現的人。
>
> 馬思勞 (Maslow)[8]

> 有健康的自我形象——對自己有積極正面的看法,能接納別人,能與他人認同,對他人的感受和反應很敏銳,不是只着意保護自己,相反地能處處為他人着想。因此可以與別人建立親密的關係。
>
> 孔氏 (Combs)[9]

> 令當事人變得可以自主,不過分嚴苛,而整個人可以有較好的組織和統合……。
>
> 羅哲斯 (Rogers)[10]

> 協助當事人成為一個負責任,獨立,且能自我實現的人,好叫他有能力為自己的行為作決定。
>
> 柏德遜 (Patterson)[11]

> 在學校輔導的工作中,適當的目標有:
> 1. 自我了解與自我接納;
> 2. 達到適當的學業水平;
> 3. 處理個人的情緒問題;

4. 發展一套實際有效的抉擇方法；

5. 學習去應付複雜的人際關係；

6. 協助學生的職業發展。

巴杜費沙（Pietrofesa）[12]

使人重新實現原本的品格和潛質，實現豐滿成熟的人格，而所謂
成熟的人格包括：

1. 具有心理上的興趣；

2. 具有客觀思考及了解自己的能力；

3. 具有協調一致的人生觀。

林耀鴻[13]

儒家輔導的目標，是在協助當事人智、仁、勇三德兼備，成為君
子，而古代的“君子”，就是現代的“完美人格”的人。對青年學生來
說，道德輔導是在培養品格（德育）；學業輔導是在充實知能（智育）；
身心健康輔導是在增進健康（體育）；人際關係輔導是在發展適應社
會人羣需要（羣育）。而德智體羣，其實就是智仁勇加上羣育，四育
合起來，便是完美的人格建立的因素。

吳鼎[14]

1.3 廣義和狹義目標的爭議

基於各學者對輔導與心理治療所建議的目標差異相當大，故此在實際上，
是很難取得協調一致的看法的。為了解決這一個問題，柏德遜（Patterson）提
出將目標分為幾個層次，以便可以取得較一致的看法，他同時建議以自我實
現、自我增強和造就具完美功能的人等廣義的名稱來作為輔導的終極目標，
然後再在這總綱之下，針對個別當事人來策劃出中間和直接目標，以致可以
對當事人帶來最大的得益。同時柏氏還在上述之各名稱中，選擇了最常用的
自我實現作為代表。

為了支持自己的論點，柏氏曾經詳細將終極目標和自我實現二者作詳細的解釋和說明。首先，他指出終極目標必須要本身能作為一個標準。其次，他認為以自我實現作為終極目標最為正確，原因有六：

一、許多人對部分輔導學者或心理治療學者所主張的適應模式有所保留，但以自我實現為終極目標，就可以消除那些人對"誘發一致性"(induced conformity) 的憂慮和批評。

二、由於自我實現在本質上統攝了人與自己（即所謂內在的）和人與別人（即所謂外在的）兩個關係的範疇，故此就可以消除了人內在性目標和人際目標兩者之間的矛盾和衝突。

三、若我們對自我實現作適當的界定，就會消除了個人與社會之間兩者孰輕孰重，其間難以取捨的問題。

四、自我實現並不是抽離了人的生活、孤立地存在的目標，它不是只為輔導和心理治療而設的目標，而是超越了受困擾與變態的一輩而有普遍意義的。因為它是一個積極而正面的目標，故此可以適用於那些感到不滿足、不快樂、不充實，而尋求輔導與心理治療的所謂"正常人"。柏氏更進一步說明，因為自我實現是人生的目標，不但適用於所有的人，同時，還是整個社會和所有社會體系趨向的目標。

五、因為自我實現不是一個靜止的目標，而是一個過程，所以可以充分配合不斷在運作前進的人生過程。

六、因為自我實現不單只是人生的目標，同時也是人類最基本的動機，而這動機，充分反映出人類最基本的需要就是充分發揮潛能，增強自我，充實與實現自我。[15]

1.4 自我實現者的本質

倘若我們以自我實現作為輔導的終極目標會有那麼多的優勝點，那就該可成為一個可以採納的建議。為了讓大家對自我實現有較具體的認識，以下就列舉了馬思勞 (Maslow) 在一個專門研究"自我實現"的研究中所探討出的實現自我的人所具有的十四項特質，[16]供大家研討：

（一）對現實有較強的洞悉力並與現實有較良好的關係

這一特徵包括能明辨虛偽和欺詐的人，並能準確地洞悉現存的實況，而不會因個人的困境產生錯覺。能實現真我的人對周圍環境中的人和事物都有較高的警覺。他能面對生活中許多的不肯定，不會驚惶失措，並能容忍新奇和不熟悉事物所帶來的疑慮。這是孔氏（Combs）、史尼格（Snygg）和羅哲斯（Rogers）對洞悉事物的警覺性，對經驗的開放態度所清楚描繪的特徵。

（二）接納自我、別人和自然界

能實現真我的人能夠接納自己人性中的種種缺點，種種不完美、軟弱和短處，不會感到羞愧和罪過，或因此而否定自己。由於他們不但接納自己、同時也接納和尊重別人，故此也不會批評別人這些缺點。自我實現的人誠實、開放、真摯、不裝腔作勢、不遮掩文飾，也不自滿。他們對自己、對他人及社會的現況極為留心，同時更關心如何改善現實與理想之間的差距。這些特徵，在格理（Kelly）、羅哲斯、孔氏與史尼格所描述中都有所提及。

（三）自發性

能實現真我的人，不會受傳統慣例束縛，但卻也不會加以揶揄嘲弄。他們不是順命者，不是盲從附和的人，但他們也不會只為叛逆而作叛逆者。他們的行事動機並非由於外界刺激而產生，卻是基於內在的個人成長發展的動力和真我的潛能的實現。

（四）以問題為中心

能實現真我的人都不會以自我為中心，他們的目光都集中在自己以外的問題。他們富有使命感，常常基於盡責任、盡義務和盡本能的意識行事，並不依照個人的偏好。孔氏和史氏很強調當我們具有安全感，當我們不試圖事事保衛自己的時候，就會產生憐憫和仁慈心（compassionateness），他們的論說與這一點實在很有關係。

（五）有超然脫俗的本質，靜居獨處的需要

能實現真我的人懂得享受人生中孤獨和退隱的時刻，這一種特徵可能和

一個人的安全感與自足感有關，因為當他們面對一些會令一般人不快的事情時，他們可以保持冷靜和處變不驚，或甚至可以表現得與眾不同和超脫社羣。

（六）有自治力、不受文化背景和周圍環境影響

能實現真我的人，雖然也要依賴他人來滿足一些基本的需要，如愛護、安全感、尊重和歸屬感，但是他們主要的滿足卻並不依賴這現實的世界，不必依賴他人、文化等等構成達到目的的手段。換言之，他們重視的不是一般外在的滿足，而是自己的潛能和個人的資源不斷的得以發展和成長。

（七）不斷有新鮮的鑒賞力

能實現真我的人在我們日常生活世界中，可以重複地有敬畏、快樂、滿足和驚訝的經驗出現。

（八）有神秘玄妙的經驗，浩瀚澎湃的感受

能實現真我的人，在不同的程度和頻率上，都會有心醉神迷和敬畏驚訝的經驗，令他們感到人生世界的無盡和不停的開展。

（九）關心別人的好處和感受

能實現真我的人對人類有深切的共鳴、同感、同情憐憫或慈悲仁愛；由於這關心是基於人性的接納和對人的熱愛，所以是"無條件"的。

（十）人際關係

能實現真我的人能與他人建立深厚的人際關係。可是，他們是有選擇性地去交朋友的；雖然他們的朋友圈子可能很窄，但通常都是一些能自我實現的人。他們的朋友圈子雖小，但是他們卻都有容人之量。實現真我的人很有吸引力，能叫人欣賞及追隨。

（十一）民主的性格

能實現真我的人對人有極大的尊重，並不會因階級、教育、種族或膚色歧視別人。因為他清楚自己所認識的很有限，因而有謙虛的態度，同時，也隨時作好準備願意向他人學習。他尊重每一個人，認為他們都可以隨時幫助自己增進知識，做自己的老師。

（十二）手段與目的

能實現真我的人都有高度的德行。他們將手段與目的分得很清楚，讓目的支配手段。

（十三）有哲理的、無敵意的幽默感

馬氏所研究的能實現真我的人都有幽默感，他們的幽默感卻並非普通的幽默感，他們的幽默感是自發的、富思想性的、能透徹地顯示個人的生活體驗。同時，他們的幽默也絕不含敵意，不高抬自己，也不譏諷嘲弄。

（十四）創造力

所有被馬氏研究的人都具有各種類型不同的創造力。這裏提及的創造力並非指那些出自特殊才幹的創造力，而是一種蘊藏於每一個人裏面潛在的創造力，是一種新鮮的、天真的、直接的看事物方法。但一般來説，人所具有的這種創造力通常都在文化薰陶的過程中被摧毀和淹沒，這實在是很可惜的，大部分學者都會贊成創造力是能實現真我者的特徵。

1.5　廣狹之爭的調和

對於廣義的輔導目標，例如“自我實現”和“自我認識”等名目，學者反對的頗多。他們認為那些目標太大，而且太抽象，以致無法發展成為可供研究的假設，結果就始終無法測量出輔導的效能。不過，從另一角度來看，廣義的目標乃輔導工作所必需的，因為它能夠為輔導專業提供一個哲學基礎，是十分重要的。

至於行為學派的學者，對傳統的輔導或心理治療目標批評得最為嚴厲。他們認為“自我實現”和“自我認識”等目標實在是大而無當，太抽象和太過虛泛，很可能根本無法達到。[17]針對廣義目標的流弊，許多學者都有所建議，例如甘寶仕（Krumboltz）就曾經提議輔導的目標不應該太大，應該可以教人具體地説明是某一項特別的行為，在他的論説中，甘氏先界定了設立目標的幾個準則，以供學者參考與採用：

一、輔導的目標應該可以為不同的當事人而個別設立；

二、輔導的目標就算不一定和輔導員的價值觀一致，卻也應該互相協調；

三、當事人所要達到的輔導目標，應該是顯而易見的。[18]

對於以自我探討、自我了解、加強自覺和自我實現等作為輔導成效的目標，德里尼（Delaney）也有所批評。他強調輔導目標應該是以行為名稱來描述的，除非這些可觀察的行為出現改變，否則那輔導過程就不能算為成功。他指出在接受輔導之後不少當事人會說自己的感覺好多了，感到自己自信心增強，同時，對自己和周圍的世界的了解也加深了。德氏認為這些改變固然是出現了，但由於並不是行為改變的具體描述，故此不能當作成功輔導的指標。不過，倘若當事人能告訴我們他不但信心增強，而且由於信心大了，他和別人的相處也因此有了實際行為上的改變（例如他可以較流暢地說話，有較強的自我表白能力，不再貶抑自己，常常微笑，而且與人談話時可以正視他人，而不是死盯着地板），那我們就可以說輔導已經達到一定的成效了。[19]

在我看來，為了要輔導專業工作有正確的取向和產生長遠和持久的成效，終極目標是必需要的，否則我們恐怕將會出現更多"瞎子領瞎子"的悲劇。不過，我相信有了終極目標這大前提後，我們在輔導過程中，若就個人的信念，再訂定特別的目標，是一件值得鼓勵的事；因為對當事人來說，這些特別目標的設立，會令整個輔導過程更加獨特和個人化，可以促進治療功能的果效。

針對廣義和狹義目標的爭論，哥尼（Corey）主張將不同的目標擺放在一條連續線上，次序排列上是從一般的、世界性的和長遠的目標到特別的、具體和短期的目標。若從學派來說，人本，或是以關係取向的治療員通常會強調前者；行為取向的則強調後者。至於處於兩端的目標，其實不一定會彼此抵觸。[20] 我很贊同哥氏的創議，因為事實上是可以將行為治療和人本學派的目標加以統合的；這做法，雖然較理想，卻並非不可行。

1.6 訂定不同層次的目標

柏德遜（Patterson）和派因（Byrne）兩人都將自我實現、自我認識和促進自我的成長等歸類為輔導的終極目標（ultimate goal）。[1]他們同時亦主張設有中間（intermediate）和直接（immediate）兩種目標。前者是指當事人的期望，同時在輔導過程中，頃刻之間可能會出現一些具體的改變，而後者就是這些改變的特別說明和指標了（請參考表一）。

柏氏認為終極目標是較普遍和廣闊的，所關注的是輔導過程中長遠的效能。可惜，有不少輔導員忽略了終極目標的重要，以致在工作中只是針對當事人很明顯的問題來作處理。這種以問題為取向的輔導方法，只能治標，可能解除了當事人即時的困擾，但對他整個人的性格和成長，卻是毫無助益的。因為事實上這種"頭痛醫頭，腳痛醫腳"的方法，不會為當事人帶來長遠的治療果效。相反地，要是我們能先肯定了終極目標，再根據當事人本身的特質和問題的本質，與當事人一同決定中間和直接的目標，那樣不但輔導的方向可以較易保持正確，而且輔導的結果，長遠來說，也能對當事人本身發生深遠而且富建設性的功能，十分寶貴。在我看來，不同的輔導員為人提供輔導，在果效的參差這個課題上，相信大有在乎輔導員對目標是否有正確的觀念和選擇。

不少人問我到底當事人為甚麼要尋求輔導？他們到底有甚麼問題？事實上在當事人要接受輔導時，通常都是因為生活中出現了困難，以致情緒受到困擾。在一般情況下，人們通常可以自行處理個人的問題，但在人生中，每個人多多少少都會遇到一些事件是自己無法獨自處理的，於是就要有外力的支援了。倘若一個人有好朋友和知己，固然可以從他們那裏得到幫助，但有些人卻沒有這樣的一個好的支持系統，他們也就很可能要找輔導員或治療員幫忙了。當然，也有一些人雖然有好友和知己，但仍感到友好的幫忙有所限制，結果也還是要找專業人士提供幫助。

當事人要求輔導的問題很多，例如老年人的退休恐懼；中年人的痛失愛侶；成年人的婚姻危機、姻親問題、事業失敗、身罹絕症、酗酒、與同事

表一

條件	目標		
	直接（過程）	中間（次目標）	終極
同感的了解	個人內在的探討	個人潛質的發展	自我實現、自我認識、自我促進，或致力成為具完美功能的人
非佔有式的溫暖			自我接納和接納他人
真誠	個人分享	自我了解	同感
熱烈和親密的接觸	個人探討		深入的人際關係
具體		中學畢業、專上教育、就業、工作的滿足、婚姻	民主的信念、開放的態度、創造力、誠實、責任感、真誠、負責的獨立自主、自己和理想的自己達致協調一致

出處：C. H. Patterson, "A Model for Counseling and Other Facilitative Human Relationships." in W. Van Hoose and J. J. Pietrofesa, *Counseling and Guidance in the Twentieth Century* (Boston: Houghton Mifflin Co., 1970) P.185（在徵得作者同意下轉載）

不和、性無能、性冷感、缺乏自表能力；青少年的身分危機、欠缺安全感、失戀、學業成績差、被同學輕視、感到人生很空虛很無聊、頻密的自慰、墮胎……等，實在不能盡錄。不過，倘若我們只是針對這些問題來作輔導，那麼，輔導的目標就只是解決這些問題而已。但正如前文所討論的，這樣的輔導只是解決了當前的問題，而實際卻欠缺長遠的治療果效。故此，我們極需要有終極的目標；我深信只有在自我實現這大前提下，我們再設法具體的幫助不同的當事人，才是徹底的輔導工作。

可能有人會說，有些人的問題很瑣碎，與自我實現有何關係呢？在探研輔導目標的過程中，我曾經將當事人不同的問題加以分析和整理；誠然，在其他人客觀的觀察中，部分問題看來確是很瑣碎的，但實際上，這些所謂"瑣碎"的問題，在當事人主觀的看法中，卻是十分十分重要的事。同時，當我們詳細觀察過他們的問題，並作探討後，就會發覺在許多極為普通的問題背後，竟然是牽涉着許多極之重要的課題的。例如許多人以為失戀並不是甚麼大不了的事，但我曾經輔導過無數的青少年，甚至成年人，在他們失戀的過程中，竟然出現了極大的危機。最常見的就是在處理不當的分手中，被動的一方，倘若受到對方不留情面的奚落和批評，自尊就會受到嚴重的打擊，可能在驟然間令致整個自我形象被撕得粉碎，以致對自己產生很大的疑問。又或者有人以為考試失敗乃兵家常事，但無數學生在這危機中，也會傾向於否定自己、懷疑自己的能力，倘若再加上父母不能體諒，他們便更會懷疑自己生存的價值和意義，那後果是可以很惡劣的。總括來說，我發覺在一般問題的背後，透過深入分析，可以發覺當事人在困難中經常會這樣問自己：

我是誰？

我是否有價值？

我存在有何價值？

我為甚麼要生活？

我努力、奮鬥，為的是甚麼？

生命的意義是甚麼？

人生有甚麼目的和終向？

面對宇宙的無盡與時間的永恆，我該怎樣去解釋我這個體的有限的生命？有些輔導員可能會奇怪怎麼從來沒有當事人向自己發出這種問題。事實上，很少有人會正面問這些問題，他們有時對這些問題是有所知覺的，但更多時候卻是無意識地被這些重大的問題所困擾着，結果感到困惑與無助。我們作輔導員的，絕對不能輕忽了他們那無聲的吶喊。

在這反省過程中，我發覺了人其實都是具有對終極的關注的。人們在生活的種種衝擊之下，個人的自我往往受到威脅，以致被刺激而觸發了對自己生命的尋索，而發出以上幾個千百年來哲人思想家不斷提問和研究的大課題。若要輔導的果效深遠徹底，我們就不能不正視人們對這些嚴肅問題的關注；

就因為如此，輔導終極目標的確立，是絕對正確的做法，同時，也是必要的一個步驟。

　　基於上述的原因，我很同意柏氏與派氏的分類，也欣賞他們作出中間目標和直接目標的建議。因為他們的分類能夠兼顧了長遠和當前的需要，令輔導過程可以充分發揮治療的果效。以下我會用一些實際的例子來和大家詳細探討如何確立不同層次的目標，以期增進大家對這問題的了解，也方便大家在日後的工作中可以暢順地操作。

例一：若我們以中學生為一個特別的總體作為例子，輔導的目標將會如下表
所示：

終極目標----
┌───┐
│   自我實現   │
└───┘

↑

中間目標----
┌───┐
│ 1. 在學問上奠定穩固的基礎；   │
│ 2. 為將來的工作與事業作好準備；   │
│ 3. 認識自己、接納自己和欣賞自己，建立健康的自我形象；ば │
│ 4. 促進自信，加強自表能力；   │
│ 5. 學習與人發展良好的人際關係；   │
│ 6. 培養獨立自主的能力；   │
│ 7. 學習與異性相處，對戀愛、婚姻和家庭有正確的觀念和 │
│   態度；   │
│ 8. 建立正確的人生觀和適當的生活方式。   │
└───┘

↑

直接目標----
┌───┐
│ 一、 針對每個當事人獨特的問題進行探討，促進當事人的 │
│   自我了解和自覺。   │
│ 二、 中學生個案問題舉例：   │
│   1. 會考失敗，對前途感到恐懼；   │
│   2. 學業成績差，又沒有辦事能力；   │
│   3. 對教師用英文授課，感到極大的困難；   │
│   4. 覺得自己太瘦弱，沒有男子氣概；   │
│   5. 討厭自己的外表；   │
│   6. 欠缺自信，很畏縮，不敢表達自己；   │
│   7. 與父母關係惡劣；   │
│   8. 沒有朋友，感到很孤單寂寞；   │
│   9. 常常有許多綺念，自慰非常頻密；   │
│   10. 感到人生毫無意思，生活很呆滯乏味；   │
│   11. 失戀；   │
│   12. 經常遲交學費，感到很難為情；   │
│   13. 男朋友期望可以發展深入的關係，但自己無法作 │
│   決定。   │
└───┘

例二：若我們以例一之中學生個案之第十一項為例子，不同層面的輔導目標
可以作如下的設計：（當事人是一位中五的男學生；他的問題是失戀。）

終極目標 ---- | 自我實現

↑

中間目標 ---- |
1. 認識自己，接納自己和欣賞自己，重新建立健康的自我形象，肯定自己的價值。
2. 恢復積極生活方式。

↑

針對當事人的問題來進行探討，在過程中，協助當事人達致以下的自我了解和自覺。

1. 這次的分手，自己是被動的一方，故此感到很傷痛。
2. 事情發生得太過突然，有措手不及的感覺。
3. 由於沒有足夠的時間大家進行討論，而主要是對方所作的決定，故此自己在難過之外，還感到對方很不公平，也不尊重自己。
4. 在事後他追問原因時，女朋友對他有許多批評，最後還說他沒出息，令他自尊心大受創傷。
5. 女朋友的指責，雖然冷靜思想時會覺得大不以為然，但在情緒不好時，又會覺得她認識自己很深，看法一定不會有差錯，故此內心很矛盾。

直接目標 ----

6. "沒出息"三個字經常盤桓在腦海中，令自己近來很自卑、很畏縮，常常否定自己。
7. 好友曾向自己分析，認為自己過去一直將女朋友美化，而事實上，她並不如此美好，這一次的事實就是明證，自己聽後感到很失望，當時還生好友的氣，但有時又會同意他的看法。
8. 自從上個月失戀後，一直不能集中精神讀書，但想到還有四個月就要會考，心情很沉重，很多焦慮，也氣惱自己不能堅強地站起來。

例三： 當我們以例一裏面中學生個案舉例的第十二項來進行闡釋時，不同
層次的輔導目標應該是：（當事人是一位中四的女學生；她的問題是
經常遲交學費，所以感到很難為情。）

終極目標 - - - -

| 自我實現 |

↑

中間目標 - - - -

| 1. 認識自己、接納自己和欣賞自己，建立健康的自我形象。
2. 建立正確的人生觀和適當的生活方式。 |

↑

直接目標 - - - -

　　　針對當事人的問題來進行自我探討，在過程中，協助當
事人達致以下的自我了解和自覺：
1. 每個月都要拖到月中才可以交學費，令自己感到很羞恥。
2. 每月母親把學費交給自己時的冷言冷語，令自己很難堪，
　 常常想早日經濟獨立，免得再被她侮辱。
3. 母親重男輕女，令自己在家中毫無地位，受到牛馬般的
　 看待，所以感到很悽酸，也感到不滿和忿怒。
4. 對母親偏愛哥哥和弟弟的行為很反感，覺得她很不公平，
　 因此連帶對哥哥弟弟也存有敵意。
5. 覺得自己因為是女性而遭受很多痛苦，所以對自己是個
　 女性感到抗拒，同時也感到自卑。
6. 幾次想停學，但自己又很喜歡讀書，同時老師也不斷提
　 醒自己若多唸點書，將來就業機會和選擇會較多，故此
　 經常有許多矛盾與掙扎。
7. 當日子平靜時，可以安心讀書，但當母親又針對自己時，
　 痛苦中會作反叛的行為，渾渾噩噩地做人。
8. 有時在極度的傷痛和無奈中，很想一死了之。
　⋮

例四：現在再以例一中學生個案最後一項來作闡釋：（當事人是一位中七的女學生；她的問題是男朋友期望發展深入的關係，但自己無法作決定。）

終極目標----	自我實現

↑

中間目標----	對戀愛、家庭和婚姻建立正確的觀念和態度，也學習與異性相處。

↑

直接目標----

針對當事人的問題來進行自我探討，在過程中，協助當事人達致以下的自我了解和自覺：

1. 自己出生與成長於一個破碎家庭，對婚姻制度失了信心。
2. 父母未離婚前經常爭執和打架，令當事人對夫婦關係產生很惡劣的印象，也感到害怕。
3. 母親為了三個兒女，無盡地忍辱、捱苦，令當事人感到在婚姻制度中女性始終是受害者。
4. 父親對母親的不忠和態度的惡劣，持續十多年，這經驗令當事人對男性的看法相當劣壞。
5. 父母是自由戀愛結合的，但最終仍是不和而分手，令當事人懷疑愛的持久與永恆性。
6. 雖然心頭有許多恐懼，但卻又渴望男友的愛與照顧，所以感到很矛盾，有很大的焦慮。
7. 由於自己不願坦白與男友解釋自己內心的掙扎，故此常常無故發脾氣，彼此產生磨擦，故此感到內疚與不安。

⋮

1.7 當事人的期望

基於當事人的個別差異，和各人的處境和問題的本質不同，他們來接受輔導時，期望往往很個人化。不過，他們通常會期望輔導員為他們指點方向和解決問題；更常見的是想接受測驗和分析，希望輔導員為他們的問題提供直接了當的答案。[22] 而事實上，當事人的期望，往往會影響輔導的方向和結果；同時，當事人的期望往往也會成為在初步接觸後，他們是否繼續接受輔導的主因之一。[23] 的確，曾經碰到不少期望不很正確，但又偏偏固執己見的當事人，在這情形下，基於失望或甚至是不滿，他們會中止了輔導關係。記得有一次一位家庭主婦，由於九歲的女兒無故失蹤，七個月來仍然下落不明，有一天，她突然來找我，目的是要我協助她找回失蹤的女兒。當我仔細聆聽她的哭訴和抱怨後，當然盡量向她表達我的同感與關心，但同時也清楚告訴她，在尋找她的女兒這任務上，我並非適當的人選，而且事實上，我在這事件上是無能為力的。當時我建議並願意協助她再與有關方面接觸，看看有沒有新的進展。

而且我對她表示，自己能做的，而且也很樂意做的，倒是協助她好好處理這事件帶給她的傷痛，以便有能力重新站起來面對生活。很可惜，她不但很失望，而且還將我的限制看作"拒絕幫助"。當然，我努力作出解釋，但她情緒十分激動，根本無法理性地聽我的說話，最後還對我表示極之不滿，批評一頓後悻悻然離去。

對於持有不正確期望的當事人，我們除了耐心地作解釋和教導外，還要着意於他的性格，以及他當時的情緒狀態，如果他們能因我們的說明而調整期望，是最好不過的事；不過，其中也總會遇上不少會作出上述個案中的主婦一樣的反應，令我們身為輔導員的感到無法施助，十分無奈。故此，要全面性地推動輔導服務，對市民大眾的基本教育是相當重要的。

其次，部分當事人的期望可能很一般性，但另外有些當事人卻持有相當特別的期望。若再詳細分析，還會發覺其中有些很適當，有些很不適當，有些是合理的，但有些卻往往過於理想，根本沒有可能達到。不過，當事人起初所表達的期望，有時不定就是輔導的目標。[24] 因為當一個人有困難而接受輔導時，有時基於本身的性格關閉和對人欠缺信任，有時基於問題的本質難以啟齒，很可能在輔導階段的早期，他們只是談及一些較為表面化的問題，直到關係較鞏固、他們對輔導員的信心較大時，才會將真正的問題和期望說出來，所以，在輔導過程中，輔導員的觀察力、分辨力和敏感度是十分重要的。

一般來說，我們可以將當事人的期望加以分類，若以學生為例，往往會包括：

選擇一個事業；

獲取有關升學和就業的資料；

改進學習方法和習慣；

爭取好成績；

加強自我認識；

建立健康的自我形象，加強自信；

學習與人發展良好的人際關係；

學習與異性相處；

改善與家人、尤其是父母的關係；

克服性格上的弱點；

培養獨立自主的能力；

討論有關戀愛與婚姻的問題；

討論與性有關的問題；

尋索人生的價值與意義。

至於其他不同身分或年齡階段的人，往往會因為本身的處境和生活範疇的獨特性，以致問題與學生的有別，但同樣地，我們也可以將他們的期望分類，來方便我們工作的進行。

1.8 誰應該決定輔導的目標？

差不多所有不同派別的學者都認為應該由當事人去決定輔導的目標，但同時他們也承認每一個輔導員通常都有一些基本和一般性的目標。實際來說，輔導目標的決定，其實是輔導員和當事人一同進行的一個演化過程，換言之，那是在輔導過程的進行中大家一同完成的一項工作。因為在輔導過程剛開始的時候，當事人的思緒往往很混亂，自己也不清楚到底他們可以從輔導過程中期望些甚麼，很可能只是很簡單地要求輔導員針對他的問題來提供答案。此外有好一些當事人是由父母或師長轉介的，他們很可能自己完全沒有甚麼目標，或者根本不清楚自己無意識間所存在着的目標。

為了幫助自己，更為了協助當事人清楚輔導的目標，在接案時輔導員就會嘗試用下列的問題來刺激當事人去思想和作出抉擇，問題包括：

你期望從輔導獲得甚麼？

你到底想要些甚麼？

你的性情與你的生活狀況如何？

在你的性情與你的生活狀況中，有甚麼是你想改變的？

為了促進自己工作的果效，每一位輔導員都應該有他所選定的輔導目標，而事實上，輔導員所採納的目標，通常反映了他的價值觀和人生哲學。這個論點，又再令我思想輔導員或心理治療員自身修養的重要性。我很相信一個輔導員對輔導目標的選擇，無論是意識或無意識的行動，追溯起來實際就是他自己的人生目標的投影。故此，他本身生活內涵豐盛，很可能就可以導引當事人生命取向趨於豐盛；相反地，他本身的貧乏和枯槁，也可以限制了當事人生命潛質的發揮。

總括來說，輔導的目標不是輔導員或當事人單一方面所作的決定，雖然我們絕對同意讓當事人自決，但若因此而認為輔導員沒有任何參與與影響，就是自欺欺人的說法。故此，學者強調輔導員或治療員要與受導者一同參與，因應當事人的需要和困難來訂正輔導的目標。[25]

註釋

1   D. S. Arbuckle, *Counseling: Philosophy, Theory and Practice* (Boston: Allyn and Bacon, 1965), 49–50.

2   C. H. Patterson, *Relationship Counseling and Psychotherapy* (New York: Harper & Row, 1974), 15.

3   Bruce Shertzer and Shelly C. Stone, *Fundamentals of Counseling* (Boston: Houghton Mifflin, 1980), 82–83.

4   Marie Johoda, *Current Concepts of Positive Mental Health* (New York: Basic Books, 1958).

5   R. W. White, "Motivation Reconsidered: The Concept of Competence," *Psychological Review*, 66 (1959), 297–333.

6   H. Bonner, *On Being Mindful of Man*(Boston: Houghton Mifflin, 1965), 190; A. H. Maslow, *Toward a Psychology of Being* (Princeton, N. J.: Van Nostrand Reinhold, 1962), 168–169.

7   S. Freud, *Collected Papers*, Volume 2 (New York: Basic Books, 1959), 331–332.

8   A. H. Maslow, "Some Basic Propositions of a Growth and Self-actualization Psychology," in Arthur W. Combs, ed., *Perceiving, Behaving, Becoming Yearbook* (Washington: Association for Supervision and Curriculum Development, 1962).

9   A. W. Combs, "A Perceptual View of the Adequate Personality, " *Perceiving, Behaving, Becoming Yearbook* (Washington: Association for Supervision and Curriculum Development, 1965), 56.

10 C. R. Rogers, "The Place of the Person in the New World of the Behavioral Science," *Personnel and Guidance Journal*, 39 (1961), 449.

11 C. H. Patterson, "A Model for Counseling and Other Facilitative Human Relationships," in W. Van Hoose and J. J. Pietrofesa (eds.), *Counseling and Guidance in the Twentieth Century* (Boston: Houghton Mifflin, Inc., 1970), 685.

12 J. J. Pietrofesa, G. E. Leonard and W. V. Hoose, *The Authentic Counselor* (Chicago: Rand McNally, 1978), 12.

13 林耀鴻："我的輔導理論"，《突破輔導中心輔導簡訊》，第二卷第二期（一九八零年夏季），第三頁。

14 吳鼎：《輔導原理》(台灣編譯館主編。五南圖書出版公司印行，一九八三年八月再版)，第九十六至九十七頁。

15 Patterson, *Relationship Counseling and Psychotherapy*, 17–20.

16 A. H. Maslow, "Self-actualizing People: A Study of Psychological Health," in C. E. Moustakas (ed.), *The Self: Explorations in Personal Growth* (New York: Harper & Row, 1956), 160–194.

17 John J. Pietrofesa, Howard H. Splete, Alan Hoffman and Diana V. Pinto, *Counseling: Theory, Research, and Practice* (Boston: Houghton Mifflin 1978), 42.

18 J. D. Krumboltz, *Revolution in Counseling: Implications of Behavioral Science* (Boston: Houghton Mifflin, 1966), 155.

19 Daniel J. Delaney and Sheldon Eisenberg, *The Counseling Process* (Chicago: Rand McNally, 1977), 80–82.

20 Gerald Corey, *Theory and Practice of Counseling and Psychotherapy* (California: Brooks / Cole, 1977), 189.

21 Patterson, *Relationship Counseling and Psychotherapy*, 17–20; Richard H. Byrne, *The School Counselor* (Boston: Houghton-Mifflin, 1963).

22 A. B. Heilbrun, "Effects of Briefing Upon Client Satisfaction with the Initial Counseling Contact,"

Journal of Consulting and Clinical Psychology, 38 (1972), 50–56.

23 Pietrofesa, Splete, et a1., op.cit., 45–47.

24 Shertzer and Stone, op cit., 96.

25 H. Hackney and S. Nye, *Counseling Strategies and Objectives* (Englewood Cliffs, New Jersey: Prentice–Hall, l973), 40.

第二節　人性觀

2.0

在輔導範疇中，有幾個課題是十分重要的，而其中的"人性觀"，在我看來最為重要。我相信一位輔導員或治療員所持的人性觀，不但決定他對輔導理論所作的抉擇，而且，亦切切影響他如何發展一套個人從事心理治療工作的模式。不過，不少輔導員和治療員，竟然忽視了這最基本的問題，實在令人憂心。柯里（Corey）就此問題，亦曾表示發現有此現象，他指出由於許多治療員沒有充分留心自己所持有的哲學性假設，這些人以為在工作中自己對所輔導的當事人是沒有必要作任何既定的假設的。哥尼認為我們實際是要有明確的假設，而我們在輔導過程中的所言所行，要能與自己對人性的看法和信念協調一致。[1] 我很欣賞他的建議，也希望透過下面的討論，能幫助大家徹底對自己所採納的人性論作出反省，或者，對未有定論者，帶來一點衝擊，早日在這關鍵課題上作抉擇。因為我們所採納的人性論，將會決定我們輔導的目標，影響我們對輔導理論的選擇和我們輔導當事人的態度。倘若一個輔導員或治療員，在人性論和輔導的目標上欠缺清晰的取向，則輔導過程的進行和果效，都往往會出現問題的。故此，以下我將會與大家一同看看幾個主要學派的人性觀，然後，也嘗試探討一下中國傳統的人性觀。

2.1　心理分析學派（Psychoanalytic Approach）的人性觀

- 人，同時具有人性與獸性。
- 佛洛伊德（Frend）對人的看法基本上是悲觀的，所持的人性觀是決定論。

- 根據佛氏的看法，人的行為的取向往往被非理性的動力，無意識的動機，生物性的需要和內驅力，並五歲前的性心理事件所決定。

- 人的性格是一個包括本我、自我和超自我的系統，由於這系統的能量有限，故此，當其中一個系統主掌控制能量時，其他二者就會失卻控制權，而人的行為就被這心靈能量所決定。

- 佛氏特別強調人的本能，而且認為所有本能都是天生的，是生物性的，而其中對人影響最大的是性本能和侵略性的衝動。

- 人的行為是具有目的的，往往決定於人逃避痛苦和尋求快樂的傾向。

- 人同時具有生活的本能和死亡的本能，根據佛氏人生的目標就是死亡，而生活只不過是邁向死亡的一條迂迴道路而已。

2.2 行為學派（Behavioral Approach）的人性觀

- 不重人性觀的抽象觀念，卻將焦點集中於可觀察的、特別的行為。

- 人的行為基本上是機械性的，只能對環境作回應，而本身對環境的控制能力很微弱。

- 人的行為是規律性的，乃以前發生的事所引生的功能。

- 由於生活在一個決定性的世界，人根本很難主動去選擇自己的命運。

- 行為是學習的結果，而人受外在影響的制約。

- 人所學到的行為被正面或負面的增強所塑造。

- 若作妥當的安排和設計，可以將人已經學習到的行為加以消除，而且以有效能的行為取代了沒有效用的行為。

2.3 存在學派（Existential Approach）的人性觀

- 人要背負生命所帶來的工作，而因此亦界定了生命的意義。

- 人要掙脫本能和環境的控制，重獲自由。

- 人擁有自覺和自由以作人生基本的抉擇，換言之，人可以塑造自己的生命。

- 每個人都是獨特的，他的作為是不可預測的。

- 人要對自己負責。

- 對一個人的成長而言，人的感受、人生經驗、價值系統都是重要和富有意義的。

- 在尋找人生意義的掙扎過程中，人基本上是很不安靜的，有很多焦慮，同時，也感到不安全。

- 人要不斷的尋找生命的意義，這就成為了行為的動機。

- 人被自己的價值所吸引，而不是受其所驅策。

2.4 人本學派（Humanistic Approach）的人性觀

- 人是理性的，是善良和值得信任的。

- 人的取向是成長、是健康、獨立自主、自我認識和自我實現。

- 人各具潛質，每個人都是有價值、有獨特的個體，有本身的尊嚴的。

- 人有能力產生自覺，認識和主掌自己的生命。

- 人對自己有一定的信任，而其中之一就是人內裏存在的方向感。

- 人有自發性，可以自然地生長。

- 人的行為，往往被自己的自我形象所影響。

2.5 中國傳統的人性觀

2.5.1 儒家的人性觀

儒家看人性先作這樣的區分：他們認為人類與生俱來的是"天性"，而當天性經過後天薰陶，逐漸得以發展便成為"人性"。換言之，"人性"是由"天性"發展而來的。所謂性（nature）是一種素質，人類生來便都具有這種素質。這種素質若不加以教化，便成"野蠻"；加以教化，便成"文明"。

論到人性，儒家認為其中包含三個要素，就是"智、仁、勇"，儒家稱之為"三達德"。至於儒家的教育目標就是發揚人性，以期培養出智、仁、勇三達德都兼備的君子。這是《中庸》"天命之謂性，率性之謂道，修道之謂教"一路。又"道不遠人，人之為道而遠人，不可以為道"。"故君子以人治人，改而止"，這是人本主義，是中國傳統的命脈方向，也是中國傳統教育的特色，與輔導心理中人本主義取向的學派一般，強調人的尊嚴、地位、價值，且由人的自覺性作出發點。

儒家對教育的看法，以"人本立我"為基礎，其核心思想是仁：言"禮"是依於"義"，言"義"是以"仁"為基礎。不過，無論禮、義、仁之觀念，均在提供一系列的價值標準，而此等價值標準之根源，唯在自覺之意識。以下是儒家教人做人的幾個重要項目：

一、以誠為本

儒家認為誠是天道，也就是真理。"誠"實即智、仁、勇三者，三者之外，更無他物。

二、修身之道

儒家最重修身；至於修身的功夫，是"格物"、"致知"、"言忠信"和"行篤敬"，而四者都要關連到道德實踐上去。

三、明禮克己

孔子說："克己復禮為仁"，具體的說，就是"非禮勿視，非禮勿聽，非禮勿言，非禮勿動"。[2]"而禮者，義之實也。"[3]凡事依禮而行，順義而為，對每個人來說都是最合乎天性，又容易辦到，故此毫無疑問是可能的。而孔子相信只有透過克己和復禮，才可以幫助人成就道德修養。[4]

四、自省改過

曾子曾經說："吾日三省吾身。"[5]而孟子說："行有不得者，皆反求諸己。"[6]充分表示了儒家學者們相信人要自省，才能自知，有了自知，才能"盡"之"擴而充之"，以求人格之完備充實。在這過程中，人要靠自己的努力，自動自發而又持之有恆地洗心革面，更新、改變、成長。[7]

統言之，"自我實現"若為心理輔導的終極目標，則儒家之以"道德的自我"為我之真正主體，應該極為重要，應該是其歸趣。若果不能把握這"道德的自我"，則以上的以誠為本，修身之道，明禮克己和自省改過等各項皆成為不可能。

2.5.2 孔子對人的看法

　　孔子論性的説話不多；子貢曾説："夫子之言性與天道，不可得聞也。"[8]《論語》中論及人性的，如説："性相近也，習相遠也；唯上智與下愚不移。"[9] 所謂性相近和習相遠，意思是由此相近之"性"，可因"習"而不同（指可連繫於各種可能之形態之志與學）。故可知孔子重點是要説明能生長變化而無定限之人性。又説："中人以上，可以語上也；中人以下，不可以語上也。"[10] 所指的"中人"大概是指"上智"與"下愚"之間的人。但又另有説明："生而知之者，上也；學而知之者，次也；困而學之，又其次下；困而不學，民斯為下矣。"[11] 那末，他所指的"中人"似乎就是"學而知之"與"困而學之"那兩等人；而所謂"上智"則是指"生而知之"那一等了。孔子曾經説過："我非生而知之者，好古敏以求之者也。"[12] 孔子被譽為至聖先師，尚且不承認自己是屬於"生而知之"那一等級的人。故此學者分析他所謂"生而知之"的人，看來只是理想的"上智"，實際上可能沒有這一等級的人。至於下愚，應該是指那些困而不學的人，也就是孟子所説"自暴自棄"的人。

　　孔子對人有相當獨特的看法，他認為人有許多類別，如智愚之分、種族之別、文野之不同。不過在孔子看來，要造就一個人只是教育問題，而不是人自身的資質的問題；所以他便説了"有教無類"這一句最偉大的話。其次，孔子開闢了人的內在人格世界，開啟了人類無限融合及向上的機會；所謂內在的人格世界，就是人在自己生命中所開闢出來的世界。而這在人生命中的內在世界，不能以客觀世界中的標準去加以衡量和加以限制；因為客觀世界，是"量"的世界，是"平面"的世界；而人格內在世界，可以用一個"仁"字去描述。至於違仁與不違仁，乃屬於自身內部的事，屬於人的精神世界和人格世界的事。人要先發現自身有此一人格世界，然後才能夠自己塑造自己，把自己從一般動物中，不斷向上提高，因而使自己的生命力作無限的擴張與延展，而成為一切行為價值的無限泉源。換言之，人要先發現自身有此人格世界，進而成就道德自我的世界。

除了"有教無類"的重點外，孔子更重視個性教育，所謂重視個性教育，乃在於他不是本着一個模型去衡定人的性格，而是承認在各種不同的性格中，都可以發現其有善的一面，可以加以發展。他雖然認為"中行"是最理想的性格，但"狂者進取，狷者有所不為"（《子路》），狂狷也有善的一面。此外，他指出"柴也愚，參也魯，師也辟，由也喭"，及"賜不受命"（《先進》），也曾經說："古之狂也肆……古之矜也廉……古之愚也直"（《陽貨》），是表示雖則各有不同的個性，但他都可以從學生身上發現其善處和長處，加以造就。

2.5.3　孟子論性善

中國人性觀的方向，不是將人或人性，視為一絕對之客觀事物來論述。而主要是就人之面對天地萬物，並面對其內部所體驗的人生理想而自己反省，這就是人性，以及天地萬物之性。所以大體上共許之一義是：此人性之無變化無方處，而指為人之特性之所在，乃人之靈性，有異於萬物之性為一定而不靈者。

孟子言性，乃即心言性善，就心之直接感應以證之。此心即"性情心""德性心"，不同自然的生物本身或所謂生理上之需要衝動之反應。孟子曾說："惻隱之心，人皆有之；羞惡之心，人皆有之；辭讓之心，人皆有之；是非之心，人皆有之。"[13] 同時也反過來說："無惻隱之心，非人也；無羞惡之心，非人也；無辭讓之心，非人也；無是非之心，非人也。"[14] 從何事可以證明人人都必定有這四種心呢？他曾加以說明："所以謂人皆有不忍人之心者，今人乍見孺子將入於井，皆有怵惕惻隱之心；非所以內交於孺子之父母也，非所以要譽於鄉黨朋友也，非惡其聲而然也。"[15] 他又說："惻隱之心，仁之端也；羞惡之心，義之端也；辭讓之心，禮之端也；是非之心，智之端也。"換言之，他相信人人有以上所說的四端和四德，而且還說明："仁、義、禮、智，非由外鑠我也，我固有之也。"[16]

孟子相信人人有上述的四種善端，也就可引發而成為仁、義、禮、智四德。而仁、義、禮、智為人之所獨有，乃人求諸己心，純屬於自己而為人之真性所存。自然生命之小體之欲，非人之真性的存之地，乃求之有道，得之有命；小體之欲，為人與禽獸相同之處，居於下一層次，為心性之所統率主宰。"君子所性，仁義禮智根於心"；"養心莫善於寡欲"。是說明"心"為在己，在內，而自然生命為在外；孟子以心為大體，自然生命（生）為小體，大可以統攝小，故此以心言性的說法可統攝以生言性之說。

告子以食色為性，[17] 並沒有錯，這的確是人與禽獸所同具之性，但人有異於禽獸，那就是除了食和色外，人類還有能思考的"心"，以至能具有四端，而且，當我們將四端加以引發擴充，就可以成為"人偏之至"的聖人。[18] 故此"人皆可以為堯舜"並不是說人人都是堯舜，而是說每個人的人性中同具可以引發擴充的善端，擴充引申之，便有可能做到堯舜。但為何世人並非人人是善人呢？那是因為人未能將其擁有的四端擴而充之，以致成為庸庸碌碌的人；而有此四端卻自稱能力不及的，就成為自暴自棄的人。而且，令我們可以擁有四端的能思之心，是"操之則存，捨之則亡"，"求則得之，捨則失之"的。若不加以存養，不事擴充，便是"放其心而不知求"了。故此孟子說："學問之道無他，求其放心而已矣。"[19] 至於孟子論學，也是以"性善論"為根據的。簡單地說，由於孟子相信人人都具有四種善端，所以教師只需要把善端引發出來，使學者自己擴而充之就可以了，並無加以改造之必要。

孟子所說的性善，是說每個人的人性中，都同具善端，並非說人性是純乎善的。至於人做壞事，不思長進，不事生產，孟子的解釋是甚麼呢？他一方面強調任何人，包括了惡人，都具有上述之四善端，但同時亦說明人們所以作奸犯科，多數是由於環境所造成。他曾經說過："富歲子弟多懶，凶歲子弟多暴。非天之降才爾殊也，其所以陷溺其心者然也。今夫麰麥，播種而耰之，其地同，樹之時又同，浡然而生，至於日至之時，皆熟矣。雖有不同，則地有肥磽，雨露之養，人事之不齊也。"[20] 他的意思是說人心同具善端，就如麰麥的種子都有生長的能力，只因環境的差異而導致成長的不同；就好像富歲子弟多懶惰，要依賴他人，凶歲子弟多暴戾無賴，這都並非天賦的不同，乃環境差異所造成也。至於心之喪失陷溺梏亡，即孟子所謂不善之原，但此心之一時梏亡喪失，不礙人之仍具此心，故此孟子教人一系列的修養工夫。

總的來説，孟子所説的"性善"是説人性皆有善端，皆有"良知"和"良能"；至於擴而充之，發展良知良能，就有待後天人為的修養了。

2.5.4 荀子論性惡

荀子學説的中心是"性惡論"。在《性惡》篇中開始就説："人之性惡，其善者偽也。"意思是説人性本惡，其中善者，乃人為之結果。可惜，不少人將"其善者偽也"解釋為其善者都是虛假詐偽的，這實在是很大的錯誤。

《性惡》篇又説："今人之性，生而有好利焉，順是，故爭奪生而辭讓亡焉；生而有疾惡焉，順是，故殘賊生而忠信亡焉；生而有耳目之欲，有好聲色焉，順是，故淫亂生而禮義文理亡焉；然則從人之性，順人之情，必出於爭奪，合於犯分亂理，而歸於暴。故必將有師法之化，禮義之道，然後出於辭讓，合於文理，而歸於治。"又説"今人之性，飢而欲飽，寒而欲煖，勞而欲休，此人之情性也。""若夫目好色，耳好聽，口好味，心好利，骨體膚理好愉快，是皆生於人之情性者也。"孟子認為人性中有"惻隱"、"羞惡"、"辭讓"、"是非"等善端，故此可以擴充為"仁義禮智"等各種善德；而荀子認為人性中有"好利"、"疾惡"、"好聲色"……等各種惡端，於是就產生了"爭奪"、"殘賊"、"淫亂"等惡行。故孔子是希望人可以"盡性而樂於善"，而荀子就希望"化性而勉於善"；實際上，雖然做法很不同，但卻都是在教人為善。

其實，荀子言性惡，似是對孟子而發；然荀子中心之思想，則在言心而不在言性，以致孟荀之異，其重點乃孟子即心言性，而荀子則分心與性為二。至於荀子言化性而成德，性乃為惡，其論性惡，見其《性惡》篇，論性及與性直接相關之名之義，則見於其《正名》篇。《正名》篇説："生之所以然者謂之性，性之和所生，不事而自然者，謂之性；性之好惡喜怒哀樂謂之情；情然而心為之擇為之慮；心慮……而後成謂之偽。"再看《性惡》篇："性者，天之就也。……不可學，不可事，而在人者謂之性；可學而能，可事而成之在人者，謂之偽。是性偽之分也。"可見在此"天性"、"人偽"的分別中，是未包涵性必惡的看法的。

然則荀子又曾明言性惡者，是甚麼意思呢？其實，那是由與人之偽相對相較而言，乃反照出者，若單言性者，亦即無惡之可說。換言之，是由人的理想（積慮能習所依之禮義文理）與現實之對照者。人越有理想，就越希望轉化現實，以判斷此來轉化之現實，是不合理想中之善，為不善而惡者。《性惡》篇中言性惡的理由，如上文所說，都是出於對較其理想而反照出者，例如第一段：「今人之性，生而有好利焉，順是故爭奪生而辭讓亡焉。……故必將有師法之化，然後出於辭讓，合於文理，而歸於治。然則人之性惡明矣，其善者偽也。」此處荀子並非孤立此性，而言其惡，乃就人之順性，必使禮義之理不存，方謂性為惡也。可見順此則違彼，順彼則違此，是一種互相對較對反之關係。

　　在《性惡》篇第二段中論到君子與小人，則由君子之善（待師法得禮義），方見小人之不善（縱情性，安恣睢而違禮義），這也是一對較對反的關係。第三、四段：「飢而欲飽，寒而欲煖，勞而欲休，此人之性情也……故順情性則不辭讓矣，辭讓則悖情性矣。」這裏所說的飢而欲飽，勞而欲休，就其自身來看，並無明顯的惡義，其惡是在於人若順之，則與辭讓結成一對較對反之關係，順之而辭讓亡，方見性惡也。第六段：「夫薄願厚，惡願美，狹願廣……苟無之中者，必求於外。……人之欲為善者，為性惡也。人之性，因無禮義，故彊學而求有之也；性不知禮義，故思慮而求知之也。」在此荀子是就人之欲為善以證性惡，而其中性與禮義的對照關係，亦最為顯著。荀子由人之欲為善來反證人初之無善，進而言性惡。不過，此無善是否即為惡，很值得研究；若以孟子的思路，則由人之能欲義甚於生，以證性善。此後見荀子是在「人所欲之善」和「其現實上尚無此善」之對照關係中，而以所欲之善為標準，方反照出其尚未有善的現實生命狀態之為惡也。

　　最後，在第七段、第八段中，荀子由「有由思慮偽故起之禮義」與「無此而人任其性必致天下於悖亂」之對照關係中而言人性之為惡。並且，亦指出「以人雖可以為禹，或欲為禹，而非必能為」。荀子的意思是人今未實為禹，亦無由據實以斷其必能。不過，當我們就其實無禹之善，而觀人之現實生命之狀態，即是未善而不善，便仍然可以説其性之趨向在為不善，而乃為惡。

此外，再就荀子所承認人有欲為善之理想一點上追問：此欲為善之本身，豈能否認其性之為善？求轉化惡之慮積能習，又豈能不説是善？荀子所言一切求轉化，乃原於心，屬於心者不屬於性；此欲為善與有思慮能習之心，其本身豈能無性可説？何不謂此心之性為善？人若能夠自存其善而好之，自省其不善而惡之，此豈非見此心之性能好善惡惡以歸於善。荀子固然是以聖王所垂之仁義禮樂為客觀的歷史上的存在，“仁義之統，詩書禮樂之分”乃聖人之“為天下之大慮也。將為天下生民之屬，長慮顧後而保萬世。”此仁義之德性之統，與詩書禮樂之人文之類，固皆內在於聖人“心之大慮中”，此心能為天下萬世作此大慮，又豈可能其性非善？至於人心固可中理合道，亦可不中理合道者，皆因人心有種種的蔽障，故荀子有《解蔽》篇繼續論及如何解此蔽而知守道行道之心。所以，從《解蔽》篇可見荀子一套治心養心的工夫，即是養一之微而至於“無為”“無疆”；其思“恭”而“樂”，如至人聖人之用心，能知統類之道而行道守道之境。荀子説明解蔽精一種種治心養心工夫，是要使人心之合理，不為偶然，而為常然。荀子之以人心為可中理合道，可不中理合道之説，乃由荀子立於自外觀人心之立場而後有之之論。不過，當依此理此性以觀心，仍當説此心之性，乃定然必然為善也。

總言之，中國的人性思想，不但要從思路上作推演分析，更重要的是透過主觀性原則來契合之，即由自覺的、道德實踐來把握之——直接肯定心性本身就與天道貫通，這是中國哲學的傳統（老路），亦是核心（方向）就落在道德的主體性原則上，它展現在中國一套心性之學。

孔子以“仁”為內在的根源，我們不妨説“仁”“心”（道德心）代表真實的生命（real life），它必是真實的本體（real substance），當然又是真正主體（real subject），也就是真我（real self）。至於孟子以“心”言“性”亦然，由於人皆有一種不安於下墮而欲從罪惡中躍起的心靈（道德心），故必涵有道德的理想性和創造性。

註釋

1. Gerald Corey, *Theory and Practice of Counseling and Psychotherapy* (California: Brooks / Cole, 1977), 185.

2. 見《論語‧顏淵》。

3. 見《孟子‧離婁》上。

4. 王壽南等編:《中國歷代思想家》,第二冊(台灣商務印書館發行,一九七九年三月第二版),第十三頁。

5. 見《論語‧里仁》。

6. 見《孟子‧離婁》上。

7. 吳鼎:《輔導原理》(台灣編譯館主編,五南圖書出版公司印行,一九八三年八月再版),第一零四至一一一頁。

8. 見《論語‧公冶長》。

9. 見《論語‧陽貨》。

10. 見《論語‧雍也》。

11. 見《論語‧季氏》。

12. 見《論語‧述而》。

13. 見《孟子‧告子》。

14. 見《孟子‧公孫丑》。

15. 同上。

16. 見《孟子‧告子》。

17. 同上。

18. 見《孟子‧離婁》。

19. 見《孟子‧告子》。

20. 同上。

參考書目

陳立夫:《四書道貫》,第五版(台北:世界書局,一九六七年二月)。《銅版精印四書集註,詳註四書備旨下集》(香港:香港興記書局)。

錢穆:《國學概論》(台北:台灣商務印書館,一九五六年六月台一版)。

王壽南等著,中華文化復興運動推行委員會主編:《中國歷代思想家》,第二、五、六冊,第二版(台北:台灣商務印書館,一九七九年三月)。

徐復觀:《中國人性論史:先秦篇》第五版(台北:台灣商務印書館,一九七九年九月)。

唐君毅:《中國文化之精神價值》修訂一版(台北:正中書局,一九七九年五月)。

唐君毅:《中國哲學原論:原性篇》再版(香港:新亞研究所,一九七四年)。

牟宗三:《中國哲學特質》

牟宗三:《心體與性體》

勞思光:《中國哲學史》

第三節　輔導果效的關鍵──輔導員本身

3.0

　　許多人問我在整個輔導過程中最重要的是甚麼，我會毫不遲疑地回答：
"輔導員本身的修養！"因為輔導是建基於一個十分親密的關係上的，無論輔導
員採取哪一種理論和方法，他的思想、態度，甚至一言一動都會對當事人有
所影響。其次，由於輔導員的身分和地位，在當事人眼中，往往是具有着威
望與權威的，故此當事人會很自然地以輔導員作為個人處事的典範。而事實
上亦有越來越多的研究證明個案的成功因素很在乎輔導員本身；不同的學者，
也紛紛指出這一點的重要性了。

　　艾鮑（Appell）肯定此課題的重要性，他曾説："在輔導過程中，輔導員
能帶進輔導關係中最有意義的資源，就是他自己。我真難明白若一個輔導員
在輔導關係中不清楚自己的情緒需要，不清楚他對於自己和對於他人的期望，
又不明白自己的權益時，他怎可能敏鋭地在這些因素上明白他的當事人？更
重要的是：他需要體驗並且相信自己是一個有價值，有獨特個性的個體，然
後他才可以容許他人有此權利。事實上，嚴格來説，輔導員本身越是協調一
致，他就越能自由地協助他人去實現自己。"[1]

　　事實上，不少學者都一再強調輔導員的技巧遠遠不及其個人的整體修養
來得重要。他們相信一個輔導員應該是一個有良好的意志，關心當事人的個
人成長的幫助者。他們指出輔導員本身在輔導過程中是一個關鍵性的變項。
一個自我形象偏低，因而對人的看法亦有問題的輔導員，就算他學會了所有
的輔導技巧，也無法補償前者帶來的流弊。輔導員需要有自我認識，亦需要
抱有個人生命的意義，因為在這基礎上，他才可以在輔導過程中注入全面而
豐盛的人性資源。[2]其實，輔導員個人就是輔導工具之一這個概念，在輔導中
是十分重要的，那是説輔導員要有效地運用自己個人以在輔導關係中幫助當
事人。例如在任何幫助人的事業中，無可避免地我們往往需要在轉瞬之間作
出正確的反應，而這種反應，是無法預先計劃或預備的，應付這問題的關鍵

就在於輔導員這個人本身的質素，技巧始終是次要的。[3] 論到技巧，朱霍斯（Dreyfus）認為那不過是輔導過程的一小部分，因為經驗豐富和察覺力敏銳的輔導員都會發現對輔導過程影響力最大的，實在是輔導員的個人。[4]

3.1　成功輔導員的特徵

透過研究和觀察，學者發現無論有能力和沒有能力幫助人的輔導員，都是各具特徵的。就成功的輔導員來說，其成功的關鍵在於對當事人和對自己的信念；此外，則繫乎幫助人的目的是如何。其中的要點約如下述：

（甲）成功的輔導員不會單憑表面行為作出判斷，而是能關注到當事人會如何看各事物，嘗試設身處地，從當事人的內心參照標準來觀察和作出感應。同時，輔導員在輔導過程中的思想核心是人與人之間的反應，而不是各樣事情和物件的狀況。

（乙）成功的輔導員看他人是：

1. 有能力的。他相信當事人具有潛能去處理自己的問題，換言之，他對當事人是具有信心的。

2. 是可信賴的。他覺得自己不必去懷疑當事人，因為他相信人有一定程度的穩定性和可靠性。

3. 友善的。他不會覺得當事人對他具威脅性，相反，他覺得人們基本上都是懷着善意，而非心存惡意的。

4. 有價值的。成功的輔導員認為人人都具有個人的尊嚴和統合性，換言之，人人都有他的重要性，都是應該得到尊重的。

5. 具有向上、求進步的潛質，故此是可以改變、成長，邁向豐盛美好的人生的。

6. 富創造力和動力的。人的行為，是由內而外地發生，而非因外在事物和環境所導致的產品。

（丙）成功的輔導員看自己是：

1. 可與他人認同的，是社羣的一部分，是人類的一分子，而非遠離人羣的。

2. 有足夠的能力來處理自己的問題，也有能力幫助別人應付和處理問題的。

3. 是有價值的。他們認為自己是跟別人一樣重要的，有個人的尊嚴，當受到尊重，又是統合的人格。

4. 有自信的。他們認為自己是可信賴的，同時也擁有潛質去面對不同的問題。

（丁）成功的輔導員看自己從事輔導的目的是：

1. 協助當事人釋放自己，重得自由和邁向成長，而不是對當事人圖施控制和壓抑。

2. 關注他人，而非單單關注自己，他們通常基於利他主義的推動，以致可以不自私地愛人，有利於人。

3. 關注事物中宏觀的內涵，和其深遠的影響。故此他們不會單單注重一些微細事物，而是超越了現在，放眼到將來，通常着重事物的廣義面。

4. 願意與人作個人分享，因為他們接納和重視自己的感受和短處，認為那些乃是人的一部分，故此不必着意加以隱藏。

5. 深入投身於幫助人的過程中。故此他與當事人並不是彼此疏離的。相反地他是相當個人化地在輔導過程中和受導者相處和相交。

6. 鼓勵和促進當事人在輔導過程中尋覓理想和對自己作探討；而且，他着重的是過程的進行，而非單單着眼於目的。[5]

在傑克遜（Jackson）與湯生（Thompson）的研究中，他們亦發現成功的輔導員確有其獨特之處；例如，最成功的輔導員是那些對自己和當事人以及對輔導工作都較其他人抱較積極態度的。同時，他們亦強調輔導員的工作果效，是與他如何看普通人和看當事人有關的，例如說，輔導員看他人是否有正面的看法？是否認為每人都具有個人價值？又是否視眾人都各有本身的能力等？這一切都會影響輔導的結果。[6] 至於美山勞（Mezzano）則只是提出一項成功輔導員最明顯的特質，就是凡事不輕易作武斷。[7] 而布蘭斯（Brams）就發現成功的輔導員在輔導過程中，較能忍受那些含糊不清的事物。[8] 谷斯（Coutts）曾研究正在從事輔導實習的同學，他發現其中成績好的，通常較其他輔導員仁慈，較多具同情心和較少操縱當事人，同時，亦較多對當事人有愛心的表現。[9] 而墨基（McClaim）在對一百三十七位富有經驗的輔導員進行研究後，發現無論男性或女性輔導員，都與一般男性與女性的典型相當吻合，而其中明顯的差異只是成功的男性輔導員需要比一般男性有較高的敏感度，而成功的女性輔導員則要比一般女性較具自信和冒險精神。[10] 巴利（Bare）專門研究輔導過程中的同感、關係的促進與輔導有效的原因，他發現這一切都很在乎輔導員的高度創見和充沛的精力。同時，成功的輔導員不會很介意自己的成就，也不重視階級之分。[11]

總合來說，各學者所發現的，主要包括了輔導員本身的成長，他應該是個具自信和積極面對人生的人，生活充實而邁向自我實現。面對受導者，他的態度應該是正面的，他尊重信任對方，能設身處地產生同感的了解，與對方誠實相交。其實，這就正是迪摩斯（Demos）和蘇維里（Zuwaylif）所發現的：成功的輔導員，較其他人較有能力和當事人建立親密的關係，而在這良好的關係中，輔導員為當事人提供了滋養成長的機會和經歷。[12]

既然學者都同意成功輔導員的特點主要是他個人的修養，伊根（Egan）於是便就這重要的課題，統覽有關研究，整理出下列十五個特質：

1. 積極面對自我的成長，這包括了身體、智能、社會、情緒和精神的層面；因為他知道自己要作當事人的模範。

2. 注意身體健康，以便有旺盛的精力來生活。

3. 他有適度的智能，同時不斷主動地閱讀、學習來裝備自己，好叫自己能更有效地幫助人。

4. 他有良好的常識和社會生活能力，同時有能力對人廣泛的需要作出回應。

5. 他關注當事人整個人，留心聆聽對方的說話，也能從當事人的觀點角度來了解對方。

6. 他尊重當事人，不會批判他；亦相信當事人潛在的動力和資源可以幫助他自己盡力有效地生活。

7. 他很真摯誠懇，如有需要，他會和當事人作個人分享。

8. 他的表達是具體簡潔的。

9. 他協助當事人將自己的經驗、感受和行為作出統合。

10. 若對當事人是有助時，他會出於關心地作對質。

11. 他知道僅有自我認識是不足夠的，故會協助受導者作出行動改變。

12. 他是個實用主義者，他明白整個輔導過程是為要引導當事人建設性地改變行為。

13. 他擁有自己輔導的模式和風格，可以嫻熟靈活地運用與更變。

14. 他很喜歡與人相處，也不害怕進入別人的生命深處，和他們一同去面對生活中的愁苦。不過，他並不是靠幫助人來解決自己的需要，而是很珍惜和尊重自己有這幫助人的權利。

15. 他不會逃避自己人生中的問題，相反地會去作出探討，認識自己，做一個不斷前進的人。他明白被人幫助是怎樣一回事，明白這過程若不能為人提供助力，就會害苦了別人，故此他謹慎小心地工作。[13]

3.2 輔導員本身的價值觀

一個輔導員從事輔導，目的是甚麼？而當事人尋求輔導，又有甚麼目的呢？曾見過不少輔導課程，完全不談目的，只談技巧的訓練，難怪不少輔導員在輔導時和當事人一同處於歧路徬徨的境況中。倘若我們從“輔導就是生命的流露”[14] 這角度來看，輔導員本人根本上要對生命有一定程度的把握，否則就不宜從事輔導，以免對當事人帶來不良的影響。

在我們日常的生活中，每作一事，總會有一目的，而在抉擇過程中，個人的價值觀念通常扮演極重要的角色。換言之，一個人對事物的看法，諸如精神與物質、短暫與永恆、大我與小我、國家民族的承擔與個人的享樂、流芳百世與遺臭萬年……孰輕孰重，都會因各人的許多不同觀點與其比重之差異而導致不同的態度與行為，進一層說，也會產生不同的人生態度和人生目的。在一般情況下，我們所重視的，通常都會期望他人也有同樣的認識和看法；實在，我們所重視的，也通常是我們認為寶貴和上好的，自然就會盼望別人也可以分享，在輔導過程中，我們既關心當事人的成長，就會希望他們也能把握到人生中的美與善，和促進成長的方法和助力。事實上，在親密的輔導關係中，輔導員的人生目的和人生態度往往會無可避免地影響着輔導的終極目標，而不同的直接目標和中間目標，也往往朝着這方向而產生。事實上，輔導的本質含有教育和學習的意味，是我們不能忽略的重點。[15]

根據上述的論點，我要指出在輔導員的個人成長中，其中一重要的項目是清楚認識自己的價值觀，同時，這不是一次就完結的任務，而是一個一生不間斷的持續過程。只有在我們清楚自己的價值觀後，才可以適當地處理輔導過程中價值觀的差異、矛盾和衝突。森納（Samler）指出輔導的目標之一是價值觀的改變，這是行為的改變過程中的自然歷程，故此他相信輔導員介入受導者的價值觀是無可避免的事，同時也實在有此需要。[16] 研究證實，在輔導過程中輔導員的價值觀是無可隱藏，是自然會在溝通中流露的，而那些在輔導中有所進步的當事人，往往已經隨着輔導員的方向改變了自己的價值觀。至於那些沒有進步的，則很少隨輔導員的方向改變，所持的價值觀與輔導員的相似者亦較小。[17]

研究也顯示，當事人一般都認為輔導員比自己有能力，也比自己生活得較健康；至於輔導員，則認為自己比當事人生活得較實際和較妥當。[18]

以上論述的，並不是鼓勵輔導員要強迫當事人接受自己的一套人生觀和價值觀，只不過我們既同意在輔導過程中，當事人或多或少總會受輔導員的影響，我們也就不能不重視輔導員本身的成熟度和對生活的看法了。可惜的是，有些輔導員一方面參與這專業，另一方面卻不肯面對這專業的嚴肅性與其承擔的重大，於是用許多藉口來否定這專業對於個人的要求，也輕視個人成長和人生意義之掌握的重要性，以致在助人的過程中，產生"瞎子領瞎子"的可悲現象。

事實上，古斯坦（Goodstein）已經清楚指出，輔導員應否將自己的價值觀加諸當事人的身上，已是一個有定論的問題。[19]的確，無論如何，在一個輔導的親密關係中，在輔導員與當事人兩個生命在交流的過程中，價值中立或無價值的說法，只能反映出論者對輔導的認識的浮淺與偏誤。故此，今天我們所要面對的挑戰，是如何可以一方面尊重個人的自由和自主權，一方面亦要誠實自然地面對和處理輔導員個人的價值觀。就此課題，柏德遜（Patterson）道出最關鍵的一點，他認為一個有能力的輔導員應該清楚知道自己的價值觀，而同時又能幫助其他人去發現、界定和實行他個人的價值觀。[20]的確，輔導員一定要清楚自己的價值取向，免得不知不覺中令受導者受到不良的影響。而且，縱然人生中有一些東西是相當絕對的，但卻仍有不少事物是相對的，倘若因我們幫助者本身的不自覺而要把不合理的信念強加諸受導者身上，那就很不公平了。例如在我們的文化中，許多人仍然持有"萬般皆下品，惟有讀書高"的信念，於是不少教師在輔導中會慫恿他的學生唸大學，同時給予藍領偏低的評價。又例如一個來自破碎家庭的輔導員，在處理青少年與父母的衝突矛盾時，若他仍未好好處理自己的經歷帶給自己的傷害，甚至不清楚自己多年來在父母婚姻裂縫中喘息求存的痛苦所導致的傷害究竟有多大，若他不察覺自己因所受的傷害而對父母是多麼的失望與不信任，他將無法客觀公正地看事物，結果就往往會單從子女的角度看事物，也容易會從負面去分析父母的心態行為。更有不少的輔導員在許多基本課題上如婚姻、男女關係、道德倫理觀等，對自己的價值取向仍然模糊不清，因而往往無意間誤導了受導者，導致了很不良的後果，這對受導者來說是很不公平的。同時，這亦反映了該輔導員未能忠於自己的工作，未有對工作負責任，這是十分可惜，這樣的輔導員需要作個人反省和改進。

　　事實上，受導者應該享有選擇和決定的自由，輔導員讓受導者有此自由，是基於承認和尊重每一受導者都具有獨特的價值和個人的尊嚴與權利。嚴格來說，這是每一個輔導員首先要弄清楚的價值問題，倘若答案是負面的，相信那便極難有效地幫助人。當一位輔導員着意將自己的價值觀強加於受導者身上，或自己為受導者作決定時，是反映了他把自己看得太優越，毫不信任受導者的能力。許多父母不理孩子有多大，永遠替孩子出主意，作決定，其實這樣是永遠把他們看作是無能的稚童，結果這些孩子很難學會獨立自主，沒法長大成熟。我們要能願意協助受導者邁向成長，讓他們有能力自己獨立地作抉擇，好叫他們肯承擔人生中各樣責任，這才是輔導的目標，而要達到這樣的目標我們就應該小心處理在輔導過程中出現的價值問題了。我曾看見不少輔導員過分愛護受導者，不想看見他們再失敗，再犯錯和受挫折，或者可以說他們很想受導者能夠當下作出最好的選擇；換言之，他們是基於好意，才會代受導者作決定，定方向的。但別忘了，每個人在成長的歷程中，都要學習冒險作抉擇，都要學習面對失敗，只有這樣在挫折中學了功課，才能長大成熟。

不過，我們總不必過於憂慮，因為我們既已肯定在輔導過程中輔導員的價值觀毫無疑問地是會出現，而且，在適當的時間，無論是主動或被動，我們都可以適當地與受導者分享與討論我們的價值觀和對各事物的看法，那麼，我們只要讓這一種誠懇的表現自然地流露出來，也就可以表現出我們對受導者的信任和尊重。

此外，在這課題上，筆者認為還有四個問題，值得我們思想和重視：

一、持有雙重標準的輔導員極難達致有效的輔導，因為輔導關係是一個"親密"的關係，輔導員若表裏不一致，是騙不了人的，結果只會影響了輔導的果效。

二、輔導員對事物的評估往往會影響他對受導者的接納，繼而影響整個輔導過程，例如一位受中國傳統倫理影響頗深的輔導員，面對一個不孝的兒子，不察覺自己的錯誤，反而口若懸河地在數說父母的不是，這輔導員自然心中就會產生反感，影響了對該青年的接納，也極難有同感的表現。故此輔導員應該努力去認識自己，以便隨時能覺察自己對事物反應的因由，然後及時作出適當的處理。

三、概括地說，輔導的目的是協助受導者處理生活上的適應、追求全人的發展和享受美滿的人生。因此，輔導員應小心考慮自己從事輔導的地方的文化和社會意識形態，譬如說一位在西方國家受訓練，或在西方社會居住了相當時間的輔導員，就應該努力去了解香港社會和中國人獨特的文化，然後努力作出適當的適應。

四、原則上，在輔導過程中我們對受導者的尊重，並不因其年齡而有所差異，但對於未成年的孩童與青少年，由於他們心智未臻成熟，對於事物的判斷分辨，價值的取向和生活中的許多抉擇，年齡越小，迷惘、混淆和困難就會越大，故此所需要的引導和幫助也比一般人要大；在輔導的終極目標為個人美好成長的大前提下，我們作輔導員所承擔的責任，也就自然會相應增加。換言之，我們要適當地作監察與關注，目的是避免他們由於幼稚與短視而未能有正確的選擇和行為，以致導致成長的障礙和傷害。

3.3　輔導員本身的治療

前文曾提及一個輔導員需要清楚知道自己的價值觀，才能有效地進行輔導。其實，輔導員自覺的範圍，並不止於此；輔導員高度的敏銳力和全面自覺的培育，是在受訓期和一生專業工作中不容忽略的要務。

一個輔導員縱然擁有豐富的知識和技巧，也還不一定足以為人提供有效的輔導。因為輔導員的工作目的是促進受導者的改變與成長，故此我們自己就必須願意去面對自己，認識自己，增進自覺，努力鞭策自己去積極面對生命，去改變，去突破，去發展我們的潛能以致能成熟長大。因為輔導這門專業，要求從事的人員本身是個具治療功能的人，這種積極面對生命和言行一致的生活態度，就是工作成效的關鍵因素。[21]

由於輔導員通常會要求受導者誠實地面對自己，也會要求受導者勇敢地作改變和作抉擇，故此，他自己對生命是否有一種開放的態度，是否具積極的信念和生活的勇氣等，都是要反省的課題。許多人在接受輔導時，表面看來，往往只是被一些生活的瑣事和遭遇所困擾，但倘若我們輔導員懂得聆聽和探討，就會發覺在這些平凡的問題背後，受導者是在為一些生活的大問題求答案，在這種情況中，輔導員本身若認真於自己的專業，就必定要先對這些問題有所把握。不少受訓中的輔導員告訴我，在眾多的衝擊中，他們就不斷要問自己：我是誰？我的價值是甚麼？人生的意義與目的何在？其實，這不只是受訓期間的困惑，在一生的專業中，這種種衝擊與挑戰，都會不時出現，若處理不當，就會嚴重影響自己和工作果效。針對這問題，昌勒(Chenault)就曾指出輔導訓練課程的最高目標是受訓者可以在其中尋找到自己和存在的意義。他認為當輔導員能夠對自己生命充滿希望和信心時，就能夠在輔導關係中更有效地幫助人。[22] 故此輔導員對於自覺的促進，不斷反省，更新成長等等概念的學習，是受訓期的重要環節。[23] 透過小組和個人的治療經歷，受訓者可以學習處理自己的情緒，並對自己作輔導員的動機，自己的價值取向，個人需要，生活態度，性格特徵和塑造個人的動力和經歷，都有一定的認識和處理途徑；否則便往往會影響了輔導的果效。例如一位不清楚自己需要的輔導員，很可能會不自覺地利用與受導者的關係來滿足自己的缺乏，要避免像這樣的一種違反專業守則的行為，除了要積極處理自己來滿足的需要這問題外，自覺的加強，也是很適當的處理方法。

此外，為受訓者提供個人治療，可以協助他促進自愛和自信，因為一個不能接納自己、欣賞自己的人，對自己沒有信心，通常會害怕他人不能接納自己，於是就很難做到表裏一致，以誠待人。而在輔導關係中，輔導員要有自信自愛，然後才能與受導者建立具治療功能的關係；倘若輔導員本身不是一個真摯誠懇的人，又豈能要求受導者與他建立誠摯的關係呢？[24] 故此，協助受訓的輔導員培育對自己的安全感，建立自信自愛，是極為重要的。[25]

基於以上各論點，越來越多學者將輔導員的個人治療統合在訓練課程中，[26] 同時，輔導員的個人治療也逐漸成為執業資格的要求重點。而事實證明，重視這環節的訓練課程，輔導員的質素通常較好，至於單單注重知識和技巧的課程，訓練果效往往有極大的限制。在香港輔導專業訓練中，這個問題，已受到重視，例如在中文大學教育學院的輔導碩士課程，並中國神學研究院與突破輔導中心合辦之碩士課程，都將輔導員本身的治療，統合於訓練課程中。

　　可能有人會説，若將受訓者個人治療列入課程，成為不可分割的部分，那豈不是貶低了他們，豈不是説他們有問題？我不同意這説法，因為這種説法只反映出批評者不明白輔導的目的，也不清楚輔導的本質。其實解決問題只是輔導的副產品，而充分發揮潛質，踏上自我實現之途才是終極的目的。我們要知道，人的成長，不能單靠自己，也要藉助外力，這是羣體生活意義之一。受導者在個人治療中，有機會在專業輔導員的協助下，嘗試作自我探討，於是，許多個人忽略和害怕面對的事物，如痛苦的經歷、未解決的衝突和矛盾等，便都要學習一一誠實地面對和處理，從而把盲點消除，這樣不但能協助他們更有效地與人相處，更加快樂自如地生活，同時也令他們更深切的體會到輔導的實效。在我訓練的工作中，我發覺透過個人治療和小組的經歷，學員們不但有機會克服個人的短處和困難，同時，更欣悦於發現自己許多過往輕忽的長處和潛能，結果令生活更加充實、滿足和豐富。事實上，學員們一再告訴我，這是學習輔導的最大收穫和意義，因為在助人的過程中，雙方都能經歷成長的快樂。至於已經就職的輔導員，也不能忽略個人治療這重要的課題，尤其是近年來不少人在繁重的工作中出現"枯竭"（burnout）的現象，以致無法繼續這助人的專業。故此，為了防止"枯竭"的出現，也為了保持工作的質素，輔導員應該留意自己的日常生活，保持身心平衡發展，工作之外，要有適當的休憩娛樂；同時，要不斷作自省，要有高度的自覺；若有必要，不要諱疾忌醫，應正視自己，接受個人的治療，我深信這是每一位重視輔導專業的人一生中不容忽略的要務。

3.4　四位輔導員的個人體驗

　　為了要了解輔導同業們對"輔導員本身"的看法，筆者特意訪問了四位專業輔導員，曾就輔導員的：（一）本身的重要性；（二）應具備的質素、條件；（三）如何保持長期有效的工作及（四）輔導員是否有情緒問題及處理方法等請各人抒發己見，以下是訪問的記錄：

李顏嘉祺博士（香港中文大學教育學院講師）：

我認為輔導員的態度是最重要的，光是口說不夠，我們要在態度上讓受導者感受到我們對他無條件的接納，真誠地願意去幫助他，而其中就需要我們輔導員能夠達到共鳴同感的了解，且有能力表達出來，使受導者深深覺得你是有能力進入他的內心世界，是有能力去幫助他。其次輔導員應該是表裏一致的，在輔導過程中能在受導者福利的大前提下自然地表達自己的看法、價值和感受。

至於要成為一個有效的輔導員，我認為年齡和經驗並不太重要，重要的倒是要看我們的專業訓練中是否包括了我們對自己的了解，人際關係間之動力和問題成因之分析力等。因為我們在這專業中之知識和技巧，通常是可以在某一程度下補償我們某些方面經驗之不足的，否則當我們看看今日輔導員往往來自中等階層時，許多問題我們是肯定不能處理的了。但話得說回來，倘若一個人缺乏適當訓練，年齡又太小時，作輔導員是不太適當的。

在輔導專業中，我們應該經常對自己的工作加以評估，譬如說在理論和技巧之應用上，我們所學的是否適用於香港？在西方建立的理論如今應用在東方文化上，生效程度如何？有何要修改的地方？其次，我們要對香港社會中可運用之有關資源熟悉，視野要寬闊，以便在有轉介必要時，可採用轉介輔導，更有效地幫助受導者。

談到我自己本身的情緒問題，因為我是一個人，當然有時會感到不愉快，有挫折感或甚至有沮喪消極的時候，但由於我受過輔導訓練，所以我會嘗試冷靜分析，找出各情緒心態之成因，而在這過程中我往往發覺自己的問題會因此得到處理而消減了；有時即使不能一下子消除，但自己受影響的時間和程度總不會太長和太深。我看身為輔導員，首要功課就是學習自助，對不對？

詹維明小姐（突破輔導中心輔導員）：

我認為輔導員首先要認識自己和接納自己，基本上包括了我們的長處、短處、性別、能力與限制等，並能欣賞到這些就是自己的獨特點；其次，當我們經過人生不同的階段，自然會產生不同的問題和感受，我們也需要有能力去面對和處理，因為人生並不是完美的，只有在我們肯面向成長、肯學習、願意"很人性"地面對自己時，我們才可以藉此而去了解別人、幫助別人。

輔導員應具備的質素很多，但他首先要有關懷別人的心，對人存着一種接納、尊重、欣賞的態度，在信任中提供機會讓他發展、長大。除此以外，我看一位輔導員不但要對人存着關懷，同時也應該是一位認真地投入生活的人。至於其他的一些特質如對人表現關注、了解體諒人、不主觀、願意聆聽傾訴和掌握溝通的技巧等，若我們本身早已具備，固然最好，否則往往可以經後天的栽培而改善的。

輔導員既是常人，若想長期有效地幫助人，就要懂得在繁忙的工作中抽空放下工作，讓自己可以好好的休息，簡言之就是生活要均衡。其實我們以此為專業者，要有效地助人，是不可能將輔導單單看作一個職位，而應將這專業與生活連結整合，在此前提下，我們更當學習與己相處，要有時間安靜休息，讓自己可以有時間整理個人當前所面對的問題。此外，我們要着重自己不斷的心意更新，藉觀察、藉生活的投入、藉進修來讓自己對周圍的事物有正確的了解。

我從開始就談到人性，既然我是和其他人一樣，當然我會經歷憂患，我會因受挫而沮喪、消極，不過我會嘗試去根尋原因，若是因特別情況而引致的，是無可避免的，我會嘗試接納，然後摸索處理的方法；又倘若我找不出特別的原因，情形延續一兩天，我並不會覺得是問題，但當情況特殊，譬如說當我長期感到孤單，卻又找不出因由時，我一定會找人幫助我的。

梁天明先生（香港大學學生輔導處輔導員）：

當我想到輔導員本身的重要性時，首先我注意的是他對人性的看法，因為他的看法會影響他的個性和處世做人的態度，在輔導時，也會直接影響他與受導者的關係，更會影響到他如何處理受導者的問題。

至於輔導員的質素，我很同意卡科賀夫（Carkhuff）說的，首先我們要對人有愛慮之心，及迫切的關心。我們在輔導中向受導者表達同感，表示接納，其中部分是可透過訓練課程，在技巧上改善而達致的，但最重要的卻莫如對受導者的尊重，尊敬他個人的獨特性，也看重他個人的價值。談到訓練，我個人很重視輔導員的專業訓練，嚴格來說，輔導員應該有博士程度的資歷，可能這要求短期內在香港是有點不實際，不過我看要求一個輔導員有碩士程度的資歷，在工作中亦有良好的督導，卻是起碼的條件了。

我們要長期在這專業中作有效的工作，就絕不容忽略個人的成長，從個人角度來看，可以透過不同的方法去促進自覺，增加自我的了解，同時，也要不斷學習坦誠，以開放的態度來經歷豐富的人生。若從政策上着眼，對輔導員的資格有一定的要求然後發給執照，長遠來說，也是不容忽視的一環。

在這問題上，我覺得我與醫療專業人士是頗相似的。我相信當他們自己遇到傷風感冒等小病，會自己處理，但當不幸碰到嚴重的病症，譬如說要開刀動手術時，就必定要找其他人了；我抱的態度，也是如此，有需要時，我是會向他人尋求幫助的。

蔡譚秀薇女士（楊震社會服務中心輔導員）：

輔導員在輔導過程中，無論自願與否，在受導者心目中往往是一個典範，基於這個原因，我們就要思想到怎樣才可以作受導者的典範？考慮到自己進行輔導時，怎樣可以產生治療的功能？怎樣才可以成為一個幫助人的人？在這課題上牽涉了個人的自尊、自愛，也牽涉了能否達到有同感，能否真摯和表裏一致，而其中最重要的是後者。透過誠實的面對自己，認識自己的長短處，然後一方面發展己之所長，另一方面就勇於改進，這是邁向成長的基礎。

除此之外，輔導員要對自己的價值觀，人生觀和信仰有清楚的認識，因為這不但關係到我們輔導時所採用的理論根據，同時也影響我們整個輔導過程。事實上這一點與我們要長期有效地工作具有極密切的關係，因為我深信每一個成功的輔導員都要按照自己的性格、自己的價值觀而建立其獨特的輔導模式，而在這探索過程中我們應該保持一個開明的態度來擴闊自己的視野，也隨時改進自己。

我和普通人一般，免不了經歷情緒上的問題，我會就問題的性質來作不同的處理；若是因為太累，我會安靜休息；若有鬱悶，我會找我的丈夫、或好朋友、或同工等傾吐一下；有時因找不到適當的傾訴對象，或因問題的複雜性，我會找專業輔導。但無論我採取任何一種方式，首要的是自己有高度的自覺，有願意求助的態度，而在接受幫助的過程中，我往往學習到一些新的方法來作日後自助的參考。

根據四位被訪問者的看法，輔導員對人的態度是極端重要的，其中主要包括了對人的價值的肯定，和對人的仁愛與關心，因而願意為他人提供幫助；在這幫助人的過程中，輔導關係所包括的接納、尊重、同感和真摯等就是不可或缺的條件。

至於要保持長期有效地從事輔導，各人分別列舉了很多方法，從最基本的自我認識，自我接納，開放的態度和增加自覺，乃至生活的均衡，生活的投入，視野的擴闊和對文化因素感應的敏銳等以至於個人性格與輔導理論結合的重要，每一點都是不容忽略的。總結來說，大家都不約而同地帶出個人成長的重要性和延續性，也令我再一次肯定了輔導與我們個人的生活是絕對無法分割的。

對於最後一個問題，大家都承認自己生活中多少會有情緒問題，除了自助外，必要時也會向適當的人尋求幫助。在此我要謝謝各人的坦誠，也深信這一份坦誠與勇於面對自己的勇氣，是各人今日有能力參與這嚴肅而崇高專業的主要因素。[27]

3.5 結語

嚴格來說，從事輔導，我們是參與了一種直接或間接地左右人生的嚴肅專業，需要我們每一位參與工作的人認真地投身，因為在輔導過程中，倘若不能幫助人，就會害苦了受導者。

我深信在進行輔導時，輔導員本身的人生經驗、自我形象、性格、需要、價值觀、生活信念、對人性的看法和對人的態度與關懷，往往很自然地會被帶進自己與受導者間的親密關係中；而這一切其實就是建立有效的、具治療功能關係的要素。當我們統覽各輔導理論後，會發覺大多數學者同意輔導的關鍵是在乎一個良好關係的建立，而這關係的出現與否，輔導員本身的重要性成了不爭的定論。故此，在輔導訓練中，輔導員本身的成長和質素，也相應地日益受到重視，以期個人的修養能配合輔導專業的學識與技巧，充分發揮輔導的功能。

註釋

1　M. L. Appell, "Self–Understanding for the Guidance Counselor," *Personnel and Guidance Journal,* 42 (1963), 143–148.

2　J. J. Pietrofesa, A. Hoffman, H. Splete and D. Pinto, *Counseling: Theory, Research and Practice* (Boston: Houghton Mifflin, 1978), vii–41.

3　A. Combs, D. W. Soper, T. Gooding, J. A. Benton, Jr., J. F. Dickman, and R. H. Usher, *Florida Studies in the Helping Professions* (Gainesville: University of Florida, 1969).

4　E. A. Dreyfus, "Humanness: A Therapeutic Variable," *Personnel and Guidance Journal,* 45 (1967), 577.

5　A.W. Combs, D. L. Avila, and W. W. Purkey, *Helping Relationships* (Boston: Allyn and Bacon, Inc., 1971), 10–17.

6　M. Jackson and C. L. Thompson, "Effective Counselor: Characteristics and Attitudes," *Journal of Counseling Psychology,* 18 (1971), 249–254.

7　J. Mezzuno, "A Note on Dogmatism and Counslor Effectiveness," *Counselor Education and Supervision,* 9 (1969), 64–65.

8　J. Brams, "Counselor Characteristics and Effective Communication in Counseling," *Journal of Courseling Psychology,* 8 (1961), 25–30.

9　R. L. Coutts, "Selected Characteristic of Counselor Candidates in Relation to Levels and Types of Competency in the Counseling Practicum." Doctoral dissertation; Florida: Florida State University, 1962.

10　E. W. McClain, "Sixteen Personality Factor Questionnaire Scores and Success in Counseling," *Journal of Counseling Psychology,* 15 (1968), 492–496.

11　E. E. Bare, "Relationship of Counseling Personality and Counselor–Client Personality Similarity to Selected Counseling Process Criteria," *Journal of Counseling Psychology,* 14 (1967), 416–425.

12　G. Demos and F. H. Zuwaylif, "Characteristics of Effective Counselors," *Counselor Education and Supervision,* 6 (1966), 163–165.

13　G. Egan, *The Skilled Helper* (California: Brooks / Cole, 1975), 22–24.

14　R. R. Carkhuff and B. G. Berenson, *Beyond Counseling and Therapy* (New York: Holt, Rinehart and Winston, 1967).

15 G. G. Wrenn, *The Counselor in a Changing World* (Washington, D. C.: American Personnel and Guidance Association, 1962).

16 J. Samler, "Changing Values: A Goal in Counseling," *Journal of Counseling Psychology,* 7 (1960), 32–33.

17 D. Rosenthal, "Changes in Some Moral Values Following Psychotherapy," *Journal of Consulting Psychology,* 19 (1955), 431–436.

18 G. T. Jorgenson and J. C. Hurst, "Empirical Investigation of Two Presupposition in Consulting and Psychotherapy," *Journal of Counseling Psychology,* 19.3 (1972), 259–261.

19 L. D. Goodstein, "The Place of Values in the World of Counseling," *Counseling Psychologist,* 4.2 (1973), 63–66.

20 C. H. Patterson, *Relationship Counseling and Psychotherapy* (New York: Harper & Row, 1974), 23–24.

21 G. Corey, M. S. Corey, and P. Callanan, *Professional and Ethical Issues in Counseling and Psychotherapy* (California: Brooks / Cole, 1979), 19.

22 J. Chenault, "A Proposed Model for a Humanistic Counselor Education Program," *Counselor Education and Supervision,* 8 (1968), 4–11.

23 G. Gazda *Human Relations Development* (Boston: Allyn and Bacon, 1973), 40.

24 Pietrofesa, et al., op. cit., vii–41.

25 Dreyfus, op, cit., 573–578.

26 A. Combs, D. Avila, and W. Purkey, *Helping Relationships: Basic Concepts for the Helping Professions* (Boston: Allyn and Bacon, 1971), 14.

27 林孟平："輔導員本身的成長（三）"，《突破輔導中心輔導簡訊》，第二卷第三期（一九八零年秋季）。

第三章 | 輔導理論

第一節　心理分析治療法 (The Psychoanalytic Approach)

1.0

在所有心理治療理論中，佛洛伊德 (Freud) 所創始的心理分析理論是歷史最悠久，而影響亦最深遠的一派。佛氏於一八九○年代開始發展他的理論，直到一九三九年去世，都一直在心理分析上作探研和著作。一直以來，雖然有不少的學者嘗試對佛氏的理論作修改，但他始終在心理分析學派中掌執牛耳。至於心理分析最大的貢獻主要包括了：（一）一個人的精神健康是可以了解的，而我們對人類的各種知識可以用來減輕人類的痛苦。（二）人類的行為常常被無意識 (unconscious) 的因素所管制。（三）童年成長的經驗，對成人的功能和生活有深遠的影響。（四）在了解人如何處理焦慮的問題上，這理論為我們提供了一個重要的架構，因為要是假定了人有各種機制，便可以用來避免個人深陷於焦慮之中。（五）心理分析派為我們提供了方法，讓我們可以透過夢境的分析、抗拒和移情作用等，量度出人的無意識功能。[1] 此外，心理分析治療法是第一個研究心理過程中感受和情緒所扮演的角色的理論。[2]

1.1　人格構造

佛洛伊德根據臨牀經驗知識，指出人格的構造可以分為三個部分，即本我 (id)、自我 (ego)、和超我 (superego)。

1. 本我

本我代表人最原始的一面，通常在潛意識狀態下表現其機能，它潛存了人的各種慾望（drives），如性慾望、覓食的慾望、求安全以得自我保存的慾望和攻擊慾望等。這種種慾望，乃是一種原動力，驅使人朝向一個目標，這種特別活動，乃依照生物的基本法則進行，也就是根據"享樂原則"（principle of pleasure）而進行的。本我往往透過消除壓力和增加快感來達到即時的滿足，佛氏強調本我包含了支持生命的本能，而令本我活躍的動力來源是生物性的，以致本我在自我服務的過程中往往是不經意的，它卻會逐漸因自我和超我的產生而受控制。例如當我們在百貨商店遊逛時，看到一些極之精美的室內擺設，很想買下來，但看一看價錢，小小一件物品，價格卻極之驚人，根本買不起，倘若在這時候，四周沒有店員或其他顧客，我們很可能有衝動，在觀賞之際順手把那小擺設放進皮包中，這便是本我在作用。要不是"超我"提醒我們這是犯法的、不道德的、被人輕視之行為，及時制止了我們，我們就會做了錯誤的、破壞社會秩序的事。

雖然本我的精神活動，是在潛意識層面，叫人無法直接意識到其活動狀態，不過經由幻想、白日夢、夢境和精神病人病狀等和本我有密切關聯的精神產物，可以推斷出本我的真實情況。

2. 自我

自我系統化了人的理性過程，而在這過程中，雖然自我的精神活動一部分在潛意識層面進行，但大部分則在意識層面進行，故此一般上人可以知覺地控制自己的行動。換言之，自我是自己可以意識得到的"我"的一部分，是人性格的核心部分，其主要機能是用來處理個體和現實的關係，感受現實，處理本我之慾望，以期可以適應現實。

自一個人呱呱墮地，就有自我的存在，不過隨着生理發育和人的成長，其作用才逐步成熟而趨於明顯。自我除了機能上包括知覺、記憶、情緒、動作，思考等一般精神活動之外，最重要的，它不像本我般只具有主觀的現實，而是能夠與現實世界有接觸和交往，以致可以分辨出幻想和現實、自己和他人、主觀和客觀等的差異，這都是極重要的功能。也可說自我擔任着本我、超我和外在世界之間的"交通警察"的職責，它的主要任務是在本能和周圍環境之間作出調整，它控制着人的知覺，執行檢查的工作。[3]

自我的精神活動是依照"現實原則"（reality principle）和續發思考步驟（secondary thinking process）來進行的，故此，自我總是相當實際和具邏輯性地進行思維，以期能滿足個體需要。

3. 超我

超我是人最高層面的性格，因為它是人的道德法則，或就是人的良知。它主要關注的是行動的好壞對錯，依據社會的道德觀念，在潛意識層面擔任着監督和批判的工作。其實，超我是人性格中社會性的我，是受環境因素，父母的教導，社會習俗，倫理，道德和文化等陶冶而成形的，也可算是一個學習的過程，在其中人們學到善惡之分、是非之別、社會價值、道德規範和自律的標準，作為個人行為的指南。曾子所謂："吾日三省吾身"就是超我的充分表現。

超我的功能整體是對本我和自我進行約束，它管制本我的衝動，同時慫恿自我以道德性的目標來代替現實的目標，力求達到十全十美，是人"理想的我"之表現。

從健康的立場來看，人性格裏的本我、自我和超我必須有均衡的發展，本我的主要功能在求保存自己，超我的作用是配合社會常模和道德規範等原則下，控制和監督自己的行為，以求取個人生活的適應。至於自我，它一方面要處理我的本能慾望，另一方面要符合超我的標準，以期發揮自己之功能；而倘若本我或超我任何一方佔優勢，對另一方進行統治時，很可能就會產生不正常的功能，以致人出現身體上的毛病和怪異的行為，而這些不正常的功能，通常我們稱之為神經官能症（neuroses），一旦本我失卻所有的控制，功能便會嚴重失調，形成精神症（psychosis）。

1.2 人性觀

心理治療過程中輔導員對當事人的關係是直接而權威性的,以專家的身分和當事人相處,與當事人保持一種分離、客觀並完全中立的態度;這種處理方法,其實與此派學者的人性觀很有關係,以下是他們對人的主要看法:

1. 人基本上是消極,負面取向和機械性的。

2. 人類同時具有生存和死亡之本能。

3. 人生的目標其實就是死亡,而生活不過只是人朝向死亡過程中迂迴曲折的道路而已。

4. 人的行為受無意識所決定。

5. 人類行為主要的決定因素是性的內驅力和侵略性的衝動。

6. 成人的行為大部分受到人最早五年中的非理性動力、無意識動機、生物性的本能需要和內驅力,並個人的性心理發展經驗所決定。

7. 人類是一個能量系統,由於這能量有限,在對本我、自我和超我的分配中,當其中之一操縱控制權的時候,就會阻抑了其他兩個系統的運作。

8. 人類所有的行為,都是根據享樂和避免痛苦兩原則而決定的。

1.3 個人的性發展 (Sexual Development)

在心理分析中有一點是不容忽略的,就是個人的性發展。佛氏根據他的工作經驗,總結人的神經官能症的基本原因是由於壓抑和禁制性的發展。佛氏認為人的性生長不但是肉體上的,而且是情緒上的成長。他指出人的性慾始自嬰孩時期,他相信一個孩子到了五歲,應該已經過了三個性慾階段,就是口慾期 (Oral stage)、肛門期 (Anal stage) 和性徵期 (Phallic stage)。而這三個階段,反映了人體中可以為孩子的內驅力提供滿足的不同部分。所謂口慾期,是指人自出生到一歲半左右的時期,餓了就要吃、渴了就要喝、睏了就要睡,而一切慾望的滿足及人際關係重心都在口部,故稱之為口慾期。在此階段透過慾望的滿足而建立對世界的安全感和對人的基本信賴,倘遇挫折,就容易變得不信任人,缺乏安全感。同時,要先透過與他人,主要是透過與母親的關係，肯定自我的界限。由於此階段自我界限與現實感尚未穩固，遇到挫折便會呈現"扭曲"(distortion)、"幻覺作用"(hallucination)、"投射"(projection)和"否認"(denial)等心理自衛機制，而此階段亦被假設為精神分裂病、情感精神病、妄想精神病等發源的關鍵時期。

　　至於肛門期，是指一歲半到三歲的階段。這時期是隨意肌與括約肌發達的階段，小孩喜歡到處跑跑跳跳，到處探索。在這階段，父母也開始要求孩子學習如何控制自己的慾望，例如學習大小便控制，就是接受外加約束力的一種學習。因為在這階段，生活之重心及與人的關係，由口慾轉到排洩問題，意即如何訓練控制括約肌，故稱為肛門期。此期主要學習自治自律。在這階段者遇到困難時，常使用轉移 (displacement)、反向行為形成 (reaction formation)、解脫 (undoing) 和隔離 (isolation) 等心理自衛機制，心理分析家視之為強逼性的心理病的病理根源。

　　孩子從三歲到六歲，佛氏稱之為性徵期。此時期孩子開始注意到兩性的差別，對異性父母抱有好感，且有排斥同性父母之傾向，而有所謂"戀母忌父情結"(Oedipus Complex) 之形成。以後，男孩轉而模仿父親，女孩則仿效母親，學習如何做男人和女人，而特性之問題暫時擱置，進入潛伏期。如果在此階段，因環境緣故，無法如正常人一般解決其戀母忌父情結，對將來的性心理發展會有極大障礙，造成各種性異常之病態。[4]

　　其後孩子逐漸學懂從其他人獲得性方面的滿足；對男孩子來說，母親成為獲得滿足的對象，而父親因此成為自己之對抗者，而佛氏以此時期的此種情態為戀母忌父情結的表現。倘若這同時的吸引和敵對不能解決時，情緒上的性發展就會受到壓制，於是性的內軀力就無法適切地得到滿足；而對於這種壓制，由於人會嘗試透過其他途徑來獲得釋放，也就因而會破壞了人的正常功能，佛氏發現在他診治的病者中，很多反映出因為性壓抑而導致了性成長受到阻滯的情況。此外，他亦強調大部分人創傷性的、砠滯成長的經歷通常發生於五歲之前。

　　佛氏所發展的治療過程是要幫助人去發展自己潛意識所壓抑的事物，從而獲得理知和對這些無能無助的情緒、有知覺的控制。透過治療，佛氏嘗試去肯定一病人的性發展是在哪一個階段受到破壞，同時，到底有甚麼創傷性的事件曾經發生，以致影響了病人。他相信倘若病人能夠知覺地將該創傷性的事件重新經歷一次，將自我對本我和超我的要求作出控制時，正常的性發展就會重新開始，而神經質行為就會逐漸消失。

1.4　自衛機制（Defense Mechanism）

人生活在世上，或多或少都會遇到不如意的事，都會經歷挫折，這些經歷會叫人心理的需要得不到滿足，於是產生煩惱與痛苦。當人遇到不如意的事，或挫折和打擊時，有時會努力積極去面對，嘗試克服困難，但事實上這不是件輕易的事，要有極大的勇氣和決心，才可以做得到；故此，不少人會不知不覺地選擇了較容易的途徑，用消極的方法去躲避問題，以免引起個人情緒上太大的困擾和保障心境有一定程度的穩定。這方法在心理分析學者中，名之為"心理防衛機制"。一般來說，這種心理的自衛方法，是在潛意識中進行的。我們每個人，或多或少都會在生活中應用了這種方法。而事實上，這是無可厚非的事，也是人面對複雜的人生所需要的一種調整。不過，有不少人由於習慣性地不敢面對遭遇，由於個人極端的不安而每每去逃避人生，會濫用了這防衛機制，以致個人最終與現實脫節，這不單是一個毛病，甚或可能會發展成為精神病。以下是一些人們常用的自衛機制：

一、否定（denial）

這方法是將不愉快的事件加以否定，當它根本沒有發生，來獲取心理上暫時的安穩。許多人面對絕症，或親人的死亡，就常會本能地用"否定"來逃避那巨大的傷痛。

例：瑪利與男友小李交往了三年，論婚嫁的前夕，忽然小李變心了，母親知道瑪利十分愛小李，故此擔心得很，好言安慰她，焉知瑪利說："其實不結婚也好，我一向也在擔心結婚後怎樣能讓家庭與事業兼顧……"，瑪利用的防衛方式是"否定"。

二、隱抑（depression）

當人們把一些不能忍受或會引起個人極大衝突和矛盾的念頭、感情或衝動，在還未發覺之前便作了抑制，存放到潛意識中去，使自己在不知不覺間得以保持心境之安寧，這方法學者稱之為"隱抑"。但這些不被意識所覺察的念頭、感情和衝動等，雖然我們不知道其存在，它們卻一直在影響着我們的行為，以致在日常生活中，我們可能做出一些自己也不明所以的事情。

> 例：李先生的岳母相當勢利，又愛挑剔，由於她一直覺得李先生配不上自己的女兒，故此多年來每次見到李先生就總是冷嘲熱諷的，令李先生十分難受和尷尬。上星期日李太太誕下第一個兒子，於是請李先生通知各至親好友。李先生忙碌地打了一連串電話後，在與太太覆核有無遺漏時，才驟然發覺自己居然忘了致電岳母大人。

三、解脫（undoing）

無論人有意或無意犯錯，都會感到不安，尤其是當事情牽連別人，令別人無辜受傷害和損失時，的確會很內疚和自責，倘若我們用象徵式的事情和行動來嘗試抵消已經發生的不愉快事件，以處理自己的情緒，和補救自己心理上的不舒服，這種方法，稱為"解脫"。

> 例：一位足球員在比賽中犯規令對方的一位隊員受了傷，其後他到花店中買了一束花，令人送到醫院給傷者，他採用的防衛方式是"解脫"。

四、認同（identification）

在人生中，每個人都有一些要務，需要去完成，而其中主要的一項就是完成自認的歷程；由於自認對人十分重要，故此，人會用不同的方法來肯定自己，倘若在某些事情上經歷挫折，我們便會選擇性地模仿某些人或某些東西，這便是所謂"認同"。

> 例：一位物理系學生留了鬍子，其實他十分仰慕系中一位名教授，而該教授的"註冊商標"就是他很有性格的鬍子，這學生用的防衛方式是"認同"。

五、補償作用（compensation）

面對人生，許多人會發覺許多事物極不理想，同時，人生中常常會經歷不如意，於是內心會有許多不滿和遺憾。當一個人生理上或心理上有缺憾而感到不適時，會設法用種種方法去彌補這些缺陷，來減輕自己不適的感覺，這就是"補償作用"。

不過我們要知道，當運用得適當時，補償作用會帶給我們人生一些好的轉變，實在是值得推薦的方法；但若極端地採用，卻又會產生很惡劣的後果。

例：多年前因為家貧的緣故，張太將大女兒芳芳送給一對年老夫婦撫養，十多年後張先生經濟好轉，老夫婦亦去世，於是張太將芳芳迎接回家，但芳芳十分任性，不但無心向學，而且行為隨便，但張太從不責難半句，還時刻將最好吃的留給她，把最華美的衣服買給她，張太的行為，是在進行"補償作用"。

六、合理化（rationalization）

當人犯了錯誤，可以用不同的方法來處理，而其中一個方法，是盡量搜集一些合乎自己內心需要的理由，當作很合理地去加以強調，以致犯錯的事實不再困擾自己。這種方法名為"合理化"。事實上，除了面對錯誤，我們在人生的不同遭遇中，往往會採用這方法求減除，或甚至避免內心的痛苦。

例：一位有婦之夫與他的女秘書有不正常的關係，而他不斷告訴他的好友，他不是喜歡女秘書的美貌，只是她十分了解他，是他生意上的好助手，至於妻子則是個蠻不講理的女子。他採用的防衛方式是合理化（rationalization）。

七、投射（projection）

當一個人有某種罪惡念頭，或有某種惡習，往往會反而指斥別人有這種念頭或惡習；或者，一個人會把自己所不能接受的性格、特徵、態度、意念和欲望轉移到別人身上，指責別人這性格的惡劣，及批評別人這種態度和意念的不當，這行為我們稱為"投射"。

例：士良生活十分無聊，工餘常愛看色情影片和尋花問柳，情緒上困擾日多，而每逢與人交談，他總是在指責批評廠中的同事閒談時離不了色情與女人，令他十分厭惡，他是在採用"投射"的防衛方式。

八、轉移（displacement）

我們在被人激怒和欺壓時，往往想作出報復，但有時由於地位和社會規範，我們不可能直接向當事人發洩內心的情緒，結果就在適當的時間，選擇一個適當的人，作為情緒轉移的對象。不過，轉移不一定只是負面的感受，正面的感受，我們亦會作出同樣的處理。

例：小明在學校被人冤枉，被訓導老師看到，他極力爭辯都無效，結果不但被記小過一次，還要被老師當眾責備了一頓，他懷著一肚子的氣離開學校，走近家門，卻不知誰把垃圾桶擺放在他家門前，臭氣沖天的，小明狠狠地飛步走上前一腳踢翻了垃圾桶。他在此運用的自衛機制是"轉移"。

九、酸葡萄（sour grapes）

當人得不到自己希望的東西時，內心會相當失望和沮喪，在不少處理方法中，有些人會用酸葡萄的方法來消除內心的困擾，就是著意地將自己過去追求的東西加以貶抑和打擊。

例：許天寧苦苦追求美皓，結果美皓卻愛上了新認識的同事，半年後訂婚了。天寧寫信給哥哥時說：美皓人雖然很美，只是脾氣很差，與自己要求的賢妻標準相差太遠了。天寧用的防衛方式是"酸葡萄"。

十、甜檸檬（sweet lemon）

與酸葡萄相反的一種自衛機制是甜檸檬，採用這方法的人，雖然生活中發生不如意的事，卻會努力強調事情有其美好的一面，其實主要是說服自己凡是自己所有的都是美好的，是有價值和難能可貴的，這種方法，過分運用，會妨礙人們去追求生活的進步，但有時適當地運用，卻又能協助我們接受現實。

例：王先生在巴士上被扒手光顧，偷去錢包，損失了一千餘元，王太太知道後，十分氣惱，王先生反而安慰她說："小財不出，大財不入，看來我可要發達了！"王先生用的方法是"甜檸檬"。

十一、反向行為形式（reaction formation）

人有不少原始的衝動和慾望，因為是自己和社會所不能容忍和許可的，所以就要將其壓抑到潛意識中去，不但別人不知道，自己亦不察覺；不過，這些慾望及衝動雖然被抑制，卻始終仍是存在的，且具有極大的動力，隨時會出現。故此，人因為害怕這些衝動會突然爆發不可收拾，就要着意加以防範。

　　例：丁先生離婚之後，對女性有很強烈的反感和敵意，報復心理亦很大，因為在鬧婚變的過程中，前妻的態度很極端，說話也十分尖酸刻薄，以致他感到被拒絕和傷害。不過，在日常生活中，他對女性十分尊重。例如在公司裏，他對女同事們極之客氣有禮，照顧異常周到，以致女同事們都稱讚他對各人的溫柔和關顧。丁先生的行為，是典型的反向作用例子，一種潛意識的偽形式，丁先生藉此把自己違反社會的態度隱藏起來，而自己也欣悅於個人外在行為的良好表現。

十二、倒退（regression）

當人長大成人後，本來應該運用成人的方法和態度來處理事情，但在某些情況中，由於某些原因，不太適用，往往就會放棄這些方法。同時，也可能我們發覺用成人的方法會較困難得到自己所冀求的，為了避免失望和挫折，就可能重新運用孩童時期的方法來獲致滿足，這方法是"倒退"。若過分使用，當然很有問題，但偶然的"倒退"，例如：做父親的爬在地上扮小牛給孩子騎，做妻子的偶然向丈夫撒嬌等，卻又會給生活增添不少情趣與色彩。

　　例：菁菁在成長過程中被母親管教得十分嚴，加上母親的蠻橫無理，令她對權威人物產生極大的恐懼，甚至到她成年後，雖然學有所成，但在權威人物面前，她就會變得毫無主張。就如在任教的學校，她是一位極受歡迎的教師，但校長每次約見她，卻總感到她毫無自信；因為每次見她，她不但張惶失措，而且校長每要求她做任何事，她都說不會做，要求校長教她，並請求校長詳細告訴她如何做；所有表現，就像一個無知愚昧的小女孩。在這事例，我們看見菁菁在權威人物前，出現了"倒退"的行為。

十三、幻想（fantasy）

許多時候，當人無法處理現實生活中的困難，或是無法忍受一些情緒的困擾時，會利用幻想的方法，將自己暫時抽離現實，在幻想的世界中得享內心的平靜和達致在現實生活中無法經歷的滿足。

> 例：侍役阿泰當值時，被領班梁仔無理取鬧，十分憤怒，但位居人下，無法可施，回家途中，他買了六合彩，吃飯時與太太談着說，若中了六合彩，他要自己開間飯館，重金將梁仔請來，然後給顏色他看，令他受辱……，談着談着，阿泰輕鬆多了，他用的方式是"幻想"。

十四、壓抑（suppression）

在日常生活中，某些事情的發生，往往會觸發我們一些感受，通常我們會作出自然與直接的表達，但在特別的情況中，我們的反應會很不尋常；基於種種原因，很可能我們無意識地已將真正的感受作了壓抑。

> 例：丁先生是個汽車愛好者，惜車如命，太太常常取笑他簡直將自己的汽車當作了兒子。一天早上，當他在趕往總公司參加董事局會議時，不幸卻發生了交通意外，他的車子被尾隨的客貨車碰撞了一下。當時丁先生只是下車隨便望望被撞毀的車尾部分，然後便冷靜地匆忙與對方交換通訊電話，在抄下對方的車牌後，就馬上開車駛往公司，同時，再集中精神構思在會中個人要作的重要陳詞。在這事情中，由於撞車時是八時三十二分，二十八分鐘後會議就要開始，而重要的事情亦急待決定，丁先生一反常態的表現，只是因為他採用了"壓抑"這保衛機制。

十五、理想化（idealization）

在理想化過程中，當事人往往對某些人或某些事與物作了過高的評估。這種高估的態度，很容易將事實的真象扭曲和美化，以致脫離了現實。

> 例：小方常常在朋友面前稱讚自己的女朋友盈盈如何貌若天仙，以致大家都渴望早日可以見見他口中的美人。在上週日大夥兒一同去旅行

時，小方手拖着一位又矮又瘦，相貌極之平凡的女士出現了。當他熱烈地向眾人介紹那女士就是盈盈時，各人都失望極了。在這事例中，小方是將自己的女朋友理想化了。

十六、昇華（sublimation）

當我們將一些本能的行動如飢餓、性欲或攻擊的內驅力轉移到一些自己或社會所接納的範圍時，就是昇華。

例：江太太最喜歡美食，但在中年之後，她的暴飲暴食習慣令她的體重直線上升。在醫生作診斷後，她要徹底減肥，以免影響健康。在此情形下，她惟有遵照醫生的餐單進食。不過，同時她開始對各類的食譜發生了濃厚的興趣，除了自己到處購買外，還向朋友搜集有特色的菜單和食譜。明顯地，江太太是採用了"昇華"的保衛機制。

十七、分裂（dissociation）

有些人在生活中的行為表現，時常出現矛盾與不協調的情況。而且，我們還會發覺他們在同一時期，在不同的環境或生活範疇，會有十分相反的行為出現。在心理分析中，我們可以說他們是將意識割裂為二，在採用"分裂"這保衛機制。

例：富甲一方的田先生不但是一位社會知名的慈善家，同時，他的妻子和三位早已成材的兒女都常常在朋友面前稱讚他是一位難得的慈父，品德情操，都令他們景仰。不過，在他的工作中，他對自己的下屬卻十分苛刻，冷酷無情，故此人人都批評他是刻薄成家的。至於在商場上，他更加是投機取巧，惟利是圖，也絕無道義可言。田先生並非虛偽，只是他在生活上採取了"分裂"這保衛機制。

1.5 其他主要的理論和方法

一、心理分析派學者相信當我們能協助當事人將無意識的事物變成意識，改變就出現了。而這改變過程，主要包括了增強個人的自我，減輕或甚至消除超我，同時擴展本我的自覺。學者相信，當自我把握着無意識的思想後，就可以將這些思想和知覺的思想作出統合。

二、心理分析學派要探索當事人的非意識，主要是採用下列三個技巧：(1) 輔導者要保持客觀和沒有批判性的態度；(2) 將從自由聯想（free association）過程所得到的資料作出解釋；(3) 留意自己和當事人之間之移情關係（transference relationship）或在治療情況中當事人在人際關係中的情緒經驗。[5]

三、移情是此派輔導過程的核心：簡單來說，移情關係是指當事人在輔導過程中將輔導員看作自己生命的一個重要人物。而輔導員知道當事人或遲或早，總會在這移情關係中將個人困擾的態度和感受指向輔導員。換言之，當事人會將他們和其他重要人物交往的方法轉移到輔導員身上，而過程中產生的倚賴和沮喪感會促進了移情作用之發展。事實上，在心理分析治療中，移情作用是一個關鍵，因為透過移情作用，輔導員有機會具體地去觀察和清楚當事人的人際關係。同時，我們要知道，心理分析治療的目標，其實就是要去消解當事人這種轉移的意識和感受。

四、在心理分析治療的過程中，輔導員會嘗試建立一個安全氣氛，好讓當事人可以學習表達自己的思想。由於輔導員的交接很溫暖，又以接納和不作批判的態度來和當事人相處，故此當事人就可以自由地對自己當前的行為作探討，看看是否適當？同時，透過與輔導員的關係和相處，當事人可以對自己和其他人的人際關係，有許多深遠的新發現。在這過程中，輔導員要求當事人不要作任何思想，以免他因此對自己知覺的意見（聯想）作出任何選擇，或要決定那是否適當，或是否值得說出來；輔導員要提醒他，他唯一要留意的就是盡量直接地將他意識到的一切說出來。這不但是輔導成功之關鍵，同時也是最基本的技巧性規則，務必要遵守。[6]

五、治療過程主要的重點放在當事人的感性因素上，輔導員通常是針對着感受來作出妥善處理。

六、消解（working through）是指當事人在輔導時，因為要面對不同的情況，他神經質的矛盾衝突會重複出現，而輔導員就會不斷地針對這些矛盾衝突作解說，目的是透過對當事人的保衛機制審查的過程，當事人自己可以增加自覺和領悟。實際上，加強領悟和自覺是心理分析的主要目標之一。因為此派學者相信當當事人對自己的保衛機制和矛盾衝突的根源、並當今的情況增進了了解時，他就可以選擇其他更有效的行為來處理當前的問題了。

七、解釋（interpretation）。所謂解釋，是指在輔導過程中，輔導員所說的話，是要提供一些新的資料給當事人；這是心理分析中導致人可以改變的主要動因。許多人誤會這些分析是很深入的，其實不然，而且也不一定將孩童時期之經驗和當今的行為拉上關係。解釋主要包括了澄清和界定一些應該繼續討論的主題，亦包括了將兩件不同的事件、思想和感受並列，然後要當事人作出比較；最後還有一項，就是指出當事人行為中所防衛和逃避的成分。

八、自由聯想（free association）。由於佛氏相信在知覺的表層之下所抑制的種種，往往會提供很多線索，令我們可以達到更深層次的潛意識，故此他主張在治療過程中，讓當事人斜躺在長椅上，而自己則坐在其頭部後方，讓當事人與自己的交往減到最少，以便當事人可以自由地作表達；而他便將談話內容筆錄，主要是集中將當事人之童年經驗，創傷性事件作出組合、討論、分析和解釋，以帶領當事人對自己的問題有所領悟，加強改變的決心；而當當事人較為清楚自己的行為和心態後，就可以嘗試改變行為，處理問題和適應生活。

九、至於夢的分析（dream analysis）也和前者差不多，也基於相似的理由。因為佛氏相信當人在睡眠中，自我的控制會較小，故此潛意識的內驅力就會在夢中出現，故此夢之內容其實是一條鑰匙，會為我們開啟潛意識的門。同時，輔導員往往利用夢境中的資料與當事人進行分析討論，來促進當事人的自我探討。

註釋

1   Gerald Corey, *Theory and Practice of Counseling and Psychotherapy* (California: Brooks / Cole, 1977), 10.

2   C. H. Patterson, *Theories of Counseling and Psychotherapy*, 2nd ed. (New York: Harper & Row, 1973).

3   Corey, op. cit., 11.

4　徐靜：《心理自衛機制》(台灣：水牛出版社，一九七九年)，第十六頁至十九頁。

5　Samuel H. Osipow, W. B. Walsh and Donald J. Tosi, *A Survey of Counseling Methods* (Illinois: The Dorsey Press, 1980), 36.

6　S. Freud, "Psychoanalysis," in William S. Sahakian, *Psychotherapy and Counseling: Techniques and Intervention*, 2nd ed.) Chicago: Rand McNally, 1976), 8.

參考書目

Abraham, K. *Selected Papers on Psychoanalysis*. 2 vols. New York: Basic Books, 1953.

Alexander, F. *The Scope of Psychoanalysis*. New York: Basic Books, 1961.

Allport, G. *Personality and Social Encounter*. Boston: Beacon Press, 1960.

Blum, G. *Psychoanalytic Theories of Personality*. New York: McGraw–Hill, 1953.

_____ . *Psychodynamics: The Science of Unconscious Mental Forces*. California: Brooks / Cole, 1966.

Brenner, C. *An Elementary Text Book of Psychoanalysis*. New York: International University Press, 1955.

Cameron, N. *Personality Development and Psychology: A Dynamic Approach*. Boston: Houghton Mifflin, 1963.

Corey, Gerald. *Theory and Practice of Counseling and Psychotherapy*. California: Brooks / Cole, 1977; pp. 10–32.

Erikson, E. H. *Childhood and Society*. 2nd ed. New York: Norton, 1964.

Fenichel, O *The Psychoanalytic Theory of Neurosis*. New York: Norton, 1945.

Fine, R. "Psychoanalysis," in R. Corsini (ed.), *Current Psychotherapies*. Itasca, Illinois: Peacock, 1973; pp. 1–33.

_____ . *Freud: A Critical Revaluation of his Theories*. New York: David McKay, 1962.

_____ . "The Age of Awareness," *The Psychoanalytic Review*, 59.1(1972), 55 – 71.

Fletcher, R. *Instinct in Man*. New York: International University Press, 1957.

Freud, Anna. *The Ego and the Mechanisms of Defense*. New York: International University Press, 1946.

_____ . *Normality and Patholoy in Childhood*. New York: International University Press, 1965.

Freud, S. *The Standard Edition of the Complete Psychological Works of Sigmund Freud*. 24 vols. London: The Hogarth Press, 1953 – 64.

_____ . *An Outline of Psychoanalysis*. New York: Norton, 1949.

_____ . *The Interpretation of Dreams*. London: Hogarth Press, 1953.

_____ . *The Origins of Psychoanalysis,* ed. by M. Bonaparte, A. Freud, and E. Kris. New York: Basic Books, 1954.

_____ . "Psychoanalysis," in William S. Sahakian, ed., *Psychotherapy and Counseling: Techniques and Intervention*. 2nd ed. Chicago: Rand McNally, 1976; pp. 2 – 42.

Fromm, E. *Man for Himself*. New York: Holt, Rinehart & Winston, 1947.

_____ . *The Sane Society*. New York: Holt, Rinehart & Winston, 1955.

_____ . *The Art of Loving*. New York: Harper & Row, 1956.

_____ . *The Heart of Man*. New York: Harper & Row, 1964.

_____ . *The Resolution of Hope*. New York: Harper & Row, 1968.

Green, H. *I Never Promise You a Rose Garden*. New York: New American Library (Signet), 1964.

Greenson, R. *The Technique and Practice of Psychoanalysis*. New York: International University Press, 1967.

Hall, C. *A Primer of Freudian Psycholgy*. New York: New American Library (Mentor), 1954.

Hall, C. and G. Lindzey. *Theories of Personality*. 2nd ed. New York: Wiley, 1970.

Horney, K. *New Ways in Psychoanalysis*. New York: Norton, 1939.

———. *Our Inner Conflicts*. New York: Norton, 1945.

———. *Neurosis and Human Growth*. New York: Norton, 1950.

Lundin, R. W. *Personality: An Experimental Approach*. New York: MacMillin, 1961.

Nye, R. *Three Views of Man*. California: Brooks / Cole, 1976.

Osipow, Samuel H., W. B. Walsh and Donald J. A. Tosi. *Survey of Counseling Methods*. Illinois: The Dorsey Press, 1980; pp. 24–52.

Patterson, C. H. *Theories and Practice of Counseling and Psychotherapy*. 2nd ed. New York: Harper & Row, 1973.

Schultz, D. *Theories of Personality*. California: Brooks / Cole, 1976.

Sullivan, H. S. *The Interpersonal Theory of Psychiatry*. New York: Norton, 1953.

徐靜:《心理自衛機制》。台灣:水牛出版社,一九七九年十月出版。

佛洛伊德著,廖運範譯:《佛洛伊德傳》。台灣:志文出版社,一九七五年五月出版。

楊格著,黃奇銘譯:《尋求靈魂的現代人》。台灣:志文出版社,一九七五年九月出版。

第二節　阿德勒治療法（Adlerian Therapy）

2.0　阿德勒（Alfred Adler）與阿德勒治療法

　　阿德勒心理學（Adlerian psychology）的創始人是艾忽烈・阿德勒（1870－1937）。阿氏往往稱之為個體心理學（Individual psychology），因他重視人的完整性。他認為人是具創意,有責任感的個體,在自己的現象場域內朝向虛構的目的前進。換言之,阿氏相信人的行為是具有目的,而我們是自己這個體生活的主角與創造者。並且,我們每個人都以獨特的生活方式來表達個人的目的。他強調人的未來方向遠比我們的過去重要。因為人具創意,故能超越年幼時的經驗,創造自己。

　　阿德勒出生於維也納市郊的一個猶太商人家庭。家庭富裕,但他認為自己童年生活並不快樂。原因是無論他如何努力,總是落後於哥哥。而且,母親特別寵愛哥哥。雖然父親較寵愛他,但由於自小患有駝背,行動不便,五歲時他差點死於肺炎,痊癒後他便決心要當醫師。往後,阿氏曾指出自己的生活目標就是要克服兒時對死亡的恐懼。由於阿氏體弱多病,母親亦要格外照顧。但隨着弟弟出生，母親的注意力不再是他，他因此感到"失寵"。加上嫉妒大哥得到母親疼愛，他幼年時已經有很深的自卑感。上述種種阿氏兒童期的經驗與記憶，無論是家庭或個人的，都深遠地影響他日後所建構的假設和理論。

一八九五年，阿德勒畢業於維也納大學，獲醫藥學位。一九○七年，阿氏發表了有關由身體缺陷引起的自卑感及補償作用的論文。他認為這一種自卑，不僅能摧毀一個人，使人墮落或發生精神病。而另一方面，它亦能使人發奮圖強，以致補償自己的弱點。

對心理動力治療取向的發展，阿德勒是有分量的貢獻者。他曾被視為佛洛依德的學生，事實並非如此。雖然，他曾寫文章辯護佛氏的觀點，亦因此得到賞識，被邀加入佛氏所主持的討論會。其後甚至成為佛氏的集團領導人之一，備受佛氏讚譽。並繼承其後，成為維也納心理分析學會 (Vienna Psychoanalytic Society) 的主席。惟在一九一一年，他辭去維也納心理分析學會主席一職，翌年創立個體心理學協會。至於佛洛依德，則聲稱不支持阿德勒的觀念，也不承認他是個有能力的心理分析師。

一九一一年，對阿德勒來說，在學術方面是十分重要的一年。在那一年，一位德國哲學家懷亨格 (Hans Vaihinger) 出版了《"虛構"的心理學》(*The Psychology of "As if"*) 一書。這書對阿氏的思想產生重大影響。懷亨格主張：人類是憑藉一些在現實上並不存在的虛假目標而生活。縱然這些目標在經驗上都是虛構的，但我們並不懷疑其真實性。我們的思想和行為都深受其影響。阿氏在懷亨格的概念中看到足以打倒佛洛伊德觀點的地方。他領悟到：促使人類作出種種行為的，是人類對未來的期望，而不只是其過去的經驗。這種目標雖然是虛構，但它們卻能使人類按照個人的期待，作出種種行為。阿氏亦指出，這些目標經常是屬於潛意識的。他把這種虛構目標之一稱為"自我的理想"，個人藉此獲得優越感，並能維護其個人尊嚴。

在第一次世界大戰期間，阿德勒曾在奧國軍中服役，充當軍醫。其後，他又曾在維也納的教育機構中從事兒童輔導工作，並在維也納公立學校開創了許多兒童輔導診療中心。同時，亦致力訓練教師、社工人員、醫生和其他專業人員，並首創親子關係的公開講座。他指出，自己的觀點不僅適用於父母子女間的關係，還可以涵蓋師生關係。阿氏學說對教師影響很深遠，後來多位個體心理學家都是受到他的影響，將其理念和觀點活用於教師教育上。

2.1 人性觀

阿德勒在其著作《生命對你應有的意義》（*What life should mean to you*）中指出，一個人在生命最初的四、五年間，是忙於構造他心靈的整體性。並在他的心靈和肉體間建立起關係。他利用了由遺傳得來的資源，和從環境中獲得的印象，將它們修正，以配合自己對優越感的追求。隨着第五年的結束，他的人格已經成形。他賦予生活的意義，他追求目標、發展出趨近目標的方式。與此同時，他的情緒傾向等，也都已經固定。[1]

從上文可窺見阿德勒的理論，已摒棄了佛洛伊德的決定論。事實上，阿氏離開佛洛伊德，指出佛氏是過於狹隘地強調人的生物本能和性驅力。雖然兩人均認為六歲前的經驗影響着成人後的發展。但阿氏並不重視探索過去，他重視人們對於事件會留下何種印象，以及這些印象和記憶如何持續影響其日後的生活。在其他一些重要的項目上，阿德勒與佛洛伊德是對立的。例如阿氏認為人類行為是受到社會驅力的激勵，而非性驅力。人的行為是有目標在導引，以及人格的核心是意識，而非潛意識的。阿德勒重視人的責任、抉擇、生存的意義，與及追求成功與完美，大異於佛氏的理念。[2]而人企圖達到優越地位所作的努力，是整個人格的關鍵。

阿德勒深信在一個人成長過程，愛和父母對他的興趣是影響他性格健康成長的重要元素。遺憾的是，父母自以為是的所謂愛，卻往往是縱容姑息和過分保護。結果是，被縱容姑息慣了的孩子會感到自己無能，很需要別人保護和幫助他。一旦父母不在身旁，問題就會出現。阿德勒學者指出，若在孩童期未能及早作出矯正的訓練，上述的觀念就會成為阿氏稱之為人的秘密邏輯（private logic）的一部分。所謂秘密邏輯，是指一個人所獨具的獨特思想、感受和態度，在在導引人如何了解、預測和管理生活中的經驗和行為。[3]

　　卡拔施（Capuzzi）指出，整體而言，兒童在自己可見的生活範疇，逐漸對自己能否控制不同事物的強項和限制有所感知。同時，他們也在觀察自己在不同處境中個人的位置。隨着年齡增長與身體的成長，個人能力增長，別人對他們的期望亦改變。他們要面對的是，自己是否要回應和如何回應。倘若他們在家庭中感到安全，又覺得自己是有能力時，對來自周圍人的注意的需要會減少。同時，不再依賴外來的鼓勵。

　　相對地，很多孩子對被愛、被欣賞和家中的安全感作出錯誤的評估。這些評估，往往成為他們行為的依據。阿德勒曾指出，孩子通常是上佳的觀察者，但對自己的經驗所作的評估和解說，卻通常很差劣。阿氏相信兒童廣泛感受到的自卑感，是源自孩子早期經驗中個人的依賴和細小。而在社會性方面，地位也較低劣。阿氏強調人的社會性興趣（social interest）和合作。因為他也相信，上述兒童的問題，可以透過社會性互動作出改進。因為奠基於一個成長模式，阿德勒重視個體的再教育和社會性的再塑造。他是主觀心理學的先驅，強調行為的內在決定因素。例如：價值觀、信念、態度、目標、興趣，以及個體對現實狀況的知覺情形。他是全面性、社會性、目標導向，以及人本主義學派的先鋒。[4]

2.2　主要概念和基本命題

　　根據安士柏查（Ansbacher）的分析，個體心理學的特徵如下：

1. 人本——重視每個人和社會的幸福與福利。

2. 整合的人——看人是一個不能分割的實體。

3. 現象學——從每個人的內心世界或角度來看事物。

4. 目的論——認為人的一生是創造性地不斷努力達致目標，是被自己主觀的未來所牽引，而非被客觀的過去所推動。

5. 場域理論——認為一個人的感受、思想和行為是與社會、物理環境交互影響的。

6. 社會性定向——相信人是主動地回應社會，亦貢獻社會。

7. 人是根據自己的方法論來運作。[5]

2.3　出生順序

個體心理學在探討孩子們的出生順序，有其獨特的假設與研究。假設父母之間關係良好，也愛護孩子，一視同仁。個體心理學家亦指出，在這種家庭中，孩子在家庭的排行次序，仍然會造成相當大的差異。阿德勒曾作出相當深入的分析：

1. 老大

家中的老大，總有一段時間得到如獨生子女般的專注、重視、注意和寵愛，若父母在生第二名孩子前，忽略了為老大作出種種準備，在措手不及的狀況下，老大驟然發覺自己不再是家庭的中心，不再能夠惟我獨尊的同時，發覺另一個孩子成為眾人關愛的重點，而自己明顯因着新娃娃的到來而備受冷落與忽略。阿氏強調經常出現的結果是：問題兒童、神經病患、罪犯、酗酒者和墮落者所出現的困難與問題，多數是在這種環境之下開始。明顯地，他們大多是對另一個孩子的降臨，深受困擾的情況下，鑄成了他們整個生活方式。[6]

老大的地位雖然會造成特殊問題，但如果能有適當的安排與處理，危機是可以避免的。例如，若父母能為老大在各方面作好準備，迎接新娃娃的到來，甚至學會幫忙照顧，將會是老大學習與弟妹合作的難得起步。

老大另一個特別之處是，有些會發展出喜歡保護人或幫助人的性格。不知不覺地，不少老大對弟妹是扮演着父母的角色，照顧、疼愛、支援、教導，甚至斥責。在臨牀工作中，的確發現不少老大，無論是大哥或大姐，嚴肅地承擔了父母的責任。隨着普世性的離婚數字日增，破碎家庭與單親家庭中的老大，往往是自願或在無可選擇的情況下，扮演了父親或母親的角色。甚至在特殊的情況中，同時肩負了父母的重擔，供養和培育弟妹。以阿氏的說法是：他們覺得自己對弟妹的幸福負有責任，亦因此他們還會發展一種善於組織的才能。然而，想保護別人和照顧別人的心態，亦可能導致期望別人倚賴自己或是想統治別人的欲望。阿氏還說明，根據他在歐美研究的經驗，發現問題兒童絕大部分都是老大。緊接其後的是最小的孩子。

2. 家中最小

如上文指出，家中最小的孩子成為問題兒童的情況，僅次於老大，這現象的原因通常根源於全家都會寵慣他們。而被寵壞的老么，往往無法自立，倚賴性特別強。在成長歷程中，家人的寵愛與保護，直接間接剝奪了老么獨立思維與作抉擇的機會。最小的孩子是野心勃勃的，但問題是缺乏勇氣憑自己的力量爭取成功。在面對新事物和挑戰時，怯懦加上優柔寡斷的性格，他們往往會退縮及與卻步不前，只是期待他人的援手。

其實，老么在家庭中是處於相當有利的處境：父母兄姐往往都會幫助他。在家中他沒有弟妹，但卻不乏競爭者，身為備受寵愛的娃娃，固然會面臨被寵壞孩子特有的困難。但由於他有許多競爭的機會，所受的刺激亦較多，有許多事物可以激發他的野心和努力。故此，老么經常會以異乎尋常的方式發展自己。在人類歷史中，最小的孩子超越兄姐，甚至成為家庭的棟樑，是屢見不鮮的事實。

3. 老二

家中的老二，自出生便和另一個孩子分享父母的關愛。故他通常比老大容易與別人合作。由於生活中始終都有一個競爭者存在。而且，在他前面，是有一位年齡和發展都領先的兄姐。故此，他必須使出渾身解數，時刻保持在劍拔弩張的狀態，努力奮發要超越，甚至征服、勝過其兄姐。

身為老二的人，通常不甘屈居人後。即使長大成人離開了家庭，他們往往會找一個競爭對手，將自己與那一位被視為佔有較優越地位的人互相比較，並且千方百計要超越他。

4. 中間

在家中排行中間的孩子，柯尼（Corey）認為他們會有被擠壓出局的感覺。對人生覺得不公平。自己覺得是被騙而出生。這些孩子可能會有"可憐可憐我"的心態，並發展成為問題兒童。[7]

5. 獨生子女

柯氏認為獨生子女擁有與老大相似的特徵。他們缺乏與其他小孩合作分享的機會，日常打交道的多為成年人。由於往往受到母親的寵愛，故頗為依賴母親。獨生子女總是希望自己是眾人注意的焦點，一旦不被注意和重視，就會感到不公平。當他們成長後，若失去眾人的注意時，會產生許多心理調適的問題。

阿德勒極之重視一個人在家庭的出生次序。他認為其重要性，等同於父母教養子女的方法。[8] 不過，其他阿德勒學派的學者，不一定認同其觀念。亦有學者進一步指出，除了出生次序之外，一個人的性別角色，在家庭中手足的心理性地位上，亦扮演重要角色。

迪米亞等（Dinkmeyer, Dinkmeyer & Sperry）在人的出生次序上，有相當尖銳的意見。他們認為人的出生次序本身毫無意義，因為出生次序並不能反映孩子的態度和行動、在家庭中的聯盟，及孩子面對家庭系統時獨特的處理方法。畢柏（Pepper）指出，由於家庭環境是在不斷改變，故此，嚴格來說，沒有任何兩個孩子是出生於完全一樣的家庭狀態。家庭的轉變如：父母年齡的增長、較前聰明、變得較富有或貧窮、搬家或轉工、離婚、再婚或死亡等。畢氏認為，出生次序的重要性，最多只能顯示在統計概率上的一些普遍性物質而已。[9]

2.4　社會興趣

奇方（Kefir）指出，社會興趣可能是阿德勒最重要和獨特的觀念。所謂社會興趣，是指個體能知覺自己是人類社會中的一分子，和他在處理社會性事務時的態度，包括為人類追求美好的未來。一個人的社會化過程始自兒童期，使個體找到立足點，並且獲得歸屬感和貢獻感。[10]

阿德勒視社會興趣等同於同感（empathy）。而莎文（Sherman）等則指出，能夠與別人分享和關懷別人的福祉，是心理健康的一項指標。[11] 從個體心理學的經驗中可以驗證出一個簡單的結論：罪犯對別人絲毫不感興趣。他們與人合作，有很大限制，在超過某一限制時，他們便開始犯罪。或者，當某一個問題難度很大，以致他無法解決時，他與人的合作便會崩潰。阿德勒指出，人的一生所面對的問題，就是社會問題。他相信種種問題得以解決，首先是要我們對別人有興趣。問題是，罪犯通常是冷漠，對他人的疾苦毫無感覺的一羣。

一個人生活在世，必須在一些社羣中找到某程度的認同感和歸屬感。找到立足之點，被人接納、被視為重要和有價值，又感到安全和產生自尊，根本就是人的基本需要。故此，人必須在與他人的互動、共處和承擔責任的活動和過程中找到自己獨特的貢獻方式。個體心理學指出，許多人的問題是害怕被自己重視的羣體所否定。歸屬感不足或根本缺乏時，焦慮不安就會令我們欠缺勇氣去處理我們的問題。

個體心理學發現，罪犯和問題兒童、神經病患、精神病患、自殺者、酗酒者和性欲倒錯者所表現出來的失敗和錯失，都屬於同一類型：全部在處理生活問題上失敗了。尤其明顯的是，他們每一個人都缺乏社會興趣，對他人漠不關心。阿德勒在論到罪犯時，除了強調犯罪是一種悲劇的同時，亦強烈闡明罪犯並非異常的人種，更不是瘋子。他認為罪犯們是不了解社會生活的要求，再加上不關心他人時，在要解決問題、克服困難和掙扎成為優越者的過程中，採用了不智和錯誤的方法。[12]

由於人類學會了合作，所以有社會分工。這是人類社會進步的保障。因為人類的社會興趣，大家合作分工，於是可以利用不同訓練的結果，並將許多不同的能力和活動組織起來，以使他們對人類共同的幸福有貢獻和保證人類的安全和持續發展。摩撒克（Mosak）指出人需要去面對和勝任五個任務。阿德勒學者稱之為生命的任務（life task）。包括與他人維持關係（友誼）、貢獻一己所能（工作）、維持親密關係（愛與家庭關係）、自處（自我接納），和發展精神層面的修養（包括價值觀、人生意義、生活目標，並我們與宇宙的關係等）。[13]

在上述五項人生任務中，清楚顯示阿德勒學派重視人生性別的界定，人與人的互動和相處、合作和互相依賴抉擇。五項任務中的自處，是指我們對自己的看法和感覺，異常重要，因為是一個人生活多方面，包括工作、家庭關係、人際關係成功的基礎和先決條件。

2.5　自卑感與優越感

阿德勒視人的自卑情結（inferior complex）是個體心理學的重大發現之一，他相信每一個人都有不同程度的自卑感。沒有人能長期忍受自卑的感覺，一定會採取某種行動來解除自己的緊張狀態。阿氏將自卑情結定義為：“當個人面對一個他無法適當應付的問題，而自己又感到絕對無法解決那問題，此時出現的就是自卑情結。”[14]

阿氏指出自卑感會造成緊張，所以爭取優越感的補償動作就會同時出現，但要留意的是，其目的不在於解決問題，爭取優越感的動作總是朝向個人生活中無用的一面，欠缺了面對真正問題的勇氣。

論到如何幫助那些用錯誤方法來追求優越感的人，阿氏認為最重要是認清：對優越感之追求是所有人類的通性。明白了這一點，我們就會放下對他們那種負面的看法。反之，能設身處地同情他們的掙扎。總的來說，阿氏童年期所經歷的自卑感和掙扎，令他對自卑感與優越感有超乎常態的興趣與關注。在自卑情結中掙扎的人，往往深信自己在合作中獲取成功是不可能的，結果是喪失了生活中朝向積極、有用的方向所必須具備的勇氣。

對於人類對優越感的要求這一點，阿氏有其獨特的信念和說法。他相信在每件人類創作的前段，都隱藏着對優越的追求，這是所有對人類文化貢獻的泉源。[15]

2.6　不良適應的本質

阿德勒對不良適應的研究，可以從他對神經官能症（neurosis）的研究來作出說明。他這樣描述神經官能症：

1. 是個人對自己和世界有一種錯誤信念，包括了錯的目標和錯誤的生活方式。

2. 是個人會訴諸不同形式的變態行為，目的是要保護他或她對自己的信念。

3. 當一個人感到自己無法成功面對當前的處境時，上述的防衛與保護行為就會出現。

4. 他所犯的錯，包括了自私自利，沒有考慮和顧及他人的福利。

5. 對上述各項過程，個體缺乏知覺。[16]

以上五項神經官能症的描述，其實是一個人適應不良所產生的結果——自卑情結（inferiority complex）。為了避免人們產生混淆，阿德勒鄭重指出自卑的感覺和自卑情結是截然不同的兩回事。事實上，在人生中，我們往往發覺自己在不同處境也會有有待改進之處。換言之，人人都會在不同的時空有自卑感。[17] 至於自卑感情結的出現，是當個體感受到的無能感與不當是銳不可當，而自己又無法正常發展時，他所經歷的自卑，已經變態成一種情結（complex）。[18]

阿德勒亦指出，有自卑情結的人，往往會透過一種補償來達致個人的優越感。遺憾的是，這種補償的行為，目的並非是在解決問題，而是在保存生命中無用無效的一面。[19]

神經官能症患者往往逡巡猶疑於自卑與優越感之間。他們往往很具野心，但卻缺乏勇氣。他們最怕被視為失敗者。為了不想面對這殘酷的現實，也為了面子問題，他們採取不同的策略，包括離避（avoidance）、轉移（displacement）、投射（projection）、逃避（retreat）、無助行為（helplessness），和迂迴行為（detouring）等，在在反映出他們內心深處的恐懼。不過，上述種種徵候卻具有強大的社會重要性。因為這些徵候，除了離避個人責任之外，往往亦同時在操控其他人。[20] 事實上，這種神經官能症患者是不斷在自己與他人、自己與環境，並自己與工作之間，設置心理距離。是典型的 "對，不過……" 性格。基本上，他們知道自己應有所改變，但卻做不到。或者，更正確地說，他們不會去改變。[21]

2.7 輔導過程

2.7.1 輔導過程

阿德勒學派的輔導過程包括四個階段：

1. 建立關係。

2. 研究個體的生活方式。

3. 生活方式的解說。

4. 重新定向。[22]

2.7.2 治療目標

在阿德勒眼中，當事人不是病患者，並不需要治療。事實上，阿德勒療法是一個成長的模式，並非治療模式。

根據輔導員與當事人的契約關係，透過探討、澄清和再教育，輔導員協助當事人重新訂定建設性的正確目標。戴爾古斯（Dreikurs）等指出阿德勒學派的基本目標很具體，是要培養當事人的社會興趣。在輔導過程中，透過輔導員的協助，當事人的自我覺察增強，然後就可以修正其基本假設、人生目標和基本觀念。[23]

莫撒克（Mosak）指出，社會興趣的培育，是最主要的目標，透過再教育，輔導員協助當事人能在施與受之間感到公平，可以學習愉快地在社會生活。[24]莫氏將阿德勒學派的輔導目標列出如下：

- 培養社會興趣
- 協助克服挫折感與自卑感
- 修正觀點與目標。換言之是改變當事人的生活方式
- 修正錯誤的動機
- 協助當事人感受到自己與別人是平等的
- 協助當事人成為社會上有貢獻的人。

2.7.3 建立輔導員與當事人的關係

基於阿德勒學派對人的問題，適應不良和神經官能症的研究和看法，此學派的輔導員相信當事人縱然願意尋求輔導，但內心往往會有以下的擔心和

恐懼：

1. 自己有缺點，不完美

   當事人擔心自己無法達到輔導員的要求和期望。

2. 暴露自己

   當事人不想輔導員知道自己的過失。

3. 被指責和非難

   當事人很倚賴輔導員的認可。

4. 被嘲弄訕笑

   當事人往往因為害怕被輔導員嘲諷和訕笑，決定不揭示自己的徵候。

5. 被利用

   當事人不信任輔導員。

6. 無法獲得幫助

   當事人對輔導員缺乏信心，擔心對方無法幫助自己。

7. 服從命令

   當事人堅持自己的看法與作為。不願意服從他人，包括輔導員的命令。

8. 面對責任

   當事人缺乏勇氣，故此人生中屢戰屢敗。面對輔導員，他也會害怕自己無法完成對方的要求與任務。

9. 不愉快的結果

   當事人處於強烈的恐懼中。而且，往往是習慣性地預期輔導只會帶來災難性的結果。[25]

　　阿德勒學派同人相信，當事人面對輔導員所產生的焦慮和危險，其實就是他們生活整體的一個縮影。輔導員對他們的擔憂有所了解，明白凡此種種擔憂驚懼，都是當事人自己的自卑情結與優越感的連續統一體所導致的動態。這深層分析的知識，對輔導員了解當事人的種種自我防禦，十分重要。事實上，基於上述種種預期的危險和所導致的焦慮，當事人在輔導過程中會出現較多的防衛行為，亦充分裝備自己以期抗衡輔導員。面對這種處境，輔導員由於明白當事人深層的驚懼與脆弱而真誠地接納對方時，輔導過程中最重要的條件和要素：了解、體諒、同感和接納的態度，就會逐漸發揮其治療功能，促進當事人改變與成長。

要建立與維持良好的治療關係。鮑維斯等（Powers & Griffith）認為在第一次會談應提出的問題包括：

- 為甚麼你今天來找我？

- 你從前如何處理你的問題？

- 若果沒有這些困擾，你的生活會有甚麼不同？（或如果擺脫了這些困擾，你會做些甚麼？）

- 你期望我們之間的合作有甚麼成果？[26]

2.7.4　了解當事人

為了認識和了解當事人，輔導員會專注聆聽，密切觀察其感受和舉止，界定其信念、知覺，並其生活方式。同樣重要的是，輔導員要有能力將個人的了解透過溝通，傳達給當事人。阿德勒學派的輔導員相信，在輔導過程中，無論是當事人的言語和行為，都很重要。例如，在一次面談中，當事人是一位二十七歲的專業會計師王曉東。在他踏進輔導室的當兒，輔導員已發覺王曉東行為十分拘謹小心，焦慮與不安，充分反映於其坐立不安的小動作中。在與輔導員溝通時，王曉東時刻在逃避與輔導員有任何眼神的接觸。而每一次表述之前，總會小心翼翼地先徵得輔導員的同意，才有所行動。至於說話時缺乏個人的觀點立場，努力迎合輔導員的看法與一再的自貶與自責，是一而再地反映其生活方式。

在輔導員真誠的態度和接納中，王曉東慢慢安定下來，所作的表述，逐漸具體化，而其生活方式，亦逐漸顯露。關鍵點是，其自卑情結，嚴重地影響其生活方式。其中包括了他的社會興趣異常薄弱。事實上，在輔導過程中，輔導員發覺他完全沒有朋友，而無論生活中的社交生活，也是一片空白。

如上文的敍述，輔導員會協助當事人探索自己的愛情、工作、友誼和鄰舍的關係。其後，亦促進當事人表達有哪些範疇是想有所改變和改善的。除了一些直接與具體的微細問題如詢問當事人是否接納自己？是否有歸屬感？是否滿意自己的人際關係？輔導員也可能協助當事人探索一些較宏觀的大問題如人生意義人生目標和價值觀等。除了探索現在，亦探索過去與未來的成長方向和選擇。

2.7.5 引導、鼓勵與洞察

柯尼指出，阿德勒學派雖然注重支持，但亦強調對質的重要。輔導員會鼓勵當事人發展洞察力，以致自己可以知覺錯誤的目標和自我挫敗的行為。在過程中，輔導員會運用解釋的技術。重點是放在當事人此時此地的行為和意圖中的期望。解釋的重點是在行為和結果，並非促成的因素。透過解釋，能協助當事人察覺其生活方式，包括生活方向、目標與意圖。[27]

為了使洞察成為行為，輔導員會運用引導和適當的協助來促進當事人作出嶄新的、有效能的選擇。透過引導，當事人要勇敢地作抉擇，並修正自己的目標。在引導與協助當事人的過程中，輔導員運用的技術很多元。至於在實際的應用上，由於其成長模式的特色，可應用在很多不同領域。包括個別輔導、兒童與青少年輔導、親子輔導、婚姻與家庭輔導、團體輔導、文化衝突、矯正與復康輔導等。

2.8 評量與分析

阿德勒學派進行評量時，主要目的是要了解當事人的生活方式如何影響其當前的功能。故此，不常用有關性格、能向、成就、興趣或智能的測驗。

在生活方式的評量上，包括要了解當事人的家庭集羣（family constellation）和其早年的記憶。事實上，每一個孩子在家庭中，包括與手足的關係，都會創造一個獨特的生活方式。輔導員會要求當事人描述自己和手足在兒童時的狀況，藉此有進一步了解。

為了進一步了解當事人的生活方式，阿德勒學派亦例外地運用一種標準化測驗——生活方式量表（lifestyle scale, Kern, 1982）。這量表最宜在遴選時採用。學者認為，若將此量表與其他收納（intake）工具和程序，如家庭集羣問卷

和上述的生活方式面談等，作適當的結合時，往往可以全面剖象當事人的家
庭生活方式。[28]

註釋

1　Adler, A. (1958). *What life should mean to you*. New York: Putnam's Capricorn Books.

2　Corey, G.(1996). *Theory and practice of counseling and psychotherapy* (8th ed.). CA: Brooks / Cole.

3　Capuzzi, D. & Gross, D. (1995). *Counseling and psychotherapy: Theories and interventions,* New Jersey: Merrill.

4　Corey, G. (1996). *Theory and practice of counseling and psychotherapy* (8th ed.). CA: Brooks / Cole.

5　Ansbacher, H. L. (1977). Individual psychology. In R. J. Corsini (ed.), *Current personality theories* (pp. 45–82). Itasca, IL: Peacock.

6　Adler, A. (1958). *What life should mean to you*. New York: Putnam's Capricorn Books.

7　Corey, G. (1996). *Theory and practice of counseling and psychotherapy* (8th ed.). CA: Brooks / Cole.

8　Dinkmeyer, D. C. Pew, WN: Dinkmeyer, D. C. JR. (1979). *Alderian counseling and psychotherapy*. Montercy, CA: Brooks / Cole.

9　Pepper, F. C.(1971). Birth Order. In A. G. Nikelly (ed.), *Techniques for Behavior change* (pp. 49–54). Springfield. IL: Chas. C. Thomas.

10　Kefir, N. (1981). Impasse / priority therapy. In R. J. Corsini (ed.), *Handbook of innovative psychotherapies*. New York: Wiley.

11　Sherman, R. & Dinkmeyer, D. (1987). *System of family therapy: An Adlerian integration*. New York: Brunner / Magel.

12　Adler, A. (1958). *What life should mean to you*. New York: Putnam's Capricorn Books.

13　Mosak, H. (2008). Adlerian psychotherapy. In J. R. Corsini & D. Wedding (eds.), *Current psychotherapies* (8th ed.). Itasca, IL: F. E. Peacock.

14　Adler, A. (1929). *The science of living*. New York: Greenberg.

15　Adler, A. (1958). *What life should mean to you*. New York: Putnam's Capricorn Books.

16　Adler, A. (1956). (1) The neurotic disposition; (2) Psychology of one; (3) Social interest In H. L. Ansbacher & R. R. Ansbacher (eds.), *The individual psychology of Alfred Adler: A systematic presentation in selections from his writings* (pp. 126–162; 205–262). New York: Basic Books.

17　Adler, A. (1958). *What life should mean to you*. New York: Putnam's Capricorn Books.

18　Adler, A. (1929). *The science of living*. New York: Greenberg.

19　Dinkmeyer, D. C. Pew, WN: Dinkmeyer, D. C. JR. (1979). *Alderian counseling and psychotherapy*. Montercy, CA: Brooks / Cole.

20　Dinkmeyer, D. C. Pew, WN: Dinkmeyer, D. C. JR. (1979). *Alderian counseling and psychotherapy*. Montercy, CA: Brooks / Cole.

21　Dinkmeyer, D. C., Dinkmeyer, D. C., JR., & Sperry, L. (1987). *Adlerian counseling and psychotherapy* (2nd ed.). Columbus, OH: Chas. E. Merrill.

22 Rule, W. R. (1985). An Adlerian perspective. *Journal of Applied Rehabilitation Counseling,* 16, 9−14.

23 Driekurs, R. & Mosak, H. H. (1967). The tasks of life: II. The fourth task. *The Individual Psychologist,* 4, 51−55.

24 Mosak, H. H. (1977). *On purpose*. Chicago: Alfred Adler Institute of Chicago.

25 Shulman, B. H. (1973). *Contributions to individual psychology*. Chicago: Afred Adler Institute.

26 Powers, R. L. & Griffith, J. (1987). *Understanding lifestyle: The psycho−clarity process*. Chicago: Americas Institute of Adlerian Studies.

27 Corey, G. (1996). *Theory and practice of counseling and psychotherapy* (8th ed.). CA: Brooks / Cole.

28 Gilliland, B. E., James, R. K., & Bowman, J. T. (1989). *Theories and strategies in counseling and psychotherapy*. New Jersey: Prentice Hill.

第三節　當事人中心治療法（Client−centered Therapy）

3.0　羅哲斯（Carl Rogers）與 "當事人中心治療法"

　　一九四〇年羅哲斯初步嘗試將一種新的心理治療方法具體化，他所採用的新原則與新方法，很快就被冠以 "非直示式輔導"（Non−Directive Counseling）的稱號。而在一九五一年，羅氏的 "當事人中心治療法"（Client−centered Therapy）一書出版，將 "非直示式輔導" 的名稱改為 "當事人中心治療法"，這改變不僅是語意上的，最重要的，是標明了一項重大的轉變──脫離過往消極、狹隘的說法，而積極地以當事人成長的潛質為焦點。

　　一貫以來，心理分析家（Psychoanalyst）在整個治療過程中是至高無上的主宰，他們以分析來控制當事人，換言之，心理分析家的分析與定向決定了當事人的言行舉止，而羅哲斯的當事人中心治療法，則是將權力從治療員手中取回，移交給當事人，同時亦以 "當事人"（Client）一詞取代了 "病人"（Patient），這是一項令人鼓舞的改進。

3.1　"當事人中心治療法" 與人文心理學

　　一九四二年，當羅哲斯的 "輔導與心理治療"（Counseling and Psychotherapy）出版之際，美國的心理治療共有二大主流：一為心理分析，雖然在這一派主要的心理治療家為醫生，但許多其他的心理治療家與輔導家亦以佛洛伊德（Freud）的理論和解釋來作治療的根據。其二則為直示輔導（Directive Counseling）。在這兩派的治療方法中，治療員都被視為專家，除診斷與分析當事人外，還會主宰了當事人應走的路向。

羅哲斯當時以"心理學的第三勢力"——人文心理學（Humanistic Psychology）的形象出現，因為他一生大力鼓吹人的尊嚴與價值，故此也致力發展一套建基於人的尊嚴與價值的心理學。根據多年的研究與工作經驗，羅氏對人的本質，對人的看法是與心理分析家相背馳的，在他看來人的本質是好的，若在良好的環境下讓他的潛質自由發展，將會是健康而具建設性的。基於此信念，羅氏曾說過："心理治療不是在操縱一個消極被動的人格，相反地，是要協助當事人，讓他的內在能力與潛質得以發展。"

3.2　人性觀

羅哲斯否定了心理分析學派對人那種相當悲觀消極的看法，他對人有極大的信心，強調每個人的價值和個人的尊嚴。同時，也深信每個人都有權表達自己的信念和掌握本身的命運。故此，在當事人中心治療理論中，羅氏提出的人性觀是絕對積極和樂觀的，他相信人是理性的，能夠自立，對自己負責，有正面的人生取向，因而可以達致獨立自主，獲致生活的進步，從而邁向自我實現。同時，羅氏還相信人是建設性和社會性的，值得信任，也可以合作。他又指出人有能力去發現自己心理上的適應不良，又可以改變自己來尋求心理健康，且曉得尊重他人，能夠對別人產生同感的了解，發展親密的人際關係；故此在羅氏看來，心理治療根本就不必考慮如何去控制人的侵略性衝動，而只是"將一個具充分潛質的人早已存在的能力釋放出來。"[1]

基於上述對人的看法，羅氏所發展的當事人中心治療理論一開始就肯定了人本身是具有能力去有效地解決個人的問題的；而且，羅氏相信人具有成長的衝動（growth impulse），把人安排到適當的環境中，就可以促進人努力達致成熟的行為，從而得享生活的滿足。簡單地說，羅氏堅信人最基本的生存動機就是要全面地發展自己的潛能，要獲致成長和實現自己。

除此之外，基於人性觀與佛氏的看法的大異，羅哲斯也否定了輔導員權威角色的觀念；相反地，在輔導過程中，他將最基本的責任放在受導者肩頭上。換言之，受導者是主動的，而輔導員則處於被動地位，作跟隨者。

對於人的情緒困擾的問題，此派亦有其獨特的看法，羅氏承認人有負面的情緒出現，如憤恨、惱怒、失望、悲痛和敵視等，不過，這些情緒的出現，是由於人在愛與被愛，安全感和歸屬感等基本需要上受了挫折，得不到滿足時，才會發生的。

當事人中心理論也很重視人的自我概念，羅氏認為人的行為是基於他對自己的看法而定的，而人的自我概念，是透過他與環境的相交而成形的，最主要的是透過與環境中所出現的生命中的重要人物的相交，逐漸就產生了自我概念。

3.3　當事人中心治療法的原理

羅哲斯在他的理論中，肯定了每一當事人都具有一定的潛質，是積極的，有可能達致 "自我實現" （Self-Actualization）的最高境界。至於治療員方面，最主要的是要有親切和接納的態度，盡量嘗試去設身處地了解當事人的心情和觀點，同時透過適當的溝通方法，將上述各項信念傳達給當事人。在整個過程中，當事人是操主權者，治療員不會分析當事人的說話，只是會集中讓當事人自審其說話，希望那能提供一面 "鏡子"，讓當事人能在這 "鏡子" 中 "看見" 和 "聽見" 自己，然後採取改善的行動。此外治療員絕不會更改當事人所說的內容，但卻會協助他作澄清與整理的工作。此時當事人會經歷到治療員完全的接納，在毫無壓力的情形下，他就可以自由自在地表達自己的感受，然後進一步的了解自己，引致在新的方向下，採取積極的行動。

"當事人中心治療法" 主要的觀念是一種治療關係（Therapeutic Relationship），這關係包括了真摯、尊重和同感（Congruence, Unconditional Positive Regard, Empathy）。羅哲斯認為：當這種關係存在時，一種治療的過程就會出現，而行為與人格上建設性的改變亦隨之會發生，羅氏認為下列六項是一個治療過程中必須具備的條件，他指出在輔導過程中，倘若以下六項條件都出現，就足以產生建設性的性格改變：

1. 兩個人有心理上的接觸。

2. 第一個人（指當事人），是在一種無助、焦慮與混亂的狀態中。

3. 第二個人，亦即治療員，在這"關係"中是在一種真摯、和諧協調的狀況中。

4. 治療員對當事人產生一種無條件的接納與尊重。

5. 治療員能對當事人產生同感，不再從自己的觀念立場來看對方。

6. 當事人能體會到治療員對自己的尊重和同感。[2]

其實，當事人中心治療法是一個"如果——於是"的命題，羅哲斯相信如果某些條件出現，當事人於是就會變得較有能力發揮自己的潛質和邁向自我實現。羅氏相信自我實現是與生俱來的自然傾向，換言之，人都希望能充分發展自己的潛能，以期能維持和促進個體的成長。[3] 同時，羅氏更強調這種邁向自我實現的奮鬥和努力是每一個人生存最基本的推動力。此外，在他的假設中，上述的六項條件，不單只是適用於心理治療，就算在所有的人際關係中，也是導致人產生積極性格改變的必需和全部條件。

3.4 目標

羅哲斯曾經指出多數人尋求輔導的原因是要為"我是誰？"這問題尋找答案，他們通常會問：

我可以怎樣發現真正的我？

我怎樣可以成為自己最希望做到的人？

我怎樣可以成為真正的"我"？

在當事人中心理論中，輔導的目標主要是要與當事人建立一個適當的關係，來協助對方成為一個達致完全功能的人（fully functioning person），羅氏指出研究實證顯示輔導過程產生了學習，就是說當事人通常出現下列各種的改變：

1. 對自己有較實際的看法。

2. 較具自信，和較有能力自主。

3. 能夠對自己和本身的感受有較大的接納。

4. 對自己有較積極的看法和評價。

5. 較少對自己的經驗作出壓抑。

6. 行為上表現得較成熟，較社會化，適應力亦較強。

7. 壓力對他的影響程度降低，同時，他亦較易克服壓力和挫敗。

8. 性格上顯得較為健康，人亦變得較具統合性的功能。

9. 對他人有較大的接納。

總的來說，當一個人逐步走向自我實現時，羅氏認為他們會開放自己，信任自己，懂得按照自己內在的標準來對事物作評估，同時，也認識到人生其實是一個過程，而我們應注意的是在這過程中不斷地成長。[4]

3.5 輔導的基要條件：真摯、尊重與同感

羅哲斯認為在輔導過程中，輔導員必須要創造一個良好的人際關係，好讓當事人善加利用自己所擁有的資源。他強調如果輔導員能夠提供足夠的、高層次的基要條件，包括真摯、無條件的絕對尊重和正確的同感等，再加上當事人是樂意被幫助，又能在起碼的程度上體會輔導員所提供的治療性條件時，當事人就會向前進步，產生建設性的性格改變，而且這種改變，不只限於輔導室中，而是會延展到當事人的日常生活中。

3.5.1 真摯（genuineness）

在當事人中心治療理論中，真摯是三個基要條件中最重要的一個。從這一點可反映出存在主義的思想對當事人中心理論所產生的影響。人本主義和存在主義的理論都強調在治療過程中當事人必須體驗到輔導員的真摯，那就是說輔導員在這關係中是一個真真實實的人，不會虛偽地保衛自己，亦不會只是在扮演角色，將自己藏在一個專業輔導員的假面具後面，相反地，他以真正的自己和當事人相處，是表裏一致的，在輔導過程中願和當事人作個

人分享，甚至一旦對當事人產生某種獨特的感受時，也能坦誠地告訴當事人。

3.5.2　無條件的絕對尊重（unconditional positive regards）

　　羅哲斯指出在輔導時，輔導員要在對當事人沒有任何要求和企圖的心態中，向對方表示溫情和接納，這就是當事人中心理論所指的無條件的絕對尊重。實際上其中主要包括了兩個重要因素，其一是羅氏所指的珍視（prizing），就是輔導員很珍視當事人，在過程中，不停地傳達給對方一種溫暖和關心；其二就是無條件的接納和無佔有慾（nonpossessive）的重視。事實上，在輔導過程中，輔導員往往會發現當事人的問題不少是明知故犯，或者是咎由自取的，在這情形下輔導員很可能就會產生對當事人感到不滿或甚至否定的情緒；倘若我們有這種表現，輔導根本就會馬上中斷，故此，務要防避這種情況出現。防避的有效的方法是首先要操練自己養成高度的自覺，隨時敏銳地清楚個人當前的感受，以便在第一時間，作出調整。不過，更基本的是我們要清楚分辨，我們所接納的所尊重的是當事人這個人，並非他的行為，這樣一來，無條件絕對的尊重就較容易產生了。而且，要求輔導員對當事人作出尊重，並不等於要求他批准與贊同當事人的反社會和不適應的行為與思想。我們對當事人的尊重，是直接指向當事人這個人，而不是他某些特別的行為。[5]

　　還有一點是我們所不容忽略的，無條件絕對的尊重是基於對當事人的接納，是由於輔導員相信和尊重當事人是一個獨特和有價值的人，具有一定的潛質，相信他自己有能力從本身發掘出有關的資源來促進自己的成長，而最後他會認識到自己是有能力去對自己的生命負責。

3.5.3　同感

　　前述的尊重和真摯，為同感奠下了穩固的基礎。同感是當事人中心治療法的關鍵點，而事實上這理論乃根據這觀念而定名。根據卡科賀夫（Carkhuff）的理論，同感是整個治療關係中最重要的成分，他強調倘若在輔導過程中一旦欠缺了同感，就會令到這輔導過程一事無成，毫無果效。同時他將同感視為促進和支持當事人進行自我探討的核心，是很具影響力的。[6]

　　要達到正確的同感，輔導員要首先放下自己主觀的參照標準，設身處地的去從當事人的參照標準來看事物和感受事物，正如羅哲斯所言：“輔導員要盡自己所能代入當事人的內心參照標準，從當事人的角度看世界，看當事人有如他看自己一樣；透過這種做法，輔導員一方面可以放下所有其他的成見，另一方面又可以將這種同感的了解傳達給當事人。”[7] 不過，羅氏在“導致治療性個性改變的必需和足夠條件”（The Necessary and Sufficient Conditions of Therapeutic Personality Change）一文中，曾經將他的定義略為修改，成為“體會當事人的內心世界，有如自己的內心世界一般，可是卻永遠不能失掉‘有如’這個質素——這就是同感。”[8]

　　羅哲斯曾說：“在某種關係中，對方會自我發現有能力利用該種關係來成長，我若能提供這關係，當事人的個人成長及發展便會出現。”[9] 他在這裏所指的關係，其實就是由前述的三個輔導的基要條件所形成。由此可見，當事人中心治療法根本不重視技巧，主要的是輔導員的態度。故此，採用當事人中心治療法的輔導員，其個人本身遠較其言談技巧和學歷為重要；在輔導過程中，他要能夠和當事人站在同等的地位，從當事人的參照標準來看事物和感受事物，協助和鼓勵對方繼續發展自覺。此外，他本身也要同樣增強個人的自覺，努力自己的成長，以便在工作中，真正可以產生果效，可以促進當事人邁向自我實現。羅氏深信輔導員應重視個人的態度，而不是輔導的技巧，他指出在一個理想的輔導關係中，輔導員應該有以下的表現：

　　1. 有能力和當事人全面地溝通；

　　2. 所作的回應經常切合當事人想要表達的意念；

　　3. 對當事人有平等的看待；

　　4. 能夠了解當事人的感受；

　　5. 設法謀求了解當事人的感受；

　　6. 掌握到當事人的思路；

　　7. 在語調上能反映出他完全體會當事人的感受。[10]

3.6 當事人中心治療法的特徵

一、輔導的目標，不只是為當事人解決問題，而是直接指向人的獨立和統合，來協助當事人去成長。

二、"當事人中心治療法"的焦點是"人"，而不是"問題"。

三、羅哲斯視整個輔導關係為當事人的成長歷程，因為他相信人具有成長、健康和適應的驅策力，故此在輔導員的協助下，可以除去成長之障礙，恢復正常的生長和發展。

四、不重視智性方面的因素。強調在各種情況中人的情緒是問題的重點，因為許多時候我們頭腦上知道取向該如何，只不過克勝不了情緒，所謂"知易行難"，在受到情緒影響時，會有身不由主的表現。

五、此種方法一改心理治療的慣例，不再將重點放在當事人的過去，而是直接處理當事人現在的情況，尤其是他當前的情緒狀態，以此為治療過程的重點。

六、當事人中心學派是第一個強調治療性的關係的理論，而且，聲稱這關係本身就是一個成長的經歷。

七、強調當事人在輔導關係中出現的改變。換言之，不是期望輔導的成效在輔導後出現，而是要在輔導過程中，讓當事人增進對自己的了解，學習獨立自主地當下作出重要的抉擇；此外，要導引當事人可以成功地以成人的方式和別人相處。[11]

八、把輔導過程的焦點集中於對當事人的能力的信賴，同時也要負責去發現與實現更全面接觸的途徑。

九、強調着眼於當事人的現象世界。當輔導員達到正確的同感後，就能清楚了解當事人的參照標準（frame of reference），而他所關心的是當事人對本身和對世界的看法。

十、在輔導過程中，輔導員和當事人都要全然的投入，輔導員在過程中不是一個權威或專家，而是當事人的同工或友伴，以一種真摯、尊重、信任、了解和溫暖的態度，陪伴着當事人，讓他在毫無焦慮的情況下，自由表達此時此地的感受，探討自己和經驗自己，同時學習承擔責任，自己決定目標，且朝着這目標有所行動。

十一、所謂"當事人中心治療理論"其實並非一套理論，更不是一套教義，而是一套信念和態度。

十二、羅哲斯相信在當事人中心理論中所指的關係，並不局限於輔導過程，而是同樣出現在其他情況下；他強調說："我長久以來已有一個信念，就是相信具治療功能的關係只不過是人際關係中的一個例子，事實上我深信同樣的法則是轄制着所有的人際關係的。"

十三、同樣的治療原則，可以適應於所有的人，無論是正常的，或是患神經官能症的，甚或是患精神病的人，都一概可以應用。[12]

3.7　儒家教育思想與羅氏學說之共通點

3.7.0

幾年之前，筆者自美返港後，發覺輔導不但在一般社會工作範圍中日益受到重視，同時，輔導服務也開始在學校中正式推行。而"當事人中心治療法"是較被普遍採用的一種輔導方式。此一西方人所創立的理論，能在短時間內被中國人接納與採用，是否具有其獨特的因素呢？今日香港社會雖受西風之感染，但中國傳統文化中的主體儒家思想仍是有着深遠影響的。再看"當事人中心治療法"的創始人羅哲斯，他不但是人文心理學家的領導人物，同時也被譽為偉大的教育家。[13] 故此願意嘗試從中國儒家教育思想與羅氏的學說中尋索兩者的共通點，看看可否解釋羅氏的學說為何可以在短短的時間內在中國人的社會中獲得接納。

3.7.1　人文主義的教育

儒家以人文主義的教育思想為本體，注重身心的修養，而羅哲斯亦自稱為人文心理學家，他的教育哲學亦以人文主義為基本，他重視學生的個別差異，個人的價值、地位與尊嚴，對學生有絕對的信任和接納，這與孔子有教無類 [14] 及因材施教的主張實在是同出一轍的。

在《自由學習》（Freedom to Learn）一書中，羅氏曾指出適合個別學生的學習才是有效的學習，[15] 此教育上的基要態度自孔子開始，即已被重視。孔子曰：“生而知之者，上也；學而知之者，次也；困而學之者，又其次也；困而不學，民斯為下矣。”[16]

又曰：“中人以上，可以語上也；中人以下，不可以語上也。”[17] 又曰：“唯上知與下愚不移。”[18] 孔子很重視學生個別的差異，由他對學生的看法中，可見他的確是觀察入微的。他曾說：“從我於陳蔡者，皆不及門也。德行：顏淵、閔子騫、冉伯牛、仲弓。言語：宰我、子貢。政事：冉有、季路。文學：子游、子夏。”又曰：“柴也愚，參也魯，師也辟，由也喭。”

又曰：“回也，其庶乎，屢空。賜不受命，而貨殖焉，億則屢中。”[19] 由此可知他對每一學生的個性、智慧、特長、行為都有清楚的認識，進而因材施教，以求適應個別學生之需要與能力。

至於孟子，亦有“君子之所以教者五：有如時雨化之者，有成德者，有達材者，有答問者，有私淑艾者。此五者，君子之所以教也”之說法。[20] 可見孟子之教學，亦重視個別之適應。

3.7.2　教育的目的

《大學》、《中庸》兩書包含儒家的全部倫理哲學與教育哲學，孔子在《大學》首章上論教育之目的為“在明明德，在新民，在止於至善。”[21] 而以仁為其最終目的，即是使人能以自己之真情，博施濟眾。“己立立人，己達達人。”[22] 這與羅哲斯的理論模式中，一個人接受心理治療或受教育之最終目的是要達到“自我實現”的意義有許多共通處。尤其是在三綱領中之“明明德”，那是要修明德性，保持其本體之純明，可說是最明顯之點。子曰：“仁遠乎哉，我欲仁，斯仁至矣。”[23] 就是說仁是心德，在內不在外，求仁的方向是指向自己的內心。又曰：“為仁由己”，[24] 認為要做到仁，是完全從自己身上下工夫。這與馬思婁（Maslow）為“自我實現”下的定義中所說的：“……充分地去使用及拓展個人所有的天才、能力、潛質等等……”[25] 極為相近，兩者都着重於固有能力之發揮。

3.7.3　教育的方法

　　孟子與羅哲斯在人的本質上具有相同的看法：孟子既相信人性皆有善端，故深信教育應順乎自然，指導人的本性活動，使之漸漸感化，趨於正軌，在方法上尤不應施行強迫或壓抑，故說："君子深造之以道，欲其自得之也；自得之，則居之安；居之安，則資之深；資之深，則取之左右逢其源，故君子欲其自得之也。"[26]而羅哲斯由於相信人類本質是積極向上的，故此認為有意義的、有效的學習應該是自動自覺的，他主張學生隨着自己的途徑和速度來學習，反對規定的課程，標準考試和外在的評估標準，認為這種種因素是會令學生的學習降至最低點。這與孟子所說的宋人"揠苗助長，非徒無益，而又害之"[27]的看法是完全相同的。

3.7.4　人格教育

　　羅哲斯在整個教育歷程中重視的是人格教育，學生個人的成長（Personal Growth）是他最關注的問題。孔子對於人格教育的重要性雖沒有系統的說明，但在他言論中仍可以找尋出一些頭緒來。孔子所謂"名"就是人格的意思。他說："君子疾沒世而名不稱焉。"[28]又說："君子去仁，惡乎成名？"[29]孟子亦是主張人格教育的，他所倡導的"風"，就是指人格而言，如"聖人百世之師也，伯夷，柳下惠是也。故聞伯夷之風者，頑夫廉，懦夫有立志；聞柳下惠之風者，薄夫敦，鄙夫寬。"[30]至於荀子，則注重德操之養成[31]，而其實所謂德操，就是道德教育與人格教育的意思。

3.7.5　學習的環境

　　羅哲斯的理論中強調"關係"的重要，他在美國加州拿祖拿（La Jolla）的教育新制度（Project for Educational Innovation）就是建基於"當事人中心"原理。他假設在一個彼此尊重、彼此以誠相待、大家有感同身受的了解的環境下學習時，"自我實現"的動力就會出現，亦即學習能達到最高的層面。荀子論教育的主要條件有四：一、專一，二、積善，三、師資，四、環境。雖然荀子的性惡論與羅哲斯的看法相反，但卻也看到環境對人影響之大，他曾說要得賢師，而造成堯、舜、禹、湯之環境，得良友而造成忠、信、敬、讓之環境，目的是要使人身日進於仁義而不知不覺完成良好的人格。他曾說：“故君子居必擇鄉，遊必就士，所以防邪僻而近中正也。”[32] 可見他對環境之重視。

3.7.6　結語

　　當輔導正開始於香港學校中推行的今天，如何將輔導哲學融會於教育過程中，藉以培養具完美人格的學生，實現教育的目的，應該是不容忽視的問題之一。上文中我們可以看見在教育基本哲學、教育目的、教育方法上，儒家與羅氏學說有相當多的契合處，同時，兩者對人格教育及學習環境均十分重視。這許多共通點，除了可以解釋“當事人中心治療法”在香港為何較普遍被接納及採用外，亦必有助我們達到“輔導即教育”的整全性。

註釋

1　Carl R. Rogers, "A Theory of Therapy, Personality and Interpersonal Relationships, as Developed in the Client—centered Framework," in S. Koch (ed.), *Psychology: A Study of a Science, VoL III: Formulations of the Person and the Social Context* (New York: McGraw—Hill, 1959), 221.

2　Carl R. Rogers, "The Necessary and Sufficient Conditions of Therapeutic Personality Change," *Journal of Consulting Psychology,* 21 (1957), 95—96.

3　Rogers, "A Theory of Therapy...," 184—256.

4　Carl R. Rogers, *On Becoming a Person: A Therapist's View of Psychotherapy* (Boston: Houghton Mifflin, 1961).

5　E. Lichtenstein, *Psychotherapy: Approaches and Applications* (California: Brooks / Cole, 1980), 142.

6　Carl R. Rogers, *Client - centered Therapy* (Boston: Houghton Mifflin, 1951), 29.

7　Robert R. Carkhuff, *Helping and Human Relations,* Vol. 1 & 2 (New York: Holt, Rinehart & Winston, 1969).

8　Rogers, "The Necessary and Sufficient Conditions of Therapeutic Personality Change," 99.

9　Rogers, *On Becoming a Person,* 33.

10　Rogers, *Client—centered Therapy.*

11　Carl R. Rogers, "Nondirective Counseling: Client - centered Therapy," in Sahakian William (ed.), *Psychotherapy and Counseling: Techniques in Intervention* (Chicago: Rand McNally, 1976), 391—393.

12　Rogers, *On Becoming a Person,* 39.

13　R. Corsini, *Current Psychotherapies* (Illinois: F. E. Peacock Publishers, 1973).

14　《論語‧衛靈公》

15　C. R. Rogers, *Freedom to Learn* (Ohio: Charles E. Merrill, 1969), 3—55.

16　《論語‧季氏》。

17　《論語‧雍也》。

18　《論語・陽貨》。

19　《論語・先進》。

20　《孟子・盡心》。

21　《大學》。

22　《論語・雍也》。

23　《論語・述而》。

24　《論語・顏淵》。

25　A.H. Maslow, "Self-actualizing People: A Study of Psychological Health," in C. E. Moustakas (ed.), *The Self: Explorations in Personal Growth* (New York: Harper & Row, 1956), 160–194.

26　《孟子・離婁》。

27　《孟子・公孫丑》。

28　《論語・衛靈公》。

29　《論語・里仁》。

30　《孟子・萬章》。

31　《荀子・勸學》。

32　同上。

參考書目

Aspy, D. "The Relationship Between Teachers' Functioning on Facilitative Dimensions and Student Performance on Intellective Indices." Unpublished Ph. D. dissertation, University of Kentucky, 1966.

———. "Counseling and Education," in R. R. Carkhuff (ed.), *The Counselor's Contribution to Facilitative Processes* (Urbana, Illinois: Parkinson, 1967), Chapter 12.

Bandura, A. "Psychotherapy as a Learning Process," *Psycho. Bull.,* 58 (1961), 143–157.

Berenson, B. G., R. R. Carkhuff, and Pamela Myrus. "The Interpersonal Functioning and Training of College Students," *Journal of Counseling Psychology,* 13 (1966), 441–446.

Bordin, E. S. *Psychological Counseling,* 2nd ed. New York: Appelton–Century–Crofts, 1968.

Bruner, J. S. *On knowing.* Cambridge, Mass.: Belknap, 1969.

Carkhuff, R. R. *Helping and Human Relations.* Vol. I & II. New York: Holt, Rinehart & Winston, 1969.

Cicourel, A. & J. Kitsuse. *The Educational Decision–Makers.* Indianapolis: Bobbs–Merrill, 1963.

Coleman, J., et al. *Equality of Educational Opportunity.* Washington, D. C.: U. S. Government Printing Office, 1966.

Corsini, R. *Current Psychotherapies.* Illinois: F. E. Peacock Publishers, 1973.

Crabbs, Susan K. and Michael A. Crabbs. "Accountability: Who Does What to Whom; When, Where and How," *School Counselor,* 25 (November 1977), 104–109.

Edward, Patsy B. and Paul A. Bloland. "Leisure Counseling and Consultation," *Personnel and Guidance Journal,* 58 (February 1980), 435–44.

Engen, H. B. "Toward Updating and Renewal of School Counselors," *School Counselor,* 25 (September 1977), 24–30.

Lichtenstein, E. *Psychotherapy: Approaches and Applications*. California: Brooks / Cole, 1980.

Maslow, A. H. "Self−actualizing People: A Study of Psychological Health," in C. E. Moustakas (ed.), *The Self: Explorations in Personal Growth* (New York: Harper & Row, 1956), 160−194.

Patterson, C. H. *Humanistic Education*. New Jersey: Prentice−Hall, 1973.

_____. *Relationship Counseling and Psychotherapy*. New York: Harper & Row, 1974.

Petes, Donald. "The Practice of Counseling in the Secondary School," in *The Status of Guidance and Counseling in the Nations' Schools: A Series of Issue Papers*. Washington, D. C.: American Personnel and Guidance Association, 1978; pp. 81−100.

Prochaska, James O. *Systems of Psychotherapy: A Transtheoretical Analysis*. Illinois: The Dorsey Press, 1979.

Rogers, C. R. *Counseling and Psychotherapy*. Boston: Houghton−Mifflin, 1942.

_____. *Client−centered Therapy*. Boston: Houghton−Mifflin, 1951.

_____. "The Necessary and Sufficient Conditions of Therapeutic Personality Change," *Journal of Consulting Psychology*, 21(1957), 95−103.

_____. *On Becoming a Person*. Boston: Houghton−Mifflin, 1961.

_____. *Freedom to Learn*. Ohio: Charles E. Merrill, 1969.

_____. *On Encounter Groups*. New York: Harper & Row, 1973.

_____. *On Becoming Partners: Marriage and its Alternatives*. New York: Delacourte, 1972.

_____. "Nondirective Counseling: Client−centered Therapy," in William Sahakian (ed.) *Psychotherapy and Counseling : Techniques in Intervention*. Chicago: Rand McNally, 1976; pp. 391−393.

_____. *Carl Rogers on Personal Power*. New York: Dell Publishing Co., 1977.

任時選:《中國教育思想史》。台北:台灣商務印書館, 1972。

陳立夫:《四書道貫》。台灣世界書局, 1967。

鄧退菴:《四書補註備旨》。上海共和書局, 1921。

第四節　理性情緒治療法（Rational−emotive Therapy）

4.0

　　艾利斯（Ellis）是理性情緒治療理論的創始人,他原本是接受心理分析治療訓練的,但在工作中,他開始對心理分析產生了許多疑問,結果就決定嘗試發展一套新的方法,而在一九五零年代後期和六零年代初期,他終於將自己的構思發展成一套相當完整的理論,名之為理性情緒治療法,採用純理性的方法來幫助受導者解決問題。

4.1　人性觀

　　理性情緒治療法很強調人的價值觀,此派學者假設人在出生時就已兼具理性和非理性的思想，故此一方面人會珍惜生命的可貴，可以快樂，可以思想，可以學習，可以用言辭表達自己，與他人溝通，與他人建立親密的關係，在愛中成長，並且邁向自我實現的目標。但另一方面，非理性的思想或說不合邏輯的思維，卻會令人選擇自我毀滅，逃避思想，事事拖延，不斷重複錯誤，迷信固執，自怨自艾，要求自己十全十美，好勝衝動，缺乏忍耐和逃避長大。在艾氏的理論中，當一個人選擇了後者的取向和抉擇時，就會產生許多情緒困擾，因此也就無法快樂滿足地生活了。

艾氏不同意佛洛伊德對人類早期經驗的說法，他指出佛氏的人性觀是錯誤的，因為艾氏否定人乃完全受自己生物性因素的支配；同時，他也不同意人是受本能所驅策，因為艾氏相信存在主義及人本主義的人性觀部分是正確的；故此他認為人絕對不應該放棄自己，不應該讓自己成為早期經歷的受害者。艾氏聲稱人類擁有巨大的、未經採用的資源，可以用來發展本身的潛質，以致進一步改變個人與社會的命運。不過，此派學者也相信人一出生就有一樣特別的傾向，要堅持自己所想望和所冀求的都能得到滿足，倘若一旦他們不能立刻得到所想望的，就會譴責自己，同時，也會怪罪他人。[1] 理性情緒治療學派的學者強調，就是由於前述的非理性傾向，結果導致了人發展出傷害自己的習慣和不良的行為；而我們的文化，特別是家庭這羣體，在我們孩童如一張白紙的時代，就已經增強了我們這樣傾向，以致令到問題變得惡化，痛苦加深。

對於人類的思想、情緒和行為，艾利斯有他自己相當獨特的看法，他認為三者是同時發生的。他指出人極少只有情緒而沒有思想的情況出現，因為通常人們總是被某一個特別的情境的知覺引發出感受。而在艾氏的著作中，就曾清楚地說明：

當人感受時，他們同時思想和行動。

當人行動時，他們同時思想和感受。

當人思想時，他們同時行動和感受。[2]

艾氏強調，為着要了解人的自我毀滅行為，我們就要先行了解人如何感受、思想、領悟和行動。同時，他認為人是很獨特的，具有能力去了解自己的限制，去改變基本觀念和基本價值，並且有能力去向個人的自我毀滅行為作出挑戰。由於人有能力對自己的價值系統作出評價，所以就有機會以新的觀念、意見和價值來作出取代，結果就因此導致了新的行為出現。艾氏強調由於人可以思想，可以努力改善自己，直到他真正令自己變得更好為止，故此他認為人並非過往經歷的消極受害者。

4.2　目標

理性情緒治療派的學者很着重在輔導過程中改變受導者的價值觀。艾利斯認為理性情緒治療法的目標是要盡量減低受導者自我毀滅的潛伏傾向，進而協助他擁有一個較實際、較寬大和合理的人生哲學；[3] 換言之，是引導受導者學習接納現實，組織和節制自己的思想，對己對人較寬容和忍耐，減少對自己和對他人種種不合理的要求。許多人以為理性情緒治療法只是為受導者除去一些問題的表面病狀，但其實這觀念是錯誤的；因為理性情緒治療學派很着意鼓勵受導者以批判的態度來檢討個人最基本的價值觀，正視一切問題，學習理智地思想，以致最終能夠快樂地生活。例如當一個受導者的表面問題是害怕考大學失敗時，在輔導過程中，目標就並非只是要減少那特別的恐懼，而是嘗試徹底處理受導者時刻恐懼失敗的基本課題。換言之，理性情緒治療是期望治本，而非單單治標。

由於此派的學者相信人基本上是理性的動物，而人的不快樂和痛苦，是基於人自己不合理的思想，故此治療的過程，主要是期望受導者能以理性代替了非理性，釋放自己，不再受不合邏輯的意念所困擾，而代之以理性的思考。由此觀之，我們會發覺治療的過程主要是一個教與學的歷程，受導者在這過程中，很像一位學生，透過一個重新教育的過程，學習如何應用邏輯思維來解決問題。

艾氏曾經指出，在輔導過程中若要幫助人達致基本性格上的改變，最有效的方法就是直接針對受導者的人生哲學進行改造，向他們解釋他們個人的看法和信念，其實就是導致自己情緒不安的主因。同時，對他們非理性的信念也在邏輯基礎上進行攻擊和挑戰；最後，還教導他們如何進行邏輯思維，目的是協助他們改變和消除個人的非理性信念。總括來說，在這過程中，輔導員會運用對質、攻擊、挑戰、提問、辯論、懲惡、鼓勵，甚至命令等方法來促使受導者面對和改變自己不合理的信念。

4.3 輔導的基本步驟

此派的方法和當事人中心學派恰恰相反，是主動、直接和教導式的，通常包括下列各步驟：

1. 界定與受導者情緒困擾有關的不合理信念，要他去面對。

2. 輔導員向受導者挑戰，要求他為自己的信念辯護，證實其真確性。

3. 輔導員向受導者顯示那些信念無論在邏輯及驗證上，都有很多謬誤。同時，也讓他看到那些信念根本是無謂的，只會導致個人的自我毀滅。

4. 輔導員協助受導者改變自己的思想，以合理的信念來取代不合理的信念。

5. 輔導員教導受導者如何作邏輯性和科學化的思想，以期他們此後可以減少不合理性的信念，和不合邏輯的推理和演繹。[4]

4.4 性格理論

理性情緒治療派學者相信人同時是理性和非理性的。人怎樣行動和生活，是因着自己的信念而決定；例如某人認為應該做甚麼，他就會去做甚麼。由於人的情緒問題是導源於個人非理性的思想，故此這一派的學者相信只要我們能夠協助受導者發揮他最大的智慧，他就可以脫離情緒的困擾了。不過，雖然此派學者強調我們要對自己的行為負責，卻認為不必為到任何事情而責怪自己，因為他們相信自責和憤怒等都是非理性的感受。

同時，此派學者亦指出，人的困擾，通常不是根由於客觀存在事物的本身，而是根於他們對事物的觀感而產生；主要是由於我們在不同的時候，會意識和無意識地對各種事物作出評估和解釋，遇上不如意的結果時往往就會令到自己沮喪和不快樂。[5] 故此，理性情緒治療學者持有 A−B−C 的性格理論，他們不同意傳統上刺激導致反應 (S → R) 這說法，認為在兩者當中，存在一個有機體 (O)，干擾着兩者的關係，而人類的行為是切切受到這有機體對刺激所產生的反應的影響。

$$S \to O \to R$$

在理性情緒治療理論中：

$$A = S$$

$$B = O$$

$$C = R$$

於是產生 A → B → C 的理論。

在理性情緒治療過程中，A−B−C 理論是過程的核心，A 是指存在的一件事實，可能是一件事，或是某個人的一個行動或態度；而 C 就是個人的情緒反應，這反應可能是適當的，亦可能是不適當的。在許多人的觀念中，認為 A 是導致 C 的原因，但其實不然。學者相信事實上是 B 導致了 C 的產生。然則甚麼是 B 呢？就是指個人對 A 的看法和信念。換言之，一個人的情緒困擾 (C) 並非被刺激 (A) 所決定，而是決定於一個人的信念 (B)。

$$A \to C \text{（錯誤的觀念）}$$

$$A \to B \to C \text{（正確的觀念）}$$

例如一位在大學唸書的男學生，在失戀後變得消沉抑鬱，固然，失戀本身帶給他許多的傷痛，但更主要的是，女朋友離開了他，轉而和另一位同學交往，在他看來，自己是被完全否定了，於是覺得自己一無是處，認定自己是一個失敗者，以致情緒十分不穩定。又例如有一位女孩子，無論樣貌和性格都相當可愛，在一次喉疾後聲音變得沙啞，於是馬上性格上有很大的轉變，變得很畏縮，很自卑，甚至孤立自己。在艾氏看來，聲音的轉變這事實並不直接導致了這女孩的情緒反應，而是她自己所作的解釋和不合理的信念害苦了自己。因為她堅持女性的聲音一定要嬌柔清脆，才算女性化。由於艾氏認為人只是自尋煩惱和自討苦吃，故此，唯一的解決方法，亦繫於人自己本身；於是他強烈聲稱任何人遇到情緒問題時，他自己該負絕大部分的責任，因為說實在話，困難是他自己"製造"出來的。以下是一些實例，可以讓大家更清楚 A－B－C 理論的運作情況：

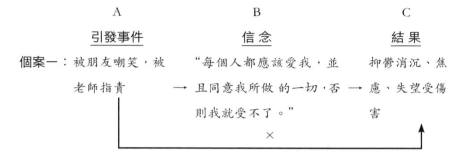

A	B	C
引發事件	信念	結果
個案一： 被朋友嘲笑，被老師指責	"每個人都應該愛我，並且同意我所做的一切，否則我就受不了。"	抑鬱消沉、焦慮、失望受傷害
個案二： 雖然成績不錯，但卻拙於辭令，不善與人交際，故此往往只是一個跟隨者	"我應該是全能的，應該滿有成就，否則我就是一個沒有用的人，毫無價值。"	自貶、自卑、自憐，孤立自己
個案三： 父親在自己年幼時離家，下落不明，母親再嫁，自己要一個人寄居親戚家中	"我應該像其他人一樣有個幸福美滿的家庭，父母疼愛我，小心照顧我，然後我才可以好好地生活成長；但如今背着一個破碎的家庭，沒有人可以依靠，一切也就完了。"	無助、消極、憤怒、自怨自艾、放棄自己

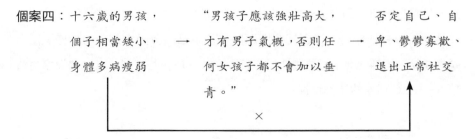

個案四：十六歲的男孩，個子相當矮小，身體多病瘦弱 → "男孩子應該強壯高大，才有男子氣概，否則任何女孩子都不會加以垂青。" × → 否定自己、自卑、鬱鬱寡歡、退出正常社交

個案五：一位二十二歲的女性，童年時曾遭陌生人強姦 → "我的過去，我的創傷，已無可挽救，這絕對決定了我的一生，我深知沒有男人會喜歡像我這樣污穢下賤的人的。" × → 無奈、無助、消極、痛苦、對人生絕望

個案六：年輕恩愛的夫婦，妻子不幸日前遭車禍死了 → "我們才結婚半年，她才不過二十歲，為甚麼上天要這樣殘忍，我不明白為甚麼這事情要發生在我身上？" × → 憤怒悲痛、受打擊、有強烈失落感，怨天尤人

　　在理性情緒治療學者看來，被接納和被愛，事業有成，家庭美滿，共享天倫等都是人生中美好、令人快樂的事，但卻不是必需品；生活中能擁有這一切，固然是好的，但就算這些事物並不存在時，我們仍得要努力活下去，而且不是愁苦無奈地活下去，而是要積極快樂地生活。此派學者指出人的問題就是堅持自己應該享有世界上所有美好的事物，頑強抗拒人生中不如意和痛苦的遭遇；但可惜這種堅持，這種欠彈性的態度和人生哲學，只會令人鑽進牛角尖，找不到出路，實在不是健康的處事態度。故此在輔導中，輔導員一方面應協助受導者清楚實際事情發生的情況，另一方面則應協助對方在思想上、價值取向上有基本的改變，好叫當事人不致陷在自己營造的困境中受苦。

4.5 艾利斯提出的十一個非理性信念

人的非理性信念，導致了人許多的痛苦，到底這些信念是甚麼呢？艾利斯透過個人的臨牀經驗，找出了一些情緒困擾或是適應不良的人常常持有的信念；在他看來，這些觀念直接會影響一個人的情緒，使他遭受困擾。經整理後，艾氏提出了十一項困擾人，甚至會導致神經官能症（neurosis）的非理性信念，[6]現分別敍述如下：

一、每個人絕對要獲得環境周圍的人，尤其是每一位生活中重要人物的喜愛和讚許。

* 這觀念實在是個假象，是不可能實現的事，但倘若當人相信這觀念時，他就會千辛萬苦，甚至委屈自己來取悅他人，以祈獲取每個人的欣賞；但結果必定失望，會令自己感到沮喪、失望、受挫和被傷害。

二、個人有價值與否，很在乎他是否全能，是否在人生中每個環節都有成就。

* 這是個永遠無法做到的目標，因為世界上根本沒有一個人能達到這標準，人可能在某些事項中有優越的表現，也可能有很多的長處，但要做到十全十美就是不可能的事。倘若一個人堅持這目標，結果人生中注定會是個"失敗者"，在自己製造的悲劇中，徒自傷悲；而且在一生中，要永遠無終止地競爭，疲於奔命而最終仍是一事無成。

三、世界上有些人很邪惡，很可憎，是壞人，故此應該對他們作嚴厲的譴責和施予懲罰。

* 每個人都會犯錯，而責備和懲罰都無法導致行為的改變。同時，人偶然犯錯是無可避免的，我們不應該因人們一時的錯誤就將他們視為無用和無價值的人，以致對他們產生極端的歧視和排斥。

四、當事情不如己意的時候，實在可怕，也的確悲慘。

* 不愉快是自然的反應，但若因有一點事情感到不如意，就像大難臨頭般的悽慘，則不但於事無補，反而會令事情惡化；倒不如適當地

去正視即使不如意的事，能改變的就努力改變，至於改不了的，就只能學習去接納了。

五、要面對人生中的艱困和責任，實在不容易，倒不如逃避來得省事些。

* 逃避問題，固然可以拖延一陣兒，但問題卻始終存在，換言之，那並沒有將問題解決。同時一旦時間拖長了，會令問題惡化，要處理時，就會百上加斤了。而且要是我們不努力處理存在的問題，很可能就會連鎖地產生其他許多的問題和困難，這實在是不容忽略的。

六、人的不愉快是由於外在因素所造成，所以人實在是無法控制自己的痛苦和困擾的。

* 這觀念是錯誤的，因為事實上人是由於自己的觀感和對事物所作的解釋而導致心理傷害，外存的事物，並不直接傷害和影響我們。

七、對於危險和可怕的事物，人應該非常關心，要不斷作出關注和思想，而且還要隨時留意到它可能會再發生。

* 雖然，我們對事情先有心理準備，考慮到危險事物發生的可能性，並且計劃如何避免，或慮及不幸事情一旦發生時，該如何減低其後果的惡劣，都是明智之舉。但過分的憂慮，往往會影響一個人正常的生活，而且會令人遇事時感到軟弱無用。其實在人生中，可怕的事要發生時，誰也不能避免，杞人憂天，只會令生活變得沉重沒有生氣。我們倒不如努力增加自信，信得過在自己努力之下總可以有能力面對生活和作出適應。

八、一個人的過往經歷往往決定了現今的行為，而且是永遠不可改變的事。

* 不錯，我們承認已發生的事實，是無法改變的，但卻並不是說那些事實會決定了一個人現在和將來的行為；因為人本身是有能力作出改變的。已發生的事，是個人的歷史，只要我們改變對那些事情的看法，承認可能存在的限制，而善用仍有的機會和能力，生命依然

是可以有突破，將來仍然是充滿希望和生機的。

九、一個人總需要依賴他人，同時也需要一個較自己強而有力的人來讓自己有所依附。

＊　人雖然不完全，但每個人卻都是一個完整獨特的個體。這觀念十分重要，因為在人生中，雖然我們有親人，也有朋友可以幫助自己，但生活中卻仍總會有要單獨面對人生遭遇的時刻；故此獨立自主能力的發展和磨煉，實在是十分重要的。況且，當一個人要依賴他人的時候，自己就自然落在次要的地位，對個人的自我形象和成長都會產生不良的影響。

十、一個人應該要關心他人的問題，也為他人的問題而悲傷難過。

＊　關心他人，是極佳美的事，為他人的遭遇而哭泣，也是人類可寶貴的表現，但倘若我們因為過分投入以致被壓得透不過氣，或因此弄到自己情緒亦失卻平衡和穩定時，那就不但會傷害了自己，同時也會變得沒有能力去為他人解決問題和提供援手了。

十一、人生中每個問題，總會有一個精確的答案，若一旦得不到答案時，就會很痛苦。

＊　由於人生極之複雜，若果凡事要尋求完美的解決方法，根本是不可能的事；至於人類的苦難與遭遇，亦未必可以完全作出解釋。倘若我們堅持要尋求答案，只會令自己感到無邊的沮喪而已。

4.6　理性情緒治療法的特點

理性情緒治療理論的出現，曾帶給心理治療界相當大的衝擊，因為這理論帶出了許多輔導員務必要正視的問題，其中包括了：

心理治療基本上是否一個再教育的歷程？

輔導員應否主要發揮教師的功能？

輔導員運用說教，勸誘的方法，同時作出相當直接的建議，到底是否適當？

此派輔導學者主張用邏輯、忠告、解釋和提供資料等方法來協助受導者除去非理性的信念，到底功效如何？[7]

以上各問題，其實都是關心輔導的同工們所重視的問題，但到了今日，這些問題卻仍然欠缺一致的答案，仍是大家爭論的重要課題。

基於它本身理論的獨特性，理性情緒治療法引起了相當多的討論，為了讓大家清楚其獨特性，我在這裏擇要列舉數點如下：

一、理性情緒治療法很主動，很直接，是一個很強調智性的輔導方法，學者認為若要受導者除去非理性的思想，就務必要訓練他們科學化地進行邏輯思維與分析，好叫他們能夠客觀和合理地思想。在這個過程中，輔導員有如教師，嘗試對受導者進行再教育。

二、有異於大部分學派，此派學者否認具治療功能的輔導關係的重要性，他們不同意那是輔導必須具備的條件，同時更否認那是足以令到輔導產生果效的關鍵因素。不過，他們卻承認在輔導過程中，輔導員要和受導者建立一個和諧關係，以期促進輔導員對受導者產生無條件的接納。

三、只要輔導員可以接納受導者的不完全，同時，也願意饒恕他的錯謬，就可以運用各種不同的方法來促使受導者作出改進。總括來說，輔導員所採用的理性方法，往往欠缺同情，更加不會冀求有同感的出現。換言之，他們通常所採用的方法相當的非人化。

四、此派學者採用的方法和技巧十分多樣化，包括了角色扮演、自表訓練、敏感消減、幽默、操作式制約、建議和支持等，目的不單只是要消除受導者表面的症候，更加希望能徹底針對受導者的價值觀和人生信念，作出根治。

五、雖然理性情緒治療法與當事人中心治療法整體上有相當大的對比，但卻有一個共通之點，就是兩派學者都強調對受導者的接納。在用語上，理性情緒學派稱之為"完全的接納和容忍."（full acceptance or tolerance），而當事人中心學派則稱之為"無條件的絕對尊重"（unconditional positive regard）。

六、除了採用重智性的方法外，此派學者也常常運用行為治療學派的技巧。[8] 其中最特別的就是他們從開始就提倡多用家課來協助受導者。在過程中，輔導員會給受導者家課，要他在日常生活中作出嘗試，然後再由輔導員作檢查。例如對一個害羞的學生，輔導員可能會要求她在一週內在班上主動和三個同學接觸，作簡短的交談；而對一個專愛向丈夫和兒女挑毛病的受導者，輔導員會要她最少每天一次稱讚家中其中一位成員，從中學習欣賞各人的長處。這些家課，目的是要讓受導者有機會冒險作點新的嘗試，從而對自己不良的習慣有所改善；同時，更希望受導者能透過新的嘗試來徹底改變自己的人生觀和非理性的觀念。

七、理性情緒治療法的適用性相當廣泛，艾氏曾經指出除了那些已經和現實脫節的精神病患者外，其他遭受情緒困擾的人，無論其困擾程度如何，都可以用理性情緒治療法來提供幫助。而且研究證實這方法的有效性，往往較其他治療方法為大，同時所費的時間也較少。[9]

八、在心理治療範疇中，人的價值是一個首要的問題，而差不多所有學派都認為當一個人與他人相處和諧，獲得別人的愛與尊重，並能好好地生活，好好地發展自己時，他就可以感到自己存在的價值。理性情緒治療學派，卻幾乎是唯一的一個學派，認為人是不必為自己訂出評價的。而自我形象和自尊自重等課題，對艾氏來說，只會令人與人之間玩自我遊戲（ego-game），將彼此的自我形象作比較；同時，艾氏指出那些課題實際是假設了一些標準，迫使人朝着許多"應該"和"必須"苦苦追尋，但卻往往導致惡劣的結果；一方面可能令人引起自責內疚，另一方面又可能叫人嘗試保衛自己，裝模作樣的來表現自己"有價值"和"重要"，這正是導致人類情緒不安與痛苦的主要根源。故此艾氏和他的同工，堅決反對人需要擁有某些長處、特質和成就才算有價值的說法；同時，他們亦反對人首先需要獲得社會認可才能接納自己的理論。[10]

註釋

1　Albert Ellis, "Rational-emotive Therapy," in R. Corsini (ed.), *Current Psychotherapies* (Itasca, Illinois: Peacock, 1973), 175-176.

2　Albert Ellis, "Rational-emotive Therapy," in A. Burton (ed.), *Operational Theories of Personality* (New York: Brunner / Mazel, 1974), 313.

3　Ellis, "Rational-emotive Therapy," in *Current Psychotherapies,* 184.

4　Albert Ellis, *Humanistic Psychotherapy: The Rational-emotive Approach* (New York: Julian Press, 1973), 185.

5　Albert Ellis, "Rational-Emotive Psychotherapy," in William Sahakian (ed.), *Psychotherapy and Counseling: Techniques in Intervention* (Chicago: Rand McNally, 1976), 273.

6　Albert Ellis, *Reason and Emotion in Psychotherapy* (New York: Lyle Stuart, Inc., 1967), 84; Ellis, *Humanistic Psychotherapy* (New York: McGraw-Hill, 1973), 152-153.

7　Gerald Corey, *Theory and Practice of Counseling and Psychotherapy* (California: Brooks / Cole, 1977), 142.

8　Eysenck, ed., *Experiments in Behaviour Therapy* (New York: Macmillan, 1964); A. Lazarus, *Beyond Behavior Therapy* (New York: McGraw-Hill, 1971); R. P. Pottash and J. E. Taylor, "Discussion of Albert Ellis: Phobia Treated with Rational-Emotive Psychotherapy," *Voice*, 3.3 (1967), 38-41.

9　Albert Ellis, "Rational-emotive Psychotherapy," in Sahakian, *Psychotherapy and Counseling,* 281-282.

10　Ibid., 282-283.

參考書目

Ellis, Albert. *Reason and Emotion in Psychotherapy.* New York: Lyle Stuart, 1962.

_____ . "Rational-emotive Psychotherapy," in D. Arbuckle (ed.), *Counseling and Psychotherapy.* New York: McGraw-Hill, 1967.

_____ . "A Weekend of Rational Encounter," in A. Burton (ed.) *Encounter: the Theory and Practice of Encounter Groups.* San Fancisco: Jossey-Bass, 1969.

_____ . *Growth Through Reason: Verbatim Cases in Rational-emotive Therapy.* Hollywood: Wilsbire Books, 1973.

_____ . "Rational-emotional Therapy," in R. Corsini (ed.), *Current Psychotherapies.* Itasca, Illinois: Peacock, 1973.

_____ . *Humanistic Psychotherapy: The Rational-emotive Approach.* New York: Julian Press and McGraw-Hill, 1974.

_____ . "Rational-emotive Theory: Albert Ellis," in A. Burton (ed.), *Operational Theories of Personality.* New York: Brunner / Mazel, 1974.

_____ . "Rational-emotive Psychotherapy," in William Sahakian (ed.), *Psychotherapy and Counseling: Techniques in Intervention.* Chicago: Rand McNally, 1976.

Ellis, Albert and R. Harper *A New Guide to Rational Living* (Rev. ed.). Hollywood: Wilshire Books, 1975.

Maultsby, M. C., Jr. *Help Yourself to Happiness.* Boston: Esplanade Publishers, and New York: Institute for

Rational Living, 1975.

Maultsby, M. C., Jr., & Albert Ellis. *Technique for Using Rational Emotive Imagery*. New York: Institute for Rational Living, 1975.

Meichenbaum, D. H. *Cognitive Behavior Modification*. Moristown, N. J.: General Learning Press, 1974.

Patterson, C. H. *Theories of Counseling and Psychotherapy* (Rev. ed.). New York: Harper & Row, 1973.

第五節　行為治療法（The Behavioral Approach）

5.0

　　行為治療法及建基於傳統的實驗心理學派，亦往往被稱為學習理論方法（learning–theory approach）；而事實上，行為學派亦把輔導看作為一個再教育的歷程；其理論可追溯到巴甫洛夫（Pavlov）、史金鈉（Skinner）、沃爾沛（Wolpe）、龔保茲（Krumboltz）和桑森（Thoresm）等幾位著名的行為理論學者。不過，雖然行為學派理論已存在多年，直到五〇年代初期杜拉德（Dollard）、米勒（Miller）、莫勒（Mowren）和比冰斯基（Pepinsky）等，才開始努力將學習理論統合於輔導原則中；而學習理論亦隨而引起心理治療學者們的注意，逐漸發展成為許多行為改變理論的基石。時至今日，行為治療已廣泛的受到接納，再加上行為學派的學者不斷利用實驗室研究作驗證，這方面的從事員都深信在不久的將來，就可以填補了理論和實踐兩者之間的鴻溝。

　　美國的行為治療創導人是華森（Wafsm）。他是一位心理學家，他強調只可以透過可觀察的行為來進行心理研究；而心理學的研究，除非是可供測量，否則就未能達到科學化的要求。隨後史金鈉將華氏的行為研究繼續加以發展，他利用動物來作實驗，以便對一些學習理論作出澄清；對於自己的實驗，史氏相信可以引申到較高等的動物，其中包括了人類。史氏的理論，通常稱為操作學習（operant learning），或手段性學習（instrumental learning）。

5.1　目標

　　雖然行為學家一再強調輔導的目標一定要具體和特殊，但最終還是希望可以協助當事人發展一套自管性的方法，好讓他們能夠掌握個人的命運。事實上，行為治療的目標就是要開創出新的學習條件。在理論上，行為治療家相信人類所有行為，包括適應不良的表現，都是學習得來。如果神經病也是學習得來的話，那就該可以透過消除性學習而導致有效行為的出現。

對行為治療法的目標，許多人有錯誤的看法，主要為：

一、認為行為治療家只是幫助除去一些適應不良的症候，其實不然；因為事實上，行為治療家認為自己的工作是包括兩方面的，首先是消除當事人適應不良的行為，接着就要協助當事人以其他適應較好的行為作為取代。[1]

二、當事人在輔導中的行為和目標是由輔導員所決定，換言之，是由輔導員強加諸當事人身上的。固然，在某些環境下，例如在精神病院中，這看法是正確的；但在現代行為治療中，明顯地出現一種改變，就是趨向於讓當事人參與目標選擇的過程。同時，現代行為治療家承認輔導員和當事人之間，先決條件是要建立一個良好的工作關係；因為透過這關係，才可以澄清和界定治療的目標，同時，也可因這關係的建立而得到當事人在療程中作出充分合作，為共同設立的目標而努力。[2] 事實上，在現代行為治療中，當事人的地位與從前是十分不同的，他的意見會受到相當的重視，而輔導員在決定目標的過程中，目標是否合乎當事人的意願，已被學者列為評定目標是否正確的標準之一。[3]

至於選擇和界定目標，基本步驟如下：

1. 輔導員解釋為何設立目標。

2. 當事人說出自己所期望的改變。

3. 輔導員與當事人一同探討所選目標是否實際可行。

4. 共同討論達到目標後可能得到的益處。

5. 共同討論達到目標後可能出現的流弊。

6. 建基於當事人所述說的目標和有關資料，輔導員和當事人在討論後，要決定是否繼續進行輔導，是否要重新考慮當事人的目標，抑或要進行轉介。[4]

行為學派學者十分重視具體目標的訂定，因為他們相信這步驟可以導致三大功能。首先，明確界定的目標，不但反映當事人所關心的事，同時也為輔導過程提供一個有意義的方向。其次，輔導員可以根據目標，選擇輔導的策略。此外，目標肯定後，可以為輔導的評估提供一個骨幹。行為學派輔導員經常會和當事人在協商後制訂合同，其中包括口頭和書寫的，目的都是為了方便大家合作，並保證能夠達致上述的功能，促進輔導的成效。

總的來說，行為治療派學者反對採用諸如豐盛生活和自我實現等目標；他們認為那些目標大而無當，無助於輔導過程之進行，故此建議輔導員要將這些目標轉化為實際的和特別的行為改變的指望。例如對一個傷殘者，目標可定為學習自我照顧、達到自給自足；對一個精神分裂的病人，目標應該是協助他重返家庭和社區。[5] 不過如何評定所設立的目標是否適當，一直是大家所關注的課題；而學者亦曾發展出一套標準，方便輔導員作衡估之用：

1. 一定要適合當事人的要求，讓當事人感到稱心滿意。

2. 所作決定要和輔導員的價值觀相協調，因為輔導員有了一致的看法，才會樂意協助當事人去達到目標。

3. 所訂定的目標，不能過分概括和抽象，要夠精細和具體，以方便大家對當事人努力的進度作出評核。[6]

5.2　人性觀

行為主義學派的人性觀是決定論的，即是說，每一行為完全決定於過去因素這個觀點，是這一派看人格發展或人格改變的最基本的態度。他們從科學角度去看人，最基本的假設是人的行為是有規律的；故此認為在小心控制的實驗中，我們就可以發現控制人類行為的規律；由是，我們不但可以預測行為的出現，同時還可以控制行為。瑪喬士（Marquis）曾形容行為治療就像一部機器的操作，將科學的資料應用其上時，就可以為人類的問題找出機械性的答案。[7] 其次，行為學派另外有一個假設，就是相信人的行為是學習而來的，他們以為，人出生時心神空白一片，可描述為"空白心板"（tabula rasa）；[8] 例如洛克（Locke）就曾清楚指出人性本無善惡之分，是中性的，但由於人同時具有同等的傾向善或傾向惡的潛能，故此就被社會文化環境所塑造和決定。

　　一直以來，行為心理學家的人性觀相當簡單，他們看人不過是一個無助的傀儡，是一個完全被環境和遺傳因子所決定的反應式的有機體；透過對刺激所作的反應，人的行為和性格就逐漸成形。至於精神官能症，在他們看來，是人在正常的學習過程中所學到的不適應行為的結果；因此在修正不適應行為上，也需應用學習的法則。不過，近代的行為治療學者通常不再像過去一般決定性和機械性的看人了，只有"極端行為主義學家"（radical-behaviorists）才會排斥自我決定的可能性；這一類持極端見解的學者完全否認了人的自由與選擇，否定人可以決定個人的命運，認為在客觀世界中的過去和現在的情況，完全決定了人的行為。而行為學派的大師史金鈉（Skinner）就曾強調人是純反應的個體，環境完全決定了人的行為；換言之，人的行為絕對地受外界因素所影響。其實，行為派的創始人華森本身就是一位極端的行為主義者，他曾聲稱透過環境的操控，可以將任何一位嬰兒變成自己要求的人，無論是醫生、工程師、律師、藝術家、乞丐或甚至盜賊，只要設計得宜，一定可以達到目標。由於他對人有如此極端之看法，故此許多心理學的觀念，如意識、無意識、自我決定等主觀的現象，對他來說，根本就是完全不可接納的。

　　行為學派所致力的研究，就只是集中於人如何學習，以及決定人類行為的因素等等問題上；而時至今日，他們所得的答案，所尋獲的真理就是："過去的行為乃將來行為的最佳預測。"[9]

5.3　輔導過程

　　從學習理論立場來看，行為治療的過程，其實是一種特別形式的學習情況，學者相信在如此境況的輔導過程中會出現行為的改變。[10] 不過，從他們所設計的學習環境而觀之，不少人會產生疑慮，恐怕整個輔導過程會過分機械性；但這事實上是過慮罷了，因為行為治療派學者相信輔導的有效與否，輔導員和當事人的關係是先決條件，故此都主張輔導員要重視自己和當事人的關係，一定要設法和對方建立一個溫暖、真誠而又富同感了解的關係。[11] 例如沃爾沛（Wolpe）就曾強調輔導員要能夠接納當事人，要嘗試去了解對方，同時，更要持着不批判的態度，他説：「對當事人所説的，輔導員不能有疑問，也不能作批評，需要全部接納，好讓對方感到輔導員是與他在同一立場的。」[12]

學者相信當事人一定要經驗到輔導員對他的接納、關心、體諒和同感，他才會透過輔導關係來改進自己；故此，學者強調有了良好的關係作基礎，當事人才會和輔導員合作來解決自己的問題。[13] 總之，在輔導過程中，輔導員會花相當多的時間與當事人一同去界定當事人特別關心的問題，同時，也嘗試選定特別的技巧，以促進這程序的進行，技巧的選定通常包括下列四個步驟：

1. 界定問題：首先我們需要清楚環繞着當事人的不適當行為的刺激是甚麼。

2. 查清楚當事人的個人發展情況：對輔導員來説，清楚當事人的歷史，是很重要的，因為一旦對當事人的背景弄清楚了，往往就可以明確勾畫出當事人的許多問題。

3. 確定輔導目標：倘若能清楚了解當事人的問題所在，確定輔導目標就較容易了。在輔導過程中，首先需要輔導員和當事人雙方一同去決定問題所在，而接着輔導員的責任就是去衡量所確定的目標是否在自己的專長和能力範圍之內，同時，也要看看是否符合專家守則的要求。

4. 選擇將會應用之方法：對不同的當事人，不同性質的問題，輔導員會採用不同的技巧來協助當事人解決問題和達到所選定的目標。[14]

若我們將行為治療法與其他學派相比，會發覺此派有許多獨特之處，其中包括：1. 焦點放在外顯和特別的行為上。2. 可以非常精確地把治療目標列明。3. 針對某一個特別的問題而設計出適當的治療程序。4. 對治療的結果，作出具體而客觀的評核。

5.4　輔導員

在輔導過程中，輔導員是相當主動直接的，他要協助當事人界定個人問題所在，他要決定自己是否有能力幫助當事人。同時，他更要針對當事人獨特的問題探索出獨特的處理方法。在行為治療理論中，輔導員不但要負責選定有效的行動方法，而且成效如何，他要負主要的責任。故此，在這情形之下，輔導員往往要控制整個輔導過程。不過，我們不必擔心那是隨便作出的控制和操持，也不必擔心輔導員會作出與當事人意願相違的事，因為我們不要忘記，在過程早期中，是在當事人的同意下，才訂定輔導的目標的。

　　針對控制和操持這課題，學者有很多評論，古德士坦（Goodstein）認為輔導員是扮演增強者的角色，[15] 而其他學者則形容他們為 "增強作用的機器"、"控制員" 和 "操控者"。[16] 而事實上，雖然大部分行為派學者否認他們將所學的學習理論和技巧應用在心理治療過程上，以上列舉的名稱，卻倒是相當準確地形容出他們的角色的。

　　除此之外，賓杜那（Bandura）提出輔導員的另一個功能是充任當事人的模範，作為效法的對象；因此，輔導員當正視自己在輔導過程中之重要性，務必留意自己本身的質素，以期在這交往關係中，為當事人帶來更積極美好的影響。

5.5　主要技巧

一、反應學習（Responding learning）

制約反應（Conditioned response）

　　反應學習，或曰古典制約，是源自俄國的著名心理學家巴甫洛夫的研究；在巴氏著名的實驗中，他在將食物給予一隻狗之前，先行搖鈴，當這情境重複進行多次之後，他發現狗在未見食物，只聽見鈴聲的時候，就已經開始分泌唾液了。在這過程中，鈴成為制約刺激（conditioned stimulus），唾液則變成對鈴的制約反應（conditioned response）。換言之，因為鈴聲和食物的配合，狗學會了在鈴聲響時就分泌唾液，這種反應的模式，我們稱之為反射（reflex），整個模式包括了食物的出現和立即分泌唾液的反應；這種反射通常是自動出現的，故此也稱為自動或非自主行為。

消滅（Extinction）

其後巴氏將實驗進行的程序改變，只是搖鈴而不給予食物，經過數次試驗之後，狗的分泌唾液順應漸漸減弱，終至完全停止，這種與制約恰恰相反之程序，巴氏稱之為消滅（extinction）。

從制約和消滅這兩種事實推究起來，巴氏作出結論，他認為要使到制約的情形發生，或使其繼續維持有效，就必須要有某種增強物（reinforcement）和用以作制約的刺激相配合，而在以上的例子中，食物就是過程中的增強物。從巴氏的實驗，我們可領略得到一項學習的基本原理，即增強原理（principle of reinforcement）。一種動物是要在某種增強的方式下才能學習到一種新的制約反應；如果不獲增強，其反應力量就會漸次減低，以至最終完全消滅。

雖然古典制約可以對人類某些行為的學習作出解釋，但不少行為主義學者卻認為這學理對許多行為來說，始終提供不到令人滿意的解釋。為了要對人類行為有更充分的解釋，這些學者便提出了操作式制約的假設。

二、操作學習（Operant learning）

前述的反應學習，是嘗試描述人類自動或非自主行為的形成模式，而現在要探討的操作學習，就是要解釋人類有目的之行為的發展過程。事實上，後者較古典制約更接近我們的日常覺醒時的大部分行為，例如貓捕鼠和人開門等，都是後述的一種學習的例子。

操作學習不是一種反應，而是一種冀求獲致某種結果的行為。我們要清楚操作學習的運作，首先就要認識由史金鈉所假定的一條學習定律。這定律假設人所作的某一種行為，若能導致一項能帶給當事人滿足的後果，則該行為在未來繼續出現的可能性就會增加。就以史金鈉所作的老鼠在“史金鈉箱”學習推動槓桿而獲取食物的例子來說，首先，老鼠因飢餓而被激起動機，於是產生一般的搜索活動。在搜索活動的過程中，偶爾意外的作出了一種達到適當目標的手段的反應，此種反應乃被其所學習。同時，我們會留意到，就如古典制約一般，增強物也是產生操作學習的一個必要因素；所不同的是在操作學習中，倘若最終的結果增加了某種行為的出現，那結果即管不是原先的目標，也同樣可作為過程中的增強物。例如一個孩子，在要吮手指時，無意中錯將毛巾放到嘴中，而在吮嚙的過程中，感官上有相當的滿足，這種情況出現數次之後，這行為的出現自然就會增加，簡言之，他已經學到了吮毛巾的行為。

又例如一個經常被教師和同學漠視的孩子，在上英文課和美術課時不留心犯了錯，結果一次被老師打手心，而另一次則被命令罰站在教員休息室門外整整一週。雖然打手心會疼痛，被罰站是懲罰，但由於自己因這些懲罰首次受到了教師和同學的注意——雖則只是一種負面的注意，亦總可算勝過過往背負着那種被人忽略、完全感受不到個人的存在的失落感了，這孩子已經獲得一定程度的滿足，於是，他在學校把犯錯的行為不斷的增加，換言之，他已學到了這種行為。在操作學習過程中主要的因素可以用下面的圖表顯示：

$$R \rightarrow C$$

反應（response）→ 結果（consequence）

不過，在實際的運作中，結果（C）是控制着反應（R）的，換言之，從控制的角度來看，圖表就是：

$$R \leftarrow C$$

R 反應（response）← C 結果（consequence）

這個下面的圖片是要解釋這裏所指的控制是指結果（C）影響反應（R）再出現的可能性。

行為學派學者十分重視正強化物的功能，認為此等功能在改變人的行為上，具有極大的作用。分析起來，正強化物是可分初級強化（primary reinforcer）和次級強化（secondary reinforcer）兩類的。前者如食物、飲品和睡眠等，主要是滿足我們和基本的生活需要。至於後者，則滿足我們心理、社會和精神層面的需要，其中包括了名譽、地位、讚賞、金錢、自由、愉悅……等；此等次級強化物在理想行為塑形（shaping）過程中，是極為重要的。

在教育過程中，無論父母或師長，多少總會應用懲罰來減低或消減孩子的不良行為，但由於懲罰在基本上會令人產生挫折感，一方面可能形成一種挫折的威脅，另一方面也容易引起惱怒或暴行，整體來說是難於冀望有良好果效的。譬如說，在學校中校方不但規例繁複，而且執法甚嚴，一個學生雖然可能自己從來未犯校規受處罰，但由於知道許多同學都曾遭受懲罰，他就有可能會受到這種挫折的威脅而感到惶恐不安，換言之，這種焦慮會令他感到極不安全。若事實上真的出現這種現象，就極難期望能建立良好的學習氣氛，而學生的學習，是一定會受到影響的。

自從香港踏進了普及教育時代，教育工作者就發覺學生問題日益嚴重，這確實是令人擔憂的。惟在處理學生問題上，部分教育工作者未能適當地運用懲罰，其中有如前述的過頻與過繁的懲罰，除了會令學生失去安全感之外，亦有可能導致學生習以為常，視之為無物，那就難收預期之效了。至於懲罰流於非人化和不合理（例如在禮堂中受罰之學生在大庭廣眾之前受辱，自尊受損），或是過分嚴厲與極端時，就可能致令學生在極度挫折中產生憤怒和暴力的行為；就如我們從一隻狗嘴裏搶去骨頭，狗會發出咆哮和作出攻擊。如果一個兒童飽受挫折，常被苛待，或生活於暴虐與不合理的環境中，雖然即時間或由於種種原因，他不能發作，但種種強烈的憤恨和敵意，長期累積下來，不但有如一顆計時炸彈，而且會嚴重影響其性格的發展。故此，教育工作者在懲罰的設計和施行上，的確要小心謹慎，以期真正能透過適當的懲罰，協助學生遷惡從善，而不是令他們陷入更惡劣的困境中，以致每況愈下。

獎勵與懲罰：

倘若在某一種情況中，結果（C）是促進和增加了一個行為的出現，那末，這結果就是增強物；相反地，若結果（C）減少了行為的出現，則該結果就是一個懲罰。

舉例說，母親要求女兒學習自律，自己整理個人的物件和房間，於是女兒遵照她的教導，努力了一個早上，結果母親稱讚女兒，說她將房間收拾得井井有條，結果從此之後，女兒天天都將自己的房間收拾得整潔美觀。在這個案中出現的稱讚，可稱之為正強化物（positive reinforcer）；而反面的一種則可稱之為負強化物（negative reinforcer），是指在同樣的例子中，女兒將母親的話置若罔聞，母親生氣了，於是告訴她倘若她三天內不收拾妥當，就會取消下星期整週的零用錢，在這些警告下，女兒無可奈何地將房間清理打掃，以免被母親扣除零用錢，這就是個典型的負強化物的例子。許多人容易將負強化物和懲罰混為一談，那實在是錯誤的觀念，譬如在這例子中，如果女兒真的不理母親之忠告，依然懶惰不收拾房子，結果母親真的取消了她下一週的零用錢，這才是懲罰，與負強化物是不同的。

三、敢於自表訓練（Assertive Training）

敢於自表訓練基本上關注的問題有二：減低焦慮和訓練社交技能。這訓練的目的，從觀念上看，是要促進當事人的自我尊嚴和自我尊重；若從行為角度看，是要令當事人可以暢快地表達自己，可以自由作決定，可以與人建立親密的人際關係，可以享受個人的權益和保護自己等。[17]

由於不能自由表達自己的感受，很多當事人通常未能與他人建立良好的人際關係；在行為治療過程中，輔導員在提供了一個溫暖具安全感的關係後，會進一步鼓勵和協助當事人學習去表達自己，然後再要求當事人在輔導室以外也作出自表的嘗試；倘若當事人努力作了改變，他會從輔導員和其他人獲得回饋，而這回饋事實上不但減少了他內心的焦慮，同時也會成為他新行為的增強劑。

一般而言，缺乏自表能力的人，往往傾向於過分禮貌，事事謙讓，容許別人佔便宜，敢怒卻不敢言之餘，又小心翼翼地害怕別人生自己的氣。不過，部分較外向的，就會傾向於好鬥和侵略性的行為。但無論如何，這些人對自己普遍來說都缺乏安全感，故此他們盡量避免面對問題，其實是在逃避面對自己和自己的感受，這實在是令人感到遺憾的。幸而有許多人在經過敢於自表訓練之後，無論在自信心和自我形象方面，通常都可以產生相當不錯的改進。

在經驗中，我發覺不少在自表上有困難的人，往往是在與生命中的重要人物的交往中出現了困難，這種困難隨而延伸到生活中的其他層面。當我們細察不敢自表的人，會發覺他們總是害怕個人的表達會影響對方，甚至傷害對方，他們總會強調要對談話的對象的反應負責；尤其在面對父母時，這種牽制特別強烈，倘若再加上為人父母的有意無意要操弄他時，情況就可能很惡劣。例如一位自表能力極弱的當事人曾告訴我，他父母對他很好，愛護得無微不至，但每逢父母發覺他有異議時就會重複地說"唉！一生人為你做牛做馬，含辛茹苦的養大了你，想不到如今要被你教訓……。"當事人回顧多年來父母養育之恩，聽他們作出如此無奈的申訴，實在被挑起了極大的內疚與自責，於是乎，要說的話又全吞回肚子去了。面對父母，在"孝順"的壓力下，當事人無可奈何，表面上與父母生活維持平靜，但年歲越長，內心的掙扎就越大；尤其是就業後，由於不能自表的習慣，往往受人欺負，遭受許多不公平的待遇，於是人變得更畏縮和更憂鬱。幸而在許多的挫折中，當事人與女朋友的感情發展得還不錯，於是在適當的安排下，他介紹女朋友與父母認識，豈知事後父母極力反對他們的交往，理由是那女子的面相不好，恐怕不能旺夫益子。而在此打擊之下，當事人在極度痛苦之中來找我，而終於他在無可選擇之中，要具體面對自己自表能力過弱的致命傷。

在輔導的過程中，我設法協助當事人避免被所引發的罪惡感和自責等等所控制，同時學習用"我覺得……"作為句語的開頭來向父母表達自己。其中關鍵的表達包括：

"你們的說話令我感到很罪過，也產生很大的自咎。"

"雖然我知道你們很愛我，但我覺得同時你們似乎總要控制我。"

"你們一直要我聽你們的話，但卻從來沒有留心聽我所說的，我覺得實在有點不太公平。"

"我現在已經二十六歲了，但你們仍然把我當作小孩子般看待，我覺得你們似乎在希望我永遠長大不了似的。"

其次，當事人還要學習以堅定的語氣來回應父母的責難，例如：

"你們既然說自己清楚我已經廿六歲，那末，你們就應該尊重我。"

"交女朋友，是我個人的事，我應該有權自己作決定。"

"我和你們討論，你們就說我在教訓你們，既然你們不想聽，我就不再講下去；不過，我希望你們接納我和女朋友繼續交往下去。"

"媽媽，若你所説的話只是要增加我的內疚，我就不想再聽下去了。"

至於另一種句式，重點是作直接陳述和報導，好讓當事人改變過去逃避式和轉彎抹角式的説話。例如過去當事人父母發現他沉不住氣時，會故意問他："怎麼？居然生我們的氣了。"他為了息事寧人，就只好按住自己的脾氣回答説："不，我怎麼會生氣呢？今天可能工作太忙，有點累罷了。"但既然要達到勇於自表，他的回答就要改為：

"是的，你們的確太不尊重我，太過蠻不講理，所以我很生氣，也感到十分難過。"

四、減敏療法（Desensitization）

沃爾沛（Wolpe）描述一種以鬆弛法作為反判的媒介的技巧來消除當事人的焦慮，方法是將當事人所陳述的事例中那產生焦慮的刺激（anxiety-producing stimuli）作層次的安排；換言之，是按照當事人的情緒困擾程度，定出等級，然後輔導員會教當事人鬆弛的技巧，隨後，輔導員會將引致最少焦慮的情境重述，由是當事人的感受一方面被增強了，一方面卻可以透過鬆弛過程而達致減敏的果效，直到最後所有的焦慮都消失為止。其後，輔導員按着其餘的焦慮從輕微到嚴重的次序，作出同樣的處理，以期消除當事人所有的焦慮和不安。

五、鬆弛（Relaxation）

輔導員會教導當事人如何去減少肌肉的緊張，來緩和當事人的態度，這方法通常會和循序減敏療法（systematic desensitization）一起應用。鬆弛訓練的先決條件是告訴當事人如何將鬆弛法運用到減敏法，並解釋這方法對他日常的生活有甚麼好處。同時，讓他明白倘若他能在第一時間，或在較早時期就注意到自己緊張的症候，那就會有方法可以制止情況的惡化。肌肉鬆弛法是一個很普通的練習，可應用於任何緊張的情境，就如一個學生進入試場後，當主考官派發試卷時，他發覺自己的確有強烈的焦慮，這時就可以馬上鬆弛一下兩臂和兩腿，好讓自己的焦慮減輕。總括來説，鬆弛的基本要求是要當事人達到一種主觀的安靜狀態，有一種安祥或幸福的感覺，因為這樣的狀態正可用來與可能引起焦慮的情境相抗衡。

六、模型（Modeling）

在行為學習過程中，模型的地位頗為重要；而事實上，在我們日常的生活中，我們許多的行為，都是由於模仿他人而獲致的。在行為治療中，會讓當事人觀察一個模型，然後引導他仿效對方；例如一個不善社交的男孩，透過觀察一個適當的模型，細察對方如何主動和人接觸，如何適當禮貌地表達自己，如何傾訴以表示尊重等等，他就用仿效的方法，最終也就可以改進社交的態度和技巧。至於社會上通常會表揚一些艱苦出身、白手興家的人物，其實也是在運用模型的方法來給大眾觀察；尤其對那些怨天尤人，消極頹廢的青少年來說，若他們肯留心觀察，然後進行仿效，將會是極可寶貴的學習。選擇模型時，往往要注意模型的地位和聲望，因為在觀察者眼中，模型的地位和聲望具影響力時，受感染的機會就會增加。此外，我們要堅正自持，在任何輔導過程中，在正常情況下，當事人通常將輔導員放在較優越的地位，當他越信任和尊重輔導員時，輔導員就越能發揮模型的功能。

5.6　學者們對於行為治療學派的評論

一、　正由於行為治療學派的影響和廣傳性，它也是引起人們爭論最多的學
　　派，其中的批評主要為：

（1）以人本主義學者為首的許多學者，都指斥行為主義學派的人觀貶低了人的尊嚴和價值，且否定了人的自由、自主、自決和獨立性；他們指出其中尤以極端行為主義學家的看法最為錯誤，極端的一派認為人的行為完全是規律性的，可以預知的，在極端派學者設計之下的非人化和冷酷的輔導過程中，當事人的獨特性和他所具有的人性特徵和內涵，通常都被忽略和否定了，結果當事人變得任意被操縱。

（2）倘若人的行為完全受制於強化作用和環境的影響，則人就不必對自己的行為負責了，但同時也不能因自己的成功而獲得滿足與成就感。

（3）由於行為治療的果效相當成功，許多人因此有隱憂，他們恐怕當行

為治療學者要建立地上的烏托邦時，會將他們着意選擇和設計的"理想"行為強加於無助的當事人身上，這實在會造成人類極大的危機。

(4) 此派學者只重視輔導過程中的技巧，卻忽略除了手段之外，目的應該是同樣重要的課題；同時，此派輔導的重點是"學習過程"而不是"人"。

(5) 雖然現代行為治療家聲稱他們讓當事人自由選擇輔導的目標，但可惜事實上並不如此，通常輔導員是預先作好決定的。

(6) 雖然行為治療家聲稱每一個當事人都是獨特的，故此需要獨特的處理，但由於他們注意的只是當事人的表面症候，因而往往發現當事人的問題大同小異，結果在治療過程中，當事人的個別性就在不知不覺間被忽略了。

(7) 行為治療家對他們所採用的學者的理論，無論在結構和闡釋上都仍未夠全面，應用方面亦仍缺乏深入體驗。

(8) 不少學者批評行為治療為當事人帶來的改變往往只是表面症候的消除，於是結果問題又會以其他形式的行為出現。但對這批評，行為治療學派的學者紛紛作出辯護，指出那是一種誤會，因為實際上，研究已充分證實他們對當事人的治療並非表面化，而是治本和相當完全的。[18]

(9) 學者批評此派理論只能處理復康和修正的問題，不適用於處理一些人生中較高層次的問題。例如對於人生意義的尋覓，自我實現和豐盛生活等課題，行為治療根本起不了甚麼作用。[19] 柯里 (Corey) 相當同意這論點，不過，卻指出在種種限制之外，對於一個要求達到自信、自表和獨立自主的當事人，此派理論，仍具一定的功能。[20]

(10) 此派理論無法處理一些複雜的個人問題和社會適應的問題，只能適用於一些有既定範圍而又外顯的行為的問題，例如畏懼症、緊張、遺尿病、毒癮、酗酒和性問題等。對這批評，學者韓因 (Heine) 作出反駁，認為傳統的治療通常被問題的複雜性蒙蔽了，不知道化繁為簡的道理，不曉得怎樣將複雜的問題分化為可處理的單位，所以不能像行為學派那樣透過學習理論來作具體的處理。[21]

二、由於行為治療理論有其優越的獨特性，它的貢獻亦不少，主要包括：

（1）由於行為治療理論無論在方法和技巧上都相當系統化，所以可以進行科學驗證。故此長遠來說，此派的理論不但可以繼續發展，同時更有可能因此而不斷作出改善；這一特點，是許多學派所欠缺的。

（2）由於行為治療家不但進行研究，又能將各種已知的知識應用於輔導，是能將輔導帶進科學範疇的一個學派。

（3）許多學者堅持在人改變的過程中，感受的改變應在行為之前，但一方面由於這目標不易達到，另方面也由於研究資料未能證實這說法，故相較之下反覺得行為治療學派所致力的人的行為改變可以成為一種動力，能夠進一步導致感受的改變，是具有一定程度的意義的。

（4）雖然不少人反對此派的理論，但在輔導過程中卻也不經意地採用了行為治療派的部分技巧，最常見的就是輔導員的態度和行為，通常會對當事人產生強化（reinforcement）和塑形（shaping）的功能。

（5）行為治療的收效相當快，比較其他許多學派可能節省不少時間和人力。

（6）由於行為治療學派將輔導重點放在外顯的行為上，故此對於人們適應不良的行為、失常行為等，收效頗為具體，再加上這學派的理論與技巧具有上述五個優點，故此不但適用於學校，在教養所、改造中心和監獄等場所，亦廣泛地被採用。有些學者就曾指出，這學派在香港是具有一定的實用價值的。[22]

註釋

1   L. Ullman and L. Krasner (eds.), *Case Studies in Behavior Modification* (New York: Holt, Rinehart and Winston, 1965).

2   A. Goldstein, "Behavior Therapy," in R. Corsini (ed.), *Current Psychotherapies* (Itasca, Illinois: Peacock, 1973), 220.

3   J. Huber and H. Millman (eds.), *Goals and Behavior in Psychotherapy & Counseling* (Columbus, Ohio: Merrill, 1972), 347.

4   W. H. Cormier and L. S. Cormier, *Interviewing Strategies for Helpers: Fundamental Skills and Cognitive Behavioral Interventions,* 2nd ed. (Monterey, Calif.: Brooks / Cole, 1985).

5   T. Ayllon and N. H. Azrin, *The Token Economy: a Motivational System for Therapy and Rehabilitation* (New York: Appleton–Century–Crofts, 1968).

6   Huber and Millman, op. cit., 347.

7   J. Marquis, "Behavior Modification Therapy: B. F. Skinner and Others," in A. Burton (ed.), *Operational Theories of Personality* (New York: Brunner / Mazel, 1974).

8   Ray E. Hosford, "Behavioral Counseling: A Contemporary Overview," *The Counseling Psychologist,* 1(1969), 1–33.

9   Samuel H. Osipow, W. B. Walsh and Donald J. Tosi, *A Survey of Counseling Methods* (Illinois: The Dorsey Press, 1980), 46–47.

10   James C. Hansen, Richard R. Stevic and Richard W. Warner, *Counseling: Theory and Process* (Boston: Allyn and Bacon, 1977), 176.

11   J. D. Krumboltz (ed.), *Revolution in Counseling* (Boston: Houghton Mifflin, 1966); H. B. Pepinsky and Pauline N. Pepinsky, *Counseling: Theory and Practice* (New York: Ronald Press, 1954); J. Dollard and N. E. Miller, *Personality and Psychotherapy* (New York: McGraw–Hill, 1950).

12   J. Wolpe, *Psychotherapy by Reciprocal Inhibition* (Stanfotrd: Stanford University Press, 1958).

13   John D. Krumboltz, "Behavioral Goals of Counseling," *Journal of Counseling Psychotherapy*, 13(1966), 153–159.

14   G. J. Blackham and A. Silberman, *Modification of Child Behavior* (Belmont, California: Wadsworth Publishing Co., Inc., 1971).

15   L. Goodstein, "Behavior Views of Counseling," in B. Stefflre and W. H. Grant (eds.), *Theories of Counseling*, 2nd ed. (New York: McGraw–Hill, 1972), 274.

16   L. Krasner, "The Reinforcement Machine," in B. Berenson and R. Carkhuff (eds.), *Sources of Gain in Counseling and Psychotherapy* (New York: Holt, Rinehart and Winston, 1967), 202–204.

17   V. Binder, A. Binder, and B. Rimland, *Modern Therapies* (New Jersey: Prentice–Hall, 1976), 166.

18   J. Wolpe, *The Practice of Behavior Therapy* (New York: Pergamon Press, 1969); S. Rachman, "Behavior Therapy," in B. Berenson and R. Carkhuff (eds.), *Sources of Gain in Counseling and Psychotherapy* (New York: Holt, Rinehart and Winston, 1967), 252–255.

19   C. H. Patterson, *Theories of Counseling and Psychotherapy,* 2nd ed. (New York: Harper & Row, 1973), 154. R. Carkhuff and B. Berenson, *Beyond Counseling and Therapy* (New York: Holt, Rinehart and Winston, 1967), 97.

20   Gerald Corey, *Theory and Practice of Counseling and Psychotherapy* (California: Brooks / Cole, 1977), 136–137.

21   R. Heine, *Psychotherapy* (Englewood Cliffs, N. J.: Prentice–Hall, 1971), 123.

22   L. L. Betty Yau, "The Use of Behavioral Counseling in Secondary School in Hong Kong," *CUHK Education Journal,* 8.2(1980), 107–111.

參考書目

Alberti, R. E. and M. L. Emmons. *Your Perfect Right: A Guide to Assertive Behavior.* San Luis Obispo: Impact, 1970.

Alberti, R. E. and M. L. Emmons. *Stand Up, Speak Out, Talk Back.* New York: Pocket Books, 1975.

Ayllon, T. and N. H. Azrin. *The Token Economy: A Motivational System for Therapy and Rehabition.* New York: Appleton–Century–Crofts, 1968.

Azrin, N. H. and W. C. Holz. "Punishment," in W. K. Honig (ed.), *Operant Behavior.* New York: Appleton–

Century – Crofts, 1966.

Bandura, A. *Principles of Behavior Modification*. New York: Holt, Rinehart and Winston, 1969.

Bandura, A. and R. H. Walters. *Social Learning and Personality Development*. New York: Holt, Rinehart and Winston, 1963.

Binder, V., A. Binder, and B. Rimland. *Modern Therapies*. New Jersey: Prentice – Hall, 1976; pp. 150 – 165.

Blackham, G. J. and A. Silberman. *Modification of Child Behavior*. California: Wadsworth Publishing Company, Inc., 1971.

Carkhuff, R. and B. Berenson. *Beyond Counseling and Therapy*. New York: Holt, Rinehart and Winston, 1967.

Corey, Gerald. *Theory and Practice of Counseling and Psychotherapy*. California: Brooks / Cole, 1977; pp. 117 – 141.

Dollard, J. and N. E. Miller. *Personality and Psychotherapy*. New York: McGraw – Hill, 1950.

Goodstein, A. "Behavior Therapy," in R. Corsini (ed.), *Current Psychotherapies*. Itasca, Illinois: Peacock, 1973; pp. 207 – 249.

Goodstein, L. *Behavior Views of Counseling*, in B. Stefflre and W. H. Grant (eds.), *Theories of Counseling* (2nd ed.). New York: McGraw – Hill, 1972.

Hansen, James C., Richard R. Stevic and Richard W. Warner, *Counseling: Theory and Process*. Boston: Allyn and Bacon, 1977.

Heine, R. *Psychotherapy*. Englewood Cliffs, New Jersey: Prentice – Hall, 1971.

Hosford, Ray E. "Behavioral Counseling: A Contemporary Overview," *The Counseling Psychologist,* 1 (1969), 1 – 33.

Huber, J. and H. Millman (eds.). *Goals and Behavior in Psychotherapy & Counseling*. Columbus, Ohio: Merrill, 1972.

Krasner, L. "The Reinforcement Machine," in B. Berenson and R. Carkhuff (eds.). *Sources of Gain in Counseling and Psychotherapy*. New York: Holt, Rinehart and Winston, 1967.

Krumboltz, J. D. (ed,). *Revolution in Counseling*. Boston: Houghton Mifflin, 1966.

_____ . "Behavioral Goals of Counseling," *Journal of Counseling Psychotherapy,* 13 (1966), 153 – 159.

Marquis, J. "Behavior Modification Therapy: B. F. Skinner and Others," in A. Burton (ed.), *Operational Theories of Personality*. New York: Brunner / Mazel, 1974.

Nye, R. *Three Views of Man*. Monterey, California: Brooks / Cole, 1975.

Osipow, Samuel H., W. B. Walsh and Donald J. Tosi. *A Survey of Counseling Methods*. Illinois: The Dorsey Press, 1980.

Patterson, C. H. *Theories of Counseling and Psychotherapy*. (2nd ed.). New York: Harper & Row, 1973.

Sherman, A. R. *Behavior Modification: Theory and Practice*. California: Brooks / Cole, 1973.

Skinner, B. F. *Walden II*. New York: Macmillan, 1948.

_____ . *Beyond Freedom and Dignity*. New York: Knopf, 1971.

Smith, M. *When I Say No I Feel Guilty*. New York: Bantam, 1975.

Ullman, L. and L. Krasner (eds.). *Case Studies in Behavior Modification*. New York: Holt, Rhinehart and Winston, 1965.

Wenrich, W. W. *A Primer of Behavior Modification*. California: Brooks / Cole, 1970.

Williams, R. and J. Long. *Toward a Self-managed Life-style*. Boston: Houghton – Mifflin, 1975.

Wolpe, J. *Psychotherapy by Reciprocal Inhibition*. Standford, California: Stanford University Press, 1958.

_____ . *The Practice of Behavior Therapy*. New York: Pergamon Press, 1969.

Wolpe, J. and A. Lazarus. *Behavior Therapy Techniques*. New York: Pergamon Press, 1966.

Yates, A. J. *Behavior Therapy*. New York: Wiley, 1970.

Yau, L. L. Betty. "The Use of Behavioral Counseling in Secondary School in Hong Kong," *CUHK Education Journal*, 8.2 (1980), 107–111.

第六節　完形治療法（Gestalt Therapy）

6.0

　　完形治療是由十九世紀流行的存在主義導引出的一派心理治療法。當時的思潮鼓勵人們思考自己當前的存在，並探討自己對個人存在具絕對力量的可能性。貝爾斯（Perls）是此派的始創人，他曾接受心理分析學派的訓練，後來又接觸高仕坦（Goldstein）與完形心理學，最後終於在存在心理學中找到安身之所。貝氏嘗試將理論建基於完形心理學，並統合心理分析理論、語義學和哲學，發展出完形治療理論。

　　存在主義所討論的是人如何去經驗自己當前的存在，而貝爾斯的完形治療法是關心人如何去知覺自己當前的存在。在他的理論中，最主要的假設是每個人都可以成功地處理自己人生的問題與困難，但由於人往往傾向於逃避面對自己，所以人生中往往有許多未完成的事情，以致影響了當前的存在。故此在治療過程中，輔導員主要的任務是協助受導者了解自己一向的逃避與拖延態度，進一步在輔導員的鼓勵之下，清楚自己當前的存在和要經歷的掙扎。由於受導者在這過程中不單是談論這掙扎，而且在輔導員的協助下，有機會親身經歷種種的矛盾與衝突，故此個人的自覺領域就會因此加強，而行為的改變也會隨之出現。

6.1　目標

　　完形治療法的最基本觀念就是"完形"（Gestalt），是指任何一個人、一件物件或一件事，都要整體地看；若我們只研究其中一部分，就絕對不可能明白事物的全部和真相。而完形治療派的學者發覺人類最大的問題是往往將自己分割得支離破碎，在這殘破的境況下生活，以致出現了很多矛盾、衝突和痛苦。故此他們認為輔導的主要目標是要協助受導者重新成為一個統合的個體，換言之，是將他過去已失落或否認的部分重新組合，以致可以均衡快樂地生活。在治療過程中，治療的重點不在分析，而在統合，逐步協助受導者改進，直到他可以有力量來促進自己的成長為止。換言之，在治療過程中，輔導員同時也協助受導者從"環境的支持"轉移為"自我支持"。由於貝爾斯相信一般人在實際生活中只運用了個人的部分潛能，加上缺乏自信，認為自己沒有用、能力不足，以致要依賴他人。故此他認為完形治療的目標應該是令到受導者不再依賴他人，而且進一步要盡早協助他發現自己的潛質，讓他了解到人自己是可以自我調整，在人生中是可以採取主動的，好叫他能夠做更多的事和更豐盛全面地生活。

完形治療的另一個目標是指導人不要委屈自己來對社會作出適應；故此，輔導的目標是要協助受導者了解自己是在尋找個人與周圍環境的協調與和諧。受導者要學習相信自己的個人有所需要，而且尊重這些需要，以致不會着意為了達到適應而要控制這些需要。完形治療學者認為正確的處理方法是要設法滿足這些需要。在輔導過程中，受導者焦慮的表現，通常被視為未獲滿足需要的反映；而輔導員就會利用受導者的沮喪情緒來協助他們更加清楚自己的情況。同時，在這過程中，輔導員為了要協助受導者有更高的自覺，會着意設計將焦點放在受導者焦慮的事物上，甚至有時還會加強這種感受來達到預期的目的。固然，這過程對受導者來說，往往相當痛苦與沮喪，但結果卻可以導致個人的成長，十分寶貴。其實，促進受導者的自覺是完形治療法的最基本目標，完形治療派學者相信自覺本身是具有治療功能的，當受導者沒有自覺時，受導者就會欠缺性格改變的工具。相反地，當受導者有高度自覺後，他們就會有能力去面對和接納過去自己所否認的事物，同時，也會有能力去真正的接觸自己的主觀經歷，也會有勇氣去面對現實。

6.2　人性觀

基於貝爾斯的理論背景，完形治療派對人的看法是根源於存在主義哲學和現象學的。其中主要的觀念與取向包括擴張人的自覺，接納個人的責任，致力人的協調統一和探討自覺受阻的因由等。[1]

貝氏相信人類個體的運作是整體性的，故此他極力反對將人分割來看；在他眼中，健康的人就是那些整個人的各部分都配合得很好，有適當的平衡和協調的人。由於他相信我們要整體性地看一個人，故此，他也認為我們不應該將人抽離了他所處身的環境來看。至於人與環境的分界，根據貝氏所言，只是皮膚之外和皮膚之內的分別而已。他在談及自我界限時，用"認同"和"疏離"兩個成分來作出解釋；他認為當一個人能與自己的家人、朋友，並專業有所認同時，不但會在自我界限之內經歷到愛，同時也會感受到合作、團結和歸屬感。相反地，當一個人與自己的家人、朋友和事業等都感到疏離時，就會有陌生孤單的感覺，而衝突和不安，就會隨之出現。

貝氏認為佛洛伊德在人的性格的觀念上未夠深入，他指出雖然佛氏界定了超自我和潛意識，但可惜始終未能列舉出其相反的情況。在貝氏的理論中，他將超自我描述為勝利者（topdog），而其相反則為失敗者（underdog）。前者很正義，很具權威，也很完美，他以"應該"和"必須"等觀念來對個體作出操縱與擺佈。同時，貝氏曾經以"米奇老鼠"來形容後者，而以"超級老鼠"來形容前者。[2]他相信在人內心中，勝利者和失敗者其實都在不斷作掙扎，奪取控制權，而這內在的矛盾與衝突，對人來說是一種持續不斷的折磨，極之痛苦。

其實，完形治療理論的一個基本觀念以為，在人生中社會性生存和生物性生存之間，往往產生許多的衝突，令人長久陷於矛盾與掙扎中；而太多人嘗試要超越實現自我，要進一步達到社會的要求，結果就因此被許多極難做到的"應該"和"必須"害苦了自己。

總的來說，完形治療是要協助受導者恢復自覺，同時，也設法將受導者內在分裂的情況改善，以求達到統整合一。這是基於此派的學者相信人有能力承擔個人的責任，有能力過一個統合、豐富的人生。但由於在成長過程中出現了不少問題和困難，以致受導者逐漸形成了許多逃避的習慣，阻礙了個人成長的進程；所以在治療過程中，輔導員就要作出適當的干擾，同時向受導者挑戰，要他面對自己的困難和掙扎，要他清楚阻礙成長的原因。在完形治療過程中，這部分極之重要，因為完形治療派學者相信當受導者獲得新知識，及有較強的自覺後，個人的統合和成長就會產生。

6.3 完形治療法的主要技巧

1. 輔導員很主動，用很直接的方法來促進受導者對自己整個人的自覺。

2. 完形治療並不注意過去與將來，只重視現在。在輔導過程中，焦點是放在受導者個人當前的情況與經驗。因為完形治療派學者認為過去只不過是一種記憶，除非與受導者當前的情況有關，否則就毫無意義；同時，他們以為將來只不過是人的幻想；故此在他們心目中最重要的莫過於現在。例如一位女士在婚前輔導中表現出對婚姻有異常的恐懼，幾乎要提出解除婚約，而在輔導過程中，在輔導員引導下，她談及童年時曾多次目睹父母的爭吵打架，最終母親在她十一歲時因父親的拳打腳踢而流產致死……。由於那創傷的經歷至今仍影響着她，故此在完形治療中，就成為務必探討處理的課題了。總之，在完形治療過程中，"此時此地"最為重要，輔導員很着重協助受導者學習要完全體驗和實現這一刻。

3. 由於完形治療派的理論基礎把人看作一個整體，故此輔導員很注重要將受導者整個人帶進輔導過程中，其中包括了人的理性、情緒和生理層面。此外，此派學者強調在輔導過程中，受導者的許多身體語言，是極有意義，不容忽略的部分。例如受導者的坐姿如何？他是否常常緊握雙手？身體鬆弛抑或縮作一團？說話的聲調是愉悅抑或悲傷沉痛？說話的速度是否過於緩慢？衣飾是否整齊，還是過分誇張，與身分不合襯？種種的身體語言，對完形治療學者來說，都很重要，故此他們會嘗試對這種種作闡釋，希望藉此獲得更多有關受導者的資料，促進了解。

4. 由於完形治療學者相信人們往往有許多未獲滿足的需要，而這種種需要，通常會在夢境和幻想中出現，所以在完形治療過程中，輔導員常常會運用細心設計的幻想旅程，或者是對受導者的夢境作闡釋，去發掘受導者潛意識中的需要和問題；通常輔導員又會用角色扮演來促進受導者將幻想具體呈現，這對受導者來說，也可以幫助他較容易表達自己。

5. 由於完形治療學者認為受導者與其他人的人際關係非常重要，故此在輔導時，輔導員的參與相當個人化，他設法謀求與受導者有坦誠的相交。而實際上，在完形治療學者眼中，輔導員和受導者的分享確實是很重要的；因為他們相信輔導員在這過程中的經歷、知覺和觀感，都會為受導者提供一些背景資料作參考。故此輔導員通常會相當主動地和受導者分享個人在輔導過程中此時此地的感受和看法，進一步，他們還會為受導者提供回饋，以協助受導者對自己的一切更加清晰了解。

6. 在輔導過程中，輔導員往往會協助受導者覓回與正視自己一向否認的事物。同時，也帶領受導者了解認識自己性格中的割裂關係。其中一個常見的分裂，就是貝爾斯常常形容作勝利者（topdog）和失敗者（underdog）此兩者的關係。貝氏指出勝利者與失敗者是並存於人性格中的一個現象，其中勝利者很具權威性，他知道甚麼是最好的；而與此同時，失敗者則表現得防衛性很強，並充滿歉疚。貝氏相信我們一旦清楚了自己行為的結構，是如前述的勝利者和失敗者兩者並存而分割情況，就可以為這兩個經常在爭戰的"小丑"帶來和好與協調了。[3]

在完形治療中，非語言的行為十分重要。輔導員經常會留意受導者的言語和行為是否配合。例如一位剛剛在鬧分居的婦人一面對輔導員說自己不會責怪丈夫的不忠，一面卻有忿怒之色從她臉上顯露出來，輔導員就會馬上就她的不協調作出對質。又例如一位受導的男學生一方面用言語設法說服輔導員他已能坦然面對困難，有足夠的勇氣去面對種種的挑戰，但同時輔導員卻發覺他將身體縮作一團，聲音微弱而震顫，對於這種不協調，輔導員會進行對質。

6.4 輔導過程中的獨特點

6.4.1 個人化

在完形治療中，個人化是一個重要的技巧，為了減少衝擊，受導者很愛用"人們"、"人人"、"許多人"或"他們"和"你"等代名詞來陳述自己個人的感受和心態。在輔導過程中，輔導員會着意地協助受導者作出矯正，要求他改用"我"來敍述，以達到個人化的功能。例如一個學生對輔導員說："每一個父母都期望子女成龍成鳳，倘若你讀書成績不好，他們就會罵你愚蠢，說你沒有用⋯⋯。"在完形治療過程中，輔導員會促使該學生將句子改為："我的父母一直期望我成績好，故此一旦我成績不理想時，他們就會罵我愚蠢，說我沒有用⋯⋯。"又例如大中與美英來往三年後，美英移情別戀，大中失戀後十分頹廢消沉，他在輔導過程中對輔導員說："女人真可怕，說變就變的，難怪沒有人再相信愛情的永恆性了。唉！只有傻子才會相信女人，結果就免不了要受痛苦。"同樣地，輔導員就會指引他修正為："我覺得美英很可怕，說變就變的；同時，我也生自己的氣，因為我覺得自己很傻，一直以來死心塌地的愛她，相信她，結果現在就要受痛苦的折磨，唉！說實在話，我再也不敢相信愛情的永恆性了。"固然，受導者要用第一身很個人化地作敍述，要在過程中很直接和誠實地面對自己和自己內心的感受，往往是很激動很痛苦的，可是這掙扎卻十分有價值，可以帶引我們對自己有充分的自覺。

6.4.2 責任的承擔

在輔導經驗中，往往發現受導者遇到難題時，多數會採用逃避的方法來處理，他們明明是未戰先遁，不肯嘗試面對，更加不曾盡一分的力量，但在別人面前，他們卻會設法令人相信自己是無能為力，極端無助，以祈別人施以援手。故此完形治療學者主張輔導員一定要針對受導者這一種表現，運用對質來催迫他正視問題。例如對於一些在他能力範圍以內的事，輔導員會要求他承認自己並非"不能做到"，而是"不願做"或是"不肯去努力"。透過這過程，受導者在輔導員的協助下，逐步清楚自己的心態，進一步達致願意承擔責任，而不是繼續推卸責任。在完形治療理論中，當一個人開始學習承擔責任時，就是成長的具體表現了。

6.4.3　空椅子

　　前文曾説明完形治療學者認為個體的分割是導致人類痛苦和矛盾的因由，而透過輔導來促進個體的統合性，是完形治療的主要目標。至於如何達到這目標，完形治療學者經常採用的方法就是"空椅子"。他們會讓受導者坐在一張椅子上，扮演"勝利者"的角色，對假想坐在面前空椅子上的"失敗者"説話，説罷隨即移到"失敗者"的椅子上，對剛才"勝利者"所説的作回應。除了上述的目的外，對於人們一些"未完成的事務"（unfinished business）也會運用這方法來促使人們給事情帶來一個終結。在完形治療學者看來，我們人生中的未完成事務常常無盡地在消耗我們寶貴的精力，以致我們無法有能力全面洞察當前的境況。倘若一個人未完成的事務很多時，就會嚴重影響個體當前的生活與功能。故此，輔導員就會運用"空椅子"的方法來終止過往的創傷與經歷對受導者的影響，然後再進一步協助受導者將個人得以釋放後的精神致力於當前的事務和生活。例如明芝，三年前第一次生產，由於是難產，不幸孩子於出世後就死去；但由於她很好勝，表面逞強，裝作若無其事，而丈夫也忽略了她心底的創傷，故此明芝從來沒有正視她內心的創傷與悲痛，以致整個人情緒和生活都十分失調。在這情形下，我們可以利用"空椅子"方法來促進她直接面對自己，傾訴出內心的傷痛。在過程中，輔導員不但協助她盡情哭號，同時，也切切分擔她對那悲劇所產生的自責和內疚；這樣就可以對那不幸的遭遇作出一個終結。以完形治療的術語來説，就是最終完成了那"完形"（Gestalt）。

6.4.4　獨特語句

　　在語言技巧方面，完形治療法是盡量令受導者與此時此地進行中或存在着的一切事物保持接觸。輔導員會用不同的問題來協助他達致這目標，常用的問題包括：

你現在的感受如何？

你是否感覺……（如何如何）？

你現在體驗到甚麼？

其次，輔導員不斷修正受導者普遍性的字眼，提醒他不要用"人人"、"世界上的人"、"那些男人"、"女性"等概括的字眼，改用"我"字來表達自己的情緒感受，常用的語句包括：

我發覺……

我留意到……

現在我感到……

透過上述的語句，輔導員可以促進受導者發展自己的感情和自覺。由於受導者通常會習慣性地不自覺地逃避不愉快和痛苦的經歷，否認痛苦的感受，故此輔導員就要引導他採用上述的語句來學習清楚自己的感受，而這包括了歡愉滿足的正面感受，以及痛苦、沮喪和失望等負面的感受。完形治療法特別將焦點放在受導者的自覺上，目的是將受導者的注意和自覺作出統合，好叫他能對自己現在的行為、感受和思想負責任。

除了要求受導者用第一人稱個人化地表達感受外，輔導員還會指引受導者學習以完整的句子作報告，來代替提問式的語句，例如受導者說："天氣可真炎熱，有甚麼方法可叫人集中精神唸書？"輔導員聽見後，會向他解釋清楚問題所在，然後協助他改正為："我沒有辦法集中精神唸書。"又如受導者說："小青最愛捉弄人，誰願意與她合作？"輔導員會協助他正視自己內心的感受，讓他知道他剛才所說的其實是在表達自己不願意和小青合作，而正確的表達語句應該是："我不願意和小青合作。"這方法是防止受導者在言語上耍把戲，且協助他停止怨天尤人的態度，學習對自己的一切負責，對自己的問題作直接的處理。

為了避免受導者作冗長的敍述和臆測，輔導員會用"甚麼"和"如何"等字眼向受導者發問，協助他作重點回應與敍述，常用的句語有：

你如今經驗到些甚麼？

現在你的感應如何？

你想做些甚麼？

你現在正在做甚麼？

此外，輔導員還要不斷地促進受導者表達自己的感受，同時也鼓勵他將這些感受直接與有關的人處理。例如輔導員發覺受導者很失望，感到輔導員並不了解自己，但口中卻説："唉！要人明白自己，可真難於登天了。"對於受導者這一種極之間接的表達，輔導員會表示不能接受，同時，立刻協助受導者改用直接的表達，要他説："和你談了半天，你卻一點不明白我，我實在十分失望。"倘若受導者的感受實際是根由於其他人的影響，輔導員就惟有用"角色扮演"或"空椅子"的方法來進行處理了。

6.5 總結

建基於完形心理學，貝爾斯發展出完形治療法。他相信人具統合性，故此，認為人在行為與生活上，也應該是統合的；同時，他相信有能力自己作出適應，來應付日常生活中發生的事故。當人們忽略和低估了自己的應付能力，而過分倚賴外在的事物時，他們就會陷入矛盾與苦惱中；結果不但無法對自己有全面的自覺，同時，對自己生活周圍的環境，也欠缺一定的認識。是以完形治療派學者認為輔導的目標就是協助受導者重新對自己和周圍的環境有完全的自覺，然後進一步可以與周圍的環境達致協調和諧。總括來説，完形治療的過程是極具動力和富有對質性的，重點放在受導者此時此地的問題、受導者個人責任的承擔、和受導者當前的經驗上。同時，輔導員會運用不同的方法來幫助受導者，一方面讓他有機會清楚自己未得滿足的需要，同時，也讓他認識到自己的力量和潛質，以致可以把這些潛能運用在個人每天的生活中，積極地生活。

註釋

1   Gerald Corey, *Theory and Practice of Counseling and Psychotherapy* (California: Brooks / Cole, 1977), 72.

2   Frederick S. Perls, *Gestalt Therapy Verbatim* (Lafayette, California: Real People Press, 1969), 18.

3   Ibid., 20.

參考書目

Corey, Gerald. *Theory and Practice of Counseling and Psychotherapy*. California: Brooks / Cole, 1977.

Fagan, Joan and Irma Shepherd. *Gestalt Therapy Now*. Palo Alto, California: Science and Behavior Book, 1970.

Fagan, Joan and Irma Shephard. *Life Styles in Gestalt Therapy*. New York: Harper & Row, 1970.

James, M. and D. Jongeward. *Born to Win: Transactional Analysis with Gestalt Experiments*. Reading, Mass: Addison–Wesley, 1971.

Kempler, W. "Gestalt Therapy," in R. Corsini (ed.), *Current Psychotherapies*. Itasca, Illinois: Peacock, 1973.

Lederman, J. *Anger and the Rocking Chair*. New York: McGraw–Hill, l969.

Passons, W. R. *Gestalt Approaches in Counseling*. New York: Holt, Rinehart and Winston, 1975.

Patterson, C. H. *Theories of Counseling and Psychotherapy*. (2nd ed.). New York: Harper & Row, l973.

Perls, F. *Ego, Hunger and Aggression*. New York: Random House, 1969. (Originally published in London by Allen & Unwin in 1947.)

_____ . *Gestalt Therapy Verbatim*. Lafayette, California: Real People Press, 1969.

_____ . *In and Out of the Garbage Pail*. Lafayette, California: Real People Press, 1969.

Perls, F., R. Hefferline, and P. Goodman. *Gestalt Therapy: Excitement and Growth in the Human Personality*. New York: Julian Press, 1951.

Polster, E. and M. Polster. *Gestalt Therapy Integrated: Contours of Theory and Practice*. New York: Bruner / Mazel, 1973.

Pursglove, Paul D. *Recognition in Gestalt Therapy*. New York: Harper and Row, 1971.

Rhyne, J. *The Gestalt Art Experience*. Monterey, California: Brooks / Cole, 1973.

Shepherd, Irma. "Limitations and Cautions in the Gestalt Approach," in J. Fagan and I. Shepherd (eds.), *Gestalt Therapy Now*. Palo Alto, California: Science and Behavior Books, 1970.

Wallen, R. "Gestalt Therapy and Gestalt Psychology," in J. Fagan and I. Shepherd (eds.), *Gestalt Therapy Now*. Palo Alto, California: Science and Behavior Books, 1970.

Ward, P. and D. L. Rouzer. "The Nature of Pathological Functioning from a Gestalt Perspective," *The Counseling Psychologist*, 4 (1975), 24–27.

第七節　交互分析治療法（Transactional Analysis）

7.0

　　交互分析治療法的創始人是栢尼（Eric Berne），他把人類行為分為三種自我，分別是父母式自我，兒童式自我和成人式自我。而在人的性格發展中，無論是正常或不正常的發展，主要是受到父母式自我和孩童式自我的交互關係和行為所影響。同時，基於這交互作用，人會為自己選擇個人的人生地位，而且在這抉擇下，會窮一生之力來肯定自己所選的地位；因為事實上人們相信這是唯一可以滿足個人撫摸（stroke）需求的途徑。可惜，無數人就是因為自己所作的選擇，和相應出現的人生劇本（1ife script），導致了許多不適當的行為和生活方式，以致個人蒙受痛苦、遭受折磨，於是需要輔導員提供幫助。

7.1　人性觀

交互分析治療法的基本哲學是反對決定論的。此派學者相信人有能力勝過早期或現今的經驗與環境。同時，他們假設人有能力了解自己過去所做的決定，有能力重新作抉擇，選取新的目標和行為。交互分析治療法學者認為在每個人的生命中，總會出現一些重要人物，例如父母、兄長、老師等，而這些人對我們的期望和要求，往往發生極大的影響力。尤其是在我們孩提階段，由於要完全依靠他們，影響就更加深遠和強烈，甚至延續一生之久。不過，可幸的是，我們的一切可以重新作檢討，一旦發覺早期的決定不再適當時，就可以作出修改，重新做決定。正如夏利斯（Harris）所言：“我們可以否定以前所作的決定。”[1]

不過，栢尼雖然相信人有能力作選擇，但卻因人很少可以真正達致獨立自主的人生而感到遺憾。他慨歎說：“人縱然生而自由，但可惜在人生中他第一樣要學習的事情就是做別人叫他做的事，以致一生就聽命而行。通常第一個令他成為聽命者的就是他的父母，他永遠聽從他們的指導，唯唯諾諾的過日子；最多只為自己保留了一丁點兒的權利，來作個人的選擇，而對自己這些微不足道的保留，他會幻想成自己獨立自主的能事，感到欣慰。”[2]

人的性格

栢尼相信人類的個體是由三個不同的自我式狀態所組成，分別是他所創議的“父母式自我”、“兒童式自我”和“成人式自我”。（表一）而有關這三個不同的自我的假設，在栢尼眼中，其實已足以完整地描述出人的心理情況。他認為每一個自我狀態，都具有獨特的形態、風格，和不同的語調模式。例如在行為舉止上，凌厲的眼神、叉腰伸指頭，或是輕撫頭頂、叮嚀備至的行動等，都是父母式自我的行為。集中注意，堅閉嘴唇強忍痛苦是成人式自我的行為。雀躍歡呼高叫，拍掌叫好或逃避困難等是兒童式自我的行為。在音容語調方面，父母式自我的吞吐較快，語氣較嚴峻，且具有命令的口吻；成人式自我則不疾不徐，相當適當與溫和；至於兒童式自我的語調就比較急促、語氣衝動，時或裝腔撒嬌，或者是帶有懇求與無助的味道。

表一　　　　　人的性格：

| 父母 |
| 成人 |
| 孩童 |

　　學者曾指出栢氏所提出的三種形式的自我觀與佛洛伊德的很相似。栢氏一方面承認他的觀念與佛氏的真我、本我和超自我有一定的關係，但另一方面他卻指出其中存有極大的差異。他指出佛氏的分類太過抽象和不切合實際，故此自己才主張把人性看成一種更原始、更實際的自我狀態。雖然事實上三個不同的自我狀態與真我、本我和超自我，在本質上有相似之處，但前者是經驗性的，是社會性的現實，而後者則只是推論式的觀念。[3] 例如當一個人是處於兒童式自我狀態時，旁觀者是可以看到和聽到他孩童式的行為和言語的。換言之，心理分析思想的焦點是人的潛意識，而交互分析治療法的焦點卻是那些可觀察和可以覺識的行為。這一點就清楚顯示了兩派學者對人看法的差異。

　　此外，栢氏對人類生物性的驅力和人類求生的基本需要，有其獨特的看法，他強調上述二者有唇齒相依的關係。同時，他亦強調人類在日常生活中表現的一舉一動，都和人類的基本需求息息相關。這些需求包括了受愛撫的要求（stroke hunger），被賞識的要求（recognition hunger），興奮的需求（excitement hunger），組織的需求（structure hunger）和領導的需求（leadership hunger）。栢氏指出人們常常有一種錯誤的觀念，以為只有兒童才需要別人的撫摸。他強調其實無論男女老少，都具有這一種強烈的受撫摸需求，換言之，是盼望在生理上和情緒上都能從別人那裏獲得注意和關懷。不過，由於人往往在這方面得不到滿足，以致成長出了問題，無法在身體及情緒上獲致健康的發展。

　　人渴求別人的接觸和愛護，同時，也很需要別人給予承認和重視。可惜，不少人在家庭中卻被父母所否定。例如在現代化的香港，還有部分父母重男輕女，以致一個出生在這種家庭的女性，長久生活在不被接納，不被重視和被貶抑的環境中；她的成長，一定會有許多的欠缺，而其中之一，就是在被賞識的需求上得不到滿足。至於那些對兒子要求與期望很高的父母，通常覺得兒女的成就不如理想，動輒批評責備，實在是兒女成長的大礙。在我的工作中，曾見過無數自小被父親指斥為"沒出息"的兒子，到了成人階段，儘管實際上自己不但家庭幸福，且事業有成，但卻始終在等待父親對他擁有的一切作出承認和賞識，始終是惶惶不可終日，實在令人痛心。我們這種需要被賞識的心態，通常目標是指向自己生命中的重要人物的，包括父母、師長、好朋友，及愛慕的異性等。當然，我們除了冀求得到這些關鍵人物的賞識外，個人的社會地位，也相當重要。

與被賞識的要求很有關的是領導的需求。論到做領袖角色，在交互分析治療法的學者來說，這是人人都具有的一種需求。因為作領袖會令我們產生超然感，感到自己的重要，不但可以發揮一己的特長，同時又可以影響他人，左右他人，實在是一種證實自己價值的具體方法。可是如何可以令每個人都有機會去經歷這種滿足，卻又委實是不容易解決的問題。

組織結構的要求，向來就是人類最希望做到，卻又始終難獲完美結果的想望。例如，我們每天有二十四小時，每週有七天，每年有五十二週，一生平均有六七十年，到底該怎樣作安排呢？在現今物質主義高漲的香港，不少人在聲色犬馬中打滾，時間與精力都耗在生物機能的滿足上，又有不少人終日勞碌，在高度競爭的社會中爭逐名利，再沒有時間可以靜下來思想一些人之所以為人的課題，以致在忙迫的生活中卻經歷着越來越大的空虛與失落。的確，人需要懂得適當地組織自己的時間和生活，好叫自己可以獲得適當的"撫摸"，以促進生命的健康成長。但很可惜，時至今天，這仍是一個令人極之困擾的問題；對香港人來說，面對一九九七的歷史轉折，人如何善用這極之重要的十二年，實在是許多人焦慮的主因之一。

至於興奮的需求，與上一項頗有關聯，或者，我們可以把這需求看作是上一項的延伸，因為這需求是指以一種最適當的方法來組織和運用個人的時間，使這段時間變得較有趣，較具刺激性和興奮性；簡言之，就是如何可以令日子變得多彩多姿，而不是呆板空泛，了無生氣。故此，我們可以說交互分析治療法是要嘗試幫助人去了解人類的行為，並教人如何以一種快樂而興奮的方法來組織自己的時間，其中包括了怎樣從他人那裏獲得愛護與關懷的滿足，以及如何由被人否定改變到被賞識、被重視，以致最終可以與人建立親密甜美的人際關係。

7.2　治療目標

總的來說，交互分析治療法是協助受導者成為一個統合的成人 (integratcd adult)，其特徵有如佛洛伊德的完滿發展的人 (fully developed person)，或如馬思勞所言的自我實現的人 (self-actualized person)。

基本上，在交互分析治療過程中，輔導員設法協助受導者作出新的抉擇。例如當一個受導者面臨擇業的問題時，輔導員首先會讓他清楚知道，雖然每個人都擁有選擇的自由，但這自由卻往往受到限制，而這限制，往往因源於個人本身。故此輔導員接着要協助受導者對自己的生活方式作出反省，在這反省過程中，受導者很可能就發現自己一直是根據一個自我毀滅的人生劇本來生活，又常常要玩把戲，一方面是要操縱擺佈人，另一方面是要逃避面對自己。最終，受導者要學習作出積極的改變，以一種新的生活方式來取代以往不善的方式，好叫個人能變得充滿自覺，很自然很自由地生活，且不但對自己具自信自愛，與他人亦可以建立親密的關係。柏尼也曾具體指出交互分析治療法的基本目標是促進受導者的獨立自主；而一個獨立自主的人，應該是滿有自覺，生活得自由自在，與他人有着良好的關係，能與人親密和諧地相處的。[4]

占士和鍾華特 (James and Jongeward) 亦同意交互分析治療法的目標是協助受導者達到獨立自主的境地，而他們對獨立自主所下的界定是："一個人自己管理自己，自己決定個人的命運；一方面對自己的行動和感受負責任，同時，又努力摒棄那些與此時此地生活毫不相干和不適當的行為方式。"[5]的確，在輔導工作中，我曾看見許多人被過去的經歷壓得透不過氣，奄奄一息。但事實上，人是可以獨立的，而一個獨立的人，就不必再做自己的歷史的奴隸，可以超越過往的經歷和影響，自由地作出適當和建設性的回應。

論及交互分析治療法的目標，以下三項因素，是基要的成分，現作闡釋如下：

一、自覺

所謂自覺，簡單地說，就是指一個人對一切發生在自己身上，並所處環境中的事物，甚至內心的感受，都一一清楚。由於一個自覺強的人能夠清楚自己與及自己處身的環境，他的頭腦和身體對此時此地所作的回應是一致的、協調的，絕不會反覆無常，出爾反爾。鍾華特曾強調人格統合的第一步就是自覺，[6]由此可見此項因素的重要性。

二、自然

當一個人能很自然地去面對事物時，會覺得自己的意志很自由自在，於是就可以隨意對所有"成人"、"父母"和"孩童"的行為和感受作出適當的選擇了。[7]

同時，這樣的一個人可以將自己從種種不合理的束縛中解放出來，一方面他要學習對自己的行為負責任，另一方面，他要在顧念他人、不侵犯他人權益的情況下，作種種個人的決定，也享受種種自己喜歡的事物。由於他不再強迫自己去過一個預定的人生，故此就可以用開放的態度，學習面對新的情境，探討新的思想途徑、新的感受方法，好使自己可以對事物作出不同的回應；透過這種操練，他就可以逐漸把握到獨立作抉擇的能力。不過，他不是只會作決定，他也會把所作的決定付諸行動。其實，實踐自己所作的決定是十分重要的，因為一個人的內在道德，必須與其外在行為相配合，才稱得上是個協調統合的人。

三、親密

在童真的表現中，我們通常可以看到人際間所珍貴的真摯、溫暖、柔和和親暱。但可惜的是，現代的人際關係越來越變得疏離冷漠，無論是親情或友情，都逐漸變得淡薄，完全沒有深度，故此不少人已經無法對人有親密的感受無法建立親密的關係，那當然也就無法有親密溫馨的表達了。在交互分析治療家的觀念中，他們相信當一位獨立自主的人作了決定後，他會在適當的時候，冒險和他人建立友誼，達致親密的人際關係。

在學習與人建立親密人際關係的過程中，交互分析治療家認為一個人首先要學習開放自己；他們相信當一個人在成人式自我狀態中的時候，就可以擁有自覺，因而願意放下一些面具，多一點開放自己。這種真誠的表現，可以讓別人多認識自己，能這樣樂意讓別人踏進自己的"世界"中，與別人的關係自然是緊密了。

此外，獨立自主是成人的表現，能使人開放和真誠，使人不但重視自己的此時此地，更加曉得重視和欣賞他人的獨特性；故此，能夠獨立自主的人我們不必擔心他會強迫他人扮演"受害者"、"拯救者"或"迫害者"的角色，同時，也不必擔心他會強迫他人永遠扮演"孩童"、"父母"或"成人"的角色。[8]

上面所闡釋的自覺、自然和親密，都是一個人邁向獨立自主的過程中必須要發展的個人能力，也是一個人要發展成人式自我所必須具備的條件。事實上，當人擁有上述幾項特質時，他會對別人有深切誠摯的關心，能夠委身事人，這是父母式自我的特徵。其次，他也會像成人一般有智慧和能力去解決問題；再加上在行為心態上，他也能有如一個健康的孩童般，有創作的能力，有能力去享受生活中的歡愉和樂趣，也可以自然地表達內心的欣悅愛慕和敬畏驚懼，在交互分析治療家眼中，這才是一個統合的人，也是在治療過程中大家努力的目標。

7.3　父母式自我

交互分析治療派的學者認為，通常在一個人踏進小學時，他的父母式自我差不多已定型。而事實上，由於孩童年幼，沒有能力對事物作出任何評估和解釋，故此對於自己所看見、所聽見和所經驗的一切，都沒有選擇地攝收，儲存於腦海中。其中甚至連父母的爭吵和打架，也毫無保留地作了記錄，但這記錄卻是並沒有加上任何註釋的。例如他看見母親怒摑父親，但卻沒有能力看到背後的因由，於是母親怒氣沖沖的表情，揮手掌摑的衝動行為，及父親畏縮不敢作一言的表情，都只如照相般錄入他腦海中成為"父母"的資料。當然，在別一種情況下，當父母婚姻美滿時，彼此之間的親密和諧與歡愉表現，也會記錄在一個人的"父母"資料檔案中。

不過，我們要留意，除了真正的父母，在現代化的香港，許多孩童要經歷幾個不同的"父母"，最普遍的莫如電視機；事實上，在電視機前成長的一代，除了生身的父母外，電視機中所傳播的暴力、色情和血腥場面，也不折不扣地收進了"父母的記錄"。現在香港一般的家庭，父母往往與子女一同觀看所有的電視節目，這樣的情形極可能導致十分惡劣的後果，而那些將電視當作保姆的父母，更有需要深入思慮。

現在，且讓我們看看父母式行為的特點，最明顯的一點是，父母式行為通常是帶有命令性質的，在語言表達方面，典型字眼包括了"絕對不可以"、"一定不准"、"應該"、"不應該"、"千萬不要忘記"等。在孩童時期，一個人往往根據父母命令式的說話來行事為人；倘若長大後，他選取了以父母式自我的身分來生活的話，他就會像從前一樣，不曉得將當前的情境和資料作評估，而只是根據過去"父母"的命令來引導自己的行為。換言之，當他以父母式自我的身分生活時，他就仍是根據自己孩童時期所認識的"父母"的意願來感受、來思想、談話和行動。而父母昔日權威性的聲明，也往往成為他今日行為的指標，其中例如：

"人不為己，天誅地滅，你以為做善事有好報嗎？傻孩子！"

"給別人打一拳有甚麼關係，忍讓是美德呀。"

"千萬不要輕易相信人，尤其是女人！要記着：難測婦人心，我一生受夠女人的苦，你可要小心！"

"做人要安分，因為'命裏有時終須有'，強求只不過是自討苦吃。"

"金錢萬能，有錢則萬事足！"

"人生要有理想，積極進取。"

"助人為快樂之本。"

"做人不能自私，要顧念到其他人的好處。"

"君子一諾千金，言出必行。"

"敬人者人恆敬之。"

在上述十個句子中，無論是前面五句負面的，或是後面五句正面的，在孩子對"父母"的記錄中既然出現，就成為"真理"，也就可能直接成為一個孩子所有道德規範的來源。假設一個孩子為"父母"所作的記錄，句句都如首五句般負面與消極，而這孩子又不能突破"父母式自我"，則他整個人生中所持的處世態度，就必然會是斤斤計較、對人欠缺信任、自私自利……他的生活會因而變得灰暗，了無生氣。

當我們詳細分析孩子對"父母"所作的記錄後，會發覺那是極之複雜的，這是由於父親或母親，都各自擁有三個不同的自我；即是說，孩子所作的記錄，是根據六個不同的自我情況綜合而成的（表二），其中的命令如"說話斯文些，聲音放輕一點。""我已告訴你多少次，先坐下才准拿筷子。""花裙子配小格襯衣，你看看多不順眼，快去換一件素色襯衣才來見我！""言多必失，千萬不要多言。"等，是從父母的父母式自我記錄而來的。

表二

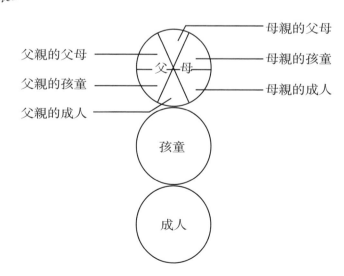

固然，每一個孩子都需要一些"禁令"和方向的指導，一方面可以保護他們免致受傷害，另一方面也可以協助他們達致社會化。此外，通常要透過這些命令，孩子才可以有所根據來肯定父母對自己的關注和愛護。[9] 不過，過分偏激和過多不必要的禁制，卻的確會壓制了孩童的成長。其實，在我們的周圍，也往往可以看到許多嚴峻的父母，雖然是基於愛護才致力管教約束，但不幸卻扼殺了他們子女人生中的歡樂和創造能力，這實在是十分可惜的。

除了從父母式自我來生活外，父母在某些時間和場合中，又會從自己的孩童式自我來說話行事。例如，他們有時遇事會逃避退縮，有時會擺佈別人，此外，他們也會嬉戲、開玩笑和捉弄人。由此觀之，孩子為"父母"所作的記錄，的確錯綜複雜，而其中不協調之處俯拾即是。故此當一個人長大成人後，若這"父母式自我"依然一成不變，則往往成為生活中適應不良的主因。

不過，隨着年齡的增長，孩子會開始對外面的世界作探討；在新的經驗和環境的衝擊下，他往往會對先前的經驗，包括了父母的命令，作出質疑和評估；而這就是"成人式自我"成形的起步。常見的例子如父母通常會禁止孩子玩火，但不少孩子最終會趁父母不留意時作出嘗試。鄰家的大剛才二歲半，但最令祖母頭痛的就是他總愛趁祖母忙碌的時候，跑到廚房去，一下子將石油氣爐的掣扭開，看見熊熊的火光，就拍手叫好；雖然，大剛這行動極之危險，但從我們的論點來看，他是在運用自己的評核能力，而這事實上就是"成人式自我"的行為，有其重要的意義。

固然，早期的成人式自我是極之脆弱的，很容易被父母的命令和孩童的情緒所凌駕，但在適當的環境中，隨着年齡的增長和生活面的擴闊，成人式自我就有機會逐漸發展。對一個邁向自我實現的人來說，成人式自我並不像父母和孩童式自我般靜止，而是經常在改變着的。同時，在改變過程中，他有能力對"父母"和"孩童"的資料作覆核，然後決定應否支持。不過，這做法不等於"成人"要成為獨裁者，來約束限制個人性格的發展。相反地，這做法極具建設性，一方面可以保持父母和孩童式自我的活躍，另一方面又可致使一個人的自我發展適中，行為有一定程度的均衡協調。

7.4　孩童式自我

浩明在辦公時被上司責備了幾句，懷着滿肚子的氣，一踏進家門，就向太太發脾氣，太太回他一句，他就無限冤屈地怪太太不體諒他，糾纏到最後，太太無奈地又如往昔般先作讓步，先說對不起，他才作罷。在這事例上，浩明的衝動發脾氣，他的固執和擺佈太太的行徑，都是他兒童式自我的表現。其實，在我們日常生活中，當我們的行為言語無論是主觀、自私、衝動、挑剔、抱怨、發牢騷，或者是好奇、嬉玩、親切和激情時，都是我們基於兒童式自我對事物所作的回應。

一個人的兒童式自我，是由改裝兒童（the adapted child）、天然兒童（the natural child）和小教授（1ittle professor）所組合而成。

天然的兒童是兒童式自我中年青、衝動和表達情緒的部分，很像一個自我中心，一心只尋求個體滿足的嬰孩，當需要得到滿足時，喜形於色；但倘若需要得不到滿足，就會發脾氣，哭哭鬧鬧。總之在事情不如己意時，他就不顧一切地要達到目的，例如不肯吃飯，拳打腳踢，或者是躺在地上撒賴，對大人講的道理，充耳不聞等，都是常見的情形，而這種任性妄為的行為，目的只是求取自己的快樂。不過，天然的兒童也有其極可愛的一面，他無邪的笑臉，發自內心的喝采，或者是遇意外時目瞪口呆的神情，處處都顯露出人類最原始而珍貴的一面。

改裝兒童是"兒童"與"父母"相交的產品，較易受控制。一個人在創傷、磨煉和受教育過程中，對自己天然的衝動會逐漸作出修改。不過，更主要的是，權威人物如父母的命令和要求，對他產生極大的影響。例如，孩子在父母的命令和訓練下，不再自我中心地生活，他開始學習到要與其他小朋友分享一包糖果，也懂得排隊，輪流玩鞦韆。其實，對孩子來說，這也是社會化過程的開始。

至於小教授，是孩子天賦的智慧，往往見諸孩子對事物所產生的直覺。同時，孩子通常就憑這直覺來作決定。例如小咪根據父母眼神和面部表情就可以作決定：何時該哭叫？何時該安靜？如何可以吸引媽媽的注意？如何可以叫大人來擁抱自己？

除了直覺之外，創造力和擺佈操縱人等也是小教授的特點，這些特點，不單出現在我們嬰孩兒童期，在我們長大成人後，還是照樣會出現的。例如李先生看見自己的女秘書若芝無精打采，雙眉緊鎖地獨坐不語，直覺地李先生以為若芝又是戀愛觸礁了。但可惜這回他的“小教授”出錯了，其實若芝與男朋友的關係完全沒有問題，只不過若芝日前作了全身檢查，醫生懷疑她的腎臟有毛病，要詳細再作覆驗，若芝就是為了這事而擔心，以致憂形於色而已。

在創造力方面，人們通常會着意地將小教授與成人式自我配合，而結果往往產生出一個很好的組合。在他們的衷誠合作下，他們可以設計家居佈置，可以吟詩，可以著作，可以創作出美妙的曲調，可以發展新的數學方程式，也可以改善人際關係。事實上，小教授極富幻想能力，而幻想是創造的最基本元素。同時，我們要知道小教授的幻想不一定是不實際的。例如明恩取得會考成績通知後，獲知考取了三優五良，高興之餘，也似乎看到父母欣慰與興奮的神情，而她這一幻想，是非常實際的，因為後來當父母得知喜訊時，的確是表現得欣慰與興奮。不過，小教授部分的幻想卻是可能脫離現實的。例如一位自小就被遺棄的孤女惠玲，常常渴望找到親生父母，她幻想父母亦渴望與自己重聚，幻想着若一旦全家團聚時，人生就會美滿幸福。可惜這想法很不實際，一方面人海茫茫，難望重逢；另一方面，父母昔日既可將她遺棄在梯間，是否真會如她想像般重視骨肉之親？故此，她這幻想，很可能徒然帶給自己無盡的失落與苦痛而已。

人一出生，就要設法求存，結果逐漸發展出不同的方法來操縱和擺佈種種人和物。最基本的就是要吸引成人的注意，例如肚餓時該如何哭叫來向母親傳達訊息；或者，在某一次生病時，他驟然發覺生病可以促使父母多作看顧。這一切資料，都成為小教授擺佈母親的伎倆。當孩子漸漸長大，而又一直能對父母操縱自如的話，很可能就會自視過高，以為自己萬能，於是常以勝利者的姿態（topdog position）來操縱他人。例如在工作中，雖然大家地位職權相等，但由於他以為自己有特權，又具過人智慧，故在此假象中，他就要操縱人，要別人聽命於他。至於在另一個極端，是那些感到完全無助的人，他們自卑自憐，卻也喜歡以失敗者的身分（Poor Me）來擺佈他人，扮演可憐人和受害者的角色，要他人無限度地幫助、支持與照顧，但同時自己卻不願意對當前的境況和無助承擔責任。要作決定時，他們總是優柔寡斷，三心兩意。其實最終是希望有人可以替自己作主，於是自己又可以不必負任何責任。可惜的是，操縱擺佈他人並不能改善他們的生活，相反地，他們到頭來只是一事無成，老大徒傷悲！

不過，我們要留意的是，在每個人的正常發展歷程中，兒童式自我的地位非常重要；而事實上，我們正是以兒童式自我來作基礎，以建立自我形象的。正如栢尼所言，由於兒童式自我是我們個性中最有價值的部分，故此每個人都需要認識自己的"兒童"[10]。在日常生活中，我們看到有趣的事物時所自然流露的歡欣，所作的高呼與驚叫，遇到令自己震服的人與事時所表現的擊節讚賞，拍案叫絕；或者是兩個戀人相遇時那甜美的笑容和逗人的眼神；又或是烹調新菜式或設計新針織花樣所憑藉的創意，——皆是兒童式自我的特徵。但由於這些表現通常既難預測，而且又極具動力，通常被成人社會批判為"不成熟"，以致扼殺了人們在這方面健康的發展。雖然，在運動場，在慈善賣物會，或是在舞會等場合，我們似乎可以"合法"地表現自己的兒童式自我，但整體而言，種種的禁制，最終令不少人變得拘謹和裝模作樣，在許許多多的框框中無法享受生命中應有的自由、興奮與歡樂，實在令人感到遺憾。

7.5 人生四個基本模式

栢尼認為，在人生過程中不同的階段，"家長"、"兒童"和"成人"是可以並存的。不過，人與人之間的溝通受這幾個心理形態的影響着實很大。例如在許多夫婦之所以產生衝突和誤會，就是因為某一方永遠要自己扮演"家長"，而要配偶做"孩童"。下面是一些典型的例子：

妻子（對丈夫）：好哇，今早怎麼勸你也不肯多帶件毛衣，現在冷病了，感冒可夠辛苦吧，看你以後還敢不敢逞強！

丈夫 (對妻子)：親愛的，不要再哭了，衣服燙焦了就算了，我馬上和
　　　　　　　你去買一件更好的！

丈夫 (對妻子)：換個燈泡居然也會跌傷，真是笨得要死！

在上述三個例子中，由於兩個人的關係是"家長←→孩童"，而不是"成
人←→成人"的平等地位，不但許多矛盾和問題會出現，同時，會阻礙了彼此
有美好的成長。就如上面列舉的第一個例子，倘若妻子與丈夫的相交永遠都
如例子中一般是"父母←→孩童"的關係時，作丈夫的，可能永遠就是一個長
不大的"孩子"，事事需要妻子妥作安排和照顧，而自己的人生劇本，就充滿
了無用、無助、失敗等字眼。

說到人生劇本，交互分析治療家認為在孩童時期父母的教導和個人的決
定就訂定了人一生的劇本，而在這些劇本中就已註明了人們在成人階段生活
中所採的是四個基本處世態度中的哪一個：

　　　　"我好，你也好。"

　　　　"我好，你不好。"

　　　　"我不好，你好。"

　　　　"我不好，你也不好。"

要是一個人不斷接受不健康的父母式的管教，在人生地位的決定上，他
就很可能會選擇了"我不好"的人生劇本；於是，他就只有窮一生之力，致力
扮演劇本中的角色，自卑自憐。若我們能選擇"我好，你也好"的人生劇本，
我們就會生活得悠然自在，會活得很快樂。要是我們放棄這地位而選擇"我不
好，你好"的模式，那人生就不但再沒有歡愉和色彩，同時，亦難有正常和美
好的發展了。至於要是人們作出了"我好，你不好"的選擇，就會將自己的人
生放進一個充滿驚懼和憂心的境地中，叫自己惶惶不可終日，長久下去，更
會因此導致反社會的行為。第四個"我不好，你也不好"模式的選擇，會導致
一個人的人生變得充滿失望與無助，由於這些人的行為全無侵略性，故絕對
不會給他人帶來任何不便與麻煩；但遺憾的是，在全無進取的心態中，那種
無奈與惶惑，使這類人對自己及對生命都產生不了任何嚮往與憧憬，因此，

他們的人生只是一片灰白，根本就沒有快樂可言了。

7.6 總結

　　總括來説，在交互分析治療過程中，輔導員相當注意受導者的感受，他處於教練和訓練的地位，目的是要協助受導者學習以成人式自我的心態來對自己老早根據兒童式自我所訂定的人生劇本作出新的評核。在過程中，輔導員非常投入地幫助受導者改變自己，除了引導受導者省閱人生劇本外，他亦指引受導者以"成人"的心理狀態對過去並今天的生活作檢討，並以"成人"的身分來開創新的人生。

註釋

1　Thamas A Harris, *I'm OK – You're OK* (New York: Harpcr & Row, 1969), 66.

2　Eric Bcrne, *Sex in Human Loving* (New York: Simon & Schuster, 1970), 194.

3　Eric Berne, *Principles of Group Treatment* (New York: Oxford University Press, 1966), 220.

4　Eric Bcrne, *Games People Play* (New York: Grove Press, 1964), 178.

5　M. James and D. Jongeward, *Born to Win: Transaction Analysis with Gestalt Experiments* (Reading, Mass.: Addison–Wesley, 1971), 263.

6　Ibid., 265.

7　Ibid., 265 – 266.

8　Ibid., 265 – 266.

9　Eric H. Erikson, "Identity and the Life Cycle," *Psychological Issues* (monograph), Vol.1, No. 1, (New York: International University Press) 68.

10　Eric Berne, *What Do You Say After You Say Hello?* (New York: Burtam, 1972), 12.

參考書目

Berne, E. *Transactional Analysis in Psychotherapy.* New York: Grove Press, 1961.

＿＿＿＿ . *Games People Play.* New York: Grove Press, 1964.

＿＿＿＿ . *Principles of Group Treatment.* New York: Oxford University Press, 1966.

＿＿＿＿ . *Sex in Human Loving.* New York: Simon & Schuster, 1970.

＿＿＿＿ . *What do You Say After You Say Hello?* New York: Grove Press, 1972.

Dusay, John M. and C1aude Steiner. *Transactional Analysis in Groups,* in H. I. Kaplan and B. J. Sadock (eds.), *Comprehensive Group Psychotherapy.* Baltimore, Maryland: The Williams and Wilkin Company, 1971; 198–240.

English, Fanita. "T. A.'s Disney World," *Psychology Today,* 6.11 (1973), 45–50, 98.

Falzett, Bill and Jean Maxwell *O. K. Childing and Parenting.* El Paso, Texas: Transactional Analysis Institute of El Paso, 1970.

Goulding, R. and M. Goulding. "Injunctions, Decisions, and Redecisions," *Transactional Analysis Journal,* 6.1 (1976).

Harper, R. *The New Psychotherapies.* Englewood Cliffs, N. J.: Prentice–Hall, 1975.

Harris, T. *I'm O. K., You're O. K.: A Practical Guide to Transactional Analysis.* New York: Harper & Row, 1969.

Holland, Glen A. "Transactional Analysis," in Raymond Corsini (eds.), *Current Psychotherapies.* Itasca, Illinois: Peacock, 1973; pp.353–399.

James, M. and D. Jongeward. *Born to Win: Transactional Analysis with Gestalt Experiments.* Reading, Mass.: Addison–Wesley, 1971.

Kambly, A. *An Introduction to Transactional Analysis.* Ann Arbor, Mich.: The University Center, 1971.

McNeel, J. "The Parent Interview, " *Transactional Analysis Journal,* 6.1 (1976).

Schiff, J. L., with B. Day. *All My Children.* New York: Evans, 1970.

Steiner, C. *Transactional Analysis Made Simple.* Berkeley, California: T. A. Simple, 1973.

_____ . *Scripts People Live: Transactional Analysis of Life Scripts.* New York: Grove Press, 1974.

第八節　現實治療法（Reality Therapy）

8.0

　　嘉蘭撒（Glasser）原是一位精神病學家，在五零年代發展出現實治療法的理論，這理論對於行為或情緒上有問題的個人或小組，都可適用，很能協助受導者達到"自我認同"的目標。在嘉氏的著作《心理健康與精神病》（Mental Health and Mental Illness）[1]一書中，他否定了精神病這觀念，認為那不過是人不負責任的表現；他在其他的文章中，亦一再提出這觀念，[2]他再三強調這一點，目的是要求人對自己的行為和人生負上責任。而事實上，這就是現實治療法的主要目標。在嘉氏看來，人要改變自己的行為，第一步要做的就是弄清楚到底我們要改變哪些行為。他提出人必須面對現實，因為我們一定要承認自己無法重寫個人的歷史；但同時我們要知道，無論過去的經歷如何惡劣，如何悽慘，都不足以成為現今不負責任的行為的藉口。嘉氏強調，除非一個人可以接納自己要對自己所作的負責這一個事實，否則就沒有辦法為他提供輔導。一旦開始了輔導，輔導員就會努力將焦點集中在受導者的"現在"和"行為”之上，引導他在不傷害自己和別人的原則下，去看清楚自己，面對現實，努力滿足自己的需要。[3]

8.1　目標

現實治療法的主要目標是一方面減少受導者不負責任和自我毀滅的行為，另一方面則協助受導者發展一個積極正面的自我形象。在輔導過程中，輔導員透過自己和受導者的相交，首先協助他澄清和界定生活的目標，然後進一步協助他看清楚其中的障礙，並探討出達致目標的不同途徑；制訂計劃後，就付諸實行；在這實行過程中，受導者可以在自己負責任的行為中，經歷成功，故此就有機會感到自我存在的價值。而事實上，在輔導過程中，透過輔導員的幫助，受導者的自覺增強時，就會較有效地運用自己的潛質來過一個充實有生命力的人生。

在《現實治療法》一書中，嘉氏指出自己在發展現實治療法理論的過程中，注意到通常人有生理和心理的需求；而其中心理上的兩種基本需求，其一是需要被愛和付出愛，其二是冀望自己和他人都覺得自己有價值。為了要達到自己有價值這目標，人們就要努力去對自己的行為維持一個相當令人滿意的程度。同時，嘉氏又指出近年來由於經濟的發達，在西方世界中，對許多人來說，生存已不再成為一個問題；而自一九五〇年以來，西方社會就已經踏進一個以角色決定身分的時代。人們嘗試努力肯定自己的身分，那些無法達到這目標的，就會被視為失敗者；換言之，是“認同”的追求失敗了。這種自我迷失的失敗感，令人無法彰顯個人的獨特性，逐漸會致使人作出一些不負責任的行為，或甚至在人們心態上發展成一種不良症候，令當事人和周圍的人都蒙受痛苦和損失。嘉氏曾強調，現實治療法其實就是為那些不負責任或失敗的人着意設計的，目的是要協助他們獲致並維持一個成功的身分。[4]

總括來說，現實治療法的焦點集中在受導者現在的行為上，輔導員嘗試發揮有如教師，或有如模範的功能。同時，他會不斷對受導者進行對質，促使他去面對現實，接着更導引他去探討出滿足自己基本需要的方法。現實治療法的重心是協助受導者接納個人的責任，而在嘉氏的眼中，當一個人肯對自個人承擔責任時，就相等於獲致了心理健康了。

8.2　人性觀

現實治療法假設人生最終是自主的，強調人要對自己的行為和所導致的結果負責。換句話說，人有選擇自己生活方式的機會和權利，而他希望自己怎樣，就會成為一個怎樣的人。實在我們也不難覺察，人是有能力對自己負責，並且可以豐盛地過一個統合的人生的。

現實治療法假設人有一個貫徹於整個人生的心理需要，就是需要肯定自己個人的身分，其中包括了可以感受到個人的獨特性。這種要肯定自己是與別不同的需要，嘉氏認為就是人類行為的動力，超越了文化，是普世性的。同時，現實治療派的學者相信人有一種"成長的動力"，時時鞭策我們為自己的成功身分作出努力。正如嘉氏與他的同工曾指出："我們相信每一個人都有一種健康的成長動力，而基本上人人都希望生活中能感到滿足，可以享受一個成功的身分，都可以有負責任的行為和表現，同時，也都能享受有意義的人際關係。"[5]

根據現實治療法學者的看法，我們最好是以"成功的認同"和"失敗的認同"作對比來研究人的身分。在我們每個人身分的成型過程中，透過我們與他人的關係，透過自己對自己的看法，我們會產生成功或失敗的感覺。同時，在澄清和了解自己身分的過程中，其他人扮演了相當重要的角色，尤其是別人對自己的愛與接納，會直接影響我們身分的定型。根據嘉氏所言，現實治療法就是要幫助受導者滿足這心理需要，包括了被愛和付出愛的需要，其次，就是那要求感到自己對別人、對自己都有價值的需要。[6]

8.3　輔導員和受導者之間的治療關係

若要輔導有成效，現實治療法的學者認為輔導員一定要重視自己和受導者的關係，讓對方可以清楚感受到自己的關注和愛護。故此，在輔導過程中，輔導員是相當投入的，很個人化地和受導者相處，表現出自己的溫情、友善和關注。而事實上，輔導員在這關係中的投入，其實就是現實治療法的基石。[7] 嘉氏認為在輔導過程中，輔導員要盡早協助受導者看到人生中除了自己失敗的悲痛和困擾的問題外，還有許多美好的事物存在，可供自己選擇和享用。同時，輔導員也要協助受導者感受到有人真正關心他，願意與他討論人生，討論任何與他有關的事物，甚至，可以陪伴他在人生的遭遇中掙扎，面對挑戰。

制訂計劃 在現實治療學者眼中，制訂計劃和實行計劃是很基本的活動。在輔導過程中，輔導員很着意地協助受導者選定輔導方法，好叫他能夠將失敗的行為改變為成功的行為。在這過程中，受導者固然要主動地自己作決定，但輔導員也一定要從旁輔助，以免受導者選定的計劃超越了自己的能力和各種客觀條件的限制。換言之，輔導員要留意計劃的實際可行性；同時，可鼓勵受導者將計劃以合同式書寫成文，以便付諸實行。不過，所寫好的計劃，卻並非一成不變的；事實上，計劃中通常包括了形形色色的解決問題的方法，以便當一個方法行不通時，經檢討後就可以採用其他的途徑來進行，直到計劃能得以完成為止。透過這樣的一個歷程，受導者可以獲取一些成功的經驗，成為人生中寶貴的一頁。

委身 現實治療派學者提出了委身（Committment）這一個觀念，同時，他們十分重視這觀念，認為是輔導過程中另一基石。環視輔導眾學派，只有現實治療理論中才有這觀念，這的確是相當特別的；因為現實治療派學者強調，受導者作出行動計劃固然重要，但卻還是不足夠的，還要加上最重要的一步，就是受導者要對自己訂定的計劃作一個委身，作出承諾表示願意在日常生活中將計劃貫徹始終地實行和完成。嘉氏等指出，倘若一個人沒有決心去實行計劃，則一切計劃都只不過是白費工夫而已。同時，他們發現"那些擁有失敗身分的人，他們的其中一個特徵就是很不願意對任何事物作委身。"[8] 其實，當受導者能委身將計劃完全實行之後，自己就可以感受到自我價值的重要了。

不接納藉口 一旦受導者對計劃作出委身後，輔導員就不會再接納任何的藉口，不會讓他推卸責任。例如有一個十六歲的女孩子，希望可以和母親改善兩者之間的關係，而且已經計劃妥當，要自己在一週內主動向母親說早晨和問安三次，但結果只能做到一次；她可能會向輔導員解釋許多原因，例如早上媽媽很遲起牀，而自己很早就出門，或者說近來太忙，故此忘記了這件事……。在輔導員來說這些藉口都是不能接納的，這種種解釋，要窮究其因由，只是在浪費時間；重要的問題是事實上計劃並沒有如期實行。那麼，倒不如少講說話，馬上動腦筋，另行訂定新計劃，那還來得有意義。由此可見，受導者對計劃作出委身，不等於就一定可以實行，而當真正有困難和阻礙時，計劃就可能要作修改。換言之，當委身的事項不能完成時，輔導員首先就要協助受導者對自己最基本的價值判斷作出重新的檢察，若價值觀是正確的，就應該細心地對計劃作全面的評核，看看有沒有漏洞或不足之處。對一個再經檢察的計劃，受導者通常會有兩個選擇，一就是對計劃再重新作出委身，一就是決定中斷或放棄對計劃曾作出的委身，當他表明放棄的態度後，就不必再對該計劃負責了。這樣交代清楚的行為，也是受導者要學習的負責任行為之一。

不用懲罰　對於受導者的再委身，輔導員要給予更多的支持，他會不斷要求受導者尊重自己的委身行動。不過，輔導員絕對不能用任何規條或懲罰來迫使受導者委身，因為現實治療派的學者並不相信外在的壓力是有效的。嘉氏就曾強調，當一個輔導員要採用現實治療法時，就先要有能力去堅持不接納受導者的任何藉口；其次，他指出輔導員並不會專挑毛病，也不會像偵探一般去搜集證據和理由。當然，其中關鍵之點是輔導員和受導者之間的治療性關係，而基於這關係，我們不接受藉口，正是表達關心的一個有效方法。他同時指出："我們接納受導者的藉口時，可能帶給他們一個暫時的釋放，但結果卻會導致了更多的失敗經驗，最後就更加令受導者肯定自己的失敗身分。" [9]

總的來說，倘若輔導員能不接納受導者推卸責任的藉口，也不採用懲罰，而是在一個具治療功能的關係中，協助對方建立合理的價值判斷，並且根據受導者的價值判斷制訂計劃，協助受導者完成計劃，那末，這輔導員就可算是完成了工作，可算是有效地協助受導者獲得了成功的認同。

8.4 治療過程中的主要原則

除了上述的幾點外，嘉氏及其同工指出在現實治療過程中，還有以下五個原則，[10] 輔導員可以將這些理論架構作為參考與指引，以決定輔導過程中採用的方法和技巧。

一、個人化

現實治療派的學者很重視具治療性的關係，故此他們主張在輔導過程中，輔導員應該很真誠地和受導者相處，而輔導員在這關係中提供的溫暖，體諒和關心，他們視之為輔導過程的三個基石。為了促進關係的建立與個人化的相交，輔導員不但鼓勵受導者用 "我" 和 "我們" 等字眼，而他自己亦採用這些個人化的親密用語。所謂個人化，在現實治療派學者眼中，是指輔導員很樂意和受導者交往，而且在適當的時候，會和受導者分享個人的經驗，同時，他不會處處表現自己是強者，相反地，他會承認自己的不完全，故此不介意對方向自己的價值觀提出疑問。

其次，所謂個人化，是指輔導員讓對方知道自己對人有積極的信念，相信對方有能力改善自己，也有能力生活得更加快樂。而其中的關鍵，是導引當事人較為負責任地去發揮個人的功能，好叫他的生活可以更成功和更具滿足感。其實，在現實治療過程中，要達到個人化，目的是希望受導者可以有機會與別人發展有意義的關係，在彼此的投入中，受導者可以認識到自己不必永遠將人生的焦點集中在過往不幸的事故和自己不負責任的行為上。而當他的眼光擴闊之後，他就自然可以發現人生中原來有那許多可愛美好的事物，這一點可進而促使他對人生產生新的取向。

二、焦點集中於當前的行為上

現實治療派學者認為除非我們很清楚自己當前的行為，否則就無法作改變，達致一個成功的身分。人們通常相信當自己心情好的時候，就能做到更多的事，但嘉氏卻指出這想法有不正確之處，值得討論。他首先指出人的感受與行為不但彼此互相關連，而且有彼此促進的功能。全面的看來，當人心情好的時候，可以做較具建設性的事，而當他們工作做得好時，心情會更加好，以致又做得更好更多……。換言之，當我們完成工作時，會感到很愉快，而另一方面，當我們心境愉快時，工作也做得更多更有效；而問題的爭論點就在此。嘉氏指出，問題是人們傾向於相信我們可以較容易令自己心情好轉，以致工作更有效，同時，以為我們很難令人先有所行動，最後導致心情轉好。他強調這是一個錯誤的觀念，從工作經驗中，他相信要影響一個人作出行動，遠較改善一個人的感受為容易。

此外，現實治療法的其中一個大前提是人只能有限地控制自己的思想和感受，而同時，比較上人的確是較容易控制自己的行為；故此在治療過程中，輔導員應該集中在受導者的行為上。不過，要說明的一點是，現實治療派學者並非不重視感受，他們其實深知感受的重要性，同時，也清楚感受和行動二者關係密切，只不過他們主張要先協助受導者探討自己的一切行動，協助他們有較好的行為，而最終就自然可以給他們帶來愉快滿足的感受。

三、焦點集中於"現在"

由於過去的經已發生，我們絕對無法改變，故此現實治療派學者主張輔導的重點應該放在受導者當前的行為上，例如當一個受導者向輔導員形容數年前經歷的一個危機時，輔導員就會向他詢問那事件與當前行為和生活的關係何在。傳統的心理分析通常着重一個人的創傷性經驗，而一直以來，心理健康專業的訓練，都過分集中在人的失敗、人的苦困和創傷性的經驗，取向偏於負面。相反地，用在衡量一個人的力量和積極優美的特徵上的時間和精力，實在少之又少。故此，嘉氏指出心理治療訓練似乎只在教導專業人士去找出人的失敗，而不是去發掘人的力量，嘉氏之言甚為有理，細思之令人感慨不已。故此現實治療法嘗試正視一個問題：我們既然無法重寫個人的歷史，倒不如集中力量，處理當前的行為，和探討與這些行為有關的力量和潛能。

四、價值判斷

現實治療派學者深信在一個人可以接受他人的幫助之前，他自己首先要對自己的行為作出批判，同時對自己失敗的因由，先作評核。因為當他對自己的行為清晰後，他才可以用批判的態度來評定到底自己的行為是否有建設性。所以在輔導過程中，輔導員會要求受導者對自己的價值作出判斷，一方面看看到底自己的行為是否負責任的行為，另一方面也看看自己的行為對於自己，及對生活在自己周圍的重要人物，是否有好處。倘若他肯定自己的行為是不負責任時，他就需要作出改變。

對許多帶有失敗身分的人來說，他們通常對自己有許多假象，總以為自己已經盡力而為，無法做得更好。但在輔導過程中，輔導員不會容許他再放鬆自己，會堅持他對自己的行為徹底作自省，看看自己所做的是否能對自己產生建設性功能。換言之，輔導員始終要催迫他對自己不負責任的行為作出修正，好叫他在採納新的行為後，不但不再誤己誤人，同時更可以因此變得快樂、變得積極向上。在這過程中，輔導員通常很小心，避免為受導者作任何價值的判斷，以免令他有機會逃避個人責任的承擔。

五、計劃

在輔導過程中，輔導員會用相當多的時間來協助受導者作出詳盡的計劃，以便有效地將失敗的行為改變為成功的行為。現實治療派的學者強調這不但是輔導員的要務，同時也是父母、傳道人、教師和僱主應該注意的事。他們也提醒大家千萬不要有過分的要求，以致制訂出太過複雜困難，而失敗機會相當高的計劃。他們認為倒不如腳踏實地的訂定較為簡單可行的計劃，以保證受導者可以透過這一次的經驗和學習獲得成功感，從而增強個人成功身分的信心。換言之，我們要小心衡量受導者的實力和現況，不要期望過高。例如我有一個受導者，已經五年沒有和父親有任何的溝通，在他決定計劃時，曾充滿信心地說要以後在一週內和父親傾談心事五次，而每次最少十分鐘。但我看那是過高的要求，倒不如循序漸進，在頭二週內，他要達到的只是重新建造溝通的橋樑。最後，受導者計劃自己在最先的兩週內，每週最少三次主動和父親說早晨問安，由於這計劃要求不太高，結果他能夠愉快地履行計劃。

8.5　現實治療理論的特點

現實治療理論特點相當多，除了在輔導過程中不運用懲罰，盡量將焦點集中在現在的行為，以及強調價值判斷的重要性外，還有下列六個特別之處：

一、現實治療法否定了心理健康的觀念，此派學者主張，行為異常只不過是人不負責任的表現；而所謂"心理健康"，在此派學者看來，是相等於對行為負責任的態度。

二、輔導員會和受導者探討生活中的每一個範疇，包括他個人的期望、恐懼、價值和理想等等。現實治療派學者強調在輔導過程中我們不應只留意到受導者的悲痛失敗和負面的症候，而是要將重點放在受導者的力量、潛質、成功和積極等良好的質素上。是以嘉氏鼓勵輔導員要把受導者看作為一個有廣闊潛質的人。[11]

三、現實治療法理論不重視移情作用。由於此派很重視輔導員和受導者的關係，主張在輔導過程中輔導員是真摯誠懇地和受導者相處，故不主張使用移情作用。因為在移情作用中，輔導者通常會着意地隱藏自己本身，於是與受導者就沒有一種真正的關係存在了。嘉氏認為受導者不會希望自己再重演過去失敗的經歷，他相信相反地受導者都希望在現今的存在中，能與其他人有一個滿足的人際活動和發展良好的關係。

四、現實治療派學者不強調潛意識，只強調意識層面的思維與活動，與心理分析理論正好是相反的。此派的重點是指出受導者行為錯誤所在，並探討現在他所做的行動為何不能為受導者帶來滿足。此外，亦重視協助受導者學習委身於一個可以導致成功行為的計劃，而這計劃的實行，目的是讓受導者學習對自己的行為負責，也藉此獲取成功的經驗。

五、此理論十分重視責任這個觀念，強調這是現實治療法的核心所在。嘉氏界定責任是"一種滿足自己需要的能力，同時是一種不會剝奪他人而去滿足自己需要的能力。"他並且指出我們每個人都要學習負責任，而且這學習是個一生中不容間斷的過程。他又主張人應該學習當自己做錯事的時候，會願意作出改正，而當自己做得好時，會欣賞和稱讚自己。[12] 為了要改進自己一些低於標準的行為，嘉氏建議我們要常常對自己作出評核，或請他人給自己作評核；故此在輔導過程中，基本上會牽涉到許多道德課題，包括行為標準與價值判斷等，因為在嘉氏眼中，這一切都與我們的生活息息相關，對於我們要滿足自我價值的需要這課題，有着密切的關係。

六、現實治療派學者很強調輔導過程中教導的功能。由於人有異於動物，並不是被本能所支配，同時，又有能力去學習，而且可以承擔個人的責任，故此在現實治療過程中，輔導員很重視自己的教育功能，他要指引受導者透過特別的教導過程，學習面對現實，同時也要學習以較好和較有效的方法來滿足自己的需要。此外，在過程中，也學習掌握解決問題的有效途徑。

8.6 對現實治療法的一點個人的體會

有人可能會問：「在眾多心理治療學派中，為何你會選擇了現實治療法呢？」這確是一個很有意義的問題，事實上，我的確花了不少心思來決定本書應包涵的學派。現實治療學派的學說比較上是一套相當新的理論，我選擇這理論，正如柯里（Corey）所言，因為它與理性情緒治療理論一樣提供了一個與其他大部分學說相當不同的論點；同時，在美國社會中，這學派近年來在小學和中學的學校輔導員、教師、校長和復康工作者中，受到廣大的接納和歡迎，被公認為一個相當有效的方法。同時，這理論引發出輔導工作中許多基本的課題，包括：

甚麼是現實？

輔導員應否教導他的受導者？

若這些問題的答案是正面的，則其他問題會隨而出現，例如：

輔導員應該給受導者教些甚麼？

輔導員應該提供甚麼模範？

他應該灌輸怎樣的一套哲學？

在輔導過程中價值觀扮演着甚麼角色？[13]

事實上，在我多年來在香港的工作經驗中，的確時常碰到以上的問題，尤其在應否教導、應否作典範和價值觀等課題上，是輔導專業界的同工們常常感到困惑的。我很盼望能透過嘉氏的論點，能給大家一點衝擊，這樣或能進一步得到新的領悟。

在現實治療理論中，有幾點是個人相當欣賞的。其一是嘉氏很重視投身這原則，他相信這原則應用在學校中，將會成為影響學生達致成功身分的關鍵。他曾指出學校中人與人之間實在太過冷漠，以致完全要靠外在的媒介來引發學生學習的動機，可惜結果相當失敗。其實，這現象在八十年代的香港，何嘗不是一樣嚴重？在眾多的研究中，都顯示了當代學生的孤單，例如在"中學生學校生活調查"顯示出中學生當中最嚴重的問題之一就是"疏離感"，其中包括了"無能感"、"無意義感"、"無規範感"、"孤獨感"和"自我疏遠"，而調查報告指出這問題在私校中特別嚴重；同時，調查亦顯示學生的"疏離感"與學生明白老師的授課內容程度有反比關係。[14] 面對着日益惡劣的青少年問題，學生品行和學業成績的普遍下降，不少關心教育的人士都紛紛提出解決的途徑，而對於此等問題，嘉氏所提出的"投身"的觀念，的確十分寶貴。他強調教師和學生之間是一個很個人的關係，而且他進一步指出在教師和學生的關係中，彼此的投身是重要的關鍵。在《沒有失敗的學校》(Schools Without Failure) 一書中，他大力抨擊學校欠缺了適當的課程，即使有，也往往沒有教導學生如何運用所學的來與學校以外的生活拉上關係。[15] 故此他建議學校應該致力於設計適當的、具現實生活體驗和學習機會的課程，好讓學生能因此建立成功的身分。事實上，嘉氏所指斥的，也就是香港教育的癥結所在；自1978 年香港教育踏進普及九年免費教育的階段，不少在這制度下的學生都無心向學，而中途退學的學生也日益增多，令到教育工作者產生強烈的挫折感和無助感。固然，要處理這問題，牽連的課題相當多，但其中課程設計一項，乃是重要的關鍵，我們當如何達到因材施教的理想？如何令學生感到學習與生活的統合性，從而對學習產生興趣？這些問題的解決，都是當務之急，是不容忽略或拖延的。

嘉氏認為針對這問題的主要做法是讓學生參與和投入，藉此謀求課程的適當性，這一點很值得香港的教育工作者重視和參考。由於嘉氏深信這是實際有效可行的方法，故此他特別將為實行這原則而設計的主要的活動"班級會議"

的本質、結構和功能等詳細在書中列舉，並說明如何可以促進"班級會議"的運作，以期在教師和學生全然的合作和投入中，能發展出一套有意義的課程。

至於另一項個人很欣賞的重點是嘉氏提出的個人責任的承擔。在不少輔導理論中，人被假設為相當的無助，被視為對生命中許多的遭遇，要處於被動的境況。但事實上，我相信人並不會完全失卻自主的；固然，在人生某些遭遇中，人會因着客觀環境的因素而處於失卻控制的情況，但同時在人生許多的情況中，人若相信和尊重本身的力量和他的潛能，又能努力爭取當前的機會和權利，他實在是有能力去掌握自己的人生，朝着自己的期望與理想邁進的。而在這過程中，關鍵點往往是人是否願意對自己的行為和對自己的一生負責。在現實治療理論中，嘉氏鮮明地強調了許多學派都忽略的責任問題，這的確是相當珍貴的。

再談到當代的香港青少年，固然，由於城市生活的加速，物質主義的高漲和家庭功能的動搖與解體，他們往往成為無辜的受害者，然而，當他們面對成長這課題時，是否就因而要極端消極地來看自己的一生呢？就因為個人的遭遇成為了他們放棄生活的最大藉口，結果他們變得怨天尤人，渾渾噩噩地生活，思之令人黯然。其實，正如上文所說，人有許多限制，但卻又不是像這些青少年眼中的灰暗；幸而在實際生活中，也還喜見部分青少年能一方面接納現實的殘酷，另一方面嘗試努力達致生命的突破，以致人生得以轉向，得能經歷生活的豐富和統合性。故此，對於嘉氏所創議的承擔責任，他所相信的成長動力，他所主張的成功身分的追尋等，我有極深的認同，深信這些信念，不但有助我們處理青少年個案，就是在任何輔導過程中，也都是具有深遠影響力的。

最後要指出的一點，就是現實治療法擁有一個公認的優點，那就是節省時間。正如柯里（Corey）曾指出的，這理論很適用於簡短的危機輔導情況，也很適用於輔導有犯罪行為的青少年和成人。[16] 的確，當輔導員採用現實治療法來進行輔導時，通常在較短的療程中就已經可以收到實效，而這長處，在生活節奏急迫的香港，正是相當重要的。例如在學校中，有不少教師有心推行輔導，卻又欠缺充足的時間，對於冗長的面談，實在無法負擔。固然，我們清楚不能企求 "即食麵" 式的輔導，但從實際角度來看，時間的需求較少時，總比較實際，單從這角度來看，現實治療法就很值得推介了。

註釋

1　William Glasser, *Mental Health or Mental Illness?* (New York: Harper & Row, 1961) .

2　Williams Glasser, "Reality Therapy," in V. Binder, A. Binder and B. Rimland, *Modern Therapies* (New Jersey: Prentice－Hall, 1976), 52.

3　William Glasser and L. Zunin, "Reality Therapy," in R. Corsini (ed.), *Current Psychotherapies* (Itasca, Illinois Peacock, 1973), 287.

4　Glasser, "Reality Therapy," in *Modern Therapies,* 52.

5　Glasser and Zunin, "Reality Therapy," in R. Corsini (ed.), 297.

6　William Glasser, *Reality Therapy* (New York: Harper & Row, 1965), 9.

7　Glasser, "Reality Therapy," in *Modern Therapies*, 53.

8　Glasser and Zunin, "Reality Therapy," in R. Corsini (ed.), 302.

9　Ibid., 61－62.

10　Glasser and Zunin, "Reality Therapy," in R. Corsini (ed.), 298－302.

11　Glasser, *Reality Therapy* (1965), 31.

12　Ibid., 10－13.

13　Gerald Corey, *Theory and Practice of Counseling and Psychotherapy* (California: Brooks / Cole, 1977), 157.

14　中文大學學生會： "中學生學校生活" 調查報告，一九八一年十月。

15　William Glasser, *Schools Without Failure* (New York: Harper & Row, 1969).

16　Corey, op. cit., 167.

參考書目

English, J. "The Effects of Reality Therapy on Elementary Age Children" (Paper for the California Association of School Psychologists and Psychometrists). Los Angeles, California, March, 1970.

Glasser, William. *Mental Health or Mental Illness?* New York: Harper & Row, 1961.

＿＿＿＿＿. "Reality Therapy: A Realistic Approach to the Young Offender," *Journal of Crime and Delinquency* (April, 1964), 135－144.

＿＿＿＿＿. *Reality Therapy.* New York: Harper & Row, 1965.

＿＿＿＿＿. *The ldentity Society.* New York: Harper & Row, 1972.

＿＿＿＿＿. *Schools Without Failure.* New York: Harper & Row, 1972.

Glasser, William and L. Zunin. "Reality Therapy," in R. Corsirni (ed.), *Current Psychotherapies.* Itasca, Illinois: Peacock, 1973.

Hawes, Richard M. "Reality Therapy in the Classroom," *Dissertation Abstracts International, University of the Pacific,* Vol. XXXII (November 5, 1971).

Zunin Leonard M. "Reality Therapy: Its Concepts and Principles," *Search Magazine,* 2 (1972), 30–35.

第九節　選擇和建立一套個人的輔導理論

在本章中，我介紹了七個輔導學派的理論，供讀者參考。或者有人會問，我並不打算從事專業輔導，更不想做專家，理論對我來說，似乎沒有甚麼意義。這種看法，我認為很有問題，事實上輔導理論對任何一個嘗試做輔導的人來說都極之重要，因為輔導的行為其實是一個人所持的哲學、理論取向、技巧和自我形象總合的產品，整個過程不但複雜，而且極之嚴肅。碧克（Beck）列舉了下面各項哲學性的問題，認為是每一位參與輔導的人所必須面對和思想的重要課題：

現實的本質是甚麼？

在宇宙中，人的地位如何？

甚麼是知識？

人是否自由的？

甚麼事物、甚麼人物是最有價值的？

對社會和對個人來說，是否有託管式及既定的目標？[1]

的確，在個人工作經驗中，往往在輔導進行的時候，以上種種哲學性的問題，會隨時出現。而個人對各問題的看法，就會直接影響了輔導的取向和果效。固然，我並不要求人人馬上可以對這些問題找到一個答案，但對它們加以重視和思考，卻的確是不容忽視的。而且，話說回來，就算我們現在對以上的問題有了個人的答案，我們日後工作中出現的衝擊和經驗，都有可能促使我們再作反省，故此，掙扎與修改，都是可預期的，不必驚訝。

以上我肯定地表示我們一定需要有輔導理論作工作的根據，原因是甚麼呢？具體來說，有下列四大點：

一、有了理論根據，輔導員才可以計劃出輔導和治療計劃。不同的理論和學派，對人有不同的假設和看法。例如有些理論把人看作是純理性的，亦有視之為情感性、理知性、歷史性或是行為性的。因此大家對人的行為亦各有不同的解釋。此外，不同的理論亦因上述不同的人觀，對輔導過程中一個輔導員所應該扮演的角色有不同的界定，最基本的問題如輔導員應該主動抑或被動？是權威角色抑或是當事人的同伴？總的來說，不同的理論會對輔導員有一定的要求，也有既定的方法供採用，各循其軌企求有效地協助當事人有積極的改變。

二、每個理論通常對人的行為都有其獨特的分析，因而制訂不同的架構，以便輔導員可以更容易了解當事人的行為和心態。在輔導過程中，輔導員根據個人採納的理論作基礎，透過行為資料的搜集，和對行為的假設和證驗，往往會較容易了解當事人的行為，而且也較易促進輔導的果效。

三、每個理論都提供我們輔導過程中所需要採用的技巧。例如當一位輔導員採納了認知性的理論時，往往在輔導過程中就會應用很多邏輯性、理性和直接了當的技巧；而相反地，要是一位輔導員採納了情感性的理論、他在幫助當事人的時候，就會採用情感取向的回應來反映出當事人的情緒狀態。

四、理論協助我們界定輔導目標，不但對當事人有助，同時亦方便我們對工作有所根據地作出評估，[2] 這評估包括了對整個輔導過程的評估或是短期目標的評估。例如理性情緒治療法建議的目標是以理性取代當事人的非理性，於是輔導員就要協助當事人整理和訓練自己作有紀律的思想。而心理分析學派，致力將當事人潛意識事物提升到意識層面，目標是重整當事人的性格。至於一些現象學取向的學派，基本的設計是要幫助當事人加強對自己的認識和了解，以期可以發揮自己的潛能，達致自我實現。於是在輔導過程中，在果效的評估上、在行為改變的策略上和整個輔導的取向上，輔導員所作的決定，都會因着個人所採納的理論而有所差異。

素沙（Shertzer）和史東（Stone）曾經指出在輔導理論的選擇過程中，最基本的問題是輔導員或治療員對本身的了解是否足夠。因為事實上，對抉擇最具影響的要素是他們本身過往的經驗、所持的人性觀和他們的性格。換言之，輔導理論一定要配合輔導員整個人的性情和修養，否則就無法有流暢的運作。固然，我們通常很難對某一理論全盤地接受，素氏和史氏認為縱使大家對某一理論中的某些細節有所保留，但只要在基本要義上是同意時，也就不成問題了。同時他們還指出，一個輔導員早期所作的決定，往往是嘗試性質的，通常要在實際工作中有充分的考驗後，才逐漸肯定那是否正確的選擇，有必要時，可作出適當的改變。[3]

林耀鴻嘗試從另一個角度來看這個問題，他指出對個別的輔導工作者來說，在建立切合實際的輔導理論模式之前，應該先對現有的輔導模式取得較為全面的了解，才能以開放的態度，從中探討選擇。他反對大家以"嘗試錯誤法"（trial and error）的態度去試用各種輔導方法。尤其對初學輔導的人來說，更加應該盡早對各種理論有所認識，進而選擇一種或綜合數種適合自己使用的方法，然後融會貫通，將選定的一套輔導方法應用在適合該方法的當事人個案上。[4]

註釋

1 Carlton E. Beck, *Philosophical Foundations of Guidance* (Englewood Cliffs, New Jersey: Prentice–Hall, 1963), 96.

2 Samuel H. Osipow, W. B. Walsh, and D. J. Tosi, *A Survery of Counseling Methods* (Illinois: The Dorsey Press, 1980), 25–26.

3 Bruce Shertzer and Shelley Stone, *Fundamentals of Counseling* (Boston: Houghton Mifflin, 1980), 245–256.

4 林耀鴻："輔導員與輔導理論"，《突破輔導中心輔導簡訊》，第一卷第二期（一九七九年夏季），第一頁。

第四章 具治療功能的輔導關係

　　輔導是一個關係，也是一個助人的過程，其中最主要的是幾個具治療功能的條件，而這些條件，並不是一些技巧，而是輔導員的態度。本章首先和大家整體地探討一下這關係的大概情況，然後分別詳細地和大家討論同感、尊重、真誠和簡潔具體等幾個具治療功能的基要條件，同時，也簡單地介紹這過程中極為重要的技巧——對質。此外，在多年的輔導訓練中，我發覺輔導員在輔導的探討感應階段困難和偏誤較多，故此特別跟大家一同談談"探討和感應階段中輔導員常犯的毛病"，作為一點提醒。同時，許多人曾經向我表示在輔導過程的發展中出現困難的主因之一是由於詞彙貧乏，於是影響了同感的表達，而且，很難達致簡潔具體；故此也為此而提供了兩個詞彙表，第一個羅列形容感受和態度的詞彙，而第二個則列舉了一些有關人的性格與行為的形容詞，方便大家採用。

　　在輔導過程的進行中，輔導步驟和進度的評估是相當重要的，故此希望可以透過輔導評估重點中的各要目的討論，給大家在進行評估時有所參考。最後的一節是幾個基要條件的練習，是我多年以來在訓練輔導學員時經常採用的練習方法；一般上大家的反應十分正面，認為單從理論入手，往往很難掌握箇中的涵義與精神所在，但在練習當中，通常很快就可以產生較深入的體會。故此，在此特別選錄了其中的一部分給大家進行練習。

第一節　輔導關係與過程

在《超越輔導與治療》(*Boyond Counseling and Therapy*) 一書中卡科賀夫 (Carkhuff) 和巴軔旬 (Berenson) 斷言輔導的果效與輔導員的理論取向和技巧是無關的。[1]他們認為成功的輔導員主要是能在輔導關係中提供一定程度的促進條件，包括了同感、尊重、真摯和簡潔具體。同時他們相信無論是否輔導員，任何一個為人提供幫助的人，都需要擁有這些質素。

而卡氏的弟子杜亞士 (Truax) 則用研究印證在輔導過程中，倘若前述四條件中最低限度出現其中兩項時，就能產生有效的輔導。此外，杜氏認可三項重要的條件，他稱之為真摯，非佔有式的溫暖，以及準確的同感和了解；[2]事實上，他所認可的與卡氏及巴氏所提出的相當接近，主要來說只是剔除了具體簡潔一項。

至於行為治療派學者方面，奧拉尼 (O'Leary) 和威臣 (Wilson) 在他們的《行為治療》(*Behavior Therapy*) 一書中，清楚提出了幾項輔導員的特質，就是：

(1) 同感的了解，在輔導過程的開始階段，這特質尤其重要。

(2) 有能力協助受導者構建一套積極正面的期望。

(3) 一種適當的，貫徹在輔導過程中，具治療功能的吸引力。

(4) 有能力根據受導者的需要，擔任不同的角色模範。[3]

論到輔導關係，當然不能忽略羅哲斯 (Rogers) 的假設，羅氏強調在輔導過程中，有一些條件是必需的，而且又是可以促進當事人的性格改變的。首先，他指出除非當事人有機會處身於一個具治療功能的關係中，否則就難以改變和發展自己；而他所指的具治療功能的關係，包括了下列三項基要條件：

1. 真誠 (congruence)

2. 正確的同感 (accurate empathy)

3. 無條件完全的接納 (unconditlonal positive regard)

羅氏以上所作的假設，至今在輔導範疇中仍備受注意。事實上，羅氏強調這三個條件的重要性，同時將個人的理論建基於這三個條件之上，正是他對輔導的最大貢獻。不過，實際說起來，在學者們多年以來所作的理論假設中，我們會發現各人的意見雖有所差異，但亦頗多相同之處，表一嘗試將各學者的假設作比較，大家會發現縱然在字眼上或有不同，但羅氏所強調的三個基要條件是明顯地重疊出現的。

在羅氏的跟隨者中，杜亞士（Truax）和卡科賀夫（Carkhuff）對輔導關係所繼續作出的研究最多，其中值得重視的包括以下各項：

一、杜亞士發現在三個基要條件中，似乎真誠通常最早出現於兩人的關係中；換言之，真誠是關係的基礎。同時，他指出若期望當事人有進步，則在輔導關係中，最少要有基要條件中的兩項出現，否則就難以期望當事人有所改變。

二、羅哲斯認為輔導的三個基要條件都屬於輔導員的特性，或者說，都是輔導員所應持有的態度；但卡科賀夫則稍作修改，認為那些基要條件實在具有技巧的成分。例如在接納與尊重方面，卡氏提出了關注（attending）這一技巧，就是說輔導員透過使用語言和非語言的溝通，讓當事人感到自己的被接納和被尊重，例如在輔導時輔導員眼睛的注視，坐時身體的傾前、坐姿的開放自然，留心的聆聽和不中斷當事人作敍述等。

三、杜亞士和米曹（Mitchell）表示雖然正如羅氏所言，輔導員的態度的確是輔導關係中最具決定性的因素，但這並不就說他持有了某一種態度便一定可以對當事人有所幫助，因為透過研究，杜氏和米氏發現輔導關係亦可以導致相反的效果；那就是說，當事人在輔導過程中，有時會退步，有時甚至會蒙受傷害。這一發現，無疑是加強了輔導員的專業責任，固然會令許多輔導員感到不安，但卻又是每一位重視這專業的人不容忽視的問題；因為事實上，在一個如此親密的輔導關係中，輔導員對當事人的影響是必然的。我們關注的是那影響務必盡力保持正面，否則當輔導員不能幫助當事人的時候，就必然會傷害了當事人。故此，從事輔導專業者，一定要能作出責任的承擔，謹慎忠心地從事這嚴肅的專業。

表一

諮商員	真誠	正確的同感	無條件的完全接納					直覺的猜測
羅哲斯 –1961 (Rogers)	真誠	正確的同感	無條件的完全接納					直覺的猜測
艾德納 –1929 (Adler)			了解	友善的方法				直覺的猜測
可尼 –1942 (Horney)		了解	友善的興趣	友善的方法				
杜拉德與米勒 –1950 (Dollard & Miller)		同感	接納	精神上的自由				
巴利達－連拿德 –1959 (Barrett-Lennard)	真誠	同感的了解	無條件的尊重，尊重的層次	願意被人認識				
杜亞士 –1963 (Truax)	真誠	正確的同感	非佔有式的溫暖	簡潔具體				
美 –1966 (May)		同感	沒有威脅、安全的氣氛					
沃爾沛 –1967 (Wolpe)		同感	尊重	讓對方知道自己樂意服務				
卡科賀夫與巴瓤旬 –1967 (Carkhuff & Berenson)	真誠	同感	尊重	簡潔具體	個人分享	對質	即時此地	
德里尼與艾森拔 –1977 (Delaney & Eisenberg)	真誠和誠實	同感的了解	溫暖和接納	專業資格				
加事達 –1973 (Gazda)	真誠	同感	尊重和溫暖	簡潔具體	個人分享	對質	即時此地	
素莎與史東 –1974 (Shertzer & Stone)	真誠	同感	關注	融洽和諧的關係				
柏德遜 –1985 (Patterson)	真誠	同感	尊重和溫暖	簡潔具體				

四、在卡氏的研究中發現，雖然在決定輔導關係的取向上，輔導員本身所負的責任最大，但同時我們不要忽略當事人原來對這關係的取向，亦具有相當的影響力。例如一些善於玩弄人、擺佈人的當事人，就經常會影響到輔導員的態度和行為。故此，在專業上，輔導員又加增了責任，就是要小心監察，看看自己是否受制於當事人，而輔導過程的取向是否具建設性等。

五、在"同感"方面，杜氏改用了"正確同感的了解"，目的是強調這基要條件的成效很在乎輔導員是否能準確地將自己對當事人的了解向對方溝通。[4]

此外，學者們對羅哲斯的假設亦紛紛提出意見，例如在尊重這範圍內，學者對於羅氏所用的"無條件完全的接納"，就有不同的看法。例如亦金（Egan）不但像羅氏一般，相信當事人有能力更成功地生活，同時他更堅信即使當事人選擇去過一些具破壞性和傷害性的生活，他也應絕對尊重當事人的抉擇。[5]此外，又如比堅（Belkin）雖然同意"尊重"是包括了對當事人一種真摯和誠懇的接納，但他就曾經指出羅氏用的字眼太富爭論性，因而備受學者批評，故此他建議取消"無條件"等字眼。[6]而亦有學者提出在輔導的過程中，輔導員固然要對當事人保持尊重，但並不等於由始至終都要保持"無條件"的尊重；因為在整個輔導過程中，在當事人暢所欲言的表達自己後，極可能出現一些輔導員不能苟同的見解，而在一個具高度信任和尊重的關係中，輔導員為了要幫助當事人有積極的改變，在他有言與無言的反應中，他自然會表現出同意與不同意的態度，否則，就會違反了真誠的原則。[7]換言之，學者們同意輔導員一定要由始至終尊重當事人，但當輔導員對當事人認識加深後，很可能尊重的程度就會改變，極不可能像羅氏假設的理想。況且，尊重並不等於永遠認同當事人的意願。

其實，在這些爭議中，我們要留意這並非是能夠與否的問題，因為我們在輔導過程中對當事人尊重的程度，是基本上牽涉到輔導員對人的根本看法的。若一位輔導員持有如羅氏所擁護的絕對正面和樂觀的人生觀，他當然有可能做到"無條件的尊重"；但對於一些看人不如羅氏般絕對樂觀的人生，就自然會在過程中作出調適；至於那些持有相當負面和消極的人生觀的學者，情況就更加大異了。故此讀者在處理這一項基要條件時，很應該詳細作出省察，以期一方面可以較易決定自己的立場，同時，另一方面也可以清楚自己作決定的因由。

德里尼（Delaney）曾經嘗試將治療關係中輔導員和當事人之間的態度清楚作出解釋。首先他指出這關係包括了：(1) 輔導員對當事人的感受和看法，(2) 當事人明白輔導員對他的態度，(3) 當事人對輔導員的感受和看法。下表是要說明這些看法和感受的特徵：

表二

輔導員對當事人	當事人對輔導員
同感的了解	知道輔導員明白我的感受。
溫暖和接納	知道輔導員尊重我，他很仁慈，一點也不苛刻，是完完全全的接納我，故此我不會感到有威脅。
真摯和誠實	知道輔導員並不虛偽，也沒有戴假面具，而且是表裏一致地和我相交。
專業能力	知道輔導員有能力幫助我處理我的問題。

德氏指出除非輔導員可以很清楚感受到自己所擁有的基要條件，否則他就不可能自由舒暢地表達；能夠舒暢地表達，輔導員才可以清楚地與當事人溝通，才能夠讓對方知道輔導員對自己的態度和看法，當事人的反應，實在是很在乎輔導員的溝通能力的。同時，德氏還指出當事人對輔導員的印象，是與輔導員的行為直接有關的。[8]

羅哲斯（Rogers）在審閱不同的研究後作出總結，他認為對受導者有幫助和對受導者沒有幫助的關係，都各具特徵，故此他建議輔導員在進入一個輔導關係前，應先對下列十個問題作出自省：

1. 在受導者眼中，我是否很值得信賴及表裏一致？

2. 我能否毫不含糊地表達真正的自己？

3. 我可以對別人抱有積極的態度——能對別人表現溫暖、愛護、喜悅、關懷及尊敬嗎？

4. 我能否敢於與人分別出來？

5. 當別人抱有他獨特的見解時，我會感到不安嗎？

6. 我可否容許自己完全投入別人的感受，設身處地的為人着想？

7. 我能否接納別人？並且表達出這個態度？

8. 我能否敏於事而慎於言，言談舉止不致對人構成威脅？

9. 我能否不妄下批判，使人感到安全和自由自在？

10. 我能否不被自己或當事人的過去所束縛，而只是與這一刻存在的當事人相交？[9]

　　總結來說，輔導是一個相當複雜的過程（見表三及表四），輔導員務必要建立一個良好的人際關係，以期對當事人產生治療性的功能。在這過程中，輔導員需要留意和用心促進當事人的個人成長，為了要達到促進成長的果效，輔導員務必要對當事人的感受有敏銳的覺察，要嘗試深入了解對方。此外，輔導員對當事人的尊重、接納、溫暖和關注，是促進成長過程中最基要的條件。倘若輔導員真正能產生促進的作用，受導者就可以善用自己的潛能來表達到最美好的成長了。[10]

　　就我在理論學習與工作實踐上的所見所知，我相信輔導的過程其實就是一個良好的人際關係。在這關係中，尊敬、真誠、富於同感和表達簡潔具體等是輔導果效的關鍵；因為這四項基要條件，不但能促進輔導員和受導者之間關係的建立，同時，其本身就具有治療的功能。當輔導員和受導者彼此交接，而一個具治療功能的關係能夠出現時，輔導的過程就可以開始和發展了，由此受導者可以得到幫助、改變與成長。

　　在表三與表四中，我展示了自己的輔導模式。首先我要指出模式的基礎就是那四項具治療功能的基要條件，縱使這些條件的投進在程度上會有差異，但基本上，它們是必須自始至終地貫徹於整個輔導過程的，否則就會影響輔導過程的發展和輔導的果效。其次，我嘗試將整個輔導過程劃分為四個階段：預備階段、探討感應階段、行動階段和跟進階段。在預備階段中，輔導員要注意受導者的生理和心理狀態，表示關心。同時，也要留心聆聽，表示對他的尊重和信任。至於受導者，則必須要有一個希望改變的動機和心志，願意參與這個輔導過程。而基於這個動機，他由是願意與輔導員見面和交接，而且會嘗試開放自己和表達自己。如果這一點能夠成功的話，輔導的關係就已經有了一個好的開始，可以自然地踏進探討感應的階段了。

在探討感應過程中，輔導員最重要的任務是協助受導者作自由盡情的舒洩，以便找出問題的癥結所在。故此，我建議輔導員不要採取主動，除了為作適當的感應或為促進探討而在語言上有所表達外，不應該主動發問和節外生枝地自己開創話題。其實，在探討問題癥結的過程中，輔導員往往應該處於被動的地位，作受導者的跟隨者和支援者。在個人的經驗中，我發覺受導者受困擾的問題的癥結，就像一個他自己所埋藏的寶藏，只有他才知道所在地。故此，在探討感應的過程中，我會盡力留心聆聽，以便作出適當的感應，協助他繼續深入探討。同時，若有需要，也會協助他作出澄清與了解統合，或者是作資料消息的提供，以便他早日可以清楚自己的境況，並發掘出問題的癥結。

在個人的模式中，當受導者找出問題的癥結時，那就達到了輔導過程中的一個重要轉捩點。因為在隨着的行動階段中，不但受導者要較前更活躍，甚至輔導員也有別於前一階段，變得活躍起來，在必要時，甚至可能會適當地採取主動。例如在輔導未成年的青少年和兒童時，在關注他們美好發展的大前提下，總是難以避免有需要作出觀念和價值觀的修正，和適當的指引和教導。尤其在教育場所進行輔導工作時，無論就教育宗旨或學生家長的期望來看，可以說是不爭的事實。不過，這些指導性的成分絕對不應該過重，同時，要隨着受導者年歲的遞增而減少，好讓他們可以逐漸學習承擔個人行為的責任和鍛煉獨立自主的能力。但無論如何，我要強調的一點是，以上的論

輔導的過程（表三）

輔導員
的態度

具治療功效的基要條件

同感 ── 尊重 ── 真摯 ── 簡潔具體

預備階段

關注聆聽

(1) 身體關注
(2) 心理關注

探討感應階段

關注聆聽，對受導者之探討作出感應，協助達到了解、統合

(1) 身體關注
(2) 心理關注
(3) 個人分享
(4) 即時此地之對話
(5) 對質澄清矛盾
(6) 幫助受導者清楚自己的感受
(7) 幫助受導者具體地整理問題，並將問題個人化
── 處境和難題

找到問題癥結

行動階段

協助受導者積極地改變態度與行為

(1) 身體關注
(2) 心理關注
(3) 個人分享
(4) 即時此地之對話
(5) 行動與改變

a. 幫助受導者清楚自己的價值觀
b. 確定終極與急切的目標
c. 了解、衡量環境中的阻力與助力
d. 訂定最急切最直接的行動
e. 計劃、方法、技巧與步驟
f. 確認或建立支持系統
g. 社區資源之發掘與運用
h. 激發受導者採取行動
i. 評估、修正與督導
j. 在已奠定之基礎上，繼續行動
k. 作更大的改變

鼓勵與支持

結束常規面談

跟進階段

(1) 身體關注
(2) 心理關注
(3) 評估督導
(4) 激勵、支持受導者邁向成長

具治療功效的基要條件

輔導員的態度：尊重　同感　真摯　簡潔具體

階段：預備階段　探討感應階段　找到問題癥結　行動階段　結束常規面談　跟進階段

輔導員的活動

預備階段
(1) 身體關注
(2) 心理關注

關注聆聽
(1) 身體關注
(2) 心理關注
(3) 留心聆聽，表示尊重與信任

探討感應階段

A. 探討感應
(1) 身體關注
(2) 心理關注
(3) 個人分享
(4) 對質澄清矛盾
(5) 即時無間的對話

找到問題癥結
(1) 身體關注
(2) 心理關注
(3) 個人分享
(4) 對質
(5) 即時無間的對話
(6) 必要時作適當的指引和教導的對話

行動階段

協助積極的改變與行動，促進成長
(1) 協助受導者清楚自己的價值觀
(2) 協助受導者確定終極與即切的信念
(3) 協助受導者校正錯誤的信念
(4) 協助受導者衡量環境中之阻力與助力
(5) 協助受導者決定應有之改變
(6) 協助受導者選擇達到目標之途徑與技巧
(7) 激發受導者採取行動
(8) 評估進度

　a 對受導者之努力作出讚賞，並肯定達到的成果
　b 適當之鼓勵與支持
　c 必要時之對質
　d 支持系統的建立　社區資源之發掘與運用
　e 查察有無特別的難處與新的阻力
　f 支持受導者在已有基礎上繼續行動　實際作出調整與修正

跟進階段

協助成長
(1) 評估進度
(2) 督導
(3) 鼓勵支持

輔導員的工作

B. 協助達到了解統合
整合統合
(1) 協助受導者對己之了解
(2) 確實地闡明難題，即作出調

受導者的活動

願意參與
(1) 與輔導員互動，並開放自己嘗試用語言與非語言方法表達自己
(2) 嘗試用語言與非語言方
(3) 嘗試表達個人所關注的事物

A. 表達自己
(1) 開放自己訴說自己的心事
(2) 傾訴個人所關注的事物
(3) 用語言與非語言方法傾訴自己
(4) 自由而盡情地抒發自己

B. 個人探討
(1) 探討即時此地的情況
(2) 探討即時此地的意義
(3) 探討即時此地的感受
(4) 探討導致感受的原因

C. 了解自己
(1) 個人化的意義
(2) 個人化的感受
(3) 個人化的難題
(4) 個人化的目標

積極行動
(1) 開放自己作適當的改變
(2) 界定目標
(3) 選定行動
(4) 建立行動步驟
(5) 採取行動
(6) 評估和反省，向輔導員匯報
(7) 在輔導員協助下繼續行動

成長伸展
(1) 行為改變
(2) 全人發展
(3) 邁向成長

點，並不表示我們可以隨便剝奪了受導者的權利而任意給意見和代作決定。總的來說，在我看來，尊重、同感、真誠和簡潔具體這四項基要條件，的確是對任何人都會產生治療性的果效的。但在行動階段，在面對不同的受導者時，輔導員就有需要按個別的差異而作出適當的調整和處理，最終的目的，都是為了要協助對方在輔導關係中獲得最大的益處。以致有積極的改變，得以有機會邁向成長的大道。

"成長"一詞，在我的模式中極為重要，故此在此會作一點解釋。在不少人眼中，"成長"似乎是一個相當抽象的名詞。不過，在輔導過程中，我覺得這名詞是相當具體的。因為在輔導過程中，由於輔導員是一位受過輔導專業訓練的人，在他的協助下，我會假設受導者嘗試改變的取向應該是正確而具建設性的。故此，在行動階段，倘若受導者在態度和行為上有所改變，那些改變，就是成長。

$$\frac{方向正確、具建設性}{態度和行為改變} \longrightarrow = 成長$$

透過輔導關係，受導者在輔導員的協助下，通常會更加認識和了解自己、肯定自己，同時，他也有機會發揮自己的潛能，有效地面對困擾和處理問題，而這些改變和學習，就為他提供了成長的一課，不過，當這課程終結時，他的自主權應該交還給他。換言之，當受導者認為輔導過程可以告一段落時，我們就可以結束常規性的面談。但是，一週一次或一週兩次的常規面談雖然已經停止，為了保證受導者可以繼續改變與成長，一般來說，輔導員最好是能夠安排一段跟進階段。至於這階段的長短，仍然要就個別個案的性質和情況來釐定。例如我們可以以三個月或一年為限，每隔一個月或兩個月進行一次簡短的匯報和面談，然後作出評估，看看是否要加以督導，或者是給予適當的鼓勵和支持。在許多實際情況中，這期限是相當有彈性的，通常輔導員會按照受導者的穩定程度和進步情況而隨時作調整，硬性死板的期限，不一定有意義。

註釋

1　Robert R. Carkhuff and Benard G. Berenson, *Beyond Counseling and Therapy* (New York: Holt Rinehart and Winston, 1967).

2　Charles B. Truax and Kevin M. Mitctchell. "Research on Certain Therapist Interpersonal Skills in Relation to Process and Outcomes," in *Handbook of Psychotherapy and Behavior Change* (New York: John Wiley & Sons, 1971).

3　K. Daniel O'Leary and G. Terence Wilson, *Behavior Therapy* (Englewood Cliffs, N. J.: Prentice–Hall, 1975), 342–345.

4　Charles B. Truax, Robert R. Carkhuff, *Toward Counseling and Psychotherapy* (Chicago: Aldine,1967), 23–79.

5　Gerard Egan, *The Skilled Helper* (Monterey, California: Brooks / Cole, 1975), 96.

6　*Gary Belkin,* Practical Counseling in the Schools (Iowa: William C. Brown, 1975), 114.

7　Lawrence M. Brammer, *The Helping Relationships* (Englewood Cliffs, New Jersey: Prentice–Hall, 1973), 34.

8　Daniel J. Delaney and Sheldon Eisenberg, *The Counseling Process* (Chicago: Rand McNally, 1972), 51

9　Carl R. Rogers, "The Characteristics of a Helping Relationship," *Personnel and Guidance Journal*, 37 (1958), 6–16.

10　John J. Pietrofesa, George E. Leonard and William Van Hoose, *The Authentic Counselor* (Chicago: Rand McNally, 1978), 52.

第二節　具治療功能的基要條件

2.1　同感（Eympathy）

《春望》　杜甫

"國破山河在，城春草木深。感時花濺淚，恨別鳥驚心。

烽火連三月，家書抵萬金。白頭搔更短，渾欲不勝簪。"[1]

　　以上的一首詩是詩人杜甫於蕭宗至德三年的春天所作的，那時是作者流落長安的二年，而當時長安城已陷入安祿山之手。杜甫在一個美好的春日裏，登高遠望而感傷國事，於是寫下這首表現了憂國憂民之心的詩來。讀者讀了杜氏這首詩，自己有甚麼感受呢？當我再略述作者當時的處境後，你可否代入其中，嘗試感受一下當時詩人的情懷感受呢？

　　司馬溫公曾說："古人為詩，貴乎意在言外，使人思而得之。如'春望'詩'國破山河在'，明無遺物矣；'城春草木深'，明無人跡矣。花鳥平時乃可娛之物，見之而泣，聞之而悲，則時可知矣。"的確，中國的詩詞之美，往往是貴在意在言外，就以此詩而言，短短八句，四十個字，但讀後我們很能感受到詩人的感傷時局，並對家人的深切掛念；憂傷與焦急之情，洋溢於文字間。至於著名的元曲，亦具同樣的特質，例如馬致遠的《天淨沙》：

"枯藤老樹昏鴉，小橋流水人家，古道西風瘦馬，

夕陽西下，斷腸人在天涯。"[2]

馬氏小令多清遠，此曲亦如是，其作風如以淡墨禿筆作小幅山水，雖寥寥數筆而意境無盡，蒼茫蕭瑟，韻味無窮，讀之令人深深感受到遊子浪跡天涯的那份落寞淒愴的心境，很自然地就會感染了作者心頭那份沉重。

正如前文所說，中國詩詞貴乎意在言外，而且往往不外露，含蓄蘊藏之中，往往寓意於物，或寓情於景，讓讀者自己細心去領悟。事實上，這一切不單只是中國詩詞的特質，同時也是中國人溝通的特徵。在多年輔導的工作中，經常發現國人在表達個人心意，或個人感受時，都深受中國文化的影響，若與西方人作比較，的確是偏於含蓄；而寓意於物與寓情於景的做法，更加是經常採納的表達方式。例如一個人遭遇了一個很大的意外，在這大衝擊中感到很震驚、徬徨、有措手不及的感受，但他在輔導員的協助下作探討時，若輔導員要他訴說自己的感受，他可能只是簡單地說："我真感到晴天霹靂似的！"又例如一位年輕人很不滿意自己的境況，很想作改進，當輔導員與他澄清個人的動機時，他也很可能只是說："我當然是希望自己可以流芳百世，而絕對不願意遺臭萬年的。"

對於前述的兩個當事人所作的回應，身為輔導員的，若要達到同感，可真不太簡單。固然，倘若我們對自己中國的文化有一定的認識，是會有相當的幫助的，不過為了達到同感，我建議大家繼續引導當事人將"晴天霹靂"和"流芳百世"，"遺臭萬年"等詞語作出詳細具體的描述；換言之，是要求當事人具體地說出這些詞語背後所代表的感受。這在輔導過程中，我發覺是一個很重要的程序。因為當一位當事人用一些詞語概括自己的感受時，往往是相當粗略和含糊的，若要求他們具體簡潔地詳細再作敍述，可以幫助他對自己

的感受有更清晰的了解，同時，也可令他的感受更加個人化；那就是説，他可以具體把握着那些複雜卻又實在的感受。而對輔導員來説，經過了這一步驟，我們要達到正確的同感就比較容易了。

不過，從另一角度來看，"意在言外"的溝通方法卻並非只是中國人才用的表達方法，上文的討論，只是想説明那是中國人較多接納的方法而已。事實上，任何一個人在進行溝通時，很難做到百分之百的顯透；換言之，在任何人的言語溝通和非語言溝通之外，往往有不盡之言。而人們溝通之所以如是，有時是故意，但往往亦會是無意識下造成的。故此在輔導中，身為輔導員的，要進行全面的聆聽時，就絕對不能不敏鋭地觀察，看看有沒有言外之意和未盡之言，這樣，我們才能全面地了解當事人的感受和看法，才能達致同感的了解，然後才可以有效地將我們的同感傳達給對方。

2.1.1　甚麼是同感？

有許多人將同感和普通的了解（understanding）混為一談，故柏德遜（Patterson）曾就此詳細解釋兩者的不同，他指出了解是我們對一些事物主觀的認識，至於同感，則並不只是對當事人有一定認識，而是能體會到他的感受，體察他的思想，了解他如何看自己、如何看周圍的世界。柏氏更加強調，同感的了解不從客觀或外在的參照標準來看事物，而是輔導員放下自己個人的參照標準，設身處地的從當事人的參照標準來看事物。[3]

共鳴同感並不包括與當事人認同，這一點在羅哲斯（Rorers）的定義裏很清楚，他説："同感是對當事人的內心世界有準確以至於有如親驗的了解，要感受當事人的內心世界，如感受自己的一樣，這就是共鳴同感了。"[4]

而杜亞士（Truax）和卡科賀夫（Carkhuff）則指出同感是心理治療過程中最主要的成分。所謂同感，就是在輔導過程中，治療員不但有能力正確地了解病人的感受，和那些感受包涵的意義，同時還可以將他這種體認向病人傳達，而因此就能夠促進病人對自己個人的感受和經驗達致更深的自覺和認識。[5]

論到同感，德里尼（Delaney）和艾遜拔（Eisenberg）表示那是指輔導員可以從當事人的説話推論出他內心的感受、信念和態度。[6]而巴利達—連拿德

（Barrett–Lennard）的看法與德氏艾氏的很一致，強調言語背後所隱藏的信息；他清楚地提出輔導員必須要有能力從當事人的說話中歸納出言語背後所包涵的意義。[7]

至於巴杜費沙（Pietrofesa）和他的同僚在談到同感這一課題時，首先指出同感的過程是發生在一個很敏感和親密的關係中，其後隨着輔導過程的發展，輔導員逐漸增加對當事人內心世界的認識；換言之，無論是當事人當前經歷的感受和觀感，或者是當前被壓抑和被否定的感受，並其中所牽涉的個人意義，輔導員都應要取得相當的體認，他還要懂得將這一切向當事人溝通，好讓對方可以對自己有更正確的認識。[8]而波查（Blocher）就從一個新的角度來看同感，指出在輔導關係中，同感包括了智性和情感的成分；他認為同感這觀念，包括了輔導員有能力去體會當事人的感受，也可以敏銳地、正確地了解這些感受所代表的意義，而更重要的就是他要有能力將這些從治療過程中所得的了解傳達予當事人，而這種同感的了解，就會促進當事人對自己作出更實際透徹的探討，以致最後能對自己產生了更大的自覺，因而增加對自己的認識。[9]

要達致同感的了解，我認為輔導員或治療員首先要能夠放下自己的參照標準，而將自己放在當事人的地位和處境中來嘗試感受他的喜怒哀樂，經歷他面對的壓力，並體會他作決定和導致行動表現的因由；而隨着輔導過程的發展，輔導員對當事人的內心世界應逐步有更深切和正確的了解，猶如感受自己內心的一切。在整個過程中，最困難的一點是輔導員要有能力去了解當事人的感受，了解他所述說的事件，及這些事件對他當今的人生處境和將來生活所可能產生的影響。除了理解之外，輔導員還要有能力透過不同的溝通方式，將自己取得的同感傳達給對方。

在輔導關係中同感的了解的確十分重要，因為在同感的了解當中，不但是我們在嘗試了解當事人，與他產生同樣的感受和體驗，同時，也是我們在協助他進行自我表達、自我探索和自我了解；因為當我們的回應是具有同感的時候，通常當事人會感到我們很明白他，從而有一種舒暢和滿足感，而這種感受會促進他繼續作表達和剖白；情形就像我們好友重逢時，話語投機，在很深的默契中傾談，自然就會出現酒逢知己千杯少的情況。不過，很可惜，我們往往習慣了主觀地看事物，往往以自己的經驗和領受來作判斷，於是結果不但會對他人的所為所思作許多批評，同時也因為先入為主的緣故，我們早已有許多既定的標準，以致很少能夠接納當事人的看法和立場。故此，我們應該留意自己不能達到同感的原因，例如可作點自省的功夫，嘗試問問自己：

我是否主觀很強？

我是否很關閉，抑或有開放接納的態度？

我是否對當事人有適當的關懷？是否願意進入他的內心世界去分享分擔他的人生悲喜？

文化傳統、社會習尚、倫理道德和法律條文等，是否成為我生活的許多框框——我自己被困其中，而同時我也不讓我的當事人有所超越？

為了可以幫助當事人，我能否放下自己個人的參照標準，進到他的內心深處來嘗試達致最大的同感？

事實上，要關懷一個人，就要了解他。但要達到了解，就必須先進入他的情緒和思想領域中，以他的眼光去看"他的世界"，以他的心情去體會他的心情，而且，也以他的思想推理來思想他的一切。當然。要能這樣做，不是容易的事，但卻是必需的。例如一位十八歲的美麗少女來見你，在輔導過程中，她憤憤不平地訴説自己的母親蠻不講理，干預她與一位四十二歲的經理結婚；聽了她的敍述，我們可能很難相信她會愛上一位比她年長二十多歲的男子，可能會感到很奇怪。但倘若我們嘗試投入她的處境和身分當中，當自己是一位早年喪父的女孩，長期渴望父愛，而這位經理，不但以男友身分出現，同時他的穩重慈祥，他對女孩的細心呵護，都恰巧滿足了女孩的期望與需要……。當我們放下主觀的看法，設身處地的投入時，同感的了解往往就會自然出現了。

最後，在同感的認識上，我們要有能力分辨同感與同情（sympathy）的差異。除了上述各學者對同感的解釋中已指出的之外，若將二者作比較，我們當發覺同感還有一個特別處，就是當同感出現時，給予者與接受者的地位是相等的，並無高低之分，同時，彼此不一定有所認同。至於同情，則施與受雙方往往是處於不同的位置上的；例如，我可以告訴你雖然我理性上知道無限制地收留越南難民是不可能的事，但我仍然很同情他們的遭遇。我能告訴你我同情他們，首先我是認同和分享了他們的苦難，而同時我又處於一個較優越的地位，因為只有這樣我才有"資格"去同情他們。

不過，在此有一個文化上的差異，我是要順帶一提的，那就是在英文中，"sympathy"的意義純是同情，但中文的"同情"卻是包涵了同情和憐憫雙重的意義，大家一定要加以留意。亦就因這一點，我們更該弄清楚在輔導過程中我們極需要培育同感，但卻絕對不要有同情的出現。因為當一個人在危難痛苦中，他所需要的是同感的了解，而絕對不是同情與憐憫。有些人帶有錯誤的觀念，以為當事人很渴望輔導員的同情，但其實不然。因為當事人要別人幫助時，通常在那一段時期自我形象會偏低，而且常常過分敏感，害怕別人輕視他，倘若我們身為輔導員，帶有同情憐憫的心態，是會對輔導關係有損無益的。在近代的社會服務工作中，無論是政府或是志願機構，大多數已改變過往不收費的方法，而代之以收取廉宜合理的費用，其中一個主要的意義就是避免當事人產生負面的心態，希望他們在付出些少金錢後，不會有接受施捨的感覺，而可以安然地享受他付出代價後應得的權利和機會。

2.1.2　同感的傳達

在上文中我指出若輔導員只是明白當事人的感受、信念和價值觀是不夠的，相等重要的另一點，是他要懂得將他觀察所得傳達給對方。

例如一位十六歲的男孩滿臉愁容地來找學校的社工，告訴社工他自小父親就不知所蹤，他一直以來與母親相依為命；但不料最近母親被證實患了癌症，要到醫院留醫，醫生還說她的病情相當惡劣，預計將不久於人世。相信負責這個案的社工在作探討感應之後，會明白當事人內心很傷痛、很無助，但他除了明白了解外，還有更重要的一步，就是要準確地將所感受了解的一切傳達給當事人。故此，面對着這將要喪失慈母的青年人，輔導員可以說：

"這意想不到的打擊一定令你感到恐懼不安。我明白你現在很痛苦，想設法挽救，卻又似乎無能為力，故此感到很無奈。在孤單無告中，你內心一定還有許多的忿怒，因為你覺得上天很不公平，很快連你唯一親愛的母親也要奪去。"輔導員這番話，對當事人來說，很具促進作用，因為他清楚地表達了自己同感的了解，這對當事人來說，是極之寶貴的；尤其像這個案中的青年人，實在是在無告中充滿孤單感，如果突然出現一個如此了解、體諒他的成年人，願意陪伴他一同去經歷和面對人生的苦難，實在會令他感到溫暖和安慰；這具治療功能的過程，會幫助他產生較大的力量來迎接當前的苦難。

有人可能會說："我也相信準確的同感功能很大，但甚麼是準確的同感呢？"這是一個很好的問題，但若要解釋得清楚，卻不是容易的事；相信若採用卡科賀夫（Carkhuff）的尺度來加以說明，會較易明白。其實，在 1961 年，杜亞士（Truax）首先發展了一套實驗式的計算尺度來測量同感的正確度。[10] 其後卡科賀夫將其作了修改，改變為一個五個層次的制度來測量輔導關係中輔導員所達到的同感了解。[11]

輔導員	同感的層次	五個不同的層次	感受	程度	內容
一	5	你一向成績很好，從來沒想過會考會不及格，故此特別感到失望與難過，也有點氣憤；與父母商談後，似乎非重讀不可，但自己實在有點不甘心，故此內心很矛盾。	✓	✓	✓
二	4	因為會考不及格，所以你感到很失望、很難過，也不清楚前面的路該如何走，心中很混亂。	✓	✗	✓
三	3	因為會考不及格，所以你感到很失望、很難過。	✓	○	✓
四	2	你一向成績很好，但想不到會考卻失敗了。	○	○	✓
五	1	你為甚麼感到如此悲傷呢？	○	○	○

在卡氏的尺度來看，在第一層次的回應中，輔導員似乎根本沒有留意當事人所說的話，而他問當事人為甚麼感到如此悲傷，是個十分不適切的問題，充分反映了他不但沒有留心傾聽，而且還完全忽略了當事人所表達的重要感受。

在第二個層次，輔導員的回應雖然在內容上是和當事人表面所言一致，但可惜他只領略當事人十分表面的感受，故此在回應中就只有內容上的複述，缺乏了感情的要素；而從他的回應中，充分反映出他的聆聽不很準確，以致了解得不夠全面。

卡氏曾經指出，若要在輔導過程中產生治療性的功效，治療員最低限度要能達到第三層次的共鳴同感。而在這例子中，我們可以看見輔導員在此一層次的回應是與當事人所表達的意義和感受協調一致的，他的回應顯示他對當事人表達的表面感受有正確的了解，但他仍是未能對當事人較深的感受作出回應。大致來說，第三位輔導員雖然沒有能力對隱藏於言語背後的感受作回應，確有不足之處，但基本上，他的回應已對當事人產生了治療性的功能。

至於第二位輔導員，由於他達到的同感相當深，故此在他的回應中，他所表達的感受，是深於當事人所能表達的。換言之，由於輔導員可以將當事人深藏於言語背後的感受也表達出來，故此，當事人因此可以經歷和表達早期未察覺和未能表達的感受，同時，也因此可以掌握到這些感受背後的涵意。

第一位輔導員，做到了最準確的共鳴同感，在他的回應中，無論在表面或深入的感受上，都很準確。在這例子中，他不但明白當事人很失望難過這表面的感受，甚至是很深入的，如氣憤、不甘心和矛盾等，也作了準確的回應。卡氏表示，在這層次作回應的輔導員可說是已經和當事人混成一體了，或者又可以說，他已和當事人完全調準了音波，以致可以掌握並向當事人傳達全面而正確的同感了解。[12]

在輔導關係中，很可能有時我們不太肯定自己的了解是否正確，是否達到真正的同感？若有這種情況出現，我們可以用嘗試性、探索性的語氣來表達，同時亦可邀請當事人作出修正。羅哲斯（Rogers）也曾表示，為了保證自己的同感正確，產生治療性的效果，他建議輔導員應在輔導過程中經常向當事人查驗自己所把握的同感是否正確，以便隨時作出調整。[13] 下面是一個典型的例子：

輔導員：我雖然不敢肯定，但倘若我沒有聽錯，似乎你對媽媽的囉嗦態度相當反感，但又敢怒不敢言，對不對？

當事人：不！我不同意你的說法……，我們的關係並不如此差。

輔導員：噢！對不起，我可能聽錯了，但由於這一點很重要，我希望你能具體舉些例子，好讓我更清楚你對媽媽的感受。

（當事人在輔導員的協助下，列舉了幾個與母親相處的例子，於是輔導員對他的同感了解便得以加強了。）

有一部分輔導員，基於自信不足，害怕這種表白會令當事人對他失去信心，於是就算自己對所擁有的同感了解有所存疑，也不敢表達，但其實這是不必要的。因為倘若我們要求自己在整個輔導過程中每一時刻都完全有同感，實在是過高的理想。再者，若我們不肯面對自己的一知半解，一方面固然達不到真誠的要求，這本身就已是一個弊點了；另一方面來說，當我們肯坦誠地作出表達後，就可以澄清一些誤解和偏差的地方，於是就可以幫助自己在這過程中對當事人認識得更清楚，促進對他的同感了。而且，事實告訴我們，若我們表達得當時，當事人不但有機會指出我們誤解或忽略的地方，同時，他們會欣賞我們的那份真誠，以致彼此的信任加強，關係更形密切。

2.1.3　如何促進同感？

要達致同感，包括以下三個步驟和條件：

一、當事人樂意讓輔導員或治療員進入他的內心世界，而且嘗試將他個人的看法和感受向輔導員傳達；同時，輔導員亦必須對他所傳達的抱着接受的態度。

二、輔導員願意站在當事人的位置，扮演當事人的角色。故此，他可以準確地感受到當事人的內心世界，可以從當事人的觀點角度來看事物和感受事物。

三、透過語言或非語言的表達，輔導員必須能表達出自己對當事人的了解。[14]

柏德遜曾經指出輔導員和當事人之間的差異往往是達到同感的阻礙，他認為彼此在性別、年歲、宗教、社會經濟地位、教育水平，與及文化上的種種差異等都會阻礙同感的發展。不過，他也提出人生經驗的豐富，生活面的寬廣，都可以促進我們對不同的人產生同感。記得在我起初接受輔導訓練的時候，柏氏就已經提醒我們每一位同學，在繁重的課業以外，還要盡量抽時間看電視、看電影、閱讀報章和暢銷小說，同時，對於詩歌、文學作品，以及社會的政治、經濟、文化狀況都要努力作涉獵，以期拓闊自己的生活面，加深自己對社會和人性的體會。柏氏的一番教誨，到今天我自己工作多年後，更加覺得實在和寶貴；因為要輔導工作有果效，除了在專業的學科要有鑽研和心得之外，我們本身的人生閱歷，與我們本身生活的深度和廣度，實在都是有着極之密切的關係的。再者，我也發覺大學四年中國文學的培訓，尤其在詩、詞、歌、賦方面的訓練，的確有助自己對事物的觀察和體會，有助自己領略到當事人言外之意，促進同感的出現。

輔導員的人生經驗豐富，對他的工作有許多實際的助益，他除了可以較易明白當事人之外，也通常不會將人定型，因為他知道世界有如萬花筒，千奇百怪的人都有，而且，每個人的經歷遭遇都不相同，以致人人都有獨特的性格、行為和心態。這樣的一個領悟，很能幫助輔導員接納和尊重當事人，使他在不作批判的情況下有同感的產生。不過，年紀輕輕的輔導員可不必為此而感不安，要留意的還是我們要有高度的自覺，自知之明會幫助我們設辦法補足個人的欠缺。例如，一位出身富裕家庭的社會工作者，若要有能力在工人階級中做輔導工作，他很需要預先做一點準備工作，對工作對象的生活有較全面的認識和體驗。談到這課題，有人建議工作者親身作體會，例如，在這例子中，前述的社會工作者就應該到工人階級的家庭中寄居一個時期，以便設身處地來感受。不過，這雖是可行的方法，但流於過分理想；就如我們都知道當輔導員和當事人的年歲越相近，經驗越相近時，就越容易促進彼此的了解，但這假設一方面本身有許多流弊，另一方面也是理想化的意念，因為事實上我們無法堅持這個原則。當然，倘若已肯定自己會在某特定的人口中工作時，我們可以作這種理想的準備，但相信在一般情況中，倘若我們在一般的問題上透過不同的途徑來充實自己，再在某些特殊範圍，加倍努力作體認和涉獵，該是較實際的方法。

2.1.4　欠缺同感的流弊

倘若輔導員不能達到同感，換言之，倘若他不了解當事人時，輔導的過程就一定會受阻，最常見的是：

一、要是當事人覺得輔導員不明白自己時，就會覺得他並不關心自己，於是會感到很失望、很沒趣，自我表達就會減弱，甚至中止。

二、輔導員沒有同感，往往是未能放下主觀，結果就會產生對當事人作批評的情形，導致當事人的反感和受傷害，以致輔導關係不能繼續發展。

三、當輔導員不能充分了解當事人時，會作出不適當的回應，影響了當事人的自我探討，結果往往將他扯離重要的課題，無法促進他的自我了解。

四、基於主觀和缺乏了解，輔導員結果可能為當事人提供不適當的方向和資料。

五、倘若當事人察覺輔導員對他沒有同感的了解時，很可能以後就不再來接受輔導。

2.1.5　觀察能力與敏感度的訓練

為了避免輔導關係受阻，輔導員一定要努力操練自己，以期在輔導工作中可以產生高度的同感，來促進治療的功能。針對這個問題，德里尼等提議輔導員致力在觀察力方面作練習，他們有以下的建議：

一、從當事人的行為，包括他語言與非語言的表達來找尋線索，是促進了解的有效途徑。

二、從當事人的說話，特別是用詞方面着手，可以協助我們對當事人有較準確的了解。例如要是一個當事人在言談中，不但表現得很消極，而且還用了很多負面的字眼，如"無可奈何"、"聽天由命"、"生不如死"和"殘酷"、

"可怕"等，我們就應該敏銳地對他的情緒狀況有一定的掌握。

　　三、加強和豐富個人的字彙，以便對各種感受有更清楚的體認。

　　四、留意當事人語調的緩急高低，逐漸地，你會懂得作出一些歸納。例如當一個人憤怒時，聲量會很大，吐字會很急，有時還甚至會叫喊；而那些抑鬱的人，聲調通常很輕柔無力，甚至難以分辨。不過，這些歸納只是一般性的，在面對不同的當事人時，一定要留意每個人的獨特性。而事實上，的確有些人是例外的。例如我就曾經碰過好幾個當事人，在他們發怒時，他們的聲調是最平板的，而聲音較平時還要低。此外，也有人在狂怒中是默不作聲，不但不會有侵略的行為，相反地，還會表現得很退縮，甚至孤立自己。

　　五、透過對當事人非語言行為的觀察，我們可以促進對當事人的了解；當事人的面部表情、眼神、手部動作和坐姿等等，都是很好的線索。例如抑鬱的人的頭部往往下垂，而雙目不但眼神呆滯，而且會死盯着地板某一點，不作移動。至於焦慮者和緊張者，通常就會不斷絞扭雙手，或在椅子中扭動，坐立不安似的。

　　六、學習作邏輯的推斷。例如一位少年人告訴輔導員由於父親又再酗酒，故此他就下決心搬離了家庭。倘若除了這些資料外，再沒其他資源，我們就以手頭所擁有的，也可以想像得到那孩子必定感到恐懼、失望、傷心和失落，因為情理上，在類似的情況下，人們往往會產生這種種的感受。[15]

　　此外，在日常生活中，我們若能爭取機會，在不同的環境中操練自己的敏感度和自覺，以加強對人和對事物的敏銳能力，也是增強個人同感能力的有效方法。同時，透過對同感的了解，不少受訓學員認為可以因此而減少了對他人和對事物隨便作出主觀批判與責難的態度，有助於對人的接納和尊重。

2.1.6　輔導員本身與同感的關係

　　最後，我想討論一下輔導員本身和同感的關係，羅哲斯（Rogers）認為一個有較好統合性格的人通常能為當事人提供較深層次的同感，他認為輔導員要身心舒暢，相信自己可以與人相處。[16]而寧士（Lins）的研究也支持羅氏的說法，他的研究顯示輔導員的自信和他能提供的同感與其他治療條件，有密切的關係。[17]

告魯民（Gurman）在 1972 年的研究亦指出那些心境愉快的輔導員是更加能夠促進當事人的改變的，同時，那些對自己的人生感到滿足的輔導員，亦較能正確地了解他們的當事人。[18]

論到輔導員的資歷，慕倫和亞比利士（Mullen and Abeles）曾指出輔導工作經驗的累積有助輔導員在輔導關係中提供較高層次的同感。[19] 至於希頓（Hayden）和巴利達—連拿德（Barrett－Lennard）也都發現經驗豐富的輔導員可以為當事人提供最高層次的同感，同時也可以很準確精細地將自己的同感傳達給當事人，以致他們可以產生最大的改變。[20] 基於上述各學者的看法和研究結果，我們知道經驗的累積可以切實幫助我們加深共鳴同感，故此，工作不久的輔導員千萬不要躁急，也不要對自己有甚麼苛求，工作的閱歷會逐漸加強我們在這方面的能力，只要我們按部就班，盡力而為，就應該可以心安理得了。其次，上面的論述，也再一次提醒我們注意自己的人生成長。因為無論各理論所強調的是統合性格，是身心舒暢，是對自己人生感到滿足，抑或是擁有自信，總的來說，還是在要求我們身為輔導員的要有健康美好的成長，面對這挑戰，你的回應是甚麼呢？

註釋

1　《唐詩三百首》。

2　《散曲叢刊‧東籬樂府》。

3　C. H. Patterson, *Relationship Counseling and Psychotherapy* (New York: Harper& Row, 1974), 50.

4　Carl R. Rogers, *On Becoming a Person* (Boston: Houghton Mifflin, 1961), 284.

5　Charles B. Truax and Robert R. Carkhuff, *Toward Effetive Counseling and Psychotherapy* (Chicago: Aldine, 1967), 285.

6　Daniel J. Delaney and Sheldon Eisenberg, *The Counseling Process* (Chicago: Rand McNally, 1977), 52.

7　G. T. Barrett－Lennard, "Dimensions of Therapist Response as Causal Factors in Therapeutic Change," *Psychological Monographs,* 76.43(1962), 3.

8　John J. Pietrofesa, Howard H. Splete, Alan Hoffman, and Diana V. Pinto, *Counseling: Theory, Research, and Practice* (Boston: Houghton Mifflin, 1978), 186.

9　D. H. Blocher, *Developmental Counseling* (New York: The Ronald Press, 1966), 146.

10　Truax and Carkhuff, *Toward Effective Counseling and Psychotherapy,* 46−58.

11　Robert R. Carkhuff, *Helping and Human Relations,* Vol. II (New York: Holt, Rinehart and Winston, 1969), 315−317.

12　Truax and Carkhuff, *Toward Effective Counseling and Psychotherapy,* 46−58.

13　C. R. Rogers, "Empathic: An Unappreciated Way of Being," *The Counseling Psychologist,* 5.2(1975), 2−10.

14　Patterson, *Relationship Counseling and psychotherapy,* 52.

15　Delancy and Eisenberg, *The Counseling Process,* 53−54.

16　Rogers, "Empathic," 2−10.

17　T. Lins, "Counseling Relationship as a Function of a Counselor's Confidence," *Journal of Counseling Psychology,* 2(1973), 293−297.

18　A. S. Gurman, "Therepist's Mood Patterns and Therapeutic Facilitativeness," *Journal of Counseling Psychology,* 19(1972), 169−170.

19　J. Mullen and N. Abeles, "Relationship of Liking, Empathy and Therapists Experience to Outcome of Therapy," *Journal of Counseling Psychology,* 18(1971), 39−43.

20　B. Hayden, "Verbal and Therapeutic Styles of Experienced Therapists Who Differ in Peer−rated Therapist Effectiveness," *Journal of Counseling Psychology,* 22(1975), 384−389.

2.2　尊重（Respect）

　　在嘗試建立一個良好輔導關係的過程中，不少輔導員發覺關鍵是在於自己是否能夠接納當事人和能否尊重對方。不錯，許多學者都曾指出尊重的重要性。例如伊根（Egan）就曾強調尊重當事人是輔導員要做的第一步工作，十分重要；同時，他提出"尊重不單是一個態度，不單是對人看法的一種，尊重是一種價值，換言之是用行為表達出來的一種態度。"[1] 而巴杜費沙（Pietrofesa）等亦就價值這重點提出他們的看法，強調在促進尊重這課題上，輔導員第一步應該做的就是相信當事人的價值和潛能。[2] 我很欣賞學者們這種說法，但亦因此看到這課題對許多輔導員來說，是一個極大的挑戰。例如香港的教師在如今普及教育制度下工作，面臨最大的考驗之一，就是在面對一些品學俱劣的學生時，自己怎樣可以相信和尊重他們的價值和潛質，如何可以做到有教無類？而在專業輔導員中，許多人亦表示工作過程中最大的衝擊之一就是如何可以堅信每一個當事人獨特的價值，相信每一個當事人都具有個人的潛質，可以發揮。

士高費特（Schofield）指出"對當事人的接納是輔導員的一種態度，相當複雜，包括了對當事人的尊重，尊重他是一個個體，尊重他的性格，他的潛質、溫暖、仁愛。同時，無論當事人的問題與失敗是甚麼，輔導員都樂意去幫助他。最重要的是，輔導員這種接納的態度，該表現為當自己與當事人相交時，不會有批評、論斷和懲罰的一種態度。"[3]而德里尼（Delaney）和艾森拔（Eisenberg）就具體地作說明，他們認為當輔導員接納當事人時，要讓對方感受到自己所持的態度是："我接納你，我看你是一個有價值的人。縱使我不同意你所重視的一些意見，我卻仍然尊重你。"[4]至於李榮士（Lewis）則指出："接納是指輔導員企圖讓當事人知道自己重視他是一個人，好讓他可以因而盡量自由地表達自己。"[5]

論到尊重的重要性。羅哲斯（Rogers）在他一九五七年發表的論文裏創議了一個更加正面的名稱，就是"無條件的尊重"，他將"無條件的尊重"列為使當事人性格產生建設性改變的其中一個關鍵條件。他強調"尊重是要無條件的，意思是說這份尊重並不決定於當事人的行為，因為當我們接納一個人時，是整體的接納，不但包括他的長處，連短處也都一起包括在內。"[6]的確，在輔導中，有時我們看了當事人的行為，實在很難不產生反感。例如當你清楚當事人是明知故犯，或是冥頑不靈地一再犯錯時，就可能發覺自己不容易接納他。但倘若我們不着眼於他是一個"怎麼樣的人"，而只重視他是一個"人"的時候，我們就可能會較容易接納他了。在我的工作經驗中，我發覺這方法對我有很大的幫助，當我嘗試將目光放在他這個"人"的身上時，當我只是嘗試看"他是誰？"的時候，我的答案是："他是一個人，同時，他是向我求助的一個當事人；而在這一刻，我們有機會碰在一起，他尊重我的專業身分，到來接受幫助，這就已經證實了他在期望、亦在要求自己有所改進，故此，無論他的行為如何，他這一份努力和向上的心志，就已值得我去尊重他了……。"有一位常常輔導學生的老師對我說："當我問自己'他是誰'的時候，我不但肯定了他是一個人，是我的一個當事人，同時，我再一次提醒自己，他是我的學生；而在此反省過程中，一方面我可以將目光從他的學業行為移開，而將焦點放在他那個‘人’身上，另一方面，我還發覺他所擁有的不但是人權，而且從當事人的身分和學生的身分來看，他也擁有獨特的權利，在我的職責上，是不可以隨意剝奪的。”我很欣賞他這說法，認為很值得老師們去深思。

柏德遜（Patterson）指出關懷、着重、重視和喜愛等都是表示尊重的其他詞語。同時，他強調尊重是一種“非佔有式”的關懷，當事人被視作有價值的人，因而受到尊重；而輔導員的態度是非評估性、非審判性和非批評性的，他對當事人不作嘲笑、貶抑，並且能夠沒有保留地關懷當事人。[7]

其他許多學者，則相當強調接納為尊重的先決條件，並且就此作出不少討論。泰萊（Tyler）認為“接納主要包含了兩樣東西，其一是我們願意承認每一個體在任何一方面都是不同的。其二就是認識到每個人的人生過程都是一個很複雜的奮鬥、思想，和感受的模式。”[8]

而巴杜費沙（Pietrofesa）與他的同工們就指出接納是輔導員表達出對當事人的尊重，而透過接納，輔導員在輔導過程中給受導者造成一個安全的環境，讓他可以自由探討自己的內心世界。另一方面，巴氏等表示關心是對他人表示尊重的另一方法，但關心卻是超過了尊重、溫暖和接納的，因為在關心之中輔導員似乎是更個人化地投入，於是往往容易與愛相混淆。而且，關心是一個極端個人化的外展，可以令輔導員在情緒上很投入，以致干擾了輔導過程的進行。可是巴氏等又指出：“輔導員固然一方面要認識到可能發生的危險，而另一方面也要知道關心可以幫助當事人重新感到自己有價值，同時也可以幫助彼此之間建立一種關係，是我們要幫助人所必需的先決條件。”[9] 蘭尼（Wrenn）也相信輔導員的關心會令當事人接納他，他強調一個輔導員可能行為有錯誤，可能用了不適當的字眼，但當他對當事人表示出關心的時候，當事人就會欣然接納他。[10] 盼望在我們的輔導的工作中，無論面對的當事人是一個怎麼樣的人，我們都可以接納他；因為我們不可能要求他先改變、先變得完美，方才接納他。而事實上，我們的接納，倒是令他們產生積極改變的動力哩。

卡科賀夫（Carkhuff）形容溫暖是表達尊重的重要條件之一，故此應視之為尊重的一部分。[11] 羅哲斯在談及無條件接納的同時，也很同意輔導員應對當事人有溫暖的表現，他指出我們要感受自己對當事人有溫暖的態度，要喜歡他、關心他，並且尊重他。他建議輔導員可以透過對以下問題的反省，來查察自己對當事人是否有以上那些正面的態度：

我可以接納這個人嗎？

我可以向他傳達我的態度嗎？

抑或，我是有條件的接納，只接納他感受的某些部分，卻同時暗地裏或公開地否定其他部分呢？

他繼續指出在自己的經驗中，倘若自己的尊重和接納是有條件的，那末，在他所不能完全接納的事情上，當事人就無法作出改變與成長了。[12]

至於加事達（Gazda）就將溫暖視為建立輔導關係的一個促進因素，他對溫暖的界定如下："是一個以身體表達同感（了解）和尊重（關心）的方法，通常是透過不同的媒介來傳達，例如身體手足的姿態、聲調、撫摸和面部表情等。"[13] 他更警告輔導員在表達溫暖時應小心考慮到在不同的文化中，同一的非語言溝通會具有不同的意義。我十分欣賞他這提醒，因為事實上現在有不少輔導員忽略了自己要正視文化的差異，故此沒有作出應有的調適，結果便可能令到當事人產生誤會而致使輔導關係受破壞，終致一事無成。事實上，我們要知道東方人的確較西方人含蓄，就以我們在香港居住的中國人而言，在表達自己的感受時，往往會採取與西方人截然不同的方法。例如身體的接觸仍只限於最親愛的人，故此一個在西方接受訓練的輔導員，不應該將西方人的習慣的擁抱、撫摸，甚至輕吻等照用不誤地向當事人表達親切和溫暖，以免產生不良的後果。在這課題上，我相信倘若我們身為輔導員的，能對中國傳統的文化和香港當代的社會情況有較透徹的認識，然後加上對不同當事人的性別、年齡、性格、背景等有適切的衡估，那麼在我們要向當事人表達溫暖時，就一定不會有差錯了，而且還會收事半功倍之效哩。

我相信溫暖在輔導過程中的確具有很獨特的功能，因為溫暖是輔導員向當事人表示尊重的積極表現，當輔導員表達出溫暖和親切時，就會令當事人在輔導關係中感到安全穩定，以致可以積極地面對自己和面對人生了。

我們若能尊重當事人，當然是好事，但同時還要懂得表達，才可算完成了這一項要務。表達尊重，主要是要透過輔導員對當事人的關注聆聽以及回應行為。[14] 其中要包括了身體的關注和心理的關注，才可以達到全面的、正確的了解。此外，我們還要設法向對方傳遞那一份了解，我們也該可體認到，當一個人被我們了解時，會切切實實地感到我們對他的尊重，會產生一種滿足的感受。所謂關注，主要是我們要全神貫注，集中留意當事人的一言一動；在這過程中，我們的眼睛要注視當事人，要有視線上的接觸，切忌東張西望或瀏覽其他東西。而在聆聽方面，我們要心無旁騖，才可以專心一意的達致全面的聆聽，才不致只聽到對方語言的表達，而是甚至連內心的情緒，也可以有深切的體會；這樣才可以統合出當事人最正確的表達，才可以產生同感的了解。其他要留意的例如：我們要誠實的分享，要有開放的態度，而臉部表情、語調和用語等，都要適當，好讓對方能真正體會我們對他的接納和尊重。不過，以上各點能否達致，很在乎我們進行輔導時的實際環境，故此在可能範圍下，我們要在工作場所的設計上預先作妥當的準備，例如最基本的是要有一間安靜、不受他人騷擾的房間，若有可能，能夠免除電話的騷擾就更好了。

我們也要留意，我們先要對當事人做到了尊重，才可以談溝通的方法。輔導員首先要自己能體認到對當事人的接納和關心，才可以做第二步溝通的工作。面對這問題，許多學習輔導的人多少會感到一點為難；因為在工作中，我們要面對各式人等，而其中往往出現一些我們難以接納的人。可能他們的價值觀、人生觀或生活方式都與我們相差很遠；又可能他們所持的見解相當無稽，卻又要固執地堅持己見。試想一想，當一位重視婚姻的輔導員，碰到了一位對妻子不忠的當事人，而那當事人不但看不到自己行為的不當，還要怪妻子多生事端，令到他被岳父岳母留難；或者一位對生活一向積極和努力的輔導員，卻要輔導一個不事生產，渾渾噩噩地生活，同時事事怨天尤人的當事人；在這種情況下，輔導員實在很可能在交談不久後，就會對當事人產生抗拒，極端者甚或會出現反感和厭惡的心理，感到難以忍受。那末，我們還怎可以談到接納和尊重呢？固然，處理的方法不少，但學者認為最佳的處理方法是首先對自己的價值觀有清楚的認識，如是在輔導過程中，就可以自由地以真正的自己和當事人相交，可以對自己在感受和態度上的反應有高度敏銳的自覺，而且，也可知道自己的價值觀、態度和信念等對當事人可能產生的影響，從而也就可以及時作出處理。[15] 經過處理之後，有可能我們會很快重新投入當事人的立場和處境，而重新產生同感，於是就可以基於了解體諒而對當事人予以接納；不過，亦有可能我們無法處理自己對當事人的負面感受，在此情況下，我們就要細心省察，看看我們這些感受是否會影響輔導的過程，倘若答案是正面的，為了當事人的福利，我們應該作出適當的轉介，好叫當事人可以得到幫助。此外，還有一個可行的方法，就是假若輔導員認為自己與當事人的關係相當良好，彼此的信任很大，而當事人又有那份成熟度時，可以嘗試適當地表達自己的感受。固然這方法不宜隨便使用，因為危機出現的機會頗大；不過，亦有不少輔導員成功地達到目的，不但自己可以接納當事人，同時他與當事人的關係因而變得更加好哩。

當一位輔導員無法接納當事人，或甚至對當事人反感和憎厭時，心中會出現很複雜的情緒；尤其是當他覺察到自己這些感受，要嘗試進行處理，卻又不能妥當處理時，的確會很為難；在矛盾中通常會感到內疚和自責，同時還會懷疑自己的能力和器量，感到慚愧不安。不過，這是不必要的反應，因為輔導員本身也是人，和普通人一樣有個人的喜好和價值取向，偶然出現這種情況，我們就要學習接納自己。但是，在生活中我們也或許有這樣的經歷，就是發現某些人令自己產生"雖無過犯，面目可憎"的感覺，要解釋嗎，卻又極難清楚條列因由，對不對？這本來是個一般現象，但倘若一位輔導員發覺許多當事人都是"雖無過犯，面目可憎"時，他就會頻頻否定他的當事人，時常表現出抗拒和討厭的態度，這就可真是問題了。我相信這樣的一位輔導員應該細心地作反省，謀求改進，或者可以向其他輔導員求助，作徹底的處理，否則他根本不可能進行有效的輔導。

　　還有一點是我們應該留意的，當我們不同意當事人的意見和看法時，並不就等於我們否定了他。其實，在日常生活中，當我們與好朋友交談時，亦會有意見的分歧；由此可見，我們不能與對方的觀點認同，並不就等於我們對對方失了尊重，而深厚的情誼，亦不會因此而有所影響。在輔導過程中，我們不能同意當事人的看法，是常見而無可避免的事。故此我們一定要有能力分辨二者：只要我們處理得當，縱使我們不同意當事人的看法，也無損輔導的進程；但倘若我們實在是否定了當事人，輔導過程就不得不因而中止了；可見兩者是完全不相同的。不過，我們也的確要注意如何去表達自己相異於當事人的意見；倘若輔導的關係良好和鞏固，再加上我們所運用的字眼和語調得當，當事人通常是能夠容忍歧見，願意大家再進一步作討論和協商的。

　　論到是否應該表達有異於當事人的意見這問題，學者們的看法相當一致，答案是正面的。不過，不少輔導員就考慮到時間性的問題，他們會疑慮在輔導過程的早期，是否不宜進行。但我認為那不是時間或階段的問題，主要還是在乎輔導關係的質素，能否支持得住這可能導致危機的行動。換言之，倘若大家的關係很好，就可以進行；否則，就算輔導過程已開始了一段時間，也還是不宜直說的。對我這看法，可能有人懷疑這樣做是否違背了輔導員真誠的原則；其實，這疑問反映出部分輔導員對真誠的觀念仍未清楚。實際上真誠並不等於要輔導員毫無禁忌地表達自己的感受，[16]大家要知道“被人否定”是極難抵受的打擊，很可能會使自尊大受創傷；因此，為了盡量避免當事人蒙受傷害，為着當事人着想，我們縱然有強烈的反感，也要禁制自己，這是無可厚非之事。在我看來，我們不能因為真誠這原則就隨意地、直率地表達所有的感受，因為在以當事人的福利為依歸的大前提下，那是不容掉以輕心的事。若我們要堅守真誠這原則，倒是該多留意在整個輔導關係中我們所說的每一句話、每一個表達，都是真真實實的，沒有半點虛偽。我們要記着原則是死的，人卻是活的，在輔導過程中，為了幫助當事人，我們應該透過自己的敏銳觀察和正確的判斷，在必要時容許自己靈活變通地來作出適當的處理，我相信大家不會將這做法與"圓滑"混為一談吧。

在這課題上，德里尼 (Delaney) 曾提出一個意見供我們參考。他指出在我們作決定的過程中，應該看清楚輔導員和當事人雙方是否有能力將意見與秉持意見的人分辨清楚；那就是說在不同意對方的意見並非等於否定對方這一觀念上，大家是否清晰？他認為倘若雙方都有正確的觀念，則輔導員坦誠的表達是可能的；但倘若任何一方有誤解時，就要首先作出澄清和學習，然後再進一步作表達。同時，他還指出，倘若當事人的觀念不正確，輔導員應該耐心導引他矯正，好叫他能將二者區分，這是很有價值的。特別該考慮到在輔導的後期，輔導員常常會提出一些他不同意的地方對當事人作出對質，若能及早協助當事人培養區分的能力，是絕對有利而無害的。[17]

最後，談到輔導的功能，卡科賀夫 (Carkhuff) 相信倘若輔導員能夠將他對當事人最深摯的尊重傳達給當事人，讓他感到自己是個有價值的人、是個有潛質的自由個體，那麼當事人就該真正能夠進步了。[18] 而加事達 (Gazda) 則具體說明："如果輔導員能夠相信當事人是有價值的，同時又能夠將自己的信任傳達給當事人，當事人便會因此覺得自己是有價值的，會開始重拾信心，克服自己的失敗和不足，改正先前那種錯誤的看法，這樣他才可以和輔導員合作，才可以投入接受幫助和解決問題的過程中。[19]

除此之外，還有一點是值得我們討論的，那就是輔導員的人性觀，往往決定了他對當事人的接納和尊重。固然有不少輔導員或心理治療學者，是對人抱著積極的看法的，但即使如此，程度上也會頗不相同。例如有些輔導員或治療員相信當事人有內在的潛質去改變、去行動和面對挑戰與成長，於是很尊重當事人個人的決定和意向，對他的一言一動不加半點意見和批判；有些雖則同樣相信當事人有能力改變，但認為那能力有限制，故此需要輔導員或治療者的輔助扶持，於是他們雖然尊重當事人的自決，但亦以為不得不加以督導和提醒；亦有些相信當事人可以有能力應付日常生活的瑣事，但在人生重大的抉擇上，就要仰賴專業人士的幫助，為他們作正確的決定；此外，還有那些不相信人是具有內在潛力的，有那些認為人自然的傾向是消極負面的⋯⋯，形形式式的人觀，都在在影響着輔導員在輔導過程中的行為和態度，而其中受影響最大的一項，就是對當事人的尊重與接納。

換句話說，每個輔導員對當事人的信任和尊重程度，其關鍵實在乎輔導員所持的人性觀。一位對人的看法完全負面和極端悲觀的輔導員，實在極難對當事人產生信任和尊重，況且在輔導過程中，通常出現的都是人生的幽暗面，甚至會不時出現一些"死結"，在這情況中，輔導員就更不容易相信當事人會有能力去面對和克勝困阻了；同時，這一類輔導員也會較難接納當事人的失敗和錯誤，於是很自然地自己對當事人的態度就會受到影響，以致無法產生有效的輔導，這的確是很可惜的。故此在輔導訓練中，我往往要求輔導學員首先要省察和處理個人的人性觀，因為倘若一個人在這最重要的課題上沒有起碼的積極信念，根本就不可能在輔導專業中有效地幫助人。

我相信輔導員要具有積極、正面的人性觀，例如最起碼的要相信人的可塑性與可改變性，才能配合我們工作的本質。對於有些社會工作者給自己的當事人"魚蛋妹"扣上"自甘墮落"的帽子，而部分教師相信那些問題學生是自暴自棄，我都有所保留。因為在這些標籤的背後，通常包涵了對當事人的人性絕對的否定，那麼，又怎能期望他們改變呢？在個人的工作中，我發覺對這課題需要不斷的反省和自覺，才能在尊重當事人方面處理得當。深盼大家不但對自己目前所持的人性觀有很清楚的概念，同時，在日後也要能繼續再三思考，在反覆思慮的過程中通常會引起個人許多內心的衝擊，因為無論在理性或是情緒上，這都不是一個輕省的功課。

註釋

1　G. Egan, *The Skilled Helper* (Monterey, California: Brooks / Cole, 1975), 95.

2　J. J. Pietrofesa, A. Hoffman, H. H. Splete and Diana Pinto, *Counseling: Theory, Research, and Practice* (Boston: Houghton Mifflin, 1978), 121.

3　W. Schofield, "Some General Factors in Counseling and Therapy," in Benard Berenson and Robert Carkhuff (eds.), *Sources of Gain in Counseling and Psychotherapy* (New York: Holt, Rinehart and Winston, 1967), 143.

4　Daniel Delaney and S. Eisenberg, *The Counseling Process* (Chicago: Rand McNally and Company,

1972), 55.

5　E. C. Lewis, *The Psychology of Counseling* (New York: Holt, Rinehart and Winston, 1970), 73.

6　C. R Rogers, *On Becoming a Person* (Boston: Houghton Mifflin, 1961), 283.

7　C. H. Patterson, *Relationship Counseling and Psychotherapy* (New York: Harper & Row, 1974), 58.

8　L. E. Tyler, *The Work of the Counselor* (New York: Appleton–Century–Crofts, 1969), 34.

9　Pietrofesa, et al., op, cit., 127–128.

10　C. G. Wrenn, *The World of the Contermporary Counselor* (Boston: Houghton Mifflin, 1973), 249.

11　R. R. Carkhuff, *Helping and Human Relations,* Volume 1 (New York: Holt, Rinehart and Winston, 1969), 180.

12　Rogers, op. cit., 54 & 283.

13　G. Gazda, *Human Relations Development* (Boston: Allyn and Bacon, 1973), 87.

14　Lawrence M. Brammer, *The Helping Relationship* (Englewood Cliffs, New Jersey: Prentice–Hall, Inc., 1973); Robert R. Carkhuff, *The Art of Helping: An Introduction to Life Skills* (Amherst, Massachusetts: Human Resource Development Press, 1973; A. Ivey, C. J. Normington, C. D. Miller, W. H. Morrill, and R. F. Haase, "Microcounselling and Attending Behavior: An Approach to Prepracticum Counselor Training," *Journal of Counseling Psychology,* Monograph Supplement, 15(1968), 1–12.

15　Cecil H. Patterson, *The Therapeutic Relationship: Foundations for an Eclectic Psychotherapy* (Monterey, California: Brooks / Cole, 1985), 21–22.

16　Ibid., 65.

17　Delancy, et al., op. cit., 55–56.

18　Carkhuff, *Helping and Human Relations,* 36.

19　Gazda, op. cit., 56.

2.3　真誠（Genuineness）

　　多年以來，"真誠"一直被公認為輔導關係中最基本的要素，例如羅哲斯（Rogers）就曾表示自己常常在想真誠是否影響輔導關係的唯一質素。[1]而學者們都同意，除非輔導員能夠在輔導過程中，顯示出一定程度的真誠，否則當事人就不可能有所改變。杜亞士（Truax）曾具體指出，在輔導關係中，輔導員必須是一個統合的、真誠而可靠的人，因為倘若欠缺了這一種真誠，信任的關係就很難會出現，而治療的結果就會因而大受影響。同時，杜氏等亦為真誠作了界定，他們認為所謂真誠，就是在輔導的接觸中，輔導員應該以"真正的我"出現，不會有保衛式的偽裝，不會將自己隱藏在專業角色的後面，同時，更不會像一個技師般在完成例行工作；相反地，他會很開放、很自由而又個人地投入在整個關係中。[2]加事達（Gazda）指出真誠是真實（real）、誠實

（honest）和真實可靠（authentic）的同義字；一個真摯誠懇的輔導員不會戴假面具，不會作種種的防禦來保護自己，他很開明、很願意開放自己，更會統合自己進入輔導關係中的人性歷程。[3] 而弗達（Felder）就強調我們需要以一個完整的個體來與當事人相交，他說：「你應該清楚自己的回應是未經審慎考慮，是直覺的，包涵了感覺的你、親密的你、社會性的你、肉身的你、一個在大體上尚未能擁有自覺的你，也包括了精神性的你。事實上長久以來，我已經感到無論對我的病人或對我的孩子們來說，很重要和很關鍵性的一點就是他們要知道我是一個怎麼樣的人。」[4]

針對這課題，美（May）曾有下面的闡釋：輔導員該把自己和當事人之間的關係看作為一個真實的關係，他要以真正的自己來與對方相交；在輔導過程中，他雖然在假設上是個專家，但他必須首先以一般人的心態與當事人相處，否則他的專長就不但會派不上用場，同時還可能帶來弊害哩。[5]

至於韓生（Hansen）的看法則是：真誠是指輔導員在輔導關係中能夠以真正的我出現，他不必戴假面具，同時，他也容許自己的感受適當地在輔導過程中運作。[6]

而德里尼（Delaney）等就從另一角度來作界定：真誠是指輔導員清楚知道自己的價值和信念，所以在輔導的過程中，他是心口一致、言行一致的，輔導的取向不會與自己的價值和信念相違背。[7]

其實，對於這課題，羅哲斯早在一九五七午就已經提出了他的假設，認為輔導員在輔導關係中必須要協調一致（congruence），或說，要有統合的表現（integration）。根本的意思就是在一個輔導關係中，輔導員要自由地表達真正的自己。[8] 而柏德遜（Patterson）則對真誠作這樣的闡釋，他以為輔導員該以一個真正的人出現在關係中，這就是說，他在輔導關係中，表現得開放、誠實：他不是一面鏡子，不是一塊共鳴板，也不是一幅空白的銀幕；而且，他不戴假面具，也不偽裝，他不是在扮演角色，而是表裏一致、真實可靠地以真正的自己，投入在一個真正的關係當中。[9]

在討論這課題時，柏尼（Berne）只是提出一個重點，就是強調輔導員不是扮演角色，而是肯定自己是個輔導員；為了表示自己對這問題有着切熱的關注，柏氏更具體提出在心理治療的訓練過程中，其中一項要務是將那些僅是想扮演輔導員角色的學員和那些想切實做一個輔導員的人加以區分。[10] 關於部分輔導員在扮演角色的問題，依根（Egan）也有很深的感受，他曾表示一個真摯誠懇的輔導員不會將自己隱藏在專業角色的背後，同時他認為幫助他人其實是生活的一部分，而非臨時扮演的一個角色或戴上又脱下的一個面具。[11] 而巴靳（Belkin）也指出，當我們重視真誠的重要性時，我們就要對自己生活中別人期望我們扮演的各種角色具有敏感，因為他認為那種種角色其實都是社會性的面具，倘若一個輔導員只是戴上一個輔導員的面具——換言之，只是一心在扮演輔導員這專業角色時——他就不能避免好像總是在對當事人説：「千萬別忘了，我是輔導員而你是當事人。」在這情況之下，當事人往往會默許了他擔任輔導員的角色，於是在整個過程中，他就只能以這角色的身分來作回應了。」[12]

卡科賀夫（Carkhuff）曾説：「人在自己人生上和幫助他人上的追求，其實都是對真誠的一種尋覓，這其中包括了個人內在相交和與他人相交兩方面的真誠。」[13] 的確，在精神文明遠遠落後於科學文明的今天，人類關係出現了許多嚴重的問題；人在靜思之中，往往會驚覺自己那一種深沉的孤單感，因而會問自己：

為甚麼我與他人是如此的疏離？

我對自己如此陌生，是否自我疏離的結果？

為甚麼我們總是要隱藏自己？

為甚麼我們不能彼此變得真實而可靠？

為甚麼我們會對他人產生恐懼感？

為甚麼我們之間總要保持一定的距離，而不能彼此委身？

要對這一連串的問題獲得答案，並非簡單的事；但更困難的是如何在實際上處理這些嚴重影響我們、令我們不快樂和成長受阻的問題。事實上，這些問題源遠流長，是長年累月積聚而成的，或者我們就首先從學習社會化的這方面作點討論吧。

在人的成長中，社會化是一個必經的過程，也是一個十分重要的歷程。不過，在高度都市化的生活中，似乎社會化過程逐漸成為了一個學習保衛自己、隱藏自己，並對己對人都疏離的過程。無論在學校、在社交場所，甚至在家中，許多人從年幼時就感受到成年人之間缺乏真誠，往往彼此欺騙，虛偽地相交；同時，也自幼就親身經歷他人對自己的缺乏真誠。結果一種圓滑虛偽的信念，深入人心，令許多人不敢開放自己，更不敢表裏一致地和人相交，以免吃虧。這種想法，不但為成年人所抱守，就是成長中的青少年，很多都有這種信念。記得在教中學時，曾經與學生談及真誠是一個人最寶貴的美德，也是我自己願意努力學習的一種操守。豈知課後幾位十五、十六歲的學生來找我傾談，主要是忠告我不要太理想，以免吃虧。我還清楚記得當時一位男學生激動地對我說："林老師，若你要堅持待人以誠，我看會很難在香港社會立足，而且我擔心有一天你要做乞丐哩！"我聽後有許多複雜的感受，一方面我高興那學生可以如此坦誠地與我說話，但卻震驚於他那相當負面的看法。固然，那學生的看法很極端，但卻再次提醒我去正視社會中種種病毒對青少年的惡劣影響。

當人與人的相交缺乏了真誠的時候，當人與人的相交流於表面化和非人化的時候，人的共處就不會再有促進成長的功能，相反地，還會產生負面的果效，導致人的衰殘傷損。馬思勞（Maslow）就曾指出，當人際關係缺乏了真誠的時候，就無可避免地會產生疾病。[14]

很可惜，人的自我疏離和缺乏真誠的相交，已成為了一種生活方式；而很多時候，人們自己也無法覺察。人們更忽略了這種生活方式對自己、對他人和對整個人類社會所帶來的破壞力。其實，人不能誠實相交，是因為彼此的不信任，彼此之間很多批評論斷，卻太少體諒與饒恕，以致人人都為自己設下防線，放出煙幕，以維持表面的平靜與和諧。年前一位學生，由於在升中學的第一年成績太差要留級，他因為怕父母責難，於是冒製了父母的印鑒來應付學校，隱瞞了整整三年；但在那三年當中，他整個人變得鬱鬱寡歡，了無生氣的，十分痛苦。而就在十六歲那一年，由於學校揭發了他的謊言，他在恐懼與無告中，不敢向父母表白真相，於是自殺身亡。在這個案中，我很怕去想像這位十多歲的少年人幾年來的生活；在他的生活中，無論在家中，無論在學校，都不再有真，也不再有誠。他永遠要瑟縮在自己所設的假面具後面呻吟痛苦，以致如馬思勞所說的，他不再有健康的人生；而且他內心的疾病很重，以致最後陷入死亡。

另一方面，我很痛心這孩子的父母沒有為孩子提供一個安全的關係，以致他不能坦誠地向父母表露真正的自己。的確，不少父母只懂得欣賞聰明俊美的兒女，卻從來不肯接納兒女的不足和失敗，以致許多人在整個成長過程中，甚至在至親的父母跟前，為了避免被否定而要作出種種偽裝，以致影響了整個人的發展。鍾勒 (Jourard) 就曾經清楚指出人與人之間不健康的動力，令到整體人類受苦，也是人類一個嚴重的病態。他說：

> 我相信，而許多人也同樣相信，人類有病——不單單是那些精神病和心理病人，而是包括了所謂"正常"人——因為在人們與他人的交往中，都要將自己的真我隱藏起來。[15]

當人不能誠實相交，當人一旦戴上假面具之後，就要花盡許多心思來維持種種偽裝，要用很大的精力來遮掩真正的自己，這個中消耗許多精力，以致我們沒有足夠的精力來建設性地成長。就以前文的中學生為例，為了要在父母面前不露出破綻，他要處處作出掩飾，設法不讓父母知道自己所讀的班級，於是他要小心收藏自己所有的書籍簿冊，他要謹慎自己的一言一動，以免露出馬腳，同時，他還要盡量避免父母與學校接觸，要避免父母認識自己的同學……，試想想，種種的設計和努力，都是要費盡心力的，很可能這少年人十之八九的精力就是要用來應付那一個在生活中要處處提防敗露的謊言；那麼，剩下的微小力量，又如何能應付其他許多生活的必需呢？故此，長久以來，他出現性格不協調和神經官能症，以致最後自殺而死，雖然令人痛心，卻又是一個無可避免的結果。

當人要偽裝和戴假面具的時候，除了大量消耗精力之外，還會令人產生極大的焦慮。現代有許多人酗酒、吸毒和服用鎮靜劑，除了表面的問題外，人們其實是藉此來逃避面對自己，逃避面對內心的焦慮和許多莫名的恐懼；但他們不知道這種自欺欺人的行為，代價是相當驚人的。

輔導學者們肯定了虛偽是一種極之不健康的生活方式，會給人帶來許多方面的傷害。故此，在輔導過程中，輔導員很重視協助當事人重新建立一種真誠信實的態度。而事實上，在輔導關係中，輔導員的真摯、尊重和同感的了解，確可以為當事人提供一個安全自由的關係，能夠讓當事人知道自己可以坦白表露自己的軟弱、失敗與過錯而無須顧忌；這是因為在過程中當事人切實感受到自己被接納和被信任。另一方面，輔導員本身的真誠坦白，也實在可作為一個良好的模範供他仿效，他或因此可以逐漸放下偽裝，學習像輔導員一般開放，以真我來和輔導員相交，自由自在地暢快地表達自己心中的喜悅、興奮，或是傷痛與失望。他也就或者因而可以發現認識真正的自己，乃至進一步在輔導員的扶持下，面對和改進自己。不少學者都曾強調輔導員作典範的重要。例如有些學者指出輔導員在輔導關係中所作的個人分享，有助當事人加強對輔導員的信任，也因此信任在輔導關係中他可以自由自在地討論適當的話題，表達他想別人分擔分享的心聲。當輔導員和當事人都能開放和表裏一致時，就可以促進彼此之間達成理想的溝通了；這種溝通，就正是輔導得以成功的重要因素之一。[16]

至於如何可以表達真誠，學者紛紛提出了不同的途徑。例如鍾勒（Jourard）就提出輔導員要做到表裏一致，才能讓當事人感受到輔導員的真誠；他認為輔導員的表裏一致，最大的功能就是可為當事人提供模範，供對方仿效。[17]若再詳細分析，我們可以看到這樣的輔導態度可以很有效地促進輔導過程的發展，因為輔導員的表裏一致會鼓勵當事人同樣作出表裏一致的行為，而他這個改變，會令到輔導過程中減少許多混淆和含糊不清的情況，由是雙方的溝通便會更加清晰和理想。而在此同時，表裏一致也可促進雙方的自我溝通，換言之，大家對自己當時的處境和心情，會有一定程度的自覺；這一點也會令彼此的溝通較流暢和有效。前文我曾提及當我們虛偽地做人時，就會浪費許多精力，同樣地，在輔導關係中，虛偽會令輔導員和當事人花費氣力來欺騙對方，而同時會使雙方內心有許多焦慮和不安；故此，在輔導進行中，真誠是必需的，一方面可以防止浪費精力，另一方面又可以切切實實地促進輔導的果效。可能有人會問：我們怎樣可以知道自己是有焦慮呢？鍾勒提供了一個指標，他認為當自己面對當事人，卻表現得很機械化和非人化時，他就清楚知道自己內心是有焦慮了。同時，他還主張在適當的情形下，應該可以和當事人分享。[18] 而羅哲斯（Rogers）也同意他的看法，羅氏指出輔導員要表達感受，目的不只是為了讓自己有機會去表達，而是不想欺騙自己和欺騙當事人；而事實上，當某些感受的出現在妨礙着輔導的進程時，輔導員的確有需要講出來，彼此作討論和處理。[19]

我很同意鍾氏和羅氏的看法，因為據我的經驗，若我發覺在輔導過程中自己內心有焦慮不安而不加處理時，往往就會減低了輔導的進度；當我經過幾次的教訓後，就嘗試勇敢地正視內心的感受，並作積極的處理。例如有一次我輔導一位二十一歲的文員，她求助的原因是自己在工作中多次遭受男同事的騷擾，我一方面極之體諒她的心情，但在幾次交談之後，我發覺自己內心有許多煩躁不安和焦慮；細察之下，我明白到這是因為我很不喜歡當事人的行動舉止，她說話時的那種矯揉造作，那種身體的不斷扭動和那挑逗的眼神，一方面令我感到渾身不自在，但也同時使我想到那些小動作可能就是令到她受騷擾的主因。不過，雖然我有這體驗，但卻沒有說出來，故此在要偽裝接納的情形下，自己內心就失卻了安穩。結果，在這反省後，我衡估過自己與對方的關係，發覺關係相當穩固，於是就坦白卻又婉轉地向她表達。起初，當事人相當愕然，亦表現出很難受，但後來她卻主動謝謝我對她作這提醒，因為多年來只有一位好友敢向她作出誠實的批評，但因為只有一個人這樣說，她就不以為意，而現在基於對我的信任，她決定要着意改善，要求我與她對這問題作詳盡的探討，找出原因，徹底作出改進。當時我不但為她的反應而欣慰，同時，也真有如釋重負之感。而在後來的幾次輔導中，我發覺我坦誠的表白，不但沒有破壞我們的關係，而且還促進了她對我的信任，以致輔導的果效得以加強。當然，在這次經歷之後，我就更加認同羅氏所説的，倘若某些感受阻礙了輔導的進程，必須及早處理。在此我建議大家記着巴杜費沙（Pietrofesa）所説的："當輔導員要保留和控制'真正的自己'時，就要花費精力來維持'騙局'，而這種情況，往往會導致輔導員本身的緊張，致令他把自己弄得筋疲力竭。相反的是，輔導員的開放和自然是預防浪費精力的好方法。"[20]

在輔導過程中，真誠的意義是指輔導員的言語和行動前後一致，而他內心所想的和所表現的行為也協調一致。換言之，輔導者是很自然地和當事人相處。不過，真正要做到表裏一致，對輔導員來說，實在是一個很高的要求，同時也是一項重大的挑戰。因為輔導員首先要有健康的自我形象，要有一定的自信，才能達到這要求。曾經見過不少輔導員，雖然意願很強，但卻因為本身的限制，始終未能正確地看自己，結果在欠缺自信的情形下，在輔導工作中，雖具頭腦上的知識，卻就是總沒有能力在與當事人的相處中表現得真誠無偽，這真十分令人遺憾。就此問題，我又再要重申輔導員本身成長的重要：在輔導訓練中，重點不單是輔導專業知識的攝取，更重要的是受訓者本身的發展與成長，要能顧及這一點，受訓者才可以有能力將所學的應用和表現出來。就這課題，雅士（Yates）指出輔導員對自己的了解和接納十分重要，因為那是自信的基礎，一個有安全感的輔導員可以很自在地透過輔導關係來協助當事人改變、成長。由於這樣的一個輔導員不必分散精神，也不必花費精力來作防禦和保衛，因此就可以用盡全力來發揮輔導的功能；由於他不必偽裝，故此輔導的關係會發展得很自然和流暢，不會令當事人產生混淆和錯覺。[21]

個人十分同意雅士的説法，輔導員的自我接納和自信的培育確實極之重要。在我的經驗中，我從未見過一位缺乏自信而工作卻具果效的輔導員；至於缺乏自信，卻仍堅持長期擔任輔導工作的，我實在擔心他們工作的實質和成效。我建議缺乏自信的輔導員應該勇敢地正視自己的問題，首先是設法加強自覺，然後找尋自己自我形象偏低的原因，積極徹底地作出改進。在這過程中，能夠自助的，固然可以自己努力謀求改進，但倘若問題較嚴重和複雜，則千萬不要諱疾忌醫；因為除非我們不尊重自己的專業，否則就必定要正視本身成長的問題，要致力使自己能夠做到不徇情面，不必討他人歡喜，不趨時順俗，而是在以當事人的福利為依歸的大前提下，真誠地和當事人相處。

除了欠缺自信會令我們不敢真誠和當事人相處外，還有一些與缺乏自信相關，但卻又可以獨立地處理的課題，例如不少輔導員對自己要求過高，或要求自己十全十美，這也是可能會出現毛病的。尤其是初任職的輔導員，有時會對自己有許多不實際的期望，例如期望自己扮演像神一般全能的角色，期望自己上至天文、下至地理，都無所不通曉，以致可以在輔導時有問必答。這是因為他們誤會輔導員要有這種表現，才能使當事人敬服。可惜，這想法很有問題；首先，當事人重視的並非這些；其次，世界上絕對不可能有全知的人，而身為輔導員，更必須要接納自己的限制，必須要承認自己有時會犯錯，然後才能夠容受當事人犯錯，才能夠接納對方的不完全。其實，我們要學習信任當事人本身的能力，他們並不會一碰就破碎的。無論從哪一個角度來看，我們都可以放心坦誠地以一個不完美的我、有限制的我和當事人相交。經驗告訴我，當我肯坦白地以真我和對方相交時，通常總可以縮短大家的距離；因為在面對着一位"完美無瑕"的輔導員時，許多當事人會發覺彼此相距很遠，難以接觸和溝通，這也就影響了輔導的進行。

從另一個角度來說，倘若我們時刻要保持自己的"專業形象"，那就要消耗掉不少的精力，結果就只剩下些微的精力來幫助當事人，這樣，真誠的、具治療功能的關係，又怎麼會出現呢？記得有一次一位當事人的問題是始源自一個深奧的哲學課題的，對這課題，我只懂得皮毛，但由於要維持自己的"專業形象"，我便硬撐下去，以為可以應付過去。豈知對方在這方面學養相當深，很快就從我的回應中發覺了我的偽裝；結果他對我失了信任，以後也不再來繼續面談。想來真是慚愧。但那一次痛苦的經驗，卻給我上了寶貴的一課，以致我領略到該努力學習以真誠來和我的當事人交往。又例如在另一次的會談中，由於我的聆聽不夠全面，於是在回應中出了錯誤，令當事人十分憤怒；後來我請他作出解釋，而在那澄清的過程中，我透過自省和詳細的評核，發覺自己的回應的確有欠公允，結果我立刻向當事人致歉。當時我並不覺得羞慚，相反地，我為自己可以向當事人承認錯處而感到欣慰。因為我知道在真誠這一課題上，自己是有了進步。而且，我的行動，不但促進了我與當事人的關係，也同時加強了整個輔導關係的果效。

針對部分輔導員所犯的錯，柏德遜（Patterson）指出輔導員在面對真誠這課題時，常常有些不正確的觀念，他強調真誠並不等於甚麼都可以隨意說出來，故此輔導員不要誤會自己可以任意行事。[22] 他說明真誠並沒有要求輔導員去表達他所有的感受，而只是要求他所講的，全部真實。至於巴杜費沙（Pietrofesa）等亦指出輔導員的真誠，並不等於可以容許自己完全自由地作表達，因為除非我們所說的有助當事人的成長，否則不必將所有知覺到的思想和感受與對方分享。[23] 的確，我們要記着輔導過程的目標是為了當事人的好處，故此對於一些可能會傷害當事人的說話，我們不必說出來。或者，有一些說話，要是坦白說明，會對當事人有幫助的話，可以找一個適當的時機，作出適當的表達和對質。事實上，輔導過程中需要的是具治療功能的真誠，故此我們要小心，否則，出現了具破壞性的真誠，是百害而無一利的。

其次，有些輔導員會在輔導過程中大發謬論，或者，作冗長的個人分享和任意發洩自己的情緒，這都是錯誤的做法。因為最基本的，我們要記着，這輔導關係是為當事人而建立的，所有的時間是該由他享有的，我們不能隨意剝奪。倘若我們的行為言語，對當事人無助，而只是對我們自己有作用，那麼我們所作的對當事人就不怎麼公平了。假設有一位離了婚的女輔導員，在輔導過程中，當事人的表達勾起了她的傷心史，於是她花了三十多分鐘，無限激動地向當事人敍述她四年前丈夫如何變心，自己如何受盡屈辱，帶着幼女苦苦哀求卻終無效……；固然輔導員是有感而發，真情流露，是極真誠的分享，但可惜她忘記了那時間不是為她而設的，她不應佔去當事人的時間；其次，那段時間不是要提供她發洩的機會，她的發洩，一方面似乎是強迫當事人去聽，一方面也可能會對當事人帶來負面的果效。故此，我們要記着，真誠並非永遠都具治療功能的。正如卡科賀夫（Carkhuff）所說的，雖然真誠是輔導員人際關係的基礎，但倘若單單擁有真誠，卻也並不會出現最高的治療功能。不過，卡氏卻同時強調，倘若輔導員沒有真誠的態度，就根本不可能產生治療功能了。[24] 我們當記着，要時刻訓練自己的自覺和敏銳能力，當一些特別的問題和感受出現時，不妨給自己一個冷靜思想的機會來界定和掌握那些感受，同時也要作出判斷，看看若要表達時，到底是為當事人，抑或為自己的好處。

到此可能有人想知道，倘若我們在輔導時出現了像上述那位女輔導員的情況，換言之，當事人的問題觸發了我們個人的傷痛，要是不可以立刻說出來，那又該如何處理呢？首先我會重複上述的原則，就是要憑着自己的敏銳力，在第一時間察覺到自己激動的情緒，然後嘗試冷靜下來，控制自己，也告訴自己這不是個人發洩的時間。在調節自己的心情後，逐漸將注意力重新集中於當事人。不過，我還會建議這位輔導員事後應該馬上找好朋友，或者是自己的輔導員來協助自己徹底處理。其次，我要提醒大家，身為一位輔導員，我們的確要有勇氣面對自己的遭遇；就以上述的女輔導員為例，四年前的婚變，到今天仍未作妥善之處理，實在有點問題。試想想，倘若我們不能勇敢面對人生的苦痛，又怎能期望自己可以協助他人迎接生命的挑戰呢？

總的來說，真誠是成功輔導的關鍵因素；但真誠是不能強求的，是輔導過程中自發的一種自然表現。同時，真誠也不是用一些手段和計策來操弄當事人，而是對當事人有一種真實而可靠的關心和愛護。故此，對輔導員來說，我們首先要加強自己的自覺和敏感度，然後在自省中查察自己對當事人是否有一份出於真心的喜愛，是否對人有着樂觀的看法，抱着基本的信任。此外，還要看看自己是否可以接納自己、欣賞自己，以致可以有一定的自信，卻又不至於要求自己全知全能，更不會要求自己完美無缺。倘若對於上面的問題，你的答案都是正面的，那你才可能要求自己言行一致，才可以表裏合一地和當事人相處。

註釋

1   Carl R, Rogers, "The Interpersonal Relationship: The Core of Guidance," *Harvard Educational Review* 32 (1962), 416–429.

2   Charles B. Truax and Robert R. Carkhuff, *Toward Effective Counseling and Psychotherapy: Training and Practice* (Chicago: Aidine, 1967), 329.

3   G. M. Gazda, *Human Relations Development* (Boston: Allyn and Bacon, 1973), 58.

4   R. E. Felder, "The Use of Self in Psychotherapy," in Dugald Arbuckle (ed.), *Counseling and Psychotherapy* (New York: McGraw–Hill, 1967), 100–111.

5   R. May, "Contributions of Existential Psychotherapy ," in R. May, E. Angle, and H. Ellenburger (eds.), *Existence* (New York: Basic Books, 1958), 80–82.

6   J. C. Hansen, R. R Stevic, and R. W. Warner, *Counseling: Theory and Process* (Boston: Allyn and Bacon, 1977), 136.

7   Daniel J. Delancy and Sheldon Eisenbery, *The Counseling Process* (Chicago: Rand McNally, 1977), 40.

8   Carl R. Rogers, "The Necessary and Sufficient Conditions of Therapeutic Personality Change," *Journal of Consulting Psychology*, 21(1957), 95–103.

9   C. H. Patterson, *Relationship Counseling and Psychotherapy* (New York: Harper and Row, 1974), 62.

10 Eric Berne, *Transactional Analysis in Psychotherapy* (New York: Grove Press, 1961), 233.

11 G. Egan, *The Skilled Helper* (Monterey, California: Brooks / Cole, 1975), 90.

12 G. S. Belkin, *Practical Counseling in the Schools* (Dubugue, La.: W. C. Brown, 1975), 113.

13 R. R. Carkhuff, *Helping and Human Relations: A Primer for Lay and Professsional Helpers: Selections and Training* (New York: Holt, Rinehart, and Winston, 1969), 208.

14 A. H. Maslow, *Toward a Psychology of Being* (Princeton, New Jersey: D. Van Nostrand, 1962), 181.

15 S. M. Jourard, *The Transparent Self* (Princeton, New Jersey: D. Van Nostrand, 1964; rev. ed., 1971), 138.

16 John J. Pietrofesa, Howard H. Splete, Alan Hoffman, and Diana V. Pinto, *Counseling: Theory, Research, and Practice* (Boston: Houghton Mifflin, 1978), 167.

17 Sidney M. Jourard, *The Transparent Self* (Princton, New Jersey: D. Van Nostrand, 1964; rev. ed., 1971), 142.

18 Ibid., 147.

19 Carl R. Rogers, "The Characteristics of a Helping Relationship," *Personnel and Guidance Journal*, 37(1958), 6–16, 133–134.

20 Pietrofesa, et al., op. cit., 167.

21 J. W. Yates and Lyle D. Schmidt, "The Counselors Self-concept," *Vocational Guidance Quarterly*, 7(1959), 151–154.

22 Patterson, op, cit., 62–65.

23 Pietrofesa, et al., op. cit., 170,

24 R. R. Carkhuff and B. G. Besernson, *Beyond Counseling and Therapy* (New York: Holt, Rinehart and Winston, 1967), 330.

2.4 簡潔具體（Concreteness）

在輔導過程中，無論輔導員或當事人的說話，都應該簡潔具體；但輔導員要先作模範，當事人才能加以仿效。簡潔具體的意思是指我們在輔導過程中，用字措辭不但要適當，還一定要簡單和清楚；例如要避免含糊不清、模棱兩可的用語，以避免下列的流弊：

1. 避免不夠精細和過分概括化；

2. 以免探討變得雜亂無章，費時失事；

3. 以免阻礙輔導過程的發展。

在輔導過程中，我們要做到簡潔具體，目的是要幫助當事人去分辨出他的感受和經驗。故此，無論是處理當事人的感受、經驗或是行為，我們身為輔導員的，都要協助當事人避免運用一些太普遍太廣泛的字眼，如很"煩"、很"悶"等等。因為這些字所包含的意思通常相當複雜，故此當我聽見當事人用這些字眼時，我就會引導他加以闡釋。結果發覺差不多每個人對這些字眼的闡釋都有相當大的差異，例如有一位當事人對他所說的"煩"字解釋為：覺得很無聊，明明知道有許多待完成的工作，卻又提不起勁去做，於是內心有很重的焦慮。而另一位的解釋是：想要求父親讓自己到加拿大升學，卻總是鼓不起勇氣向他提出，但申請的日子無多，心中很是焦急，卻始終欠缺行動，於是惟有生自己的氣，罵自己沒有用……。"

由於當事人往往以輔導員作模範，故此我們的說話，應盡量採用具體、清楚、準確和特殊的字眼，以便協助當事人去清楚分辨不同的感受和經驗。其次，我們談話時，在回應的語句中，應該針對當事人特殊的、獨一無二的困難和情況來作回應，這樣當事人才可以繼續對問題作更深入更準確的探討，以致對自己的問題尋求出正確、深入和實際的了解。可惜不少輔導員在輔導過程中往往會用一些常見的和普遍性的詞彙，或者隨便貼上標籤，將當事人分門別類，以期加速輔導的進程。例加輔導員有時會對當事人這樣說：

"我覺得你過分高舉女權了。"

"你雖然是男性，但個性卻太過內向了。"

"你的想法有點盲目地'反傳統'，實在不必哩。"

"真可惜，年紀輕輕就是一個悲觀主義者。"

以上回應中的"高舉女權"、"內向"和"反傳統"等不但大而無當，而且可以有很不同的理解，所以不但會阻礙對當事人的獨特問題作出分析，而且還很容易產生錯覺，以為問題經已獲得解決，可見流弊之大。以下是一個典型的例子：

當事人：我與明明已經來往一段時間，彼此都很喜歡對方，但父親最不喜歡上海人，我有甚麼辦法呢？其實，他不應該隨便說上海人野蠻的，不過，我有甚麼辦法呢？曾經提出來和他討論，他只是大發脾氣的罵人……。我只好勉強忍耐着，好幾天沒有見明明了，但今早終於忍不住又去找她。唉！我該怎麼辦呢？

輔導員：你的確很聽父親的話，真是一位孝順兒子哩！

在這例子中，當事人的表達很不具體，亦欠個人化，但遺憾的是輔導員不但沒有準確回應他的感受，還用一些過於概括浮泛的字彙來分析和形容當事人的性格。結果中斷了當事人的感受；同時，他下了那評語後，似乎感到該課題已經了結，似乎也不必再說下去了。其實正確回應是：

輔導員：父親對上海人的成見很深，以致極不喜歡明明；你雖然很喜歡明明，但由於說服不了父親，心中感到很矛盾和難受，不知如何是好。

當事人在敍述自己的經驗和意見時，往往傾向於將事物概括化，例如以下是一位 F.2 的男學生對輔導員的申訴："我覺得男老師總是對女同學偏心的，她們犯事，就不必受罰，而我們只要稍有差池，就要受嚴重的處分……所以我覺得那些男老師很不公平！哼！女孩子有甚麼好呢？甚麼都不懂，就只會向老師撒嬌！"

在這例子中，當事人用了太多概括性的字眼，輔導員應該協助他將敍述轉得個人化，導引他具體地將自己受罰的事情說明，然後，再整理其中牽涉對某位老師和某些女同學的特殊感受和看法。

其次，當事人的說話往往相當雜亂和空泛，輔導員應該抽絲剝繭地協助他作出具體和清楚的撮要。例如有一位成績平平的大學預科學生來見輔導員說：

有時，我不明白自己為甚麼內心這樣煩亂的，真是莫名其妙！明明知道還有幾個月就要"決一死戰"，但每天晚上對着課本和筆記，就只是胡思亂想，想到甚麼科目都未曾溫習好，時間又有限，父母還在日夜提醒我，把我催促得快要神經病了。我真的不知道該如何是好？人家有兄弟姊妹的多好，至少可以有人傾訴一下……。有時我怕父母來煩我，就索性溜出外玩他一兩小時的電子遊戲，或者在那裏倒有可能碰到一兩個熟人跟我聊聊天哩！

若將當事人的說話加以整理，有四項很重要的事情就可以清晰地列出來：

具體的時間：大學入學試前兩個月；

具體的環境：晚上獨個兒在家中溫習；

具體的感受：焦慮、煩躁、恐懼、孤單、無奈；

具體的行動反應：避開父母，溜到街外，到電子遊戲機中心玩電子遊戲；

具體的期望：渴望可以有傾訴的對象。

卡科賀夫（Carkhuff）和巴軔旬（Berenson）曾經列舉了簡潔具體的三種功能，就是：

1. 可以使輔導員的回應盡量和當事人的感受和經驗來得接近；

2. 促進輔導員對當事人有準確的同感了解，由是當事人可以在最快的時間內對錯誤的地方作出修正；

3. 鼓勵和幫助當事人透過不斷的探討而清楚了解他個人特殊的問題或困難，同時，也了解自己當前的感受。[1]

除了上述三項之外，柏德遜（Patterson）還指出在輔導的早期，具體簡潔通常還可以促進同感了解的產生。[2]

註釋

1　R. R. Carkhuff and B. G. Berenson, *Beyond Counseling and Therapy* (New York: Holt, Rinehart & Winston, 1967), 69.

2　C. H. Patterson, *Counseling and Psychotherapy* (New York: Harper & Row, 1974), 69.

2.5 對質（Confrontation）

對質的使用，有一定的先決條件；那就是在輔導關係中，我們要肯定已經有接納、尊重、同感、真誠和溫暖的出現，才可以運用對質的技巧。柏德遜（Patterson）認為當輔導員發覺當事人的行為有不一致的地方時，向他指出提問，便是對質。[1]而卡科賀夫（Carkhuff）把對質分成三大類，現分列於下表：

A	B
1. 受導者形容的自己	他心目中理想的自己
（真我、自我觀與理想的我的對比）	
2. 受導者口中所形容的自己（自覺的我或所具有的自我認識）	他實際的行為（輔導員所觀察到的或受導者自己所報告的）
3. 受導者的自我體驗	輔導員對他的體驗和印象

卡氏認為當 A 與 B 之間出現不一致和矛盾時，就需要進行對質，以作出澄清。[2]而柏氏則再增加了一類，就是倘若當事人所敍述的對自己或對別人的體驗，內容前後有所出入，有不協調的地方時，也應該進行對質。柏氏相信透過對質，輔導員可以協助當事人覺察到自己的感受、態度、信念和行為不一致和欠缺協調和諧的地方。同時，對質也可以令當事人發現在自己的生命中，對別人的感受和態度所存在的自相矛盾和衝突之處。[3]

在輔導過程中，對質的功能是甚麼呢？換言之，為甚麼要向當事人進行對質呢？以下七項，可供大家參考：

1. 協助當事人對自己的感受、信念、行為及所處之境況提高自覺，促進了解。

2. 協助當事人發現和了解自己對他人的一些混淆感受與態度。

3. 由於在輔導過程中會對事物作出精細的探討，故此當事人有機會對自己錯誤的假設／假想世界有所醒覺，而進一步可以重建一個合理的假設，同時對現實也重新有正確的認識。此外，

4. 可以預見和防避危機，減少錯失，就算遇事時也可以較有效地處理和面對。

5. 讓當事人學習在必要時有能力去對他人、甚至對自己作出對質，因為事實上這是一個健康的人生所必須學習的功課。

6. 對質可助當事人不致單單停在領悟（insight）的階段，且可以進一步認識到行動的重要，因而採取行動。

7. 指出當事人在運用各種資源時的矛盾，然後進一步協助他正確而又有效地去善用被忽略的資源，尋求適當的幫助。

在輔導的過程中，我們要小心使用對質；事實上，對質本身具有一定程度的威脅性，故此有可能導致危機的出現，故除了對先決條件要留心外，還應該因應輔導進展中不同的階段來作出較準確的判斷，以免產生意想不到的流弊。此外，我們還應該留意到對質的強弱程度，往往會產生不同的效果和回應，我建議當我們對幾個治療的基要條件沒有肯定的把握時——換言之，當我們覺得關係尚未建立得好的時候——應盡量避免對質；就算無可避免時，也只可以用一些嘗試性的對質，例如："我不知道自己是否誤會了你的意思，你上一次似乎一再告訴我自己很為自己的成就而自豪，但從剛才你的敍述中，我卻感到你實在很厭惡自己，到底你實在的感受是怎樣的呢？"這對質中運用了"似乎"這不肯定的字眼，而開始時輔導員又先說明自己可能是誤會了對方的意思，最後還用問題作結束，他這樣也就為當事人留了許多空間，倘若一旦當事人不願意面對這對質中牽涉的課題，也可以有機會避開。如果當事人確實有意避開，我建議大家不要在這時候再追問下去，以免破壞了大家的關係。可留待稍遲再作嘗試。

在主要的輔導派別中，大部分輔導學者或心理治療學者都會避免運用對質。正面對質的使用，更是只限於針對有侵略性和具操縱性的當事人，或是那些向輔導員作對質的一類當事人。因此，輔導者運用對質時，被動多於主動。對質肯定會牽涉危險的出現，確實是一項冒險。而且，若對質不是建立在共鳴同感、親切溫暖和關懷的基礎上，它就會像真誠一樣，可以被輔導員濫用來發洩一己的衝動和內心的憤恨，或他的挫敗感，和其他負面的感受。對質一詞，含有攻擊性和面對面衝突的意思，也許是不大適合的用語，若能找到更適合的字眼，相信會對這觀念的理解大有助益。故此，在訓練輔導員時，我總會提醒學員們要"用愛心作出對質"。或者，對質不應被視為心理治療其中一個分割出來的條件，也許它可以放在共鳴同感的了解之內。透過對質，輔導員嘗試體會和傳達當事人在言語和行為中所流露的矛盾，由是觀之，當作是共鳴同感的一環，該更為恰當。[4]

註釋

1　C. H. Patterson, *Relationship Counseling and Psychotherapy* (New York: Harper & Row, 1974), 76.

2　R. R. Carkhuff, *Helping and Human Relations, Vol. I: Selection and Training; Vol. II: Practice and Research* (New York: Holt, Rinehart & Winston, 1967), Vol. I, 191.

3　Patterson, op. cit., 76.

4　Ibid., 77.

第三節　感應探討階段的兩個問題

3.1　探討感應階段中輔導員常犯的毛病

在探討感應過程中，輔導員的一言一動，都需要配合輔導的過程，可惜許多時候輔導員的說話，不但不能幫助當事人了解清楚自己的心情和處境，不但不能促進探討感應的功能，相反地，還往往因為欠缺同感，否定了當事人的感受，中止了探討的話題，以致整個輔導過程因而受到極大的阻礙。以下透過一些例子，嘗試帶引大家看看輔導員常犯的毛病，作為自己的鑒戒。

例一

當事人：我真沒良心，竟然能做出奪人之妻的事，國元罵我，是應該的。唉！我真該死哩！

輔導員：你不知道對方是有夫之婦嗎？

（完全聽不見當事人的說話和感受，會令對方感到很沒趣，很沒有意思。）

例二

當事人：丁先生，丈夫死了，我的人生也完了，孤伶伶一個人活在世上，真是生不如死，我的確不想再活下去了。

輔導員：人死不能復生，你千萬不要這樣想，何必害苦自己呢？

（忽略了當事人的感受，也近似命令對方停止她的感受。）

例三

當事人：我的婆婆說孩子的死我要負責，倘若我不是只顧搓麻將，他又怎麼會被汽車撞死呢？

輔導員：不要苛責自己，人皆有錯，只要以後小心點就是了。

（要安慰當事人，企圖大事化小，小事化無，但卻忽略了當事人的感受。）

例四

當事人：我真的沒有用，公司最近提升了好些人，卻沒有我的份兒；好幾次想和主管談談，又總是提不起勇氣。唉！我真的沒有用，我真討厭自己！

輔導員：如果我是你，我就會⋯⋯

（完全忽略當事人的感受而單從自己的觀點給予建議。）

例五

當事人：我真愚蠢，竟會相信一個這樣的人！

輔導員：嘿嘿！想不到你一向口硬，如今也終於承認自己愚蠢，真難得哩！

（用譏諷的口吻來刺激當事人，卻完全忽略了他的感受。）

例六

當事人：升上中五之後，我才發覺教英文和生物的老師上堂馬虎極了，每一堂總是敷衍了事的。同學一有意見，他們就強調會考是我們個人的責任，不應該依賴老師。我完全不同意他們的說法，我認為他們只是在推卸責任，在自圓其說罷了。

輔導員：無論如何，他們總是你的老師，你怎可以這樣批評老師呢？

（武斷地，主觀地批評當事人，否定和中止了他的感受，完全缺乏同感。）

例七

當事人：婆婆近來變本加厲地在鬧事，德生還處處偏幫他的母親，說我小氣，從來不嘗試作任何調停和改善，我看自己是沒法再維持這段婚姻的了。

輔導員：你實在應該和德生談談，積極作點改變了。

（忽略了當事人的心境和情感，只專心在教導。）

例八

當事人：唉！人生如舞台，一向是自己發號施令的，如今卻要事事聽命於人，想起來可真難受極了，人生真的如此無奈嗎？

輔導員：你一向很有自信，如今忽然變得這樣消極，可能近來的轉變的確太大了。

（分析當事人的感受和情況，但卻沒有對他的感受作適當的回應。）

例九

當事人：我這陣子很低沉，甚麼都提不起勁，只渴望見見碧華，但我又明知這段感情是沒有希望的了，她已經三個月沒有理我，我還在等甚麼呢？

輔導員：千萬不要灰心，要記着天下無難事，只怕有心人哪！

（沒有理會當事人的感受，也不切實際地作出不負責任的承諾，鼓勵當事人作空想。）

例十

當事人：我很討厭現在這份工作，不但薪水低，而且同事們又不好，是非很多。但以我大學預科的學歷，還能期望些甚麼呢？

輔導員：為甚麼你要這麼看不起自己呢？難道大學預科是隨手撿回來的嗎？

（責問當事人，而同時忽略和否定了當事人的心情。）

例十一

當事人：王姑娘，我最近覺得自己很軟弱，很多憂慮，因為自母親去世後，我就很怕一個人呆在家裏，因為我單獨在家的時候，就會掛念她，就會想起很多事，就會痛哭。

輔導員：不要怕，時間是良藥，事情很快就會過去的；而且人已經死了，多想也無補於事的。

（雖然同情當事人，卻又否定了他的感受。）

例十二

當事人：雖然我很愛小吉，但想不到自己居然衝動到要天天站在她學校門口看她放學，然後遠遠跟着她，直到她回到家中為止。哈哈！我真荒謬極了，居然會做這種傻事！

輔導員：荒謬！試問哪一個人不曾做過荒謬的事呢？何況，你的荒謬相當羅曼蒂克呀！

（用幽默的方法嘗試消解當事人的感受，轉移他的視線。可惜卻輕忽了當事人的感受。）

例十三

當事人：我知道努力是沒有用的，誰叫自己出身不好，不像人家有父蔭呢！其實，我常常告訴自己，各有前因莫羨人，不要再發夢，安安分分的捱下去就算了。

輔導員：沒有用的人才要依靠父蔭，難道你承認自己沒有用嗎？我對你的確太失望了。

（感受不到當事人的心境，只是強烈地責怪對方。）

在探討感應過程中，我們身為輔導員的，務必要專注地留心聆聽、用心觀察，以期可以對當事人的表達有全面的領會，然後可以準確地作出回應。有些輔導員過分心急要為當事人解決問題，一方面這個目標很值得商榷，而另一方面這取向會令輔導員聽不清楚當事人的心聲。有些輔導員企圖用幽默，或大事化小，小事化無的安慰來協助當事人，可惜這行動只會令當事人產生不被尊重和不被了解的感覺。此外，無論是批評、指責、教導、分析等等，都只會中斷當事人的探討，以致很難找出問題的癥結，同時，更會大大削弱了輔導過程的治療性功能。

3.2.0　詞彙不足，影響輔導的進程與果效

要從事有效的輔導，基本的條件相當多。反過來說，輔導過程不能暢順地發展，果效有限，原因也不少。其中常見的障礙之一就是輔導員的詞彙貧弱，以致不能有良好的溝通，表情達意都出現問題。固然，對部分輔導員來說，感應欠佳，可能是在基本的聆聽上出現困難，因為無論是聽錯了，或是聽不清楚，或者是聽得不夠全面，都足以影響自己對受導者當作的感應。其次，縱然聆聽不錯，但倘若輔導員的分析力和組織能力不足，也就難以在頃刻間作出適當的感應。除此之外，不少輔導員由於個人擁有的詞彙有限，於是難以對受導者千變萬化的複雜情緒作出準確的描述，產生詞不達意和感應不當甚或錯誤的現象。這樣一來，一方面固然使共鳴同感減弱，致令受導者感到不被了解；另一方面，也影響了對受導者的探討以及受導者的行動改變的進程和深度。其中流弊之一就是很可能導致輔導流於表面化，始終碰不到問題的癥結。換言之，當一個輔導員的詞彙不足時，會令到輔導的過程出現阻滯，以致輔導的果效也相應地大打折扣，十分可惜。故此，要從事有效的輔導，每一個輔導員都需要在這課題上作自檢，看看自己的詞彙是否充足？是否可以掌握各詞彙的意義和情態，以致可以瀟灑自如地加以運用？倘若一旦出現問題，應該如何作出改進，如何充實個人的詞彙？

在訓練輔導員的工作中，我發覺學員們經常會出現上述的困難，而在嘗試幫助他們的過程中，我發現了其中一個相當有效的方法就是為他們提供一套多樣的詞彙。這並不是說要求學員們把一套詞彙加以背誦或死板的記憶，而是透過遊戲和習作，讓大家盡量有機會去經歷和界定各種不同的感受和行為心態。在下表中，我嘗試將一些常用的詞彙分類，首先是列舉了一些常見

的感受和態度。其次，就是一些常見的、形容人類性格與行為的詞彙。同時，我還粗略地以正面和負面作了區分，提供大家作參考。盼望大家可以透過日常生活中個人的自覺和對周圍環境的觀察，盡量作分辨和界定，以至最後自己可以擁有較豐富的詞彙，方便促進有效的輔導。

3.2.1　充實你的詞彙

甲、形容感受與態度的常用詞彙

- 正面的詞彙

力爭上游	力挽狂瀾	大方
大方得體	中肯	不凡
不平常	不甘後人	不慌不忙
不遺餘力	心曠神怡	反抗
反守為攻	友善	友愛
友好	切實	平靜
平安	平易近人	出神入化
可愛	可喜	可賀
可欣慰的	充實	自然
自由	自豪	自在
自治	自制	自律
自得其樂	自由自在	如意
如虎添翼	如釋重負	如魚得水
如沐春風	仰慕	成功
成就	成竹在胸	成人之美
好奇	好心	同感
同情	充足	充實
充滿溫情	守正不阿	全力以赴
全神貫注	全心全意	光芒四射
安定	安穩	安然

安靜	安全	安全感
安然無恙	完全	完美
足夠	罕有	身心舒暢
辛勤	快樂	快慰
放心	怡人	怡然
卓越不凡	卓卓有餘	性感
肯定	欣賞	欣然
欣悅	欣慰	和善
和氣	和藹可親	哀怨
哀怨動人	哀怨纏綿	前進
美好	美善	美麗
神秘	神奇	神采飛揚
胸有成竹	迷人	容忍
容易	容光煥發	高興
高貴	原諒	原始
悠然	悠然自得	責無旁貸
得體	得意	得心應手
得意洋洋	情深款款	情意綿綿
情深似海	情投意合	陶醉
陶然自樂	莊重	莊嚴
爽快	乾淨	從容
從容不迫	從心所欲	愉快
愉悅	創新	創造力
創新性	強壯	強勁
強而有力	舒暢	舒服
舒適	善意	善良
朝氣勃勃	勝利	勝任
勝券在握	極好	極妙
尊重	尊敬	尊嚴

尊貴	渴望	超卓
超然	喜樂	喜悅
喜好	喜歡	喜形於色
喜氣洋洋	當機立斷	當仁不讓
愛顧	愛心	愛意
愛慕	愛戀	愛情
敬仰	敬慕	敬服
飽滿	飽足	準確
漂亮	榮幸	榮譽
榮美	精神	精神奕奕
精神十足	精神飽滿	輕鬆
輕快	寧靜	滿足
滿意	熱烈	熱心
熱衷	適當	適中
適合	適切	適應
寬大	寬容	寬心
魅力	徹底	醉心
親密	親近	親切
親情	憐憫	憐愛
優越	優勝	優美
優良	優越感	優悠自在
興奮	融洽	簡單
簡潔	龍精虎猛	鎮靜
鬆弛	豐富	豐足
豐美	謹慎	穩定
穩重	穩妥	穩如泰山
穩操勝券	歡樂	歡喜
歡愉	歡欣	纖細
體恤	體諒	

- 負面的詞彙

力有不逮	力竭聲嘶	力不從心
七上八落	三心兩意	下流
不安	不適	不幸
不滿	不服氣	不道德
不舒服	不友善	不自然
不安全	不同意	不知所措
手足無措	六神無主	心死
心如止水	心有不甘	心灰意冷
心不在焉	心高氣傲	仇恨
仇視	反對	反感
反叛	反常	反胃
反面無情	反目成仇	反覆無常
令人作嘔	四面楚歌	半信半疑
可惡	可憐	可惜
可憎	可恨	可惡
可怕	可疑	可佈
目中無人	目無尊長	目瞪口呆
矛盾	生氣	如坐針氈
自憐	自卑	自貶
自滿	自慚	自我貶抑
自甘墮落	自取其辱	自取滅亡
自慚形穢	自作自受	自我疏離
死板	死心不釋	死氣沉沉
死皮賴臉	吃不消	兇殘
兇惡	冷淡	冷酷
冷冰冰	冷酷無情	沒趣
沒有價值	坐立不安	妒忌
邪惡	困擾	困惑

困難	困窘	沉悶
沉淪	沉重	沉迷
沉鬱	低落	辛酸
辛勞	辛苦	含糊
含恨	含糊不清	含冤莫白
狂妄	狂亂	狂躁
抱怨	抱恨終生	拘謹
拘束	空虛	空洞
空寂	怪僻	沮喪
易怒	易變	放棄
卑賤	卑鄙	卑俗
卑劣	卑下	卑鄙下流
孤立	孤單	孤獨
孤零零	怒火中燒	怒氣衝天
苦痛	苦惱	苦澀
怨憤	怨懟	怨天尤人
後悔	急促	急迫
畏縮	唐突	疲倦
疲乏	疲憊	疲態畢露
鬼鬼祟祟	恐怕	恐怖
恐懼	被斥責	被忽略
被否定	被孤立	被冤枉
被排斥	被輕視	被羞辱
消沉	狼狽	狼狽不堪
挫折	挫敗感	徒知羨慕
疼痛	悔恨	淒清
淒涼	迷亂	迷糊
迷惑	羞怯	羞愧
羞辱感	麻煩	麻木

麻木不仁	悻悻然	窒息感
動搖	動盪不安	粗暴
掃興	情緒高漲	情迷意亂
混亂	混淆	混淆不清
淫褻	窘迫	無恥
無聊	無奈	無助
無感情	無能感	無歸屬感
無動於衷	悲傷	悲痛
悲哀	悲憤	悲從中來
虛假	虛偽	虛空
殘忍	殘暴	殘酷
渾渾噩噩	強迫	強制性
強加於人	筋疲力竭	棄絕
惶惑	惶亂	惶惶然
惶惑不安	惶惶不可終日	猥褻
痛苦	痛楚	傲慢
傲氣	啞口無言	啞子吃黃連
癡迷	癡情	癡戀
歇斯底里	徬徨	慌忙
慌亂	慌張	傷感
傷痛	愁雲密佈	煩亂
煩惱	煩悶	愚昧
愚笨	愚蠢	鄙下
鄙俗不堪	慢條斯理	惡毒
惡意	疑懼	疑惑
疑團滿腹	疑信參半	厭惡
厭膩	緊張	緊張刺激
緩慢	暴躁	暴跳如雷
憎厭	憎惡	憎恨

憤恨	憤怨	憤憤不平
憤世嫉俗	憂傷	憂心
憂鬱	憂愁	憂懼
憂患重重	憂時傷國	懊悔
懊惱	駭人	遺憾
擔心	擔憂	噁心
壓力	壓迫感	醜惡
醜陋	艱困	艱難
艱苦	艱巨	尷尬
嚴厲	騷亂	騷動
囂張	飄盪	飄零
飄泊	飄忽不定	躊躇不前
驕傲	驕橫	驚駭
驚惶失措	蠻橫	驚惶
鬱鬱寡歡	鬱鬱不樂	鬱悶

乙、形容性格與行為的常用詞彙

- ● 正面的詞彙

一鳴驚人	一舉成名	才智雙全
才氣縱橫	才高八斗	大膽
大方	大方得體	大家閨秀
大智若愚	小心	上進
心無二用	不羈	不凡
不自私	不可思議	不屈不撓
不亢不卑	不甘後人	不辭勞苦
不落俗套	文質彬彬	文武雙全
公正	公平	公道
中庸	中流砥柱	內向
包容	可愛	可人

可靠	可信任	可歌可泣
平實	平和	平易近人
正直	正當	正經
外向	功成身退	好心
好動	好靜	有主見
有活力	有衝勁	有效率
有遠見	有信心	有魅力
有能力	有條理	有良心
有原則	有節制	有氣質
有深度	有氣節	有把握
有見地	有禮貌	有洞察力
有上進心	光明正大	光明磊落
老練	老實	充滿活力
多才多藝	剛正不阿	全能
全神貫注	全力以赴	全心全意
同感	同情	同心
同心同德	自信	自律
自治	自省	自主
自豪	安靜	安分
好學深思	見義勇為	身體力行
身先士卒	坐懷不亂	君子
冷靜	伶俐	忍耐
孝順	沉默	沉着
沉實	沉默寡言	忘我
含蓄	具創作力	具進取心
具同情心	具藝術氣質	卓越不凡
和平	和氣	和藹可親
知足	知足常樂	忠直
忠貞	忠實	忠誠

忠心　　　　　忠心耿耿　　　　忠肝義膽

坦白　　　　　坦率　　　　　　坦誠

果斷　　　　　果斷英明　　　　負責

冒險　　　　　冒死不從　　　　勇敢

勇往直前　　　客氣　　　　　　客觀

幽雅　　　　　幽默　　　　　　勁力十足

神聖　　　　　矜持　　　　　　胸有成竹

胸無城府　　　條理分明　　　　能幹

能言善辯　　　剛強　　　　　　剛正

剛毅　　　　　息事寧人　　　　浩氣長存

泰山崩於前而面不改容　　　　　馬到功成

高風亮節　　　真摯　　　　　　真誠

真率　　　　　淡薄名利　　　　頂天立地

開明　　　　　開放　　　　　　開心

開朗　　　　　開通　　　　　　清潔

清心　　　　　率直　　　　　　率真

執着　　　　　動人　　　　　　動靜皆宜

情理分明　　　情感豐富　　　　健康

健談　　　　　深情　　　　　　深思熟慮

得體　　　　　爽快　　　　　　爽朗

處變不驚　　　敏感　　　　　　敏銳

虛心　　　　　虛懷若谷　　　　堅忍

堅貞　　　　　堅定　　　　　　堅毅

堅定不移　　　堅貞不屈　　　　善良

善解人意　　　單純　　　　　　單一

斯文　　　　　斯文淡定　　　　超卓

超羣　　　　　雄心勃勃　　　　雄心萬丈

溫柔　　　　　溫馴　　　　　　溫柔敦厚

量入為出　　　富同情心　　　　悲天憫人

落落大方	幹勁衝天	慎重
慎思明辨	勤力	勤奮
勤懇	當機立斷	實實在在
慈愛	慈祥	誠實
誠懇	誠摯	誠實可靠
慷慨激昂	滿足	滿意
精明	精明能幹	豪放
豪邁	豪情洋溢	熱心
熱衷	熱情	熱烈
樂業	樂觀	樂於助人
樂善好施	寬大	寬容
寬大為懷	賢淑	賢慧
賢良淑德	奮進	奮發
奮起	奮發圖強	隨和
隨便	機智	機靈
機智過人	獨立	獨立自主
擇善固執	樸實	樸素
簡樸	聰明	聰穎
禮貌	謙虛	謙恭
謙和	謙遜	謙恭有禮
講道理	膽色過人	膽大心細
優雅	優游自適	優美
謹慎	謹守	鎮靜
穩重	穩定	穩健
穩如泰山	飄逸	嚴正
嚴肅	嚴謹	體貼
靈巧	靈活	

- 負面的詞彙

一成不變	一意孤行	了無生氣

三心兩意	小氣	小人
下賤	下流	斤斤計較
不可靠	不實際	不負責
不成熟	不穩定	不可理喻
不仁不義	不忠不孝	不務正業
不事生產	心虛	心術不正
心胸狹窄	反常	反叛
反目無情	反覆無常	功敗垂成
古板	古怪	主觀
幼稚	多言	多疑
多心	多愁善感	因循苟且
老謀深算	自私	自炫
自負	自卑	自誇
自私自利	自我中心	自吹自擂
自高自大	自暴自棄	自以為是
自我貶抑	自我否認	自我毀滅
好色	好賣弄	好大喜功
好逸惡勞	好辯多言	死板
死氣沉沉	見死不救	見異思遷
見利忘義	坐享其成	冷漠
冷淡	冷冰冰	冷酷無情
忘恩負義	抑鬱	狂妄
狂暴	狂野	呆笨
呆拙	刻薄	放任
放蕩	放縱	放肆
虎頭蛇尾	阿諛奉承	阿諛諂媚
長舌	長氣	性急
卑鄙	卑下	卑劣
卑鄙小人	卑鄙下流	奉承

怯懦	玩世不恭	依賴性
乖僻	易怒	易變
固執	拙於辭令	孤芳自賞
負心	恃勢凌人	面面俱圓
食古不化	苛求	苛刻
狡猾	狡詐	神經質
神經過敏	急功近利	畏縮
畏首畏尾	挑剔	孩子氣
保守	侵略	柔弱
苟且	馬虎	脆弱
荒謬	浪費	害羞
害怕	倔強	迷信
吝嗇	狼心狗肺	狼狽
逃避	淫邪	淫蕩
淫亂	淫褻	貪心
貪婪	野蠻	野心勃勃
唱高調	深藏不露	情緒化
鹵莽	陰沉	陰毒
陰險	陰險小人	得過且過
執拗	蛇蠍心腸	毫無幽默感
情緒無常	執迷不悟	造作
笨拙	粗暴	粗心
粗魯	粗心大意	偏激
猜疑	陳腐	虛偽
無能	無禮	無恥
無良	無稽	無骨氣
無理性	無見識	無所事事
傲慢	揮金如土	揮霍無度
悲觀	殘忍	殘暴

殘酷	焦急	焦慮
喪盡天良	喪心病狂	游手好閒
遊戲人間	意氣風發	圓滑
勢利	頑皮	頑固
感情用事	感情衝動	愚笨
愚頑	愚蠢	癡狂
癡迷	癡心	癡情
癡戀	癡呆	落漠
愛空想	惡毒	輕佻
輕率	輕佻浮躁	輕舉妄動
寡情	寡情薄義	鄙賤
鄙俗	瘋狂	瘋癲
暴虐	暴烈	暴烈如火
緊張	墨守成規	衝動
膚淺	魯莽	傻氣
傻瓜	標奇立異	僵化
憂形於色	遲鈍	隨俗
隨便	隨波逐流	隨風轉舵
矯揉造作	懦弱	優柔寡斷
關閉	懶惰	鐵石心腸
變態	變幻無常	蠻橫
蠻頑	蠻不講理	蠻橫無理

第四節　輔導評估重點

4.0

　　輔導是一種幫助人的工作，透過輔導的關係，輔導員希望可以協助當事人發展自己，帶來改變和成長。不過，要保證輔導可以產生積極的功能，輔導員就必須很謹慎，以認真的態度來處理整個輔導過程。因為在輔導的親密人際關係中，倘若輔導員不能為當事人帶來幫助和正面的果效時，那就很可能反過來會給當事人帶來負面的影響，甚至令他受到傷害。故此，我曾一再強調輔導是一個嚴肅的專業，需要每一位專業同工有一定程度的投身與委身，需要大家一同正視這工作中責任的承擔。就這課題，前文已從不同的重點作了討論。在這裏，我會從實際的工作程序上，建議大家要盡量抽時間來對個案作評估，以期加強這治療關係產生正面果效的保證。

在香港，由於輔導的需要很大，而實際能夠提供專業輔導的人卻很少。故此，一般來說，專業輔導員的工作量通常就出現過重的現象，以致近年來"枯竭"的紅燈，頻頻出現於同工同業之間，引起了大家的關注。對於這問題，從輔導員的角度來看，我認為有需要徹底調整工作量和工作制度。不過，由於事實上這現象不是短期內就可以改變的，故此從當事人的角度來看，我總免不了有一點擔心。例如最基本的是，當輔導員工作量過重時，會不會出現工作上的疏忽，以致當事人不能得到最大的幫助呢？而輔導員的枯竭，若果沒有適當的處理，是否會致令專業精神與守則不能得以維繫呢？事實上，從事輔導工作，除了要有足夠的時間與當事人會談之外，無論是在輔導過程中或者是在事後小心的評估是相當重要的步驟。因為透過審慎的評估，一方面輔導員可以對輔導過程作出覆核，可以肯定自己所做的；另一方面，倘若發現有疑問和錯失時，也可以及時找他人共商和作出補救。以下就是幾個不同的輔導評估重點：

4.1　重要資料——

一、當事人為甚麼在此時需要輔導？

- 是否有突發事件？
- 是否處於危機情況？
- 是否要馬上採取緊急行動？

二、是甚麼環境因素促使當事人來尋求輔導？

三、當事人提出求助的問題是甚麼？

四、當事人的期望是甚麼？是否適當？

五、當事人有沒有好的"支持系統"？家庭、朋友、學校及社區可以給他提供甚麼支持？

六、當事人的工作或學業情況如何？

七、當事人的家庭狀況如何？

4.2 重要觀察 ——

一、當事人的衣着、打扮、與行動：例如儀容舉止是否正常？衣飾鞋襪是否整潔，是否切合身分？

二、當事人的情緒狀況：神態是否自然？有沒有特殊強烈的情緒出現，例如激憤、仇恨、悲痛、消極、無助、絕望、內疚、悔恨、自責等？是否有任何自殺傾向？

三、說話的內容，應留意下列各項：

* 說話的多少；
* 是否自然；
* 是否清晰；
* 是否有次序和有連貫性；
* 是否前後一致，抑或互相矛盾；
* 速度是否太快抑或太慢；
* 內容是簡潔抑或詳盡；
* 說話時話語的內容與內心的感受是否協調一致？

四、當事人是否可以感受到自己對他的關心？是否信任這種輔導關係？或者，有沒有任何顧慮？

五、當事人與自己是否已逐漸建立並維持一個具治療性的關係？若否，如何可以積極改善？

4.3　重要的探討──

一、當事人的人際關係如何？當他不能和別人相處時，他如何處理？是積極地改善抑或消極地逃避？

二、在甚麼事情上當事人認為自己是傑出和有價值的？他認為自己在哪方面有成就？

三、當事人是否對某些事情感到後悔、歉疚或傷痛？若有這樣的情形，哪些事情與他當前的困難關係如何？

四、整體上，當事人如何看自己？

五、當事人的理想和所期望達成的目標是甚麼：

　　終極目標是甚麼？

　　中間目標是甚麼？

　　直接目標又是甚麼？

六、當事人的理想和目標是否適當？是否客觀可行？

七、他計劃如何實現自己的理想：

* 計劃是否適當和是否實際？

* 有甚麼阻力？

* 有甚麼助力？

* 當前最需要除去的阻力和可利用的助力是甚麼？

八、當事人有沒有適當的健康的"支持系統"？家人、同學、朋友和社區可以給他提供些甚麼支持和幫助呢？

九、當事人所提示求助的問題，是不是真正的問題？若果不是，那真正要面對和處理的問題又是甚麼？

十、當事人本身最大的弱點是甚麼？可如何改善？這弱點與當前的困難關係如何？

十一、當事人本身最大的資源和力量是甚麼？可以如何善加利用？

十二、在輔導過程中，當事人對曾探討的問題看法如何？

4.4 要從速作出的決定——

一、當事人是否處於危機中？若然，應採取的步驟是甚麼？

二、輔導員衡量本身的能力和時間，是否適合處理當事人當前的問題？

三、是否有轉介的必要？若然，轉介的對象是甚麼？

四、是否能達到預期的目的？原因是甚麼？

4.5 其他事項——

一、輔導員本身對當事人的問題的看法和初步結論。

二、列舉在面談中有疑問而需要日後澄清的地方。

三、檢討今次的面談是否能達到預期的目標？有沒有與目標相違背或離題太遠的情況出現？

四、若達不到預期的目標，原因是甚麼？長遠目標是否有修改的必要？

五、評核自己與當事人建立的關係，是否能夠產生具治療性的功能？原因是些甚麼？

六、輔導員進行個人的省察，看看自己在輔導過程中的個人感受和反應，有沒有值得留意和改善的地方。

七、在省察過程中，輔導員也要就輔導個案的成效和自己的心理狀態，看看有沒有反映或出現"枯竭"的危機？而個人的"枯竭"，是否影響了輔導的果效？應該如何處理？

第五節　透過練習，加深體會

5.0

前文曾經指出輔導的關鍵是那幾個基要條件，而這些條件，主要就是輔導員本身的態度。至於態度的學習，在教學上早已被公認為相當困難的事。故此在輔導訓練中，若單單透過講述，對初學輔導的人來說，是極不容易掌握其中的意義和精髓的。為了解決學員的困難，在過去幾年的訓練課程中，我曾經特別設計了一些練習題，在課堂上採用角色扮演的方法，讓他們透過經驗學習的方法來加深對各條件的體會和認識。在多次試用後，發覺果效相當不錯，學員在短時間內，就可以有所領悟，明白到各條件的實際涵義；同時，還可以初步掌握到表達的方法。故此我特別在這裏選錄了不同的習題，供大家練習之用。

練習題的使用方法很簡單，不過，為了要達到較理想的效果，我盼望大家可以用小組的形式來進行練習。這些練習的設計是由不同的人分別扮演當事人和幾位輔導員，將練習題口語化地進行角色扮演後，大家再一同討論研究，作出選擇，按回應的適當與否作順序的排列，最後，再列舉出各輔導員在回應中的優點和缺點。不過，由於在角色扮演時各人的情緒語調表達一定有所差異，以致影響了所表達的內容。故此，雖然在每個練習中，我都作了特別的設計和安排來分別其回應的優劣，但基於角色扮演時通常會出現的差距，加上不同的人，會因着個人的性格而作出不同的選擇，我認為是不適宜在此提供答案表的。同時，我還要提醒大家，這些練習題中所涉及的問題，不單沒有十全十美的回應，更沒有絕對的答案，大家只能根據練習過程中角色扮演的情況，共同研討，尋求出各個回應的優劣的排列次序。

5.1 尊重與同感

● 個案一

當事人：……我覺得很難過，很難過，因為我從來沒有擔心過會考，就算想到這問題，也只是估計自己有沒有可能取得優良的成績；唉！想不到居然會不合格！真是越想越不服氣！其實今次的考試並不難，班上成績中下的也都應付過去了，怎會想到自己……。老師，我覺得會考根本就不能正確地評估出一個人的成績，況且讀書也不應為了考試，故此我也想開了，決定找份工作，投入"社會大學"，相信這還實在些呢，對不對？不過，爸爸媽媽卻罵了我一頓，堅持會考是正途，一定要我重讀，然後再考會考；和他們爭執了幾天，都沒有結果，我真煩死了！

輔導員 A：你一向成績很好，但想不到會考卻失敗了。

輔導員 B：因為會考不及格，所以你感到很失望，很難過，也不清楚前面的路該怎樣走，心中很混亂。

輔導員 C：你為甚麼感到如此悲傷呢？

輔導員 D：你一向成績很好，從來沒想過會考會不及格，故此特別感到失望與難過，也有點氣憤。與父母商談後，似乎非重讀不可，但自己實在有點不甘心，故此內心很矛盾。

輔導員 E：因為會考不及格，所以你感到很失望，很難過。

● 個案二

當事人：我到學校來只是為了讀書，並沒有其他目的，我成績不好你們可以罰我，但為甚麼一定要迫我參加課外活動呢？真沒道理！

輔導員 A：學校着重全人教育，所以鼓勵同學們不要死讀書，你的說話太過分了。

輔導員 B：我知道你對學校的規定很不滿，認為太不合理而感到氣憤。

輔導員 C：你很不滿校方規定你們一定要參加課外活動，覺得這做法很不合理。

輔導員 D：你認為自己讀書成績好就夠了，不必參加任何課外活動。

輔導員 E：學校的每一項決定，都經過充分的考慮，你怎可以如此偏激呢？

輔導員 F：你看，就是因為你只管讀書，完全沒有課餘的康樂，所以身體如此瘦弱呢。

● 個案三

當事人：李姑娘，我真的很愛阿強，因為他的確對我很好，處處為我着想；同學們也說他能風雨無間的接我放學，是很難得的事。而且他甚麼都肯告訴我，從不隱瞞自己的身世……。可惜爸爸媽媽很計較，說他不應該用我的錢，又批評他不務正業，游手好閒，要迫我離開他，他們真是太勢利了！其實，阿強父親一向賣白粉，又在外邊搞三搞四的，很少回家，母親又忙於工作，哪兒有空照顧他，結果他讀到小五就停學了。不過，那有甚麼出奇？我同意他所說的，要怪就怪他的父母，同時這也是社會的錯⋯⋯。他受的苦已經夠了，難道如今交女朋友也沒有權利嗎？難怪當他知道爸爸媽媽禁止我們來往後，就憤怒得要殺人似的。記得他當時問我會不會好像爸爸媽媽一樣重富輕貧的歧視他⋯⋯。噢！我真的很亂，因為爸爸媽媽一向不是這樣的，一向很愛護我，也很講道理，為甚麼這一次⋯⋯為甚麼？為甚麼？

輔導員Ａ：不要太衝動，為甚麼你不能客觀點看這件事呢？

輔導員Ｂ：阿強自幼已被剝奪了許多權利，如今長大了，與你交往，你父母卻加攔阻。

輔導員Ｃ：你很欣賞阿強對你的體貼和坦誠，所以很愛他。如今父母反對你們來往，你認為他們太勢利，心中很反感，因為阿強並沒有錯，只是社會和家庭環境惡劣的受害者，故此你很認同他心中的不平和氣憤。

輔導員Ｄ：阿強對你很體貼，也很坦誠，你不計較他的出身，與他來往，也實在很愛他。故此如今父母反對你們來往，你就很不滿他們勢利的眼光，因為你覺得阿強並沒有錯。我發覺你一方面認同阿強心中的不平和氣憤，另一方面父母的說話和他的回應卻帶給你很大的矛盾。我相信你絕對不會嫌棄阿強；不過，既然你一向信任父母，可否我們先冷靜地看看他們的反對，是否基於勢利呢？

輔導員Ｅ：我很同意你父母的看法，他們其實是擔心阿強這種不事生產的人會害苦了你哩！

輔導員Ｆ：父母批評他不務正業，你就生氣，到底他是做甚麼工作的？如今幾歲呢？

● 個案四

當事人：我覺得人生很空虛⋯⋯我常常在想，每天勞碌奔波是為了甚麼？

輔導員Ａ：我很不高興你用一種灰色的調子來描述自己，你如今正是壯年，妻子賢慧，孩子又聰明，我想你該知足了。

輔導員Ｂ：人生不如意事十之八九，只在乎你自己處理事情的態度，若你天天告訴自己空虛，我想你會越來越覺空虛與難受的。

　　輔導員 C：其實每個人如果要生活，就必定要工作，我希望你不要埋怨……。事實上你的工作不算太辛苦，想想烈日下工作的勞工，你就會為自己慶幸了。

　　輔導員 D：想不到你年紀輕輕，思想竟然如此消極，實在太不應該了。

　　輔導員 E：你覺得人生很沒有意思，很無聊，也不斷在尋索生命的意義。

● 個案五

　　當事人：雖然會考期近，但我心情倒相當輕鬆……想不到只有兩個多月就畢業了，我打算找份工作，儲蓄點錢，兩年後就跟女朋友結婚……。

　　輔導員 A：怎麼？你那麼憎惡唸書？

　　輔導員 B：你似乎很心急要結婚哩！

　　輔導員 C：你的女朋友是誰？她幾歲了？

　　輔導員 D：你想到很快就可以工作、賺錢、成家立室，覺得很興奮。

　　輔導員 E：你才十八歲，中學才唸完就打算結婚，未免太早了吧！

● 個案六

　　當事人：我今年重讀中五，由於原校不收我，轉了學校，功課多得驚人，晚晚要熬夜，以防悲劇重演。班中人人拼命讀書，自私自利的，至今連一個合得來的同學也沒有，使原本已經內向的我，更加孤立自己；我越來越覺得人情冰冷，老師是授課機，同學是敵人。我只覺得人生就只有挫折與悲哀，只覺自己生活在世上是沒有夥伴地獨個兒在受苦，實在無謂，常常自問到底所為何事？

　　輔導員 A：似乎你抓不住讀書的目的，故此心中有很多疑懼不安，對嗎？

　　輔導員 B：你很不滿意同學與老師的表現，在功課壓力下就想放棄重考，是否過分衝動呢？

　　輔導員 C：你今次重讀中五，學校的老師、同學都令你不滿和失望。

　　輔導員 D：重讀中五，功課多得要熬夜，新環境中同學們只管自己讀書，老師又只是書匠，毫無人情味。無心讀書之下又怕悲劇重演，強迫自己嗎，又的確辛苦得很。

輔導員 E：重讀中五，壓力已經很大，加上在新環境中同學間的競爭與老師的冷漠，令你感到很寂寞和痛苦，在徬徨中不禁懷疑自己的奮鬥是否有價值。

● 個案七

當事人：星期二早上我錯過了廠車，心急死了，幸而有位男士給我坐"順風車"，結果不但沒有遲到，同事還羨慕我有私家車接送哩！

輔導員：哦，你真幸運，真幸運！

當事人：不過細想之下，我覺得我也實在太沒頭腦了，居然敢坐陌生人的車子！……你覺得我是否有點妞兒的任性？

輔導員 A：你覺得自己隨便貪小便宜，有點不滿意自己太隨便。

輔導員 B：妞兒的任性？我不覺得呀，好玩嘛！

輔導員 C：你似乎對自己的行為有點後悔，對不對？

輔導員 D：你為了貪方便，隨便坐陌生人的車子，我覺得實在太不小心了。

輔導員 E：虧你還好意思問我，你不但有點妞兒的任性，而且實在太愚蠢了。

輔導員 F：你覺得自己的行為太隨便，覺得有點後悔。

● 個案八

當事人：母親的確管得很嚴厲，簡直是個蠻不講理的人，她說話不知所謂，卻一味要人聽從她，而不容任何與她相異的看法。有一次我實在忍不住，大膽地說出我對一些事的看法，她嚴斥之後，還大哭大吵的說我長大了，羽毛豐滿了，就學會了頂撞忤逆尊長，甚至要生要死的，直到我跪地認錯才作罷……。唉！連好朋友也說我沒有理由如此遷就她，怪我不敢拿出勇氣來，罵我不肯面對成長；我何嘗不想長大，但我又有甚麼辦法可想呢？難道要我弄到媽媽時常傷心嗎？

輔導員 A：你試過那一次的經歷，變得對自己更沒信心了。

輔導員 B：你很難忍受母親的主觀、無知和對你的操縱，嘗試去突破，卻又引來更多的無理取鬧、困惱和內疚。你很遺憾好友們不能體諒你的矛盾和無所適從的苦處，還怪你怯懦和逃避。

輔導員 C：你常希望能突破，但卻有心無力。

輔導員 D：你的母親常常給你許多壓力，要你做個事事聽命的女兒，因而令你身不由主。可惜你的好朋友也只會怪你，不體諒你，令你十分難受。

輔導員 E：既然母親那麼敏感，你就應該小心點，免得又自討苦吃呀！

● 個案九

當事人：幾年前，我認識了少玲，那時，我倆還小，現在，她到外國讀書去了；但我倆已付出了真誠的感情，故此多年來我們雖異地相隔，大家都沒有和其他異性接近……。可是，半年前芬進入了我的心靈世界，她比遠地的少玲更溫柔、聰穎，我也發覺和她的溝通可以更深入、投契。但每次當我們只有兩個人在一起時我就很不安，也不能不想起對少玲的承諾。最糟糕的是我越來越擔心自己無法抹掉芬整日盤旋在我腦海中的影子……。你說我該怎麼辦呢？

輔導員 A：既然你與少玲有約在先，卻又與芬交往，你就要自己承擔一切後果了。

輔導員 B：你現在發覺芬已取代了少玲在你心中的地位，但罪咎感卻又令你不敢去愛，去面對，心中的矛盾與無助令你很苦惱。

輔導員 C：你是否發覺芬已取代了少玲在你心中的地位，所以很痛苦呢？

輔導員 D：你愛少玲，又愛芬，兩者之中的確很難取捨。

輔導員 E：你將芬與少玲比較，覺得芬更可愛，但不要忘記你與少玲的交往有相當的日子，責任上你若選擇芬，你過意得去嗎？況且，才交往半年的感情，也極可能有很多衝動的成分，對不對？

● 個案十

當事人：家人一直反對我交男朋友，理由是我只是一個十七歲的小女孩。雖然我知道他們關心我，怕我認識壞人，但我覺得媽媽用的方法錯了。偶然

Peter 打電話來，她不但禁止我聽，還罵 Peter 一頓；至於爸爸，只會一味說我太年幼，小孩子易入歧途，又說甚麼一失足成千古恨的。我實在覺得很傷我的自尊。

輔導員 A：十七歲其實不算小了，父母卻當你是小孩子。

輔導員 B：似乎你對媽媽禁止你聽電話，且隨便罵你的朋友，爸爸的不尊重你，說很多令你為難的話，都感到十分憤怒，卻又無法可想，無計可施。

輔導員 C：既然你說明白父母的心意，為甚麼還要與 Peter 來往呢？難道父母的話不值得你尊重嗎？

輔導員 D：Peter 是誰？是否他的確有問題，以致你的父母會那麼緊張呢？

輔導員 E：縱然父母管教你確是用心良苦，但他們沒有尊重你已十七歲，而一切的做法和說話也令你十分反感和傷心；大概他們未能處之得其法吧。

5.2 真誠懇摯

● 個案一

當事人：唉！我的成績真是太差了，怎麼辦呢？……我實在討厭自己，一點用也沒有。上天也實在太不公平了，怎的人家就那麼聰明，不必讀書，成績也那樣好，而我就事事不如人，一無是處，難怪一個朋友也沒有呢！嘿！如果我成績好，他們早就來巴結我了！

輔導員 A：我很明白你的心境，你很討厭自己的成績，也很難過。但試想想，你這樣於事何補呢？試想想世界上有誰是完全的？我雖然是你的輔導員，也並不完全。你千萬不要對自己要求過高，相反地，應該好好地學習接納自己，然後才可以活得快樂一些。

輔導員 B：我體會你內心的憂傷，也明白你的確擔心自己的學業。不過，有一點我想提醒你的，你只是理科不好，其他科目，成績還不錯，可千萬不要以偏概全才好。至於你感到孤單，我相信成績不好，只是其中一個原因，你願意我幫助你詳細加以探討嗎？

輔導員 C：你的成績差，是否就等於一無是處呢？因為成績差就自卑，就怨天尤人，卻不好好自省，實在令我失望。

輔導員 D：你很擔心自己的學業，同時也很不喜歡自己。不過，只是羨慕同學聰明是沒有用的，倒不如我們徹底探討一下你理科學習能力特別差的原因，以期能夠設法改善。至於同學一般不想和你交往，我相信除了你的成績差之外，很可能與你個性上的弱點也有關係，這也是不容忽略的；我知道你不高興我再提這一點，但每次看到你孤單不快樂的樣子，我就想鼓勵你勇敢地面對自己。

輔導員 E：你怎樣證明人家不必讀書就有好成績？可能同學們比你勤力多了！

輔導員 F：看見你為學業成績差而擔憂，同時因而厭惡自己，我感到不安。不過，只是羨慕別人聰明是於事無補的，倒不如徹底看看你理科成績特別差的原因。其次，我不覺得同學們像你所說的勢利；我擔心你個性上的弱點會令人害怕和你交往。既然你感到孤單不快樂，何不勇敢地面對自己哩！

● 個案二

當事人：我覺得自己很愛小麗，但也很愛美美……。你問我愛哪一個多些？這我就很難決定了。不過，我的確很愛她們，才常常和她們逛街去。不過美美自從墮了胎之後，就迫得我很緊，要我只能二者擇其一，否則她就不再為我服食避孕丸了，也不再理會我。梁老師，老實說，小麗實在很可愛，十分溫柔，而且比較美美順服。至於美美，人的確生得很美，好些 F.6，F.7 的同學都追她哩！……咦！梁老師，你好像有點不太高興的樣子，是嗎？

輔導員 A：噢！沒有哇。我一直很留心在聽。想來你現在的處境也真慘。

輔導員 B：我覺得你和小麗、美美的交往很有問題，值得詳細探討。

輔導員 C：對！我一邊聽，一邊就為你們三人感到擔心，也感到可惜……，同時也有點憤怒，因為雖然你口口聲聲在講愛，但我卻發覺你不知道甚麼是愛。

輔導員 D：噢！沒有哇。我一直都很留心在聽哩。

輔導員 E：對！我如今心頭有種很複雜的感受，一方面是為你們感到不安和惋惜，也為小麗和美美擔心。同時，我感到很憤怒，因為你口口聲聲在講"愛"，卻完全不知道甚麼是愛！……對不起，我的確很激動。但你們都是我的學生，我關心你們，就希望你們能正確地去處理情感的事，好好地成長。

• 個案三

當事人：我回去將我們幾次的談話反覆思想，越想就越覺得自己應該腳踏實地的做人……。雖然會考兩次都失敗，成績又差透了，我還是想再試試，我準備從中四重新讀下去，兩年後考會考，有了文憑，我就可以做我理想的工作了。

輔導員 A：對，你一向做事不合實際，的確是要改變態度做人了。

輔導員 B：花兩年時間，你認為值得嗎？

輔導員 C：銘強，我心頭實在很矛盾，知道你肯切切實實地面對問題，我固然高興你的覺醒，不過，我心頭卻有點沉重，因為你認為從中四讀起，就一定可以考到會考，我卻有不同看法，因為多花兩年時間，未必就會如願以償的，我認為，且讓我們先討論一下，在你半工讀的情形下，到底有沒有足夠的精神時間讀書呢？

輔導員 D：你這個人真是矛盾極了，一方面說要實際點，另一方面卻又想再考會考。我已不止一次的對你說，許多人沒有甚麼學歷，還不是同樣的成為成功人士麼。我看你應該放棄你的想法，才是最徹底的辦法哩。

輔導員 E：從中四讀起，就一定可以考到會考嗎？是誰告訴你的。

• 個案四

當事人：在外型上我有甚麼欣賞自己的地方？你如今驟然問起，我不知該說甚麼。（沉默）不過，就算你給我許多時間，我看也沒有甚麼好說的；事實上，我一無是處，不但皮膚黑，而且又矮又瘦，難看死了。

輔導員 A：你再細心想想，每個人一定有美好的地方的。

輔導員 B：我不覺得你瘦哇！女孩子苗條一點不好嗎？

輔導員 C：你自幼多病，難免會影響你的體型；不過你一直忽略了自己的眼睛很大很靈，鼻子也長得頂好看的。

輔導員Ｄ：美是沒有絕對標準的，你怎能說自己難看呢？

輔導員Ｅ：許多自幼多病的人身體發育都有問題，你應該學習接納自己，矮一點、黑一點有甚麼關係呢？

● 個案五

當事人：我實在不知道該怎樣做！我很害怕，因為我一錯不能再錯的了，你一定要教我怎樣做啊！

輔導員Ａ：對不起，輔導員是不能替人作決定的。

輔導員Ｂ：為甚麼一定要我教你，你的毛病就是永遠不肯自己費神去思想，依賴心太重。

輔導員Ｃ：對不起，我已盡力而為，要分析的也和你仔細分析過了，你還不知該怎樣做，不是明明在推卸責任嗎？

輔導員Ｄ：光說害怕有甚麼用，做人應該勇敢點啊！

輔導員Ｅ：唉，堂堂男子漢居然這般沒有用，我真要寫個"服"字了！

● 個案六

當事人：我真高興能找到像你這樣的輔導員，我還以為世界上再沒有你這種好人的了⋯⋯。你知道嗎？你真是全世界最明白我心意的人，沒有了你，我實在不知怎麼辦，現在我覺得自己好像充滿了生命力⋯⋯噢！好久已沒有這種感受了。

輔導員Ａ：看見你的態度變得如此積極，我實在很高興，我很開心自己能對你有幫助，不過，我覺得我們在一些事情上仍舊是要繼續努力的。

輔導員Ｂ：我能幫助到你，當然是好事，不過請你不要隨便給我戴高帽子好嗎？

輔導員Ｃ：哈哈！你知道嗎？我與你有同樣的感覺，我們實在合作愉快。

輔導員Ｄ：我很開心自己對你有幫助，也實在為你的變得積極而高興，不過，你又犯了隨便給人戴高帽子的毛病，令我聽了感到很不自然哩。

輔導員Ｅ：其實一切都是你自己努力的成果，我根本就沒有為你做任何事，何必客氣呢？

• 個案七

輔導員：樂美，還記得上次你一再對我說下決心不再見大雄嗎？

當事人：嗯，我當然記得，但當他一打電話給我時，說甚麼要生要死，我就心軟下來，也不能拒絕他的約會。而事實上他很愛我，對我真是很好，又肯遷就我……。不過當我每次想到妙蘭一向當自己是摯友，而自己卻與她的丈夫攪得不清不楚，我就很不自在，又會要自己下決心不再理大雄……喂！你覺得我是不是自相矛盾……你會覺得我很麻煩嗎？

輔導員 A：麻煩？噢，我不覺得呀！

輔導員 B：不錯，我覺得你真是很矛盾，而事實上我見了你五次，每次你都說要和大雄停止來往，卻又不認真地下決心；每次聽同樣的故事，同樣的懺悔，我的確有點沉不住氣，覺得很煩哩。

輔導員 C：你的確有點自相矛盾，不過你不必過分責怪自己，人誰無過呢？

輔導員 D：我明白你內心的矛盾，我相信，大雄一定有他吸引你的地方，否則，你不會弄得如斯矛盾，不能自拔的。

輔導員 E：幫助人是我們輔導員的責任，我怎麼會怪你呢？其實感情是最難控制的一樣東西，否則你就不必來找我了，對嗎？

5.3　簡潔具體

• 個案一

當事人：爸爸媽媽不是不好，但凡事問長問短的，譬如說上星期和同學們去旅行，他們就事前事後把我悶了幾十次，還要限時限刻的要我準時回家，向他們報到。我發覺自己越來越對家庭有一股"離心力"。在家中，我可以整天不作聲，但卻不能制止他們兩人的"長壽收音機廣播"，這大半年來，每天就是會考前、會考後的，就怕我忘了今年我是會考生，也不想想我就快給他們吵昏了，還能考甚麼試？想不到老年人都是如此討厭的，坐着沒事做就只會無事生非的挑人的毛病；旅行搭車太擠，回家晚了一小時，就嚕囌了整整兩天，難怪人人都怕和老人家住了！哥哥姐姐們真幸福，一早結了婚就遷走了……，其實家庭並沒有值得人留戀的地方；我投考護士，多少也是為了這原因哩！

輔導員 A：哥哥姐姐都成家或出嫁了，剩下你一個人面對着年老的雙親，由於他們很嚕嗦，管你又太嚴，令你很厭煩，卻又無可奈何；你實在怕再和父母一起住，所以你想到做護士，就可以寄宿在外了。

輔導員 B：老年人沒甚麼事做，通常都會嚕嗦些，忍耐一點就好了。

輔導員 C：你說父母凡事問長問短，旅行一趟也叮囑幾十次，諸多限制；說話就像收音機般響個不停，今年會考，他們似乎怕煩你不夠似的，日夜向你提着會考。你厭煩老年人無事生事的心態，於是就想逃避。

輔導員 D：人人都有父母，父母總有一天會年老，我們應該學習如何與他們生活才對。

輔導員 E：凡事有先後，我想你現在應當集中精神面對會考，至於投考護士，不必在這時間花精神的，對不對？

• 個案二

當事人：我商科畢業後，在這公司工作已兩年多了；不過，工作很瑣碎，上司要我打字、速寫，其他人又要我接聽電話，預備下午茶；有時我兩手還未乾又要打字了，一天忙些自己不想做的事，卻不知在忙些甚麼……。吃飯時他們又不等我，除了講飲講食，聲色犬馬外，說話中閒言閒語是非多多，對我說話總當我是外人似的……。媽說我的薪水太低，要我轉工，我想找個人談談，又不知該找誰。

輔導員 A：你說沒有朋友，是不是你自己孤芳自賞呢？

輔導員 B：你很不滿自己的工作，在同事中又沒有歸屬感，加上媽媽嫌薪水低要你轉工，你的確很亂、很煩、卻又沒有可傾訴的人。

輔導員 C：你現在心情很亂，因為母親要你轉換工作，不過，既然你對工作很不滿，為甚麼還是優柔寡斷呢？

輔導員 D：對不起，我搞不清究竟你是否喜歡目前這份工作，你可以重述一遍嗎？

輔導員 E：怎麼你的思想這樣亂？我根本不知道你要說甚麼！

● 個案三

當事人：其實我自己也搞不清楚到底是甚麼原因令我和父母的關係如此惡劣⋯⋯。事實上他們不算太差，我要錢，只要開口，就必定送到⋯⋯。但從我讀小學開始就無法與他們好好地相處，偶然有機會在一起就總會爭吵，結果就是不歡而散。總之自我懂事以來他們對我就是⋯⋯。爸爸做生意、應酬，媽媽就是會打麻將⋯⋯。噢！我很亂，總之我不知道到底這是怎麼搞的，我煩死了！

輔導員 A：似乎你與父母的惡劣關係不是一朝一夕形成的，原因很多，往往要追溯到你童年時代和成長過程中的許多瑣事。

輔導員 B：你怎麼能常與父母爭吵呢？難怪你們的關係不和諧了。

輔導員 C：我覺得你不大體諒父母，其實你既知道父親做生意，就應明白應酬是無法避免的，我們作兒女的不要事事批評父母，他們到底是尊長啊。

輔導員 D：雖然你說不知道原因何在，但似乎你對父母忙於自己的事而忽略了對你的關懷和愛護，感到很難受，也不知道應該如何處理這個問題。

輔導員 E：雖然你說不知道原因何在，但看來你是不大滿意父母對你的態度，心中很煩亂，對不對？

● 個案四

當事人：在我未出世之先，我的父親和誼母合作做生意，而且一起住。後來我也在誼母家裏住，住得一點也不快樂，時常都用眼淚洗臉，日子很難過。誼母的媳婦特別難相處，說話尖酸刻薄的，弄得我永無寧日。我受夠苦了，每天仰人鼻息，偶然做得不合他們心意，就被罵個狗血淋頭的。有時候，我根本沒有錯，只是她們婆媳之間吵架用我來作爭端。我知道我有四個弟弟妹妹，他們跟父母一起住⋯⋯，為甚麼偏偏選中我來受這些苦啊！我的弟妹們生活環境雖然差得很，但卻可以跟爸爸媽媽在一起，可以享受家庭溫暖；而我這樣生活，一點也不快樂，我為甚麼從來沒有機會享受父母的愛，為甚麼？我常常想自殺，死了就一了百了，免得在世上受苦！

輔導員 A：自殺就可以解決問題嗎？不要太衝動，免致作出傻事才好。

輔導員 B：你在誼母家，日子真是挺難過的；誼母的媳婦可能更令你難於應付：說話難聽，動不動罵人；她們兩人有事時就以你作是非端，真難為你啊。

輔導員 C：寄人籬下，實在令你受不了，痛苦中就更渴慕父母的愛。

輔導員 D：你可曾有向父母問過為甚麼他們要讓你跟誼母住呢？可能從前因經濟困難作出這種決定，現在若情況改變了，就應該可以為你的幸福着想再作安排了。

輔導員 E：你在誼母家中生活，受盡了寄人籬下的痛苦和屈辱，你羨慕弟妹們雖然物質生活不如己，但卻可以享有父母的愛；你很不明白，也不滿父母對你的安排，心中難過得想一死了之。

● 個案五

當事人：我有時也不明白自己為甚麼會那麼煩惱的 …… 真是莫名其妙！……其實我清楚知道還有幾個月就要決生死的，但每天晚上對着課本、筆記，就只是胡思亂想，想到甚麼都還沒有讀過，而時間有限，過得又快，真煩死了。還有爸爸媽媽早早晚晚都在提醒我要好好應付會考，催迫得我快要發瘋了，該怎麼辦呢？……人家有兄弟姊妹的多好，最低限度可以有人談談，訴訴苦……。有時怕父母再來煩我，就索性溜出外玩他一兩個鐘頭的電子遊戲，幸運時可能在遊戲場所裏碰到一兩個熟人哩！

輔導員 A：會考迫近，爸爸媽媽又不體諒，令你感到百上加斤。

輔導員 B：會考本身已經帶給你很大的壓力，再加上父母過分的關注，令你感到吃不消，無心溫習時，會溜出外解解悶。

輔導員 C：父母過分的關注，令你對會考的恐懼越來越大，有許多書要讀，又不知從何讀起，煩悶中有時就乾脆避開一切，出外逛逛，散散心。

輔導員 D：人人面對會考都免不了緊張的，我看你可以應付得來的。

輔導員 E：時間越迫近，你對會考的焦慮就越大，很苦惱。在無助中父母不但不能體諒你的心情，還給你增加了許多壓力。晚上溫習時會特別感到孤單和煩悶，故此有時乾脆跑到熱鬧的地方去，渴望可以碰到人傾訴一下，或甚至用電子遊戲來麻醉一下自己。

5.4 對質

● 個案一

當事人：梁先生，我看你不必再浪費唇舌了，因為自從上次和你談過之後，覺得你一點也不明白我，所說的話爸爸媽媽老早已說過了，毫無新意，所以我就決定不再來，覺得浪費你寶貴的時間，更免得你生氣哩！

輔導員 A：你在家嫌父母囉嗦，如今就嫌我煩你，好吧，既然人人的說話你都不愛聽，那末到底你想怎樣呢？

輔導員 B：你覺得我不明白你，所以就不想再見我了。

輔導員 C：上次你一直數算爸爸媽媽的不是，從不承認自己有半點過錯，我就已經覺得有問題；我鼓勵你嘗試勇敢面對自己的毛病，你就大發脾氣不理我。我昨天叫班長請你來，也要三催四請的，清楚證明了你的任性和無禮。你在學校已經這麼放肆，我可以想像你在家中對父母的態度了。本來我還有點懷疑你父母的說話的真實性，但如今卻不能不相信，也體會到他們心中的難受了。

輔導員 D：你覺得我不能幫助你，不明白你，到底是我的能力有問題，抑或是你在找藉口逃避呢？

輔導員 E：其實在上次的談話中，我已經感到你不太喜歡我迫你面對自己的毛病，如今你說我不明白你，我就擔心那只是個藉口而已。

● 個案二

當事人：（無精打采地，一邊歎氣，緩慢地說）你問我關於婚禮的事……噢！我感到十分興奮，正如大家都公認的，美玲實在是一個非常可愛的女孩子。

輔導員 A：看你的表情，聽你的聲音，我完全不覺得你有半點興奮。

輔導員 B：似乎你有很多心事，完全沒有半點興奮，你肯定你真的要與美玲結婚嗎？

輔導員 C：看你的表情，聽你的聲音，我覺得你言不由衷，肯定有許多難言之隱，能讓我分擔一些嗎？

輔導員 D：你說很興奮，但事實上你的心情很低沉，令我很不放心。看來你一定有許多難言之隱，何不積極點去面對呢？

輔導員 E：你根本沒有為婚事興奮，是否心中感到後悔呢？

● 個案三

當事人：有時母親的確嚕囌，叫人煩厭得很，常令我無所適從⋯⋯。同學們也常常笑我。唉！不過，她的確很愛我，說我頂孝順的，故此常為我將各樣事情都料理得妥妥當當的，一日三餐、衣食住行，我全不用擔心⋯⋯。雖然我已十九歲，她還處處為我着想，你知道嗎？除了新學年她會早早替我購備課本文具外，晚上還通常會替我蓋被，出門叮囑我加衣⋯⋯。這次她不讓我出外升學，我明白她是出於一番好意的，難道我要逆她的意思，頂撞她嗎？噢！我很亂，也很煩⋯⋯，為甚麼她不聽聽我的意見哩？

輔導員 A：雖然你知道母親愛你，但卻對她的做法感到反感，因為她限制了你長大和獨立自主。我明白你怕逆她意而令她不開心，但可有想過付的代價太大嗎？

輔導員 B：你母親十分愛護你，照顧你，所以你很感謝她。

輔導員 C：母親的做法雖然是出於好意，但卻令你感到很煩，對不對？我覺得你很想她能尊重你的意見哩。

輔導員 D：母親過分的呵護限制了你的獨立自主；不過，你雖然對她的做法感到反感，卻不敢違背她的意思，難道你要作母親的乖孩子，就永遠甘願不長大嗎？

輔導員 E：怎麼你這樣大，還要母親為你費神？你不覺得羞慚嗎？

● 個案四

當事人：我的朋友人人都是很幸運的，愛情與事業都一帆風順，只有我，⋯⋯唉！也沒有辦法了，當人人都瞧不起你時，你又有甚麼辦法？！唯有聽天由命，順其自然好了！

輔導員 A：你的朋友似乎都有成就，你卻沒有，你不感到氣餒嗎？

輔導員 B：你覺得與人比較之下，自己沒有甚麼成就，因此有點自卑，不過，自卑就可以解決問題嗎？

輔導員 C：你覺得別人看不起你，可能主要是你自己先看不起自己。

輔導員 D：你責怪別人看不起你，令你一事無成，但我看那根本是藉口；事情恰恰相反，是你看不起自己，不肯努力，不肯積極生活和工作。事實上朋友不斷給你介紹適當的工作，盼望你從頭再來，創一番事業。怨天尤人是沒有用的，倒不如勇敢地正視自己，把握機會，發揮自己所長吧。

輔導員 E：根據你過去所說的，我不覺得你是一事無成，老實說，你的第一份工做得很出色，半年內就升了職，直至公司結束營業，你才轉工作的，對嗎？所以我很希望你能重新校正對自己的看法，因為倘若如你所說的順其自然，是否就是可行的辦法呢？

● 個案五

當事人：我不想再提過去的事，大家性格合不來，那就分手算了，有甚麼可後悔的？還省得碰面就吵架……。其實敏兒對我的確不錯，她細心體貼，對我十分遷就，事實上我自己知道很少人是可以容忍我的急性子的……唉！我真不應發脾氣趕她走。

輔導員 A：你與敏兒來往了三年多，現在分手，不可能一下子就沒事的，不要騙人了。

輔導員 B：你的感受很複雜，但似乎對以往的感情仍很留戀。

輔導員 C：如今你才肯承認自己急性子，脾氣暴躁，我看是太遲了。

輔導員 D：我看你仍很懷念敏兒，也懷疑能否再找到一位像她一般柔順的女孩子，我看你現在已後悔了，何必嘴硬呢？

輔導員 E：我看你如今已有悔意，也很懷念敏兒，既然承認是自己太衝動和脾氣暴躁，何不找敏兒冷靜地談談，記得上次你主動向她道歉，她還不是原諒了你嗎。

輔導員 F：你真能忘記敏兒嗎？

第五章 ┃ 正視輔導專業

第一節　保密

　　基於信任，當事人坦誠地向輔導員傾心吐意，其中包括了許多個人資料、生活情況和隱私；其次，在輔導過程中，輔導員可能採用心理測驗和其他方法得到當事人的資料。以上的一切，通常輔導員都會記錄在案，而輔導員一定要留意，這些資料，絕對不容外洩。

　　在實際情況中，輔導員要進行保密，有時會出現不少的困難，以致自己會經歷許多衝突和矛盾。譬如說，除了個人開設診所的情況外，輔導員通常要向所受聘任的機構負責，同時要和有關的人員合作；倘若他是從事青少年輔導的，還要向家長負責；而進一步還要對自己和輔導專業負責，實在非常不簡單。一旦機構中的行政人員對輔導欠缺認識和認同，而其他同工又未能衷誠合作，又或是家長的信任和體諒不足時，輔導員要面對的壓力就會很大。而對事情的處理，可就要額外留神了。在香港由於輔導至今才開始萌芽，一切尚未上軌道，故此對於當事人的資料保密和存放，至今仍是個大問題。在部分發展得較好的社會服務機構，情況可能較好，但在學校，由於輔導員和社工的職權界定並不清楚，若再加上行政人員對輔導毫無概念和有抗拒否定的態度時，工作者要進行輔導，已經常常出現困難，更遑論資料的儲存和保密了。故此，除了在香港全面性地協助市民對輔導有認識外，工作者無論是到任何場所工作，都應該設法在工作的機構中進行適當的教育；例如當一位社工初次到一間中學時，要清楚校方上下對輔導的看法，更有必要的，要在工作展開前，透過不同的活動，進行一些基本的教育。倘這一點處理得好，在日後的工作中，不但運作得較暢順，同時在為當事人保密的事情上，也較易得到校中各人之配合協調。

固然，我盼望如今存在的種種誤會和不必要的困擾和衝突會隨着輔導的推廣而逐漸減少，但當矛盾出現時，輔導員應該絕對以當事人的福利為出發點來作適當的處理。為了協助大家可以為當事人保密，我有以下一些實際之建議：

一、當事人的資料絕不應當作社交閒談的話題。

二、除了在訓練的情況下，當事人個人身分要能得以充分隱藏之外，個案的資料也不應出現在輔導員的公開演講或談話中。

三、輔導員應小心避免自己有意無意間以個案舉例，來炫耀自己的能力和經驗。

四、輔導員不應將個案記錄檔案帶離服務機構。至於在工作場所，亦要小心攜帶，避免錯放地方、遺失或放置於他人可翻閱的地方。

五、輔導員所作的個人記錄不能視之為公開的記錄而隨便任人查閱。

六、任何機構和學校的當事人檔案，應設立健全的儲存系統，來確保資料的保密性。

七、若有必需，資料傳閱之前，必須經當事人之同意。

八、在危及當事人自己和他人的性命危險的情況之下，輔導員極可能不能再堅持保密之原則，但有一點卻還是必須留意的，若有可能，仍要先知道當事人自己所作的改變。

當一位輔導員違反了保密的原則時，結果是極之惡劣的。首先，當事人必定蒙受其害；倘若輔導員洩漏的資料導致了當事人名譽受損，固然令人氣憤，但即使表面沒有甚麼惡劣之結果，實際上當事人的自尊卻可能已受到損害。而輔導員之不能保密，一方面會令當事人更加不敢信任人，對人的看法越趨負面；另一方面，當事人會不再信任輔導員，不再信任輔導，甚至還會否定輔導。這樣的結果，的確令人惋惜。故此，輔導員是一定要千萬小心持守這項最重要的專業守則，學者們對輔導員在這方面的持守，十分重視。例如蘇撒（Shertzer）和他的同工就強調縱使在利益衝突的情況下，輔導員縱使要冒險，也要盡量保密，以保護當事人。[1]

個人很支持他們的看法，因為就單單從輔導的本質看，我們需要尊重當事人，而將他的資料洩漏，則正是反映出我們對他的不尊重，忽略了可能導致的惡果；當一位輔導員連這一種最基本的尊重亦不能努力持守時，恐怕的確不宜作輔導員。事實上，我一再指出輔導是一門嚴肅的專業，故此只能容納真正對這工作有所承擔，而願意忠心於這工作的人。

註釋

1　Bruce Shertzer and Shelley C. Stone, *Fundamentals of Counseling* (Boston: Houghton Mifflin, 1980), 400.

第二節　測驗

在輔導過程中，輔導員會採用不同的方法或工具來協助當事人了解自己、接納自己和對自己作出評估，而測驗就是其中一種工具。例如當事人的興趣、能力、傾向、性向、成就、價值觀、特殊才能和性格等，都可以透過不同的測驗來作出測量和衡估，此等測驗是應該善加利用的。不過，可千萬要記着，在輔導過程中當事人的感受和回應是最重要的，故此測驗的結果絕不應視為金科玉律，重要的是當事人對測驗結果的看法、分析和感受。換言之，輔導員最應該注意的是當事人的反應，而不是測驗的結果。故此在分析測驗結果的過程中，輔導員要切記測驗結果是死的，但當事人是活的。何況當事人對自己的認識和感受，究竟是不能忽略的。身為輔導員的，也不應該盲目崇拜測驗所得的結果，強迫當事人去接受、認同。其次，要記着測驗只是一種輔助性的工具，任何輔導，不能單以一個測驗為主體。正確的方法是在輔導過程中，當發現需要有客觀的證據或資料來支持某論點、或澄清某混淆點時，輔導員因應所需自然地加入一個測驗。事實上，在事業輔導和教育輔導中，這是常見的處理方法，事實上也是相當有效的。

不過測驗不能為所有困難提供解決辦法，更不是解決問題的捷徑，但它可以在當我們主觀分析出現困難時提供一些客觀系統性、科學性的參考資料。而這參考，是輔導者與當事人雙方的。或者，更正確地說，輔導員在分析測驗結果時，不要只是由輔導員將結果生硬地逐一條列，而是與當事人一同審閱，並鼓勵與協助他作出分析、比較和批評。例如在興趣測驗上，我們應該鼓勵當事人印證自己的興趣和活動，是否與測驗結果顯示的相同；倘若當事人不同意，或指出其中的差異時，輔導員就要協助當事人道出個人感受，然後詳加探討，作出適當的處理。

有一部分輔導員常犯毛病是以先知者自居，這是極不健康的個人心態。在運用測驗時，就更加要謹慎，不要利用測驗的結果來預測當事人的前途。固然，許多測驗，倘若運用得宜，確是可協助當事人對前途把握定向；但一些絕對性、權威性的語句，如："根據測驗顯示，你一定可以在藝術界成為一顆超級巨星"。是幼稚而且不負責任的。就以上的例子來說，我們身為輔導員的可以和當事人一同查察測驗結果，我們可以告訴他測驗結果顯示他有超越常模的藝術才華，然後與他一起討論自己的藝術興趣和傾向，倘若再加上其他有利條件，他可能會開始計劃或嘗試以藝術作為自己事業發展的主要方向；至於成功與否，就在乎日後他是否努力與持之有恆了。

對不少人來說，心理測驗、智能測驗等似乎是神奇奧妙的，視之如占卜預言之工具。其實人們在困境中，往往都希望可以有捷徑來解決問題，這種心態，似乎難以避免。但對輔導員來說，首先要小心當事人主動地要求用測驗來求取他們心目中的答案；遇到這種情況，我們要注意他們的動機如何，同時他們對心理測驗的觀念和期望到底是甚麼？其實，輔導員要清楚自己所受的訓練，是否有資格和能力去對當事人進行心理測驗？自己是否清楚各個測驗使用的對象和方法？總的來說，我要強調的一點，就是千萬不要隨便使用測驗；不過，遺憾的是，不但當事人覺得心理測驗是一件有趣和興奮的事，有部分輔導員會對心理測驗有一定程度的"迷信"，或者是覺得可以省時省力，以致不正確地使用各種測驗。當然，最惡劣的是有一些輔導員，沒有足夠的訓練，卻以為透過測驗便可以抬高自己的地位和身價，因而忽略了自己的專業守則，實在非常不智。因為事實上，測驗的運用和分析，需要特別的訓練，未有適當的資格，的確不應該使用，這是每一位輔導員該遵守的限制。

第三節　轉介

一般來説，當事人對輔導員有很多的期望，而其中包括了過高的期望；有些當事人甚至要求輔導員是個萬能者。當學者提出的要求，非輔導員能力所及，或在輔導過程中，輔導員發覺個案的性質和艱難程度是無法應付時，那又該怎麼做呢？有人為了維護自己的聲譽會隨便給當事人一個答案；有人不甘心請教人或作出轉介，會勉強支持，或設法將問題從"大事化小，小事化無"的途徑來解決。可惜，這種做法不但不智，而且破壞了輔導員的專業道德；故此，我們要學習接納個人的限制。其實，當輔導員一旦發覺自己的能力不足，或有個人的限制而不能為當事人提供專業的幫助時，他就應該作出適當的轉介。[1] 否則，當事人固然受害，輔導者本身的尊嚴亦可能被自己一手扼殺。其實，每個人都有長處，卻沒有人是完全人。至於輔導員，與其他人一樣是有個人的限制與不足之處的；不經意的否認，是反映了我們自覺的不足；但着意的掩飾與逃避，除了反映我們對專業缺乏尊重和責任感外，更顯示了我們欠缺自信，不敢去面對個人的成長，實在是個值得反省和深思的問題。

在學校中，不少教師責無旁貸地要肩負輔導的工作，但由於他們訓練不足，以致有相當的限制，我總是提醒他們要量力而為。就以中學教師為例，有機會在中大教育學院受訓的畢業教師，雖然有機會修一科學生輔導，但那只不過是輔導的入門，教師縱然接受了那基本訓練，也絕對不能自稱專家，不應該勉強去處理那些有嚴重情緒心理困擾或是性質特異、過分複雜的個案。但由於教師在學校中位居前線，與學生接觸機會最多，可以自然地建立關係，故此在現今專業輔導人手嚴重缺乏的情形下，我通常鼓勵他們勇於承擔責任，透過敏銳的觀察，希望能盡早發現有需要幫助的同學，進行輔導，趁病情尚淺時治理，往往可以收效。不過，一旦他們發覺個案情況嚴重時，基於能力與時間的限制，轉介才是正確的方法。其實，同學的問題，若能在早期被注意，就不會因長期發展而變得惡化。可惜的是無論在家庭或學校，青少年所得到的個別關注實在不足，以致通常到了病入膏肓的時候，才有人注意，可惜此時已不易獲致完全的康復，這實在是可惜的。

其實，輔導過程中常常會運用轉介來讓當事人可以獲致最大的幫助。而轉介技巧，包括了下列各項要求：

1. 轉介的運用有繫乎輔導員的專業道德。

2. 轉介是開啟社會資源的鑰匙。

3. 轉介可以補償個別機構工作條件的不足。

許多人往往輕忽了轉介的重要性，沒有作出全面妥當的處理；亦有人因為工作過分繁忙，轉介過程流於匆促，以致往往只是提供了轉介機構的資料，這就實在是不足夠的。因為有效的轉介過程並不簡單，包括了：

1. 藉着發展信任感和關係的談話，而參與當事人與轉介機構的接觸。

2. 引導當事人作自我表白並披露其隱藏的求助目的。

3. 探討求助者的有關背景，作為判斷問題的參考。

4. 對問題作完全的評價，並對各種反應作出解釋。

5. 多作面對面的接觸，讓求助者面對輔導的評鑒和接受輔導的內涵。

6. 讓受導者的家屬也能參與評鑒的討論。

7. 選擇盡量能夠照顧當事人與家屬的需要的輔導計劃。

8. 輔導求助者接受轉介的經驗。

9. 有效地轉介至社會機構。

10. 提供持續的支持與幫助。[2]

轉介是輔導員工作範圍的一部分，故此，我們要用心和謹慎處理。適當的轉介，反映出我們對輔導的質素和果效有嚴格的要求，也是輔導員忠於工作和負責任的表現。

註釋

1   "Ethical Standards—American Personnel and Guidance Association," *Personnel and Guidance Journal,* 40, (1961), 206–209.

2   見王慧君：〝淺談轉介技巧〞，《張老師》第二卷第二期。

第六章 團體輔導

在本書前面各章中，我和大家討論的輔導形式，都是屬於個別輔導的範圍，但那並不是心理輔導或心理治療的全部；在本章中，我將集中和大家討論輔導的另外一個形式和範疇。那就是近年來，不但在西方，甚至在香港也流行得相當快速的團體輔導。

第一節　為甚麼要進行團體輔導？

對於團體輔導，人們有時所持的觀念是不太正確的；甚至在幫助人的工作者中，也有部分的人，只從經濟和人力的角度來看團體輔導的價值。例如在不少情況中，工作者由於個案太多，應接不暇時，就採用小組形式來解決個案太多的困難。可惜，這是錯誤的處理。任何一位工作者，既然身為專業人員，在所有助人的過程中，都應該以當事人的需要為重心，不能輕重倒置地只求自己的方便，或以個人的工作量和工作時間為主體。

事實上，輔導的形式，是需要小心考慮的，因為對某些當事人來說，可能由於他的問題或病徵的特殊性、或是個性上的因素，或者是心理上準備不足，一旦要參與小組，後果不但不會理想，偶一不慎，還可能會為他帶來傷害；因為小組中人數較多，其構成的人際關係遠較個別輔導為複雜，未必人人都能接納和適應。在不少情況中，有些在一對一的輔導中獲得幫助的當事人，將他們安排在小組中，卻不能夠產生成效。故此，甄選組員是小組準備工作的重要事項，小組組長，切不能掉之以輕心。換言之，一位負責任的輔導員，會小心地因應當事人的需要和情況，決定為他提供個別抑或小組的輔導，以期達到最高的成效。

其實，小組輔導的出現，有其理論基礎，而並非從經濟因素着眼。無可置疑的，人是社羣性和關係性的動物，人出生後，首先與家庭的羣體共處，繼之在長大的過程中，先後學習與友儕、鄰居、同學、同事及更多不同的人相交共處，其中有單獨的相交，但在更多的情況中，人多身處於羣體中，甚至往往在同一時間要和不同的人相交。事實上，這是人本質上的需要。而在這過程中，人不但進行社會化的學習，同時，他在這過程中和人的交互作用，尤其是和那些在他生命中具影響力的重要人物的相交經驗，會成為他性格塑造的主要因素。因為這緣故，小組輔導的發展和過程，對組員來說，往往較個別輔導更能反映現實生活。人生中許多的困難和遭遇，通常是在社羣生活不同的關係中出現的；既然許多問題都是和羣體有關，我們利用小組的形式來作補救，實在是合乎邏輯的。[1] 例如心理分析家就曾指出心理分析治療小組的其中一個優勝點就是小組往往是家庭的摹本，有極多相似之處。[2] 因此，透過小組經驗，組員會有機會學習徹底處理自己與家人的關係。的確，每個人在一生中脫離不了羣體生活，故此，小組經驗是實實在在地提供了學習的場所，能夠協助組員具體作出生活上的適應和改進。

第二節　性質、功能不同的小組

2.1　小組心理治療和人際關係訓練

沙費 (Shaffer) 從方法上着手，將現代的小組方法分為兩種：小組心理治療和人際關係訓練。前者的重點是補救性的，組員可以是精神病人，也可以是有心理問題的正常人。在小組中，組長視小組過程為一個療程，嘗試在其中協助病人或組員消除病困；繼之，組員因自覺的增強，就能開始踏進重建和成長的階段。至於後一類的小組，通常不是為有特別心理問題和精神病的人而設的，目的不是康復性，而是成長和發展性。故此組員會都是普通人。他們參加小組，是希望可以促進生活，可以充分發揮潛能，邁向自我實現，並在人際關係上趨於協調美好。近年來廣受歡迎的訓練小組（Training group）、會心小組（Encounter group）、敏感性訓練小組（Sensitivity training group）、完形小組（Gestalt group）和成長小組（Growth group）等，都具有這一些特徵。

2.2　團體諮商（Group Guidance）

至於團體諮商，在性質和功能上與前二者都有相當大的差別。主要是用於學校場所，包括課室活動、實地考察、集會、升學及就業講座等各式各樣的安排和活動。主要是資料的提供，但不少時候，也會進行關於自我認識、社交技巧、人際關係、心理健康、以及青少年成長等問題的討論和研探。目的是要配合教學，以加強教育的果效。在界定不同的小組時，學者指出諮商小組的特點，主要是提供資料，而進行小組諮商的原因，則包括：（1）為學生提供教育與事業、個人與社會等的資料；（2）讓學生有機會討論和進行與個人和事業計劃有關的活動；（3）讓學生有機會探查和討論他們常常面對的問題、其所涉的目標和解決方法。[3]

柏德遜（Patterson）強調，諮詢小組不是輔導小組（Group counseling），它只是小組教學或小組訓誡（Group teaching or instruction）。[4] 在他看來，諮商小組和教導小組似乎沒有分別，這觀念是否正確呢？事實上，這是學者經常討論，卻仍未有一致看法的課題。人們仍然會問，既然兩者都是資料的提供，到底又有甚麼不同呢？蘇索（Shertzer）指出，兩者的差異並不是可以經常清楚分割的。不過，他認為主要的分別是在於組長的身分角色。當小組活動主要的責任是放在組長身上時（組長通常是成年人或是老師），採用指導小組這名詞是適當的；倘若在小組中，焦點是放在組員身上時，就應該採用諮商小組的名稱了。[5]

加事達（Gazda）嘗試將前述的各種小組作出區分，他指出諮商小組和其他一些人類潛質發展小組一樣，其作用是促進成長；而團體輔導、訓練小組、敏感性訓練小組、會心小組、系統性人際關係訓練小組和組織性的發展小組等，雖然有預防的成分，會產生協助成長的作用，但其目的卻是補救性的。至於團體心理治療，其目的則固然是補救性的了。[6] 對於他所說的第二類型的小組的目的，我是有所保留的，因為我相信這一類小組雖具補救性，但其目的應該是成長性的。

對於團體輔導和團體心理治療，柏德遜（Patterson）強調兩者就如個別輔導和個別心理治療一般，基本上沒有分別。他指出那些嘗試進行區分的人所持的論據，多流於詭辯，欠缺說服力，不能令人滿意。柏氏指出團體治療是由精神病學家、心理學家和社會工作者在醫護場所負責進行的；而團體輔導則主要由輔導員負責，但社會工作者、教牧人員和其他一些人也常常會推行，至於進行小組輔導的地點，則是在非醫護的場所。此外，他指出兩者主要的差異點，亦有如個別輔導和個別心理治療一樣，並非在過程上有異，也並非目標不同，而是在當事人的困擾不安程度上，有輕重之分。

第三節　具治療功能的因素

人們參加小組，是甚麼令他們得到幫助呢？許多學者都曾經就這個問題提出建基於經驗和實證的意見，列舉出不同的因素。事實上，各因素是否產生成效，往往關係於治療小組的性質和種類、組長的特性和小組不同的階段。例如有些因素，在某種特別情況下或階段中果效特別強，而另外一些因素，在小組過程中某一階段，顯得特別重要。不過，其中有幾種因素，是學者們大多認為是重要的，現在就耶琳（Yalom）的意見，簡述如下：

1. 資料的提供

在小組輔導或小組治療中，資料性的教導往往是其中的一部分，例如：傳達資料、建立小組和解釋病困的發展過程等。除了組長之外，組員常常會彼此傳達有關的資料，例如有關社會資源和就業機會的資料等，這些活動，產生互助的功能。有時候，組長會透過直接教導，向組員解釋病困的成因和醫護的過程；對於某些疾病的患者，心理上的反應會相當強烈，組長也可以用直接教導的方式加以闡釋，這種認知可協助他們作較好的心理準備。此外，由於對小組各方面無知而產生的不肯定和疑惑，有時常會影響小組的發展，故此，組長對組員說明小組的功能、目標、期望、進行形式、以及組員組長的責任等，是很需要的一步。

2. 灌注希望

在治療過程中，灌注和維持希望是十分關鍵的。所謂希望，不單單是要當事人繼續留在小組中接受輔導，更重要的是"希望"本身在療程中實在是具治療功能成效的因素。在小組中，透過各人的自我分享，組員往往會提到和自己有相類似問題的人，也有機會親耳聆聽到其他人所作出的較佳適應和達致的進步。尤其在一些特別的小組，例如在匿名戒酒協會（Alcoholics Anonymous）的小組中，大部分的時間是戒酒成功的人作親身的見證。而在這種戒酒小組中其中最有勸服力的一點是，所有的組長從前都是酒鬼，而如今他們可以為酗酒者作活生生的見證。而洗納儂（Synanon）戒毒組織，也是以戒毒成功的人擔任組長為進行戒毒的小組成員灌注痊癒的希望。

3. 一般性

許多人在困難和不幸遭遇中，往往將自己的問題看得很獨特。對於一些孤立自己的人，由於人際關係上的疏離和社交能力的薄弱，他們往往沒有能力，也沒有機會可以作出傾訴；故此，在治療小組中，尤其是早期階段，透過組員彼此的分享，尤其是聽到別人的問題和自己的是相同或相似時，往往可以把對自己的問題的錯誤看法矯正過來，開始發現自己也不過是跟人家一樣，有着人類共通的困難和問題——原來"大家同坐一艘船"，這種經歷和感覺是具治療功能的。當然，若再加上其他的因素，如淨化感情和其他組員對他的接納等，果效會更加強大。

4. 利他主義

在小組過程中，組員一直在彼此幫助，他們會彼此提供支持、建議、保證，提出個人的見解看法和分擔相類似的困難等。通常他們會較治療員更多指出別人的優點和資源。在精神病者而言，通常他們的自尊很低，深信自己對其他人只是一種負累，根本毫無價值。但在小組過程中，由於很多自然的機會彼此幫助，他們會突然發覺自己對其他人的重要性；這是一個新鮮的經驗，可以產生提高自信的功效。對任何人來說，被需要的感覺是很重要的，在小組中，我們提供機會讓組員了解他人的情況，結果他們因此有機會付出自己，外展、延伸自己，這是一種促進成長的有效途徑。

5. 基本家庭羣體的重點改正

小組病人的最基本的羣體經驗──家庭經歷，一般都是相當不滿意的。而小組治療過程，往往會和組員的最基本家庭羣體經驗產生交互作用，組員在家庭中的經驗，會影響病者在小組中的行為，影響他對組長（父母）和其他組員（兄弟）的態度。治療小組的經驗，往往很容易引發起他在家庭生活的一些早期記憶。當組員與其他組員或與組長對一些問題作出處理時，很可能他是在藉此處理過往的一些未完成的事情。換言之，由於治療小組和家庭有許多相似之處，故此，它不但為組員提供了機會以獲取新的看法，同時，它也讓組員有機會可以處理他與家庭成員之間未解決的矛盾和衝突；這是一個改正的過程。

6. 發展社交技巧

對一個人來說，社會性學習是重要的過程。而社交技巧的發展，在小組中是很具治療功能的。組員可以透過不同的形式來進行學習，例如在角色扮演中，組員可以學習如何向僱主求職，或者是一個青年男子學習如何邀請女孩子共舞。對於那些缺乏親密人際關係的組員來說，小組通常為他們提供了頭一次的機會，學習與人相交，並獲得正確的回饋。因此，組員可以認識自己在人際關係中令人反感或討厭的地方，並在小組這不具威脅的環境中學習新的社交技巧。據研究，組員在療程頭第三至頭六個月中，通常會將他們早期的目標——解除焦慮和痛苦——加以修改，重新訂定為學習如何與他人溝通，如何可以對他人更加信任和誠實，並如何愛人等。

7. 仿效行為

在小組過程中，病人的仿效行為較個別輔導時擴散，因為他們會仿效組長的言談舉止和思想，同時，當他發現其他組員較他有能力和較他成功地去適應環境和處理問題時，也會加以採納，作為典範。這種仿效行為，社會心理學的研究已經證實是一種有效的治療動力。

在各種仿效行動中，就算其中一些特別的仿效行為是短暫性的，不能持久的，也仍可以是有價值的；因為最低限度，它或能協助組員達到"解凍"的功能，對新的行為進行實驗。

8. 改正性的情緒經驗

在小組中，下面兩個原則，都十分重要。第一是治療過程中的情緒經歷；第二就是病人在現實驗證過程中，發現自己在人與人的相互關係中，有着不適當的反應。事實上，小組的情況能夠較個別治療為病人提供更多的機會來改正他的情緒經驗。在小組中，當病人獲得足夠的支持時，他們就會願意去坦誠地表達自己，同時，也會進而積極處理有關事宜。在研究中發現，在小組中成功的組員裏面，絕大多數都可以從小組經歷中提出一些牽涉到其他人的，充滿強烈情緒的事件。其中最普通的是向其他組員表達一些負面的強烈情緒，如忿怒、憎恨等。在其後和其他人的溝通中，要是遇上風暴，當事人就曉得怎樣從內在的困制中獲得一種解放的輕鬆愉快感覺；同時，他也因此可以有加倍的能力去對自己與他人的關係進行較深的探索和發展。

9. 小組是一個社會縮影

在一個自由交往的小組中，在經過足夠的時間進行小組發展後，每一個組員都會開始回復本來面目，他不必再去形容自己，因為他逐漸就會如日常生活般和其他組員相交，而其中他和自己的配偶、朋友、親戚相處時的種種適應不良的人際交往行為，例如冷漠無情、好批判論斷、主觀、蠻橫霸道等，會表露無遺。換言之，組員生活中適應不良的行為方式，遲早都會出現，因此，在小組中，組員的現實社會，會以壓縮的版本出現，可作清晰的概覽。[8]

在小組中，具治療功能的因素基本上不是由組長所單獨促成的，其他組員的態度，才是關鍵。在小組中，一個組員往往能透過小組去獲取其他成員所提供的接納、支持、希望和各有關資料；他發現和經歷到自己與他人的相同點和一般性；在互助的氣氛中他有機會去幫助他人，發展社交技巧；在他人的回饋中，他可以和其他組員進行彼此間的測試、仿效和學習；同時，他更可獲得感情淨化，能夠有機會徹底處理自己人生中的一些創傷；加上實際經驗和享受到小組各成員之間的凝聚力，結果他就能在這種種複雜的動力和過程中，達致了治療的成效。至於組長的任務，主要是協助小組的建立，促進小組各成員之間的相交和關係的和諧協調，導引小組發展成一個具有凝聚力的團體。因為這團體的環境和氣氛，具有相當充分的傳導力，足以令以上各種具治療功能的因素流暢自然地運作，產生成效。

第四節　小組組長

4.0

一個小組的成效，通常關係於許多不同的因素，例如組員、場地和組長等，而其中最重要的，就是組長。[9]組長是小組的創造者，其重要性可想而知。事實上，在小組正式開始進行之時，組長早就已經開始工作。其工作包括了決定小組的性質和形式、人數、組員的組合和甄選、聚會時間和場所的安排等。在確定人選之後，他還要協助每一位組員作好準備。此外，他要視小組的性質和組員的特徵，自己或和組員合作，訂定一些限制，界定小組規則和常模，決定小組的取向和目標等。

4.1　組長基本的功能

黎伯文（Lieberman）等將組長最基本的功能界定為以下三大項：

一、引發和激勵情緒

組長在小組中是一個示範者，故此，他的言行舉止十分有影響力。在小組中，組長往往會勇敢地表達自己的感受，他不但會表現出溫暖和愛，同時也會在適當的時候表達自己的憤怒。他會向組員詳細地解釋說明各種行為進行的方法。事實上，組長的性格足以刺激組員，推動整個小組的發展。

二、關心

在小組中，組長經常向組員們表達相當充足的溫暖、接納、真誠和關注。故此，我們可以說，關心是組長在小組中和組員相處的方式，因此，也產生了很重要的功能，其中包括了保護，以及提供友誼和愛。同時。他通常會邀請組員彼此尋求回饋、支持、讚賞和鼓舞。

三、意義——歸因

在小組中，組長往往為組員提供各種觀念，以協助他們明白小組過程進行的情況。這樣，當組員自己要作各種改變時，也可以有所參照。對組員來說，組長是現實的闡釋者。有些組長基本上是關注小組中的個體，但對一位強調意義——歸因的組長來說，他會經常着重小組的整體，以致他會着眼於整個小組來作闡釋；同時，這樣的一位組長也強調在小組的氣候方面要有所認識並要作認知上的肯定。此外，他會時常提出不同的課題，邀請小組成員對小組整體行為和小組過程作出反映。[10]

論及團體輔導，柏德遜（Patterson）認為輔導員主要的功能是去開創和安排一個環境，讓組員在感到安全和自由自在的情形下，可以自然、實在、真誠和人性化地彼此相交，以致最後能從小組經驗中獲得助益。至於如何可以達致這功能，柏氏鄭重地提出他的信念，他認為治療員應該致力去建立輔導過程中的基要條件。他首先提出治療員要花時間讓組員對小組有所認識，清楚自己要做的事項，以便減少焦慮和心理威脅。接着，他列舉出聆聽、接納和尊重、同感的了解、和適切的回應等各要項。強調這些就是促進小組建立和產生成效的方法。[11]

4.2　小組進行輔導前的思考

對一位組長來說，他的理論基礎需要相當穩固。韓生（Hansen）等指出理論的重要性有以下兩項：（1）協助輔導員了解當事人；（2）為輔導員的輔導行為提供一套技巧。不過，他們表示遺憾的是，到今天為止，我們還沒有一套獨特完整的團體輔導理論，而不同的輔導學派，都將團體輔導理論視為個別輔導理論的延伸。[12] 縱然如此，團體輔導並非毫無依據，在工作中，輔導員仍然可以在已建立的輔導理論基礎上運作。在研探不同的理論時，輔導員往往有機會對下列的問題有所反省和思想：

對每一個小組而言，基本的目標是甚麼？同時，如何可以達致那些目標？

誰應該決定小組的目標？如何作決定？

組長主要的角色是甚麼？組長的思想形態對團體輔導的過程有甚麼影響？

在建立小組和決定小組的方向上，組長的責任如何？

我是否清楚如何可以建立一個具治療功能的小組？

組員參加小組後，會出現一些甚麼改變？

我是否清楚團體和個別輔導的異同？我為何要採用團體輔導的形式？

組員的功能是甚麼？我認識他們嗎？基本上，我的人性觀是怎樣的？

組長應該將焦點放在個別組員，抑或是視小組為一個整體？

甚麼是最有效的技巧？為甚麼我要採用某一特別的技巧？甚麼時候該應用？

柯里（Corey）等強調組長應該很清楚自己所負責的團體到底有着怎樣的模式？是教育性、成長性抑或是醫護性的？他強調團體的目的和過程，都會因模式有別而產生極大的差異。例如採用成長性模式的組長，會很注重增強組員的自覺，幫助他們學習不同的方法和技巧來改善生活；在過程中，會強調自覺的促進，即重視此時此地的經驗、彼此的回饋和感受，並會鼓勵試驗新鮮而具冒險性的行為等。

至於在醫護性的治療小組中，通常會很強調改正行為和對症下藥的治療，在治療過程中，焦點往往集中於組員的自我保衛、抗拒和解釋等事項。[13]

4.3 組長的角色和身分

在小組進行的過程中，為了達致成效，組長往往會和組員打成一片；換言之，他的許多行為無異於一位組員。他會表達自己的感受，提供回饋，甚至進行個人分享。對部分經驗較淺的組長來說，在這期間，很可能就會出現一些混淆：到底在小組中，我積極參與，是否就是和組員完全一樣呢？身為組長，在十分投入的情況中，是否就可以暫時放下自己組長的身分和責任呢？

對以上兩個問題，我的答案都是否定的。因為在小組中，無論組長如何投入，他絕對不能忽略自己仍然是組長，承擔着組長的重要責任，故此，為了小組整體的發展和個別組員的福利，他不能有絲毫的鬆懈。一位有專業道德的輔導員，縱然在情緒高漲時，仍然會有所警覺，仍會對事情有清晰的辨認，以免疏忽了自己的責任。在筆者訓練輔導員的經驗中，不少學員曾表示，這課題實在下易處理，而其中一位學員，就曾經因此出現危機。因為在一次小組過程中，她相當投入地與組員分享自己情感生活上的波折，當時組員都很留心聆聽，但不幸她分享的內容，恰恰刺痛了其中一位組員，以致該組員在情緒上出現強烈的震盪。但由於組長過分投入，就忽略了該位組員的激動反應，結果在無人留意和處理之下，最後該位組員在狂哭高叫中不辭而別。雖然事後組長曾設法與該組員取得聯絡，知道他怪責組長不應該含沙射影，但卻因為事後才作處理，對方不容她作出補救，這實在令人遺憾。

對於以上的論題，耶琳（Yalom）語重心長地指出，無論治療員如何成為示範者和參與者，都絕對不應該成為一位完全的組員。他認為治療員絕對不能放棄自己要維持小組的責任。同時，治療員通常是小組中唯一從小組整體的發展、羣體行動和障礙等角度來看小組過程的成員，因此，他要對小組進行的一切加倍留心，不容有半點失職。[14]

第五節　組員的甄選和小組的組合

在籌備小組的過程中，甄選組員是其中一大要項，組長要清楚小組的性質和形式，以便決定甚麼人適合參加該小組。在選擇組員時，通常負責的輔導員或治療員都會參考一些原則。例如期望參加者，應該謀求得到幫助，願意向他人傾訴個人的問題、和有起碼的能力與其他組員相處，同時無論在身體情況和精神上，都適合參加小組。專業團體亦建議組長在小組進行前要負責作甄選面談，排除那些不適當參加某一特定小組的人。[15]

耶琳（Yalom）曾經指出，從研究角度來看，在甄選組員這課題上，要建立失敗的標準比較容易。相反地，要建立成功的標準，由於要達到全面性，的確十分困難。[16] 多年來，學者分別根據臨牀經驗，界定了一些人是不適宜參加門診病人密集小組治療的。他們包括了那些腦傷者（brain damaged）[17]、妄想狂的（paranoid）[18]、極端自戀的（extremely narcissistic）、具自殺傾向的（suicidal）[19]、吸毒的及酗酒的（addicted to drugs and alcohol）[20]、有急性精神病的（acutely psychotic）[19 20]、有社會病態性格的（sociopathic）[21]。

柯里（Corey）等同意耶氏的看法，認為不易從甄選中預測誰會從小組經驗獲得助益。但在經驗中，卻發覺甄選過程的確可以幫助自己去作決定，排除了一些無法在小組得益、只會阻礙和破壞小組進程的人。在甄選這課題上，他們也提出另一個可行的方法，很值得我們作參考。那就是讓當事人分擔部分甄選的責任，進行自我甄選，作出個人的抉擇。他們建議組長要對當事人說明甄選會談的設計是雙向性的，換言之，在甄選過程中，輔導員和當事人都可以選擇對方。此外，他們還提出小組的起頭幾次聚會，可以包含嘗試探討的性質，讓當事人參與一兩次聚會之後，作出去留的決定。[22]

當輔導員認為一位當事人透過小組輔導能夠較個人輔導得到更大的效益的時候，他需要詳細向當事人解釋小組的設計、功能、目的、運作的情況和對組員的期望等，而參加與否，始終決定權是在當事人手中。不過，由於輔導員和治療員多少有着權威形象，他們在作建議之前，應該十分謹慎小心，否則當事人不但不能受益，相反地會受傷害。事實上，在過去幾年香港的小組運動中，就曾經出現一些令人遺憾的不幸事件；就筆者所見，總的來說，這主要是組長資歷有問題和經驗不足；而再仔細分析之下，其中一個原因，很可能是輕忽了小組進行前的甄選，以致出現無法收拾的局面。在其中的意外事故中，有組員出現精神崩潰的惡劣情況，需要立即送院治療。

針對以上的課題，我要再一次強調，小組工作對組長有極高的要求，人們不應該隨便擔任組長，以免誤己誤人。同時，甄選方面，務必小心嚴謹，因為在香港，小組運動的參與者背景和質素都相當複雜，其中不乏有強烈侵略行為者、極端內向和害羞者和嚴重行為失調者，則使是高質素而資深的專業人員在處理時亦深感困難。至於部分精神病患者，或仍在康復階段的精神病人，亦往往熱衷於參加小組。倘若組長甄選不當，或資歷不足時，危險性是相當大的。因為縱然一個精神病人可以在特別為精神病人而設計的小組治療小組中受益，卻不等於他可以在普通小組中得到幫助。記得有一位在受訓中的輔導員，輕忽了事前的甄選，在不夠周詳的情況下，一位剛剛離開精神病院、剛踏進康復階段的抑鬱神經官能病患者，成為他所負責的會心小組成員，以致在小組進行的某一階段，這位特殊的組員終於無法適應，懷着恐懼不安、憤怒和受傷害的感覺，中途悄然退出，幸好事後有機會作出補救，否則後果可能相當惡劣。

在甄選組員這個課題中，同質性和異質性經常是個富爭論性的問題。基本上，主張異質性者，所持的是"社會縮影理論"和"不調和理論"；認為既然小組是當事人生活社羣的縮影，則差異愈大，問題的複雜性愈高時，當事人才有充分的機會學習和改變。而且，在異質性強時，當事人在小組中往往會經歷不安，因而觸發他去行動、改變，以期減輕不協調的程度。而同質性的擁護者所強調的是"團體凝聚力理論"。他們認為無論組員是否繼續參加小組，能否得到幫助，都與小組的吸引力有關，故此組長在組合小組時，應該着眼於小組的凝聚性和協調和諧。[23]

就團體組合的幾個主要因素（如年齡、性別、社會成熟度等）而言，不同的學者有互相差異的看法。例如在年齡和社會成熟度方面,有學者指出同質性較可取。[24] 不過,在我看來,各因素的同質性和異質性,很難一概而論,重要的是要針對小組的設計、性質和目標,全面性地作出配合。同時,在考慮時,我建議組長應避免一成不變的態度,因為事實上,在小組工作和任何與人有關的工作和服務中,工作者的機靈變通性十分重要。故此,我建議大家不妨就個別小組的獨特性,作出彈性的處理,以期在適當正確的組合中,小組能達致最高的成效。

第六節　小組的大小

在筆者個人從事小組的工作中,發覺理想的人數是七至八人。因為這人數不會太多,組長可以全部照顧;而同時人數又不致過少,在小組相交的過程中,彼此有足夠的回饋和支持 (小組經驗,對組員來說,通常是相當豐富和深具意義的)。可惜,有時在許多限制中,輔導員往往要負責一些超過十個人以上的小組,不但自己感到吃力,同時還發覺由於人數過多,溝通不易,小組凝結力較難建立,而且還分薄了各人可以運用的時間,結果在問題的探討和種種的學習上,通常流於表面化,不夠深入。至於各人的問題的處理,很可能也變得草率和片面,大大減弱了小組的果效。學者更加指出,當小組人數過多時,往往只有那些有力和具侵略性的組員才有機會表達自己,因此對其他人來說,實在是有欠公平。[25]

對耶琳 (Yalom) 來說,他認為七個人是一個理想的小組。他指出五至十個人都是可接納的。[26] 不過,滿倫 (Mullan) 等則清楚表示,在一個分析性的小組中,人數應是七至十人。他們相信當人數低過七人時,縱然小組仍可以繼續進行,但在活動的數量和交互作用都減少的情況下,大家的滿足感亦會因此而較小。[27] 至於目的是解決問題的小組,則五個人最為理想。學者將五人組和十二人組作比較下,發現人數越多時,不滿的情緒會增強,而意見一致的情況亦相應減少。[28] 對於小組的人數多寡,柯里 (Corey) 認為需要考慮的因素很多，包括了組員的年齡、小組的類型、組長的經驗、組長人數和所要探討的問題類型等。[29]

第七節　專業守則和應有的關注

小組運動的興起和廣泛地受歡迎，是反映了現代社會中人們的需要。城市生活中人際關係的疏離，令無數人落在寂寞的空洞中，倘若一旦無法處理和適應，往往會導致許多不良的後果。多年以前，加事達（Gazda）等就曾作出分析，認為由於人類經歷疏離以致要尋覓人與人之間的親密關係，小組的出現，似乎是為他們提供了一個理想途徑以達致他們所期望的。[30]而韓生（Hansen）等也很同意這一個看法，認為這的確可以為各類小組活動的興旺作出說明。[31]筆者就其個人在工作中的體驗而言，深深認同上列各學者的闡釋。不過，當想到小組過程的錯綜複雜，若當事人真正如學者所言，而其情緒需要又強烈時，對於輔導員的專業道德守則，我就覺得需要特別重視。固然，大家都知道我們在個別輔導所要持守的守則，通常都適用於團體輔導，但由於兩者始終有別，故此美國的團體工作專業人員協會（ASGW）一直以來都努力於發展各有關守則，以供專業同工參考。[32]

在香港，由於輔導專業很遲才起步，故此在許多資源上都有缺乏，不過，我相信以上所提及的守則，十分值得我們參考。在這裏，我只想針對一個問題，將柯里（Corey）的意見提供給各位。許多人都同意，倘若我們要解釋小組的顯著成效，主要就在於小組實在是一個社會的縮影，其中組員的交互作用，在發展得好的時候，往往十分真實，因此，亦通常產生頗強烈的激盪力。這激盪中帶來的轉變和經驗，對許多當事人來說，產生了正面的成效，但我們也要承認，一旦助力不出現時，破壞力作用的能力，也應該是巨大的；故此，負責任的專業輔導員，一定要小心避免當事人在小組中受到心理上的傷害。針對這問題，柯氏曾經對可能出現的心理危險，有以下的論述：

1. 對組員來說，當他們在小組中處理個人的問題後，很可能會經歷人生中最重大的轉變，而這轉變，可能會給他帶來危險，原因是所作的抉擇經常會導致生活方式的改變，而他們生活周圍的人若不欣賞其轉變，不予他們支持時，適應會變得加倍艱困。

2. 在小組中，由於組員經常會被鼓勵作出自我分享，以致透露了個人的隱私，在這過程中，組長要十分警覺，除非肯定組員是自願作分享，否則千萬不要強迫他，否則事後他會感到羞慚和後悔而退出小組。

3. 在大部分的小組中，往往出現種種壓力，逼令組員開放自己、坦誠分享個人的事項，以及嘗試新行為或作冒險的行為。而在一般情況下，這些行為通常會繼續獲得正常化；許多時候由於小組壓力十分強大，以致常演發成一種令人順應小組常模的微妙控制力。故此，組長要留心，不要讓小組錯誤利用小組壓力，同時，要尊重組員的決定和權利，讓他們根據自己的步調來處理個人的事。

4. 在小組中，組員有時會聯手對付其中一位組員，這種情況，形成了小組的另一種危險，倘若組長不及時介入的話，這種經歷很可能對受攻擊者產生可怕的效果。

5. 在小組中，對質可以善用，亦往往會被錯誤地使用。事實上，破壞性對質的出現，通常形成一種蹂躪性的攻擊，組長和組員都需要學習去辨認出這種具破壞力的行為，以致可以及時防止其出現。

6. 無論組長如何多次強調保密的重要性，始終他無法保證小組中每一位組員都會尊重這守則而不將在小組中發生的一切外洩。故此，這一點也成為另一種危險。[33]

正如部分西方國家一般，近年來香港興起了各式各樣的小組，而團體輔導也是其中的一種，其推廣相當快速，而且，照目前的情況觀察，還會繼續發展，有可能成為輔導發展的主流。由於性質不同，有些小組，例如學校中的團體諮商，重點是預防性和成長性的，主要是作資料的提供。負責這類小組的組長，根本不必從事輔導，故此並不需要輔導專業的訓練，此類小組活動倘若能普遍推行，相信會有助於促進學校教育的功能。

註釋

1　Clarence A. Mahler, "Group Counseling," *Personnel and Guidance Journal,* 49.8 (1971), 601–8.

2　Hugh Mullan and Max Rosenbaum, *Group Psychotherapy: Theory and Practice,* 2nd ed. (New York: The Free Press, 1978), 51–53.

3　Walter M. Lifton, *Working with Groups,* 2nd ed. (New York: John Wiley & Sons, 1966), 14.

4　C. H. Patterson, *The Therapeutic Relationship: Foundations for an Eclectic Psychotherapy* (California: Brooks / Cole, 1985), 161.

5　Bruce Shertzer and Shelley C. Stone, *Fundamentals of Counseling,* 3rd ed. (Boston: Houghton Mifflin, 1980), 360–361.

6　George M. Gazda, *Theories and Methods of Group Counseling in the Schools* (Illinois: Charles C. Thomas, 1976), 7–36.

7　Patterson. op. cit., 161–162.

8　Irvin D. Yalom, *The Theory and Practice of Group Psychotherapy* (New York: Basic Books, 1970), 3–84.

9　Rodney W. Napier and Metti K. Gershenfeld, *Groups: Theory and Experience,* 2nd ed. (Boston: Houghton Mifflin, 1981), X.

10　M.A. Lieberman, I.D. Yalom and M. D. Miles, *Encounter Groups: First Facts* (New York: Basic Books, 1973).

11　Patterson, op. cit., 168–170.

12　James C. Hansen Richard, W. Warner and Elsie J. Smith, *Group Counseling: Theory and Process,* 2nd ed. (1980), 14.

13　G. Corey, M.S. Corey and P. Callanan, *Professional and Ethical Issues in Couseling and Psychotherapy* (California: Brooks / Cole, 1979), 154–155.

14　Yalom, op. cit., 94–95.

15　American Psychological Association, "Guidelines for Psychologists Conducting Growth Groups," *American Psychologist* (October, 1973), 933.

16　Yalom, op. cit., 159–171.

17　E. Nash, J. Frank, L.S. Gliedman, S. Imber and A. Stone, "Some Factors Related to Patients Remaining in Group Psychotherapy," *Intenational Journal of Group Psychotherapy,* 7 (1957), 264–275.

18　I.W. Graham, "Observations on Analytic Group Therapy," *International Journal of Group Psychotherapy,* 9 (1959), 150–157.

19　S.R. Slavson, "Criteria for Selection and Rejection of Patients for Various Kinds of Group Therapy," *International Journal of Group Psychotherapy,* 5 (1955), 3–30.

20　R. Corsini and W. Lundin, "Group Psychotherapy in the Mid West," *Group Psychotherapy,* 8 (1955), 316–320.

21　J. Abrahams and L.W, McCorkle, "Group Psychotherapy at an Army Rehabilitation Center," *Dis. Nerv. Sys.,* 8 (1947), 50–62.

22　G. Corey, M. S. Corey and P. Callanan, op. cit., 162–163.

23　Yalom, op. cir., 201–202.

24　B. Stertzer and S. C. Stone, op. cit., 365.

25　L.F. Carter, et al., "The Behavior of Leaders and Other Group Members," *Journal of Abnormal*

Social Psychology, 46 (1958), 256–260.

26 Yalom, op. cit., 215.

27 Hugh Mullan and Max Rosenbaum, op. cit.

28 A. Goldstein, K. Heller, and L. Sechrest, *Psychotherapy and the Psychology of Behavior Change* (New York: John Wiley and Sons, 1966), 341; A.P. Hare, "A Study of Interaction and Consensus in Different Sized Groups," *American Social Review,* 17 (1952), 261–267.

29 G. Corey, M.S. Corey and P. Callanan, op. cit., 177.

30 G. M. Gazda, J. A. Duncan, and P. J. Sisson, "Professional Issues in Group Work," *Personnel and Guidance Journal,* 49 (1971), 637–643.

31 J. C, Hansen, R. W. Warner, and E. Smith, op. cit., 553.

32 Association for Specialists in Group Work, *Ethical Guidelines for Group Leaders.* (Falls Church, 1980). Association for Specialists in Group Work, *Guidllines for Training Group Leaders* (Falls Church, 1983).

33 G. Corey, M. S. Corey and P. Callanan, op. cit., 168–169.

第七章 | 學生輔導

第一節　學校輔導工作概論

1.1　為甚麼需要輔導？

從個人一生發展各階段的過程來看，青年期是一個人在生理、心理狀況、社會地位及人際關係都發生急驟變化的時期。面對種種的變化，青年人往往感到難以適應；他們感到緊張、不安、恐慌與紊亂，以致對成年人，對家庭、學校、社會及現存的體制、傳統等等產生不滿及反抗的心理。同時青年人要滿足許多的需要，才能達到個體的適應。而在此中國文化與西方文化交流衝擊的香港，經濟、政治地位的特殊，社會架構的複雜，青年人往往缺乏客觀態度來評估問題；而在自我意識過強的情況下，更易感到現實與理想之不符，會感到需要得不到滿足，在許多事情上會感到迷失了方向，難以作抉擇取捨。他們內心有許多問題，需要解答，而將他們的疑難整理綜合後，會發覺他們是在不斷地尋索：“我是誰？”“我是個怎麼樣的人？”“我為何要生存？”“我能做甚麼？”“我該如何生活？”。

要幫助青年人，必須讓他們對各種社會體制——包括家庭、學校、社會、國家、環境等等——有一個健全的觀念，從而促進各人身體、心理、靈性和社會各方面的健康發展，其中尤其以促進每個人的健全人格和心理適應能力兩方面，最為重要。而輔導工作就是應此需要而日形重要。其實在學校中推行輔導工作，在民主社會中，是一件極自然的事，表明了教育的目的，不單局限於知識的傳授，亦着重學生個人的成長與發展。在香港，近年進行的教育改革，促進學生的生活技能發展和有具體的生活的學習（learning for life），是其中的主要使命。

1.2　甚麼是學生輔導？

輔導是一種專業，除了協助學生有統合的發展，邁向自我實現的終極目標外，在學生輔導工作上有幾個普遍認可的中間目標：

1. 在學問上奠定穩固的基礎。

2. 為將來的工作與事業妥作準備。

3. 認識自己、接納自己和欣賞自己，建立健康的自我形象。

4. 促進自信，加強自表能力。

5. 學習與人發展良好的人際關係。

6. 培養獨立自主的能力。

7. 學習與異性相處，對戀愛、婚姻、家庭有正確的觀念和態度。

8. 建立明確的人生觀和適當的生活方式。

波甸（Bordin）認為輔導是一種輔導者與受輔者的交互作用，其中輔導者有責任在這交互的過程中，積極地促進與助長當事人人格之成長。泰萊（Tyler）把輔導看作為一種基本上為正常人提供的服務，希望藉着輔導來促使當事人作出明智的決定，或克服適應方面的困難，而由此產生人格的改變，達至個人的成長。鍾斯（Jones）認為輔導是輔導者給予另一人的協助，使其能作出明智的抉擇與適應，並能學習自我解決問題。論及學校輔導工作，彼得斯與法維爾（Peters and Farnell）強調輔導是幫助所有學生在各個發展階段獲得種種有效用的經驗（職業的、教育的、生活的），是一個發展性的歷程。而莫天生與沙繆勒二氏（Mortenser and Salmuller）則把輔導看作整個教育計劃的一部分，它提供機會與特殊性服務，好讓所有學生能根據民主的原則，充分發展其特殊能力與潛能。

學者們為輔導所下的定義雖多，但根本上總包涵了協助的意思，都認為輔導是一個助人的歷程。普遍上也強調了在輔導過程中輔導者與當事人之間關係的建立。而論及學校輔導時，個人的成長與發展都一般受到重視。

1.3 學校輔導服務的內涵

最早的學校輔導模式，是一種職業輔導的模式，以帕森斯（Parsons）為代表。模式中主要是探討如何把個人特質與職業要求作適當的配合。隨着社會的變遷，學校輔導的概念，也因時間而有所嬗演；但不管其間變化如何，傳統性的學校輔導員仍是往往將工作重點放在測驗與資料的提供方面，而忽略了最重要的輔導服務。故此今天應該強調，有效的學校輔導計劃，輔導員應有充分的時間來與學生接觸，整個計劃的焦點，應該不是教育性而是心理性的；輔導的重心是個人。在華人社會中，最初學校輔導是偏重行為矯正的一面，服務往往是局限於"問題學生"，而忽略了其他學生；今日輔導的對象應該擴及全體學生，目的是使每個學生有機會獲得最大、最充分的發展。換言之，重點不是矯治性的，而應放在預防性與發展性的層面上。

1.4 推行學校輔導時應注意的事項

在香港的中小學內推行輔導工作，應注意：

1. 輔導是一種專業——輔導工作者應受過適當的專業訓練，不但具有輔導的熱誠與心志，還要有輔導的知識，懂得輔導技巧與具有實踐操作的實習經驗。科任老師經短期訓練後搖身一變成為輔導員，縱可應急，卻非長遠之計。而且輔導的質素和果效，是不容馬虎和輕忽的。

2. 要學校輔導工作推行得有效，有賴行政人員乃至全體教職工的合作——輔導工作能否有效地推行，與教育哲學、教育制度是有着不可分割的關係的；故在一個輔導計劃正式推行前，學校對輔導的看法和信念是基礎，輔導員應與行政人員及其他教師有所協調，或提供機會，讓他們對輔導有基本的認識，以期日後有良好的合作。

3. 每位教師都有某種程度的輔助責任——要學校輔導推行得全面而有效，實有賴行政人員與全體教職員的合作與支持，其中教師，尤其是班主任，因為具有客觀環境上的優越條件，有較多機會和學生相交，因而可以盡早界定需要幫助的學生，及時提供輔導，在這樣的情況下，我相信每位教師都應接受輔導的基本訓練，在專業輔導員之策劃及協助下，一同推行輔導工作。

4. 讓輔導員能專務本職——學生輔導員的主要工作是"輔導"，而不是行政雜務、訓練活動或資料管理等。故輔導員應清楚自己的工作重點，對時間作妥善的分配。

5. 輔導的目的主要是助人自助——輔導員不是以"萬事通"的態度代替學生解決問題，而是從旁協助他們。

6. 輔導是持續的教育歷程——它應該貫穿整個教育歷程，強調學生全人的發展，尊重學生的統整性，個人的自由、尊嚴與價值，是以個人為重心的。且不但關心每個學生當前的福祉，同時也關心他的將來。

1.5 教師從事學生輔導應注意的事項

一、對自己

1. 肯定輔導是教育歷程中不可或缺的一部分，輔導與教育實在是互為表裏，相輔相成的。

2. 堅守或校正個人的教育理想，以祈在現有限制中，不但"教書"，更是"教人"，讓教育成為一個促進全人發展的歷程。

3. 不時省察個人所持的人性論，是否與教育的本質協調配合。

4. 不斷研探青少年成長過程中生理、心理的特徵和需要，以及當代青少年的意識形態。

5. 培育和維持對青少年的愛心、信任、關注和同感。

6. 着重個人並專業知識的成長，要有積極的人生觀和生活方式，以身作則，好叫自己能更有效地幫助學生。

二、對學生

1. 除了在功課上給予指導外，願意花時間留意學生的生理及心理狀態，明白及體會導致他們煩惱不安的原因，加以輔導。

2. 灌輸正確的性教育，使學生對自己的生長過程，及所經歷的危機，有明確的認識。

3. 發掘學生的潛能，給予發揮機會，並加以鼓勵。

4. 給予學生過羣體生活的機會，讓他們學習與同性、異性相處以及溝通。安排或介紹他們參加不同的服務，使他們的注意力能夠由自我中心轉為學習關心他人，同時亦使他們多餘精力有正確的途徑運用。

5. 向學生解釋每個人都有長處短處，不必與人比較；應學習接納自己。

6. 闡釋人生必有不如意的事，每個人都會經歷生病、痛苦、失敗等，不必把它們當為個人成敗看待。

7. 做事的標準以適合個人能力為度，切勿訂定過高的目標。同時，要有勇氣接受失敗，明白人人都要經歷錯誤與失敗，只要處理得當，此等經歷往往能提供人生中成長的機會。

8. 在思想上，協助學生學習辨別是非，協助他們了解現實，並實際和具體地為前途作打算。

9. 加強對社會的認識，探討社會問題，建立正確的人生觀。

10. 培養幽默感，使他們對自己的短處、失敗能處之泰然，對自己和他人亦無過分的要求。

11. 協助學生利用所面對的危機作為挑戰，從中學習成長。

在學校運作架構上，輔導乃是學生人事服務的主要一環，它與行政、教學構成學校教育的三大支柱，相輔相成。學生輔導員透過個別交談，小組或團體活動，通過他與學生所建立的關係，在學生自我了解、自我籌劃抉擇的學習過程中，或在他們的學業上，選擇職業上，與個人成長等問題上，幫助他們運用本身的能力，和周圍環境可利用的機會來把問題解決，從而促進個人的成長。

第二節 學校輔導的主要範疇與重點

2.0 引言

探究人類歷史，會發現自有人類以來，就已經有不同的輔導活動，以回應人的需要（Gibson, Mitchell, 2007）。若從社會和心理的角度來看家庭、教育、就業、人口、老人、年青人、休憩活動、性別主義和種族主義，輔導的需求就更加具體（Pietrofesa, 1980）。在香港，除了以上重點外，無論從現況來看，或展望將來，隨着九七回歸，輔導方面還出現了不少獨特需要。例如，香港人（包括青少年和兒童）在民族身分的認同和肯定方面，迫切需要輔導（林孟平，1989）。

概括來說，輔導是民主和進步社會因應人的需要和問題而出現的服務，範疇廣闊而多元。不過，在幾個主要華人社區如台灣、中國內地和香港，雖然已經從早期的治療和輔救取向的概念，轉化為以發展和成長為重點（林孟平，2000；韓楷檉，1987；鄭日昌，趙世明，1994；祝新華，1996），但在輔導的範疇和重點方面，卻仍然有不少偏差和謬誤，結果是限制了學校輔導的效能。以下探討以學生整合和美好發展為前提的學校輔導範疇，並採用全校參與的模式來推行，以期充分發揮學校輔導的效能。

2.1 發展性學校輔導的主要範疇與重點

早在一九三〇年代，標華（Brewer, 1932）提出輔導就是教育的學校輔導模式（Pietrofesa, Bernstein, Minor and Standford, 1980）。標華質疑學校只是關注學生在學業上的發展，並建議將輔導視為教育的同義詞。他相信輔導和教育都是為了協助學生做一個更有意義和充實的人，亦強調老師不是教學科知識，而是教人的觀念。他這種觀念，在廿一世紀，仍然是教育工作者的暮鼓晨鐘。尤其是當我們從發展和成長的角度來看輔導時，他所重視的"教人和育人"觀念，就是輔導的核心。強調每一個學生是一個整合的人。近年學者專家強調的提升學生全人發展、生活技能發展和情意教育，都是可喜的現象。故我要

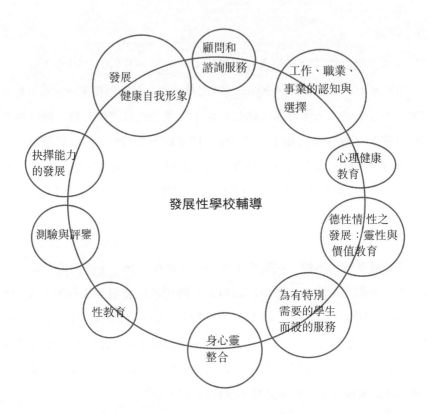

圖一　發展性學校輔導的主要範疇與重點

發展健康自我形象

顧問和諮詢服務

工作、職業、事業的認知與選擇

抉擇能力的發展

發展性學校輔導

心理健康教育

測驗與評鑒

德性情性之發展：靈性與價值教育

性教育

為有特別需要的學生而設的服務

身心靈整合

強調，學校輔導的目的是朝向學生的全人成長，其服務的主要範疇和重點有十項（見圖一）。

2.1.1　發展健康自我形象

一個自我形象健康的人，在人生中無往而不利（林孟平，2008）。自我形象健康，為人帶來了自我價值的肯定和自尊自信，增強對生活的適應，亦有堅忍力面對生活中的困難和挑戰（Branden, 1992）。而除了可以在求學時間有優良的成績外（Bryan & Bryan, 1997; Canfield, 1990），自尊自信亦令一個人在事業上有成就（Canfild & Wells, 1994; Branden, 1992）。事實上，自我形象健康的人，無論在學業或工作上，與自我形象偏差的人，都有很大的差別（Super,

1963）。此外，自尊自信的人，會尊重人，仁慈忠厚，公平而友善。結果，在與人的一般相處，在交友戀愛、婚姻、家庭方面，都可發展親密和諧的關係。既然健康的自我形象在學業、人際關係和事業上是關鍵因素，而學校教育的主要功能就包括為新一代將來的成人生活作好準備。我們在學校輔導中，應設法協助學生作此基礎性的發展，為他們的一生，作好最重要的準備。

2.1.2　工作、職業、事業的認知和選擇

工作在人一生中佔舉足輕重的地位。因為工作不僅協助人經濟獨立，而且往往影響一個人的生活方式、社會地位、時間的分配和社會接觸面。而且，工作往往影響一個人的價值、自我形象和生活的滿足愉快與否。工作亦會為人提供一個新的身分。在正常的情形下，個人往往透過這身分去表達自己，發展自己而邁向自我實現（林孟平，2007）。故此，學校要透過系統的教育和活動，協助學生認識工作世界和工作的重要。同時，在自我認識的基礎上，作出配合自己興趣、性向和能力的選擇。事實上，美國學校輔導運動的鼻祖柏森（Parson, 1909）指出，學校輔導最早的模式就是協助學生選擇職業。

時至今天，事業輔導已發展成為學校輔導的一個重點。在香港，這範疇最早得到教育署支援。可惜，事業輔導在香港的學校中往往是獨立的，始終未能和其後發展的一般輔導作出協調整合。照學理來說，事業輔導是學校輔導的一部分，二者不可分割。台灣稱事業輔導為生涯輔導。筆者對生涯這名詞頗有保留。台灣的學校輔導起步早，資源亦較充足，故事業輔導的發展，相當不錯。至於在內地，過去在"對口"政策下，不一定需要事業輔導。但在現今開放的氣氛中，年青人具擇業的自由，事業輔導的重要性是肯定的。令人告慰的是，雖然整體而言，事業輔導在中國內地的中、小學尚未起步，但在高校方面，近年已有長足發展。

2.1.3　發展抉擇的能力

人生每一階段，甚至每一刻都充滿了抉擇。稍一差錯，可能令人生改道，或者，帶給人無限的懊悔。而且，許多決定是具時間性。尤其是現代城市生活節奏急速，人們要有能力和勇氣在瞬息之間作出明智的抉擇，實非易事。

故此，在小學、中學和大學，輔導員和教師要留意學生在抉擇能力方面的發展，並作適當協助，以期增強他們目前和日後生活的適應。

鍾斯（Jones, 1938, 1951）界定學校輔導為抉擇，尤其着重高中的開始和結束，認為那是人生的關鍵點。在他創議的模式中，很着重學生在生活中的一些特別危機點抉擇能力的發展。固然，鍾斯早年強調輔導即抉擇的說法，未免流於偏頗，惟在廿一世紀的今天，事物瞬息萬變，生活節奏亦極快速，學生往往需要獨立在短暫的時間內作出明智的決定。故此協助學生發展抉擇能力，肯定是學校輔導需要重視的環節。

2.1.4 測驗與評鑒

台灣的學校輔導，評鑒與測驗佔的比重相當大。相反，香港的學校輔導，由於資源的限制，發展十分有限。學校輔導服務包括了用測驗和評鑒等科學方法來研究學生的個別或整體情況，是臨牀輔導服務的重要部分。不過，有效的評鑒與測驗要具備一些基本條件。除了輔導員的專業能力之外，還需要配合地域、社會和文化的測驗和評鑒的專業工具。兩者都不是容易解決的問題，需要政府提供足夠的培訓和資源，有系統和全方位地配合和支持。

在一般輔導中，評鑒和測驗具有獨特的功能。評鑒和測驗最大目的，在於評量學生的性格。其中累積記錄（Cumulative Record）的內容，是透過教師、輔導員、行政人員和衛生工作人員收集、組織而成。教師及輔導員通常會用這些資料，幫助學生了解自己，和輔助學生有效地適應學校環境，而學校亦藉此了解學校滿足學生需要的程度，作為跟進的參考。至於在事業輔導中，評鑒和測驗所扮演的角色，和在輔導過程中的使用和輔助比重較大。此外，在預防和發展性的輔導中，亦往往透過評鑒和測驗去界定學生的需要，或界定誰是需要施以援手的學生，以便跟進。

2.1.5 心理和心理健康教育

近年來，香港學童自殺頻生，引起了廣大市民關注。不過，這問題的嚴重性，不僅只是表現上的自我毀滅，其背後潛藏着來自家庭、低劣自我形象、挫折和失敗的沉重壓力（Lo, 1992）。不過，從輔導的角度，我們不應該只關注少數有自殺傾向的學生，除了對這些學生作特殊支援外，對學校裏一般學生的心理精神健康的培育，亦是當務之急。香港不少中學已經關注到學生的心理健康教育，透過不同的活動促進學生個人和心理能力的發展。不過由於種種因素，學生的心理健康教育仍然未得到普遍重視，一般教師通常都忽略了自己在每一天的教學中，其實都要肩負學生心理健康教育的責任。令人痛心的是，部分學生自尊受損，或缺乏自信，往往根源於一些教師的言語和行為。故此，協助每一教師認識自己的角色，承擔心理和心理健康教育的責任，是十分必要的。

2.1.6　靈性發展和信仰

很多輔導教育家相信靈性和信仰是輔導過程中的重要成分，但奇怪的是，在輔導員培訓過程中往往對此全無提及（Kelly, 1992）。而在實踐工作上，靈性和信仰亦通常是受導者困惑和需要幫助的關鍵課題。倘若我們再從整全的角度來看學生時，這重點實在不容輕忽。在學生成長過程中，他有需要在精神和靈性上得到適當的關注和協助，以致可以慢慢摸索和發展一套健康的價值觀和人生觀，作為生活的依據。故此，一個全面的輔導服務，應包括價值教育。筆者喜見香港中文大學於二〇〇六年創設了價值教育的碩士課程，這對在學校推展價值教育的教師是一個具體支持。

透過輔導，促進學生靈性發展和探索信仰，不單是宗教性質的。事實上，青少年在尋找自我過程中的種種課題，如"我是誰？""人生意義是甚麼？"等，高效能的輔導員，會在專注聆聽中察覺他們這些內心深處的渴求，並作出回應和處理。

2.1.7　性教育

基於文化和社會的因素，縱然香港不少中學生設有性教育組，但無論師資、課程及教學成效，都相當差強人意。而且，將性教育獨立於學校輔導服務，是錯誤的。既然輔導是在照顧學生的全人，我們不可能將這一項對學生成長十分重要的部分與其他輔導活動分割。缺乏了整合性，不但會出現分工的混淆和困難，更重要的是削弱了輔導服務的整體效能。

性教育的內容很廣，基本上包括了生理、心理的成長、人際關係、婚姻、家庭和倫理觀念、交友、約會、戀愛、為人父母、養兒育女、兩性角色與身分、性與文化、性與社會、社會性問題如節育、同性戀、性病（包括愛滋病）、娼妓、性與色情、性變態、性差異和性暴力的預防等。單看性教育涵蓋了青少年生活的各方面。與他們每天的生活和活動息息相關，實在需要重視和作出努力。

2.1.8　身心靈整合

學校輔導要達致高效能，很視乎參與輔導的同工的人性觀，和對人的基本看法和認識。從人本的角度來看，羅哲斯（Rogers）否定了心理分析學派對人那種相當悲觀和消極的看法。他對人有極大的信心，強調每個人的價值和個人的尊嚴，亦深信人天生具有一種成長的動力（growth impulse）。對當代在學校從事輔導的同工，無論是輔導員、輔導教師、一般教師或社工，羅氏的信念，實在是一個巨大的挑戰。不過，事實上，羅氏，和其他人本學派的人性觀和對人的看法和工作的目的，是與學校教育的目的最相似和最協調。簡言之，都是在促進人的成長。

在學校中，輔導計劃的設計，很在乎我們如何看我們的學生。長久以來，不少人盡心竭力在推動學校輔導，但成效卻不成比例。箇中原因固然很多，但我要指出的是：一直以來，學校輔導都忽略了學生的整合性。的確，我們必須重視人是一個有身體、心理與靈性三方面的個體。一個健康的學生，其機能和功用是整合的。功能健全而協調的人，生命才會美麗、快樂而豐盛。而這一概念，簡言之，學校輔導的目的，不能偏向於任何一方面，應該是在服務的設計上，力求平衡，以期可以促進學生的身心靈整合（Wellness）。在傳統上，學校習慣以全人教育來作表述。

美國心理輔導協會（ACA）在長期而認真的研討後，一九九二年明確指出，在心理、精神健康的有關專業協會當中，該會有別於其他專業協會的是：ACA 的工作重點，其奠基石是發展和預防兩大元素（Myers, 1992）。同時，協會亦宣示，該會的工作，是涵蓋了人的一生。人的出生至老死，都是關注的重點。而服務亦不僅僅聚焦於處理人的病患苦痛，除了治療的重點外，更多的關注和服務是促進人在人生不同階段，能保持身心靈的健康，有佳美豐盛的發展。而文告亦清楚指出，身心靈整合，就是該會工作建基的哲學。

綜合有關研究數據與文獻，身心靈整合包括了以下人生中最重要的範疇（林孟平，2008；Ardell,1988；Hettler,1984）：

1. 心理　　　　　　　2. 靈性

3. 身體　　　　　　　4. 智能

5. 自我形象　　　　　6. 人生意義

7. 人際關係　　　　　8. 工作與事業

9. 閒暇與康樂活動　　10. 壓力管理

不少學校以全人教育為辦學的理想，可惜很少能具體落實。學校輔導工作可參考上述的十個重點，按校本的情況和需要，將適當的內容和活動整合於輔導項目中。若能全部兼顧，會較有可能達致充實而完整的學校輔導服務。

近年來學生的吸毒、酗酒、吸煙、飲食失調、膽固醇過高和肥胖症等，日趨嚴重，顯示學童身體健康問題已亮起紅燈。學校輔導宜早日面對這挑戰，對症下藥，促進學生的健康，和對個人身體的愛護。再進一步，配合上文其他九項，真正在學生身心靈整合與健康的重點上，作出努力。

2.1.9　為有特別需要學生提供的服務

近年來，香港的中小學有不少新移民學生入讀，他們大多來自內地，其次是南亞不同國家，到香港是與家人團聚。這一批為數不少，且人數日增的學生，往往有許多學業、交友、家庭生活和文化適應問題。尤其是後者，中小學的輔導，應配合學校其他單位，為他們度身訂造地提供適當的服務，強化其適應能力和促進穩定健康的成長。

學校中有些學生是有特別需要的。例如，新移民子弟需要提供特別輔導服務。另一些特別服務包括為剛升中學的初中一學生舉辦的升中準備活動，為單親家庭的子女而設的小組，為成績低劣學生開設的輔導班和為行為偏差者舉行的活動等。學校有需要作出調查研究，界定學生需要，然後對症下藥。

這些特別需要的種類很多元，需有敏銳觸覺和科學探究精神，才能具體回應學生的需要。例如在美國不少大學，近年就經常設有為被強姦的受害學生，甚至是亂倫的受害者提供輔導的治療小組。

2.1.10 顧問和諮詢服務

在全校參與的輔導模式中，輔導員不僅要與學校其他成員建立良好的合作關係，而且，他還要經常為他們提供諮詢服務。這顧問的角色，近年在學校中越來越受重視。不過，要加強這角色的效能，對輔導員的要求就相當高。專業的知識、培訓和恰當的經驗，往往是先決條件。很可惜，在香港的中學和小學擔任輔導的同工，具備以上條件者並不多，有些甚至連半專業的資格亦欠缺。故此，在顧問和諮詢服務需求日增的情況下，政府應該檢討學校輔導人員的培訓政策，早日作出改善。

以上十個輔導範疇和重點，有些有清晰分野，但有更多在某程度上是相互重疊的。這一特點，亦顯出人的複雜性和整合性。在設計不同的輔導服務和活動時，在彈性處理的同時，亦要有謹慎周詳的計劃和質素良好的同工作配合。在推行上，全校參與的模式，是值得推薦的。下一節會詳細介紹全校參與的輔導模式。

中國內地、香港和台灣在學校輔導工作方面都採納了發展性的取向，但由於欠缺全面規劃，所提供的服務難免有偏差和限制。故此，筆者以上建議了十個回應全人教育的輔導範疇和重點。由於牽涉的內容十分寬廣，故在輔導模式的選擇上和聘任輔導人員時就要更謹慎。圖二是回應前文討論而設計的一個發展性輔導模式。

圖二顯示出發展性輔導模式所需人手的多元和龐大。不過，正如以上曾提出的，由於人的複雜性和整合性，加上他與環境的每一個相交都會產生變化的緣故，我們有必要盡量將不同職分的人納入隊工的隊伍當中。

簡單來說，這模式中的隊工有三：(1) 學校的隊工。(2) 與社區組成的隊工。(3) 學校與家庭的隊工。若這三個隊工組合都能認同全人教育的理想，大家會較容易界定自己可參與和貢獻的重點。例如：性教育是輔導主要範疇

圖二　發展取向的學校輔導模式

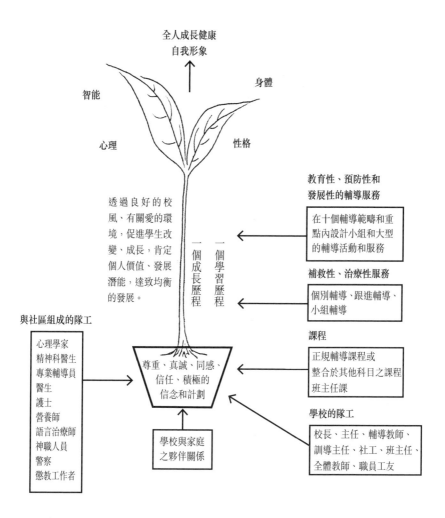

之一。於是無論是學校生物科教師、倫理教師，或社區裏的醫生、護士和家庭中的父母，都有各人獨特而重要的功能要發揮。而在課程當中。理想的是有正規的性教育課，同時，亦適當地要整合於其他科目，由各不同分科的教師配合，協調合作。

2.2　結語

輔導的重點是人。以上建議的十個輔導範疇，有些是因應學生成長歷程中自然出現的需要。例如發展健康的自我形象，擁有自信自愛。亦有部分是處境性的，例如新移民學生或初中一學生的適應。學校要面對這十個輔導範疇所帶來的挑戰，絕對不輕易，亦非校內資源能單獨應付。故此，除了要在校內發展隊工合作外，還要與學生的家庭建立夥伴關係。此外，善用社區資源，尤其有關專業人士的支援和配搭，是必需的。不過，認真來說，以上的做法，依然未必足夠。倘若我們肯正視社會環境、大眾文化和政府政策等對學生的影響，輔導員其實還要面對第十一個範疇：要主動積極地成為社會和文化的催化劑。換言之，他要抽時間走出輔導室，甚至走出學校，除了進行公眾教育之外，對於政府的政策、環境和文化作出適當的批判，並提出改善建議，努力成為塑造社會環境的積極動因。

參考書目

Branden, N. (1992). "What is self-esteem." In Walz G. R. & Bleuer, J. C. (eds.), *Student self-esteem: A vital element of school success*. (Vol. 1). Ann Arbor: MI: Eric Counseling and Personnel Services.

Brewer, J. M. (1932). *Education as Guidance*. New York: MacMillan.

Bryan, T. H., & Bryan, J. H. (1977). "The social emotional side of learning disabilities." *Behavior Disorder, 2,* 141–145.

Canfield, J. (1990). "Improving students' self-esteem". *Educational Leadership, 48,* 48–50.

Gibson, K. L. & Mitchell, M. H. (2007). *Introduction to Counseling and Guidance* (7th ed.). New York: MacMillan.

Hong Kong Education Commission (2000a, 2000b).

Jones, A. J., and Hand, H. C. (1938). "Guidance and purposive living". In *Guidance in educational institutions,* 37th Yearbook, National Society for the study of education, Bloomington, Ill.: Public school publishing Co..

Jones, A. J. (1951). *Principles of guidance*. New York: McGraw-Hill.

Kelly, E. W. (1992). *Religious and Spiritual issues in university-based counselor education programs: A national survey of current status and practice*. Washington: Counseling and Human Development Foundation.

Lam, M. P. (1989). "Wholistic Growth as the Ultimate goal of school guidance and counseling." Proceeding of the Hong Kong International Conference: Counseling in the 21st Century. HK.

Lewis, K. D., Hayes, R. L. & Lewis, J. A. (1986). *An introduction to the counseling profession*. Itasca, Il.: F. E. Peacock Publishers.

Lo, A. C. (1993). "The Emergence of Teens Suicide in Hong Kong: A psychodynamic approach to suicidal prevention." *Asian Journal of Counseling*. 2,59-65.

Pietrofesa, J. J., Bernstein, B., Minor, J. & Stanford, S. (1980). *Guidance, In introduction*. Chicago: Rand McNally.

Shavelson, R. J. & Marsh, H. W. (1986). "On the structure of self-concept." In R. Schwarzer (ed.). *Self-related cognitions in anxiety and motivation*. New Jersey: Lawrece Erlbaum.

Super, D. E. (1963). "Self-concepts in vocational development". In D. E. Super, R. Starishevsky, N. Matlin, & J. P. Jordann (Eds.). *Career development:self-concept theory*. Princeton: N J College Entrance Examination Board.

吳武典等（1990）：《輔導原理》。台灣：心語出版社。

林孟平（1995）：《以健康自我形象為核心的全校參與輔導》。見蕭炳基、譚添鉅（編輯）《教育質素：不同卓識之匯集》。香港：香港教育研究學會。

林孟平（2007）：《輔導與心理治療（增訂版）》。香港：商務印書館。

祝新華（1995）：《中國中小學心理輔導的現狀與發展趨勢》。論文發表於香港教育研究會年會。

袁文得等（2003）："生活技能發展及全方位輔導計劃：理論與實踐"。香港：香港大學教育學院生活技能發展計劃。

鄭日昌、趙世明等（1994）：《中學生心理諮詢》，山東：山東教育出版社。

韓楷檉（1987）："國民中學輔導教師的角色衝突對其輔導工作效能之影響"，《輔導專文集第三輯》。中國台灣：台灣教育學院。

第三節　全校參與輔導——以健康自我形象為核心

3.0　引言

現代教育，已超越了智能學習的範疇。學校的學習，亦不再狹隘地只限於書本上的知識和應付考試。在智能之外，還包括了學生的情緒和性格發展，使個人獨特潛能得以肯定和發揮。自從強迫教育實施以來，由於課程和有關方面未曾作出相應調節，在學校中，學生的學業問題和行為問題日益增多。這種種轉變，都為香港傳統的教育模式帶來巨大的挑戰。而學生輔導，也應需要而日益重要。

3.1 教育署出版的全校參與輔導指引

一九九三年夏天，教育署出版了《學校本位輔導方式工作指引》（香港教育署，1993。以下簡稱《指引》），作為改進中小學輔導的根據。多年以來，教署在學校輔導的推動上，傾向於補救性服務，相當專注學生犯規和行為上的偏差，亦傾向於推介行為治療法的輔導學派。故此，當一九九零年教育署出版的第四號教育報告書中提出全校參與的輔導方式時，的確令人驚喜，也被視為香港學校輔導發展的一項重大突破，意義重大。而指引的出現，亦反映了教育署在推行此方式上的誠意。不過，在教育署的有關公文中，將 Whole School Approach to Guidance 翻譯為學校本位輔導方式，似乎不很恰當。下文會採用"全校參與輔導方式"的中譯，會較貼切和傳神。

在全校參與的學校輔導中，《指引》強調學生整體發展。同時亦指出，這方式是要得到校長的領導和支持，全體教師的參與，以及指出隊工、人際關係，積極而人性化的學校氣氛和教師關愛態度的重要性。而且，此方式重視教育工作者對學生的尊重、信任和愛護，這亦與一直以來所推崇的行為治療學派對人的信念的低下，大相逕庭，實在難能可貴。

在適用於中學和小學的《指引》中，很強調獎勵制度。這當然是積極取向的學校氣氛所不能缺少的一環，但卻並非全校參與輔導的全部。此方式不免流於粗淺，亦將學生的問題簡化。

其次，《指引》是以處理學生問題作為重點，補救性取向十分重。《指引》開宗明義，着重預防，這和發展性輔導有所違背。相對於中學適用本，小學適用本較重視強化良好行為和增強自我的關係，似較能配合全校參與輔導方式的原意。此外，全人教育的意味亦較中學適用本濃厚，隊工合作的說明亦較為具體。

整體上說，《指引》，包括中小學適用本，都欠缺踏實的理論基礎和全面的闡釋。而且，這全校參與的輔導方式，亦沒有一個重點可作對焦。估計學校在推行時會出現極大困難。故此，建基於研究的實證和個人培訓和輔導的臨牀經驗，筆者選擇了以健康自我形象為全校參與輔導模式的重點，期望在有所對焦下，此模式可以實際有效的推行。

3.2　甚麼是自我形象？

　　廣義來說，自我形象是一個人對自己的看法。這些看法，是建基於個人在不同環境中的經歷發展而成。自我形象在某程度上是穩定的，卻又不是固定不變的。自我形象會因生活環境種種因素，包括重要他人的影響而產生變化。概括而言，自我形象有七個特色：

　　1. 自我形象是多範圍、多面的。

　　2. 自我形象是層系式的。

　　3. 自我形象是有系統和有結構的。

　　4. 自我形象原則上是穩定的。其中最穩定的是整體性的自我形象；而層系最低者，穩定性最低。

　　5. 自我形象可以與其他重要概念，如學業成就有所區分。

　　6. 自我形象是可以作出評鑒和描述的。

　　7. 自我形象是發展性的，隨着年齡增長，層面會加多。（Shavelson, Huber, and Stanton, 1976）

　　自我形象在一個人的生活中佔有重要的地位。就學生來說，學生的自我形象會影響他的一言一行。換言之，他是否努力求學？他是否願意幫助同學？他是否誠實？他能否與他人和諧共處？他在課室是否遵守秩序？這種種問題都與他的自我形象有關。研究告訴我們，自我形象健康的人，通常都表現得自尊、自信、自愛和有安全感，他相信自己有能力、獨立和享受較高效能的生活。而且，自我形象健康的人，具有很多良好的個人特質和態度。至於自我形象偏低的人，則恰恰相反（Coopersmith, 1967; Maccoby and Jacklin, 1974; Rosenberg, 1985）。

3.3　自我形象的發展

　　我們最容易讓人看到的，是整體自我形象。不過，整體自我形象的發展是根源於自己在不同範疇的大小經歷和遭遇，十分複雜（圖三）。在自我形象的塑造過程中，最主要的兩股力量，第一是來自家庭，其次就是學校。在孩子入學前，父母是影響孩子對自己個人價值看法的關鍵人物。與父母相處的經驗，會形成他們看自己是好或壞、美或醜、寶貴或低賤等不同的評價。在入學之後，孩子的生活中出現了另一個評價指標。他在學校中，教師所給予的正式和非正式的評核，就成為他如何看自己的另一套指標。同時，他亦逐漸懂得與他人比較，和根據自己的學業成績來為自己評定分數。不要輕看孩子年幼時的失敗經歷。許多時候，一個小小的失敗和他人的惡意批評，會令他覺得自己沒用和沒有價值。倘若成年人沒有適當的協助和輔導，結果可能會衍生出低劣的自我形象。而這令人痛心的事實，在筆者的輔導專業中，經常看到一個人在幼年、童年、少年或青年期的失敗經驗，其傷痛與烙印所產生的負面力量，形成殘缺不全的自我形象，最終甚至摧毀人的一生。

圖三　多元多層的自我形象模式

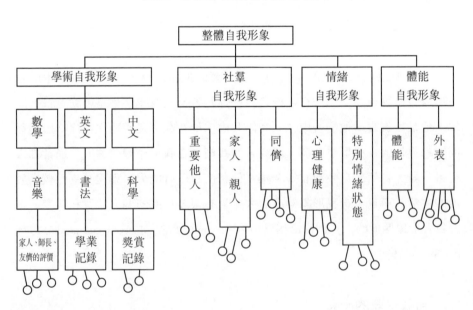

資料來源：Shavelson and Marsh, 1986.

在學校中，孩子逐漸明白到自己能力的高低。倘若是高材生，他當然會自信而歡欣。但一旦不幸成績不如人，通常就會導致低劣的學術自我形象。孩子在學校不斷以外在的評核標準來決定自己的價值，就正是艾力遜的理論中所指出：一個人在求學階段的特質是"我等於我所學到的"（Erikson, 1968）。從正面角度看，當一個學生因自我形象健康而擁有自尊，會促進了他在學校學習的成功（Holley, 1992; Walz and Bleuer, 1992）。

香港的學生，普遍是以個人學業成績來評核自己。這反映了香港的學校教育是過分偏重於學業上的成就，而忽略了學生整全的發展，實在有待改善。

除了學術自我形象之外，學童的社羣形象，亦在逐漸成形。固然，父母這兩位人生中的重要他人對他的態度和看法，重要性居首位。至於教師在學生的心目中，往往是位次於父母的重要他人。故他們與教師互動的經驗，亦會產生很大的影響力。在學校生活中，有些並不聰明的學生，由於得到教師的接納和體諒，他們會學習接納自己學術成績上的限制。同時在教師協助下在自己所具備的才能和特質上努力發揮，結果亦可以發展出良好的自我形象。

在小學的後期，和整個中學階段，無論男或女，學童處於青春期，他們對個人的樣貌和外型，十分關注。在不穩定的青春期，別人對他們身體的看法，通常很影響他們體能自我形象的發展。除了身旁的家人、同學、學儕和老師所給予的評語之外，大眾文化中的價值觀和訊息，亦對他們如何看自己的身體有很強的影響力。

至於情緒的自我形象，其實與前三者息息相關。一個學童在其他三方面自我形象的高低，往往與他的情緒自我形象成正比。而且，他個人的心理狀態和心理健康，亦往往取決於此。除此之外，學童生活中的經歷，也可能帶給他一些特別的情緒。例如在今天的香港，許多來自破碎家庭和單親家庭的學童，家庭的變化很可能帶來過多傷痛，或創傷性的經歷，導致了抑鬱、退縮、羞慚和罪疚等不良的情緒。倘若得不到及時的幫助，惡劣的情緒自我形象就會隨之出現。

學童在不同的範疇雖然有不同的自我形象，但各個不同的自我形象並非獨立存在的。他們會相互影響，甚至出現調節，最終發展出整體的自我形象。例如一個來自破碎家庭，無論情緒自我形象和社羣自我形象都偏低的男學生，因着他在運動場上長跑得到聯校冠軍，同時在中文科的作文又得到教師稱讚時，他不但在體能和學業的自我形象得到強化，而相應而來的自尊和自信，會幫助他逐漸提升另外兩類自我形象。最終的情況是：他的整體自我形象得到提高。

前文曾經提到，一個人的自我形象具有穩定性。不過，其穩定程度因人而異。不同的人，會有不同的準則來選取和結合新經驗，對個人的自我形象作出修改。不過，在此過程中，他所選取的經驗或資料，通常是那些與自己的自我形象協調一致的（McDavid, 1990）。幸而，當新經驗出現時，縱使與原有的自我形象不一致，但一旦出現的頻率高而密時，經過時間調節，是會出現突破性改變。此外，值得鼓舞的是，根據艾力遜（Erikson, 1959）的理論，人類具有一種天性，傾向於發展自己和充實自己，爭取達致積極的自我形象，以期可以肯定個人的價值（Combs and Snygg, 1959）。故此，教育工作者要堅信學生本質上的積極向上性。在面對被標籤"冥頑不靈"的學生時，需要加倍的忍耐。要容讓他們有時間去處理和克服內在的掙扎和混亂。不能期望一次的肯定和稱讚，就會令學童對自己改觀。再者，隨着年齡的增長，一個人的自我形象會越趨穩定。故此，若要協助學生建立健康的自我形象，盡早進行適當的個人和小組輔導是更為重要。

3.4 健康自我形象和自尊的重要

自我形象健康，為人帶來自我價值的肯定和自尊。一個自我形象健康的人，在人生中無往而不利（圖四）。自信令人生出堅忍力，增強對生活的適應，亦有能力面對生活中的困難和挑戰（Branden, 1992）。有自尊的人，不但相信自己有價值和個人的獨特性，而且他還相信自己有能力和潛能，往往在生活中表現出可貴的毅力，結果在人生中是成功多而失敗較少。而種種的成功感與滿足感亦會再強化其自尊，不斷的促進人向上與成長。

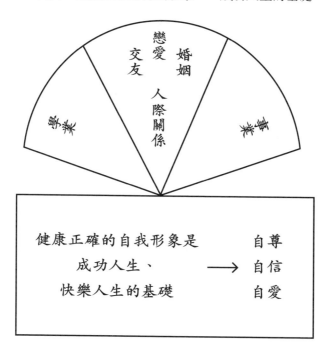

圖四　健康正確的自我形象——成功人生的基礎

低自尊的學生，往往因循苟且，選擇熟悉而容易的任務，或根本上採取逃避和畏縮的生活態度，難以肯定自我。相反，高自尊的學生會傾向選擇適當或要求較高的目標，在挑戰自我的過程中，其潛能得到發揮，更能看到自己的價值和能力，其堅忍和毅力更支持他達到成功之境，這結果又再一次增強其自信和自尊。在這循環運作的過程中，成長與邁向豐盛，實在是自然的結果。

高自尊除了可以在求學時期有優良學業成績之外（Bryan & Bryan, 1977; Canfield, 1990），亦令一個人在事業上有成就（Branden, 1992）。事實上，自我形象健康的人，在工作與事業上的表現，與自我形象偏差的人，有很大的差別（Super, 1963）。前者會選擇適合個人性向、能力和興趣，並具較高要求與挑戰的工作。因此，他們在事業上有機會得到發展和獲得成就。最重要的是，他們在工作上享受到滿足與快樂。至於後者，由於畏縮和欠缺自信，往往會逃避挑戰和壓力，在怯懦中選一些要求很低的工作，或因循怠惰，在熟悉容易的工作中渾渾噩噩，不思進取。結果自然是在工作中完全沒有成就感和滿足感，更沒有機會發揮個人潛質。至於在事業發展的道路上，亦通常不會有機會晉升與發展。其次，因為自信心不足和自卑，往往會追求一些虛浮的名譽地位來裝飾和證實自己。可惜的是，他們這種選擇，或遲或早又會為他們帶來失敗與挫折，以致個人的自信再受打擊，無能感和無價值感再一次增強。

在人生歷程中，當一個人的自我形象偏低，欠缺自尊自信時，會出現許多困惑和錯亂。他們對自己的看法會極端負面，強烈否定自己和有嚴重的自責，或甚至會出現自殘和自殺的心態和行為。同時，他們也無法與人建立良好的人際關係，無能力計劃將來 (Wexler, 1991)。的確，自我形象偏差的學生，會因其欠缺自信和自愛，局限了他的志向和將來的成就。其中不少甚至成為青少年罪犯（McCord, 1978）。有些縱然在求學階段未出現危機，那顆計時炸彈，總會有一天突然爆發，最終摧毀其一生。

在人際關係方面，自我形象正確的人，會尊重人，仁慈忠厚，公平而友善。以致無論在任何年齡、任何環境，都較容易與人建立良好的關係。而這一優點，亦令他的社羣生活，包括同性、異性的相處，和戀愛關係趨於美好。成長之後，在婚姻中，他這特質，亦令他可以發展出幸福的婚姻。在筆者的婚姻輔導經驗中，發現許多痛苦和失敗的婚姻家庭生活，表面上有不同因素，事實上深層的根源其實是其中一個配偶，或甚至夫妻二人的自我形象都不健康，甚至殘缺不全。學校教育有責任幫助我們下一代為成人生活作好準備。而戀愛、婚姻和家庭，和前文所述的學業與事業發展，是一個人的人生中最主要的三個範疇，我們更不能忽略。

在全人教育目標下，學校教育的目的是要促進學生身體、心理和靈性的整合和健康。前文所討論的，說明了自我形象和自尊在人生中最重要的幾個範疇的影響，是十分重大的，故此，負責輔導的教師們，要設法和校長、主任，並所有教師與職工，協調配合地在學校開創出一個人性化、溫暖而和諧的學校環境，並以建立健康的自我形象為核心，來設計和推行有關的活動和服務（Purkey & Schmidt, 1987; Purkey,1988）。

3.5　全校參與輔導的基本重點

在現代教育中，輔導是學校教育不可或缺的部分。輔導與教育實在是互為表裏，相輔相成，目的都是為了促進全體學生全人的成長（林孟平，1984）。全校參與輔導的方式，是着重全校的參與，在校長的帶領和輔導組教師的統籌和策劃下，其他教師和員工予以配合和支援，以全人教育作為前題，在學校中開創一個積極取向、溫暖而具支持與關愛的環境。透過不同形式的活動和服務，回應學生的需要和困擾。這模式強調的是預防性和發展性的輔導，並因應不同學校的情況，適當地為全體學生提供補救性和治療性的輔導服務。所有服務和活動，在設計上都環繞着促進健康自我形象這個核心，以期學生在接受學校教育的過程中，在人生這最重要的課題上，奠定良好根基，以致可以穩步而快樂成長，達致豐盛生命。全校參與輔導方式在推行方面，有十個重要的原則，需要參與者的認同和留意。下文逐一介紹。

3.5.1　一視同仁

在個人輔導的培訓工作中，發覺輔導員所持的人性觀是影響輔導成效的重要因素。這一點，不但會引發到他們所選擇的輔導理論，而且直接間接地影響他們對受導者的態度。要有效推行全校參與的輔導，學校中每一位教職工，需要明白和認同，自己不單是以教育工作者的身分與學生相處，同時，也或多或少擔負了輔導員的角色，將輔導的態度和方法整合於不同的教學活動中。在計劃推動的開始階段，校長和負責的輔導教師，應該協助各同工在他們對學生的信念上作出反思和整理。參與的同工需要肯定每一學生的價值和獨特性，無論上智與下愚，教師都一視同仁。縱使某些學生在學科上成績和能力不理想，或有偏差的行為，教師仍應以信任、忍耐、尊重與公平的態度來對待，以期協助學生明白各人質素與發展雖有異，卻同樣受到學校和老師重視。

3.5.2 積極取向而人性化的校風

研究顯示，若要學生學業有成，學校需要營造出一個溫暖和安全自由的氛圍（Coopersmith, 1967; Briggs, 1970; Sammuel, 1977; Borba and Borba, 1978）。要造就這氛圍，關鍵在於學校中全體教職工能否對學生有真誠與關愛、接納和尊重、了解與同感。上述這幾個元素，是輔導過程中產生治療功能和促進改變與成長的基要條件（Carkhuff, 1969; Carkhuff & Berenson, 1977 and Rogers, 1942, 1951）。麥氏更指出，我們與學生相處時表裏一致的重要（McGuiness,1989）。同時，他還鼓勵教師在課室中，為了協助學生強化自我形象，要努力令自己對學生的關注，超越傳統的學業範疇，在學生的社羣並情緒的表現上，爭取機會作出增強。

在探討學校差異的研究中，盧達（Rutter, 1990）發現不同的學校，其效能的差異，並非是因為其正規課程，乃是關鍵於個別學校隱蔽課程的質素。盧氏強調當學校要作出改進時，最重要的重點應該放在改善教師對學生的看法，教師與學生的關係和教師之間的人際關係，以期學校有一種融洽共處的氛圍。同時他還指出，高效能學校的特質是能發展出良好的人際關係，而絕非僵硬的非人化操作。在這種學校，教師對學生的管教並非強迫性，而是重視信任、溝通與民主精神，是促進成長功能的一種介入和輔導。事實上，這種具有治療和促進成長的師生關係，會為教學促進效能（林孟平，1984）。在傳統上，不少教師傾向於對學生多作批評責難和針對他們的不足與缺失，卻較少鼓勵和肯定的話語。在此模式中，既以積極取向為取向，教師就應該在教學過程，或與學生的接觸中，透過關愛的觀察，對他們所作的努力和成就，作出肯定和鼓勵，會有助他們改變偏差的自我形象。要協助學生肯定自己，要強化他們學習的成就，實在有賴校長、教師和全體職工合力建立一個人性化，充滿關愛的校園生活（Purkey, 1970; Purkey and Novak, 1984; Purkey and Schmidt, 1990; Ng, 1993）。

研究告訴我們，父母對嬰孩的要求作出積極與關愛的回應，令他產生出自信和價值感（Givelber, 1983）。在他成長的歷程中，繼續需要父母對他的肯定和鼓勵。而父母恆久的關愛和積極的肯定，會令一個孩子確信自己的重要和能力。Cotton（1983）指出，兒童在小學階段，人們對他所作的鼓勵和肯定，所產生的果效，會因人而異。倘若鼓勵與肯定來自一位兒童所重視的人物時，影響和意義就很大。再者，倘若在兒童所重視的事物和範疇，獲得他人的鼓勵或肯定，則影響會更巨大。相反，在他所不重視的事物上，縱然得到稱許，影響亦較小。

在香港這一個中國人社會，望子成龍仍然是許多父母對子女的期望。在潛移默化中，一般香港兒童和青少年都相當重視學業的成就。此外，縱然有教育工作者慨歎教師地位下降，但整體上，學生依然尊敬教師。研究指出教師依然是影響他們的重要他人。故此，在學校教育中，倘若學生在學業上得到教師適當鼓勵和肯定，必然增強他的自尊。其次，若教師能探索出個別學生所重視的事物和範疇，對他們所作的嘗試和努力，或所達致的成就作出肯定，必定增強該些學生的自我形象。

3.5.3 為學生創造成功的經歷

成功的經歷，會帶給人一種成就感和滿足感，還會產生一股自然動力，推使人繼續向上向前。反之，當一個人欠缺足夠的成就感，或甚至從未有機會享受這種經歷時，其自我形象會逐漸變得殘缺不全，自尊下降而欠缺自信。一般教師，基於本身成長過程中通常較為正面的經歷，往往以為所面對的學生，或多或少都總會有成功的經歷。可惜，在現在香港所推行的普及教育中，事實上是存在為數不少完全缺乏成功經驗的學生。對一般學生來說，可能是有成功的經驗，縱然如此，若我們期望他們有健康快樂的成長，仍然需要有更多機會經歷成功，才可以進一步增強個人信心。至於那些缺乏成功經驗的一輩，就更加需要成年人的幫助。透過關心和愛護，或特別的安排，為因缺乏自信而自暴自棄的學生創造成功的經歷。事實上，首次成功經歷，通常會為這些學生帶來生命的突破和轉捩點。效益往往難以估計。

不過，要為學生創造成功經驗之前，教師很需要正視自己個人的期望和標準。那些對己對人的要求都高的教師，和那些處事嚴格、僵化的教師，通常會忽略了個別差異的重要原則，而用高標準或同一標準來要求學生。故此，這些教師首先就要改變自己主觀和一成不變的態度。願意在有原則的情況下，適當地就學生的能力和程度，彈性處理，並設法誘發其學習動機，作出努力和達到成功。

香港的教育制度雖有優點，但每天亦在製造許多"不必是失敗的失敗者"。事實上，我們有很多學生在接受教育的過程中，頻密的挫敗和被否定的經驗，令他們發展出偏低的自我形象，進而影響他們產生失敗的自認（Erikson, 1959），變得自卑而退縮，禍延一生。故此，若每一位教師都能在不同的學科教學和有關活動中，為他們創造成功的經歷，肯定自己的能力，其積極性的影響，既深且遠。

3.5.4　重視隊工精神和師生關係

全校參與的學校輔導，如前文所言，要得到校長和全體教職員的認同與支持，大家協調合作，才能產生成效。論到隊工，許多人往往只講理論架構和方法，卻忽略了教職員間的和諧關係。其實，這是良好校風和校園氛圍的基礎。當教師與職工對教育理想有某程度的共識，當教師和職工能彼此接納、尊重欣賞時，隊工凝聚力增強，學校的教育活動才免於機械化與非人化。教學活動能人性化，其運作會暢順和有效。

其次，當大家認定全人教育為學校目標時，師生關係的建立，自然成為學校生活的重點。在校園和課室中，不但有智性的交流和學習，還有人性的交流。換言之，師生之間不單在智性上有接觸，還在人的層面上有接觸。教師不但關心學生的學業，還留心他們的身體健康、情緒和心理健康、靈性上的需要和性格的發展。這一種真誠和充滿關愛的相處，會為學生帶來一份安全感和歸屬感。因此，他們不但不會再生活在威脅和恐懼中，反而因着在真誠關係中經歷那份被尊重、信任和了解而得以愉快地學習，結果會變得主動投入學習（Rogers, 1983），不但成績能進步，其自尊亦得以強化（Aspy, 1965; Bedna, 1970）。

在學校中，同學之間的相處，是學生發展社羣自我形象的重要經歷。研究顯示，當學生感受到教師的關心和了解，具一視同仁的公平態度，無所偏私時，同學之間的關係就會融洽，大家彼此相愛互助，而在課室中的學習投入程度亦較大。結果不但增強學生對自己能力的看法，同時，也較重視自己是獨立的個體（Schmuck, 1963）。

3.5.5　訓輔合一

學校輔導的推行，很需要與訓導有所配合。在香港，部分學校的校規過分着重嚴刑峻法，以致訓導的施行過分負面與消極，不能配合其他的教育活動來產生教育的效能。其實，在中小學，訓導是學校教育的重要環節，其一切措施與則例，必須與教育的原則和理念協調配合，否則學生會因訓導推行的不當而貶抑自我，甚至自尊受損而產生創傷性的惡果。故此，學校訓導的政策和措施，校規的訂定與執行，都不能掉之以輕心，必須忠於教育原則和合乎人性，嚴寬適當。

在香港，近年在學校的學生事務工作上有令人興奮的轉變。除了將訓育取代訓導之外，還有不少學校積極推行訓輔合一的模式。有些學校創設了 "學生發展組"，將訓育和輔導納入當中，兩組人員衷誠合作培育學生。

至於學生犯錯，有效的訓導應着重管教和協助學生改過遷善。在必要處以懲罰時，也只限於採用建設性、具教育功能的方法（林孟平，1994）。有越來越多的學校已建立機制配合輔導，根治問題，使學生在犯錯後有所改變和學習。當成長的障礙除去後，學生會因此得益，個人成長亦邁進了一步。這工作並不容易，卻又是絕對是可能的事，關鍵在於全校教師是否能在教育的前提下正視問題和衷誠合作。

3.5.6　輔導人員的素質

任何的教學，都受教師素質的影響。在協助學生建立自尊的過程中，學校中的行政人員、每一位教師、輔導教師和社工的自尊程度，亦會影響工作的成效。研究顯示（Wiggins and Giles, 1984），當輔導者自尊低時，較難有效地協助受輔的學生在輔導過程中產生自尊的改進。相反，當輔導者自尊高時，則會較容易對受輔的學生誘發出較高的自尊。研究者提醒輔導員與教師，應在輔導過程中恰當地示範個人的自尊和自信，才可以促進受助者的成長。

　　另一項研究亦顯示，要在輔導過程中產生成效，輔導員的高自尊特質，是最重要的變因（Wiggins,1984）。故此，若要全校參與的輔導有好的果效，輔導人員、社工和教師本身素質，尤其是自尊、自信和安全感的審核、其個人的在工作中持續的反思、學習和更新成長，都是不可忽略的要項。

3.5.7　學校課程的配合

　　若要有效地推行全校參與的輔導，學校課程的調整、改革或作出彈性處理，是無可避免的。例如，多元的課程，甚至是度身訂造的課程，才能切合不同特質學生的性向、能力和程度。而輔導班的同學水平較低，若不將課程作出調整，若不嘗試進行度身訂造的安排，學生如何能追上水平？在單一課程的環境下，要為學生創造成功的經驗，藉以協助他們肯定自我，引發學習、向上的動機和潛能，就只會成為一個神話故事了。

　　此外，現在的課程往往只是注重智性發展，忽略了人的其他重要範疇。故此，學校應努力在可能範圍內，增加協助學生整全發展，包括情性發展的課程。例如在中學通識課程中的"認識自己"、"我是誰"、"自我的追尋"、"接納自己"、"自尊的重要性"、"如何建立自信、自愛和自尊"等單元。令人興奮的是，隨着教育局對通識教育的鄭重定位，上述的重點已經包括在香港中學教育通識課中。而且在二〇〇九年成為高中必修課程之一。雖然在初中階段，課程仍具相當彈性。但期望學校能重視學生成長這一重要範疇。至於小學教師，盼望亦能作出配合，敏銳機靈地將有關課題貫串在教學的過程中，環繞着健康的自我形象這重點，努力培育。

3.5.8　訂定主題，互相呼應配合

　　全校參與，顧名思義，有賴全校上下的配合，既要令輔導有效，也為了方便運作。學校的輔導組，應聯同校長和有關同事，訂定每學年的主題。由輔導組設計的活動，固然要以所選主題為依歸。其他的教師，也要設法配合。一個以健康自我形象為重點的全校參與輔導，不同學校曾分別選擇了"我做得到"、"勇闖明天"、"邁向成長路"、"知己知彼"、"尊重生命"、"親情、

友情、愛情"和"歸屬感"等主題,作為各校推行此模式的重點。其中部分學校的教師曾積極支持,包括了音樂教師聚焦主題創作了全年的主題曲;體育教師肯定個別學生一些體育項目的專長;中文教師在全校作文比賽時,就以該主題為題目……。在百花齊放之下,的確令全校在一學年中,能夠不斷環繞着主題進行學習與活動,有效達致全年所定的目標。

3.5.9　學校與家庭的夥伴關係

無論大學和中小學的學生,都很需要家庭的關愛和照顧。一個兒童在學業上的成功,其父母的參與已一再被肯定是一個重要的原因。故此,學校應致力與家長建立夥伴關係,以期大家衷誠合作,幫助學生有整合的成長,個人的潛質能夠有機會發展(Watkins & Wagner, 1988)。事實上,在每個人的受教育歷程中,父母的參與,絕非新事。人類早在有歷史記載之前,父母就已經在家庭中獨自負責兒女的教育(Berger, 1987)。在一九六〇年初期,肯氏(Hunt, 1961)的著作《智能與經驗》再肯定了皮亞傑的智能發展理論,影響當時的家長對兒女智能發展的關注。其後的研究一再驗證,父母的參與和家庭背景都與一個人的學業成就有相關性。結果,將家長包括在子女的教育歷程中分擔責任,就成了一個不爭的理念。而一九六五年美國的"提前教育"(Head Start),就是將這理念付諸實行的重要里程碑。

在眾多對嬰孩到高中學生所作的研究中,都顯示出父母在子女教育上參與所帶來的積極影響。他們的參與令子女的學習更有成效,家長配合學校的要求,在家中注重子女的學業上的事務,對學習進步的關心,與兒女日常的傾談和家居常規的訂定等,都有助子女學業上的成功。若家長能在家中進行上述的活動,則不論來自貧富家庭,學童在學校的成績都有顯著的進步(U.S. Department of Education,1986)。

在韋氏(Williams,1984)的大學生研究中,無論校長、教職員和家長都認為家長在學童學習上的參與是重要和必須的。韋氏亦積極鼓勵學校與家庭發展夥伴關係,以致可以在學童的教育歷程上充分發揮功能。在此夥伴關係中,輔導員所擔任的角色十分重要。他主動為家長提供諮詢與輔導,擔任顧問和開設特別課程。而家長的反應亦十分積極（Crase, Carlson and Kontos, 1981; Ritchie and Partin, 1994），其中甚至有要求輔導員撥出更多時間來為他們提供教育者（Wilgus and Shelley,1987）。凡此種種，反映了家長對學校的信任，實在令人振奮。

為了使學校與家庭的夥伴關係能發揮功能，學校同工需要留意下列各要點：

1. 欣賞家長所具有的獨特資源。

2. 明白家長的參與所帶來的不同元素。

3. 除了採取有效的方法，更重要的是要留心家庭與學校的夥伴關係乃建基於彼此的尊重、開放和平等的地位。

4. 建立良好和常規性的溝通。

5. 協助家長對他們所承擔的角色作出準備。

6. 當學生出現問題時，盡量讓其父母參與協助（Reid, 1989）。

3.5.10　善用社區資源增強隊工人手

這一重點，其實可以說是上一項的延續。換言之，是將學校、家庭的夥伴關係上再伸展，成為學校、家庭和社區的三方面夥伴關係。

為了讓社區人士知道學校的情況，學校可以印刷一些簡單的通訊，提供各類的資料和活動的日期，分發給有興趣的人。事實上，這往往是一個較減省人力和時間的有效溝通方法。在美國某些城鎮，往往有小型的電視台和電台，有些學校爭取到該類電視台和電台的支持，為學生在學業上提供指導，甚至是打電話問功課的服務（Berger, 1987）。至於在香港，亦有些中小學界定自己是屬於社區學校，由於學童大部分來自本區，故此學校在全學年中適當地邀請社區中有關機構和人士參與學校的活動。亦有為社區特設的同樂日、開放日和音樂會等林林種種，包羅萬有，學校藉此與家長和社區溝通和交流，效果亦相當好。

另一方面，就是邀請專業人士支援。例如有些學校，由於教師人力不足，或某方面能力有限，於是邀請專業處理家庭婚姻問題的社工為學生家長開設課程。亦有學校和區內社會服務機構合辦學生日營和宿營。至於一些學生問題嚴重的學校，則安排外展社工進入學校內提供協助和支援。

3.6 不同層次的輔導活動和服務

全校參與的輔導方式推行至今，已出現了許多流弊，其中最嚴重的是，人們誤以為這方式只是進行預防性和發展性的輔導，沒重視治療性補救性的輔導服務。當然，當一間學校的發展性預防性輔導做得好時，學生相對地對補救性輔導的需求會減少。但這並非必然的。有些人則以為，第一第二學能組別的優良學生，理論上不再需要補救性輔導。這看法反映了他們並不深入了解青少年。事實上，一間學校，即使是學生學業成績優秀的學校，無論預防發展性輔導做得多好，仍然會有學生遇到個別困難，需要校方用個別或小組輔導來作適當協助。學生是成長中的青少年，在面對成長所帶來的種種轉變、挑戰和任務時，總有一部分需要輔導教師、社工或班主任的協助。

具體輔導方面，在中小學，治療性的輔導可留意下列兩點：

（1）將改進和發展學生個人的自尊感訂定作輔導的核心。輔導員、社工和輔導教師無論在進行個別輔導和小組輔導時，都適當地以此作為聚焦點。

（2）若有機會對全體學生作出自尊程度的評定時，學校應根據評定結果，優先為那些自尊程度較低的學生提供個人或小組輔導。

至於預防性和發展的輔導活動，目的是協助學生積極有效地面對成長的種種問題和任務（Havinghurst,1972），發展潛能和建立健康自我形象，提升其自尊，活動可包括：

（1）透過教導、討論和其他組羣活動，協助學生明白自尊的重要性，及其對個人日常生活、學習、升學和日後就業的直接、間接影響。

（2）運用小組輔導、習作遊戲和活動，協助學生認識自己，並對個人自尊作出界定。

（3）設計小組輔導，利用班主任堂或其他適當的時間，與學生探索建立健康自我形象的途徑，以期加強自尊，促進成長。

（4）設計全校性的獎勵計劃，對學生所作的努力和成就提供適當的肯定、鼓勵和獎勵，以期強化其積極的行為與學業成績。

(5) 若有可能，各校宜對全體學生的自尊程度作出評鑑，以能清楚學校中個別學生的情況與需要，於設計輔導活動時，可對症下藥。

(6) 在課程中設法加入情性教育的單元，使學生除智性的發展外，情緒與性格亦得到適當培育。

(7) 為家長提供輔導諮詢和顧問服務，以及其他特別設計的課程，協助他們在家庭中能與學校合作，共同為改進學生的自我形象而努力。

圖五顯示出輔導服務和活動的三個範疇。第一類是為全體學生而設的發展性和預防性的輔導。通常針對學生的年齡發展不同階段，就他們所需要的成長課題，所通常面對的成長期困擾而設計不同類型的活動。至於第二類矯治和補救性的服務，則為某部分學生而設。至於這部分人數的多少，就要視個別學校的學生質素和學校環境等因素而有異。此外，還有最後一類轉介輔導，是特別為學校中極少數有特殊需要的學生而設。圖五亦分別就輔導對象、重點、目的、工作人員和活動形式作出說明。

3.7　全體教師的認同與支援

在一九九〇年教育署發表的第四號教育報告書中，曾就全校參與輔導方式強調了一個重點，指出全體教師的參與和支援的重要性（第四號教育報告書，1990）。的確，教師是學校教育中最重要的專業人員，任何學校所推行的課程、教學、活動和服務，教師的支持是關鍵性的。故此，教師在全校參與輔導所擔任的角色和功能，有需要在此詳細作出說明。

3.7.1　最前線的觀察員

在學校中，班主任或分科教師，都是與學生接觸最多的人。而且，那往往是最前線的接觸，也是經常性的自然接觸。在這種種特性中，倘若教師能以關愛的心態來面對學生，實在有最大和最多的機會透過觀察，發現與界定學生的長處與成就、限制和需要。可是，問題往往是不少教師未能認識自己在輔導學生的重要性，或者，部分教師，欠缺了對教育的委身精神和熱誠時，

圖五　不同性質的輔導活動和服務

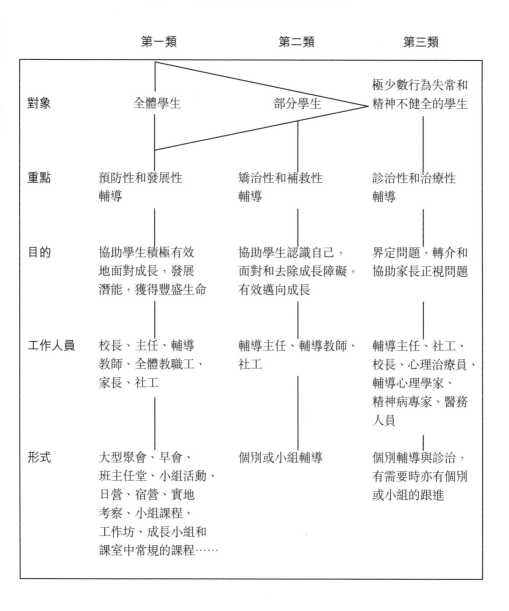

	第一類	第二類	第三類
對象	全體學生	部分學生	極少數行為失常和精神不健全的學生
重點	預防性和發展性輔導	矯治性和補救性輔導	診治性和治療性輔導
目的	協助學生積極有效地面對成長，發展潛能，獲得豐盛生命	協助學生認識自己，面對和去除成長障礙，有效邁向成長	界定問題，轉介和協助家長正視問題
工作人員	校長、主任、輔導教師、全體教職工、家長、社工	輔導主任、輔導教師、社工	輔導主任、社工、校長、心理治療員、輔導心理學家、精神病專家、醫務人員
形式	大型聚會、早會、班主任堂、小組活動、日營、宿營、實地考察、小組課程、工作坊、成長小組和課室中常規的課程……	個別或小組輔導	個別輔導與診治，有需要時亦有個別或小組的跟進

這要求就絕對得不到回應了。

筆者在教師培訓中，會設法讓教師明白輔導是現代教育的重要部分，令他們認識輔導的基本哲學、理念、態度和方法。同時，亦強調每一位教師在全校參與輔導模式中的重要性。事實上，當教師樂意在最前線作觀察，無論從預防性、發展性或補救性的角度來看，都會增強學生輔導的整體成效，意義十分重大。

在全體教師中，班主任的輔導角色和職分，尤其重要。從"香港中學班主任功能和職責"的調查顯示，差不多所有教師都公認班主任制度有重要功能，其中包括協助學生解決問題和促進成長。近九成教師則指出班主任的獨特地位，非任何社工和輔導教師所能取代，原因是班主任經常與學生有接觸，他們有較多的機會認識和了解學生，也較易獲得學生的信任。的確，任何輔導的方式，若取得班主任的認同與支持，必定會事半而功倍，全校參與輔導方式，亦不例外。

既然身處有利位置來接觸學生，教師透過觀察，若再加上初步交談，除了自己選擇為學生提供協助之外，亦可適當地作轉介。事實上，教師是學校輔導組最大的轉介資源（Gibson and Mitchell, 1990）。

在一些輔導發展得較佳的中學，一般教師不但會與輔導組同工建立起適當的溝通網絡，同時還經年累月地主動為輔導組找出困難較多和有需要個別幫助的學生，作及時轉介。例如有一位中學英文教師，留意到她任教的一位中四女學生長期出現抑鬱不安和退縮孤立的情況。在耐心傾談中，基於這女學生的英文一向不錯，她亦敬愛這位教師，結果最後哭訴出近年被父親屢次強姦的可怕遭遇。在保密原則下，這位女學生經轉介後得到輔導心理學家作深層輔導。至於其他有關事項，社工亦為她作出適當的安排和處理。

從發展性角度來看，一般教師亦擔任重要角色。例如在一間新開辦的中學，中一的班主任在開學不久，就已發覺班中的女學生出現了許多情感問題。在深入觀察後，他發覺原來同校中四的一羣男學生，無論小息或放學，都到中一女同學中進行挑逗與邀約，令不少初入中學的女同學出現情緒上的困擾。

最後，班主任將情況知會輔導組，而輔導組亦因此在三個星期後，配合社區的一個青少年服務中心，以交友和戀愛為題推出了一連串活動。活動包括了全校性的講座，班主任堂的討論、小組和工作坊等，目的是因應學生的需要與處境作預防性和教育性的輔導。而其中有兩位中一的女同學，在聽過講座之後，主動求助於輔導老師。

從上述兩個例子中，可清楚看到教師和班主任能發揮的獨特功能。倘若教師不是直接教那位中四女學生，一般而言，輔導教師與社工是無法留意到她內心隱藏的傷痛和羞恥。至於第二個例子，班主任是充分發揮了前哨的功能，以致輔導組可以及時作出適當處理，否則，一般的輔導組，通常只會協助較高班的同學探討有關戀愛方面的課題。

3.7.2　學生潛能的發現者

優良的學校教育，其中一個重點，往往是透過不同途徑協助學生界定和發展一己潛能。全校參與的輔導，若以建立健康自我形象為核心，全體教師的支持是成功的關鍵。前文論及學生的整體自我形象，是建基於不同的學業自我形象、情緒自我形象、社羣自我形象和體能的自我形象（圖六）。無論在中小學，每一位教師都有很多機會在學生不同的自我形象範疇中作出貢獻。例如在不同的科目，教師若能就學生所有的成就，甚至是所作的努力，都適當地給予肯定與鼓勵時，相信學生的學術自我形象會有較多機會增強。

舉例來說，有一位小學教師，在他任教的學科中，因他很能接納和關愛學生，不但對成績優良者作出肯定，對於資質較差的學生，他都能就各人所作的努力和微細的進步而作出肯定與表揚。結果在他愛心培育下，全班同學不但可以開心學習，而且在行為、品格和學業上，都有明顯進步。另有一位中學教師，她在自己擔任班主任的中三學生中，努力就各人所長來作出肯定。她在全年中為自己訂定了"每日一明星"的口號。結果在一學年中，數以百計的學生，透過與這位教師的接觸，個人的潛能和長處得到起碼的鼓勵和肯定。尤令人興奮的是，這位滿有熱誠的教師一再強調，自己進行"每日一明星"的行動，並不需要額外資源，就憑一顆對學生重視和關愛的心。

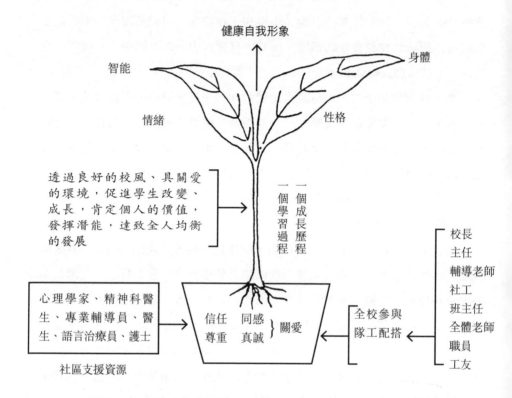

圖六　促進學生健康自我形象的輔導計劃

健康自我形象

智能　　　　　　　　　　　　　　身體

情緒　　　　　　　　　性格

透過良好的校風、具關愛
的環境，促進學生改變、
成長，肯定個人的價值，
發揮潛能，達致全人均衡
的發展

一個成長歷程

一個學習過程

校長
主任
輔導老師
社工
班主任
全體老師
職員
工友

心理學家、精神科醫
生、專業輔導員、醫
生、語言治療員、護士

信任　同感
尊重　真誠　}關愛

全校參與
隊工配搭

社區支援資源

　　輔導研究一再證實，當一個人經歷被信任和被重視的時候，所產生的動
力，會促使一個人改善自己，也有力量積極向上，這是令人發展和成長的關
鍵（Delancy and Eisenberg,1977；Pietrofesa, Bernstein ， Minor and Stanford,1980；
Rogers,1957；林孟平，1994）。教師每天面對學生，也往往是學生人生中的重
要他人，實在有許多機會為他們的佳美成長注入一些助力。

　　每次論及全校參與的輔導，許多教師都指出校長乃整個計劃的靈魂。倘
若沒有校長的認同與支持，根本無法推行。固然，校長的確十分重要，但一
般教師的支援，也是必需的。故此，在推動的初期，在得到校長贊可的同時，

如何作有效的宣傳和對全體教師進行適當的教育和介紹，使得可以發揮整體教師的隊工合作，是十分重要的。

在推行各類活動和服務時，輔導組教師往往需要班主任和個別教師的配合。例如在一間以"我做得到"為主題的中學，在早會中，輔導組邀請了一位教師和一位高年班同學對全校作出分享後，就需要班主任根據輔導組所設計的題目，在班主任堂中帶領全班同學作出跟進。由於大部分班主任都樂意支持，成效超著。至於在小學，亦由於不同學科的教師願意各盡所長，計劃運作上順利而有效。其中包括美術教師主動代為選拔同學來分擔設計書籤和製作壁報。大家不但合作得很愉快，而且在參與和合作過程中，大家認識到學校輔導不僅只有補救作用，不僅只補救有問題學生，對一般學生，亦具發展性和促進成長。

3.8　總結

全校參與的輔導，顧名思義，是一個全校總動員的輔導活動和服務。筆者建議學校選擇以"健康自我形象"為核心，致力促進學生整全的發展。整個計劃的設計見圖六。

全校參與的輔導模式，建基於具治療和促進成長功能的幾個輔導基要條件：尊重、同感和真誠。簡而言之，就是對學生的一種重視和關愛態度。在推行的過程中，良好的師生關係、教職同工融洽和諧的關係和配搭，以隊工的方式進行，在學校開創出一個具有彼此信任溫暖而安全的環境，透過發展性、預防性和補救性的輔導活動和服務，不但協助學生克服成長路上的困難，最重要的是要讓他們在輔導這學習和成長的過程中，肯定個人價值、界定和發揮潛能，最終建立健康的自我形象，以致可以自信而快樂地面對成長和人生。

參考書目

Aspy, D. N. (1965). " A study of three facilitative conditions and their relationships to the achievement of third grade students." Unpublished doctoral dissertation. University of Kentucky.

Bedna, R. L., & Weinberg, S. L. (1970). "Ingredients of successful treatment program for underachievers.", 17(1), 1–7.

Berger, E. H. (1987). *Parents as partners in education*. Columbus: Merrill.

Borba, M. C., & Borba, C. (1978). *Self esteem: A classroom affair*. San Francisco: Harper and Row.

Branden, N. (1992). In Walz G. R. & Bleuer, J. C.(eds.), *Student self-esteem — A vital element of school success*. (vol.1). Ann Arbor: MI: ERIC Counseling and Personnel Services.

Briggs, D. C.(1970). *Your child's self esteem*. New York: Doubleday.

Bringham, G. (1980). "Self-esteem among boys with and without specific learning disabilities." *Child Study Journal*, 10, 41–47.

Bryan, T. H., & Bryan, J. H. (1977). "The social emotional side of learning disabilities." *Behavior Disorder*, 2, 141–145.

Canfield, J. (1990). "Improving students' self-esteem." *Educational Leadership*, 48, 48–50.

Carkhuff, R. R., & Berenson, B. G. (1977). *Beyond counseling and therapy* (2nd ed.). New York: Holt Rinehart & Winston.

Carkhuff, R. R. (1969). *Helping and human relations* (vol. 1). New York: Holt Rinehart & Winston.

Combs, A. W., & Snygg, D. (1959). *Individual behavior — A perceptual approach to behavior* (rev. ed.). New York: Harper & Row.

Coopersmith, S. (1967). *Antecedents of self esteem*. San Francisco: Freeman.

Cotton, N. D. (1983). "The development of self-esteem and self-esteem regulation." In J. E. Mack & S. L. Ablon (eds.) *Development and sustenance of self-esteem in childhood*. New York: International University Press.

Crase, S. J., Carlson, C., & Kontos, S. (1981). "Parent education needs and sources as perceived by parents." *Home Economics Research*, 9, 221–231.

Delancy, D. J., & Eisenberg, S. (1977). *The counseling process*. Chicago: Rand McNally.

Erikson, E. H. (1956). "The problem of ego identity." *Journal of the American Psychoanalytic Association*, 4, 56–121.

Erikson, E. H. (1959). *Childhood and society*. New York: Norton.

Erikson, E. (1959). *Identity and the life cycle*. New York: International University Press.

Erikson, E. H. (1968). *Identity: youth and crisis*. New York: Norton.

Gibson, R. L., & Mitchell, M. H. (2002). *Introduction to counseling guidance* (6th ed.). New York: MacMillan.

Givelber, F. (1983). "The parent child relationship and the development of self-esteem." In J. E. Mack & S. L. Ablon (eds.), *Development and sustenance of self-esteem in childhood*. New York: International University Press.

Harvinghurst, R. J. (1972). *Developmental tasks and education* (3rd ed.). New York: David Mckay.

Hoffman, F. J., Sheldon, K. L., Minskoff, E. H. & Sautter, S. W. (1987). "Needs of learning disabled adults." *Journal of Learning Disabilities*, 20 (1), 43–52.

Holley, W. J. (1992). "Students' self-esteem and academic achievement." In Walz G. R. & Bleuer, J. C. (eds.), *Student self-esteem — A vital element of school success* (vol.1). Ann Arbor: MI: ERIC Counseling and Personnel Services.

Hong Kong Education Department. *Guidelines on whole school approach to guidance (for secondary schools) Part (1)*. Services Division, Education Department.

Hong Kong Education Deparment. *Guidelines on whole school approach to guidance (for primary schools) Part (1)*. Services Division, Education Department.

Horowitz, F. D. (Edt.). (1989). "Children and their development: Knowledge base, research agenda, and social policy application [special issue]." *American Psychologist*, 44 (2).

Hunt, J. M. (1961). *Intelligence and experience*. New York: Ronald Press.

Lam, M. P. (1989). "Wholistic growth as the ultimate goal of school guidance and counseling." Paper presented at the International Conference: Connseling into the 21st Century, 36, 1–36.

Maccoby, E. E. & Jacklin, C. N. (1974). *The psychology of sex differences*. Stanford: Stanford University Press.

Marsh, H. M., & Shavelson, R. J. (1985). "Self-concept: Its multifaceted, hierarchical structure." *Educational Psychologist*, 20 (3), 107–123.

McCord, J. (1978). Comments on "Self-esteem and delinquency." *Journal of Youth and Adolescence*, 7 (3), 291–293.

Mc David, J. W. (1990). "Self-concept." In R. M. Thomas (ed.), *The encyclopedia of human development and education; theory, research, and studies*. Great Britain: Pegamon Press.

McGuiness, J. (1989). A whole school approach to pastoral care. London: Kogan Page.

Ng, Y. (1993). *Implementing the whole school approach to guidance–practices and suggestions*. Hong Kong: HKCWC Fung Yiu King Memorial Secondary School.

Pietrofesa, J. J., Bernstein, B., Minor, J. & Stanford, S. (1980). *Guidance: An introduction*. Chicago: Rand McNally.

Purkey, W. (1970). *Self-concept and school achievement*. Englewood Cliffs. NJ: Prentice–Hall.

Purkey, W. W. and Novak, J. M. (1984). *Inviting school success–A self-concept approach to teaching and learning*. Wadsworth.

Purkey, W. W. & Schmidt, J. J. (1987). *The inviting relationship: An expanded perspective for professional counseling*. Englewood Cliffs, NJ: Prentice–Hall, Inc.

Purkey, W. W. (1988). *An overview of self-concept theory for counselor* (An ERIC / CAPS Digest). Ann Arbor, MI: ERIC Counseling and Personnel Services Clearinghouse, The University of Michigan.

Purkey, W. W. & Schmidt, J. J. (1990). Invitational learning for counseling and development. Ann Arbor, MI: ERIC Counseling and Personnel Services Clearing House, The University of Michigan.

Reid, K. (1989). (Ed.) *Helping troubled pupils in secondary school* (Vol II). Oxford: Blackwell.

Ritchie, M. H. & Partin, R. L. (1994). "Parent Education and consultation activities of school counselors." *The School Counselor*. January 41,165–170.

Rogers, C. (1957). "he necessary and sufficient condition of therapeutic personality change." *Journal of Consulting Psychology*, 21, 95–103.

Rogers, C. R. (1942). *Counseling and psychotherapy*. Boston: Houghton Mifflin.

Rogers, C. (1951). *Client–centered therapy*. Boston: Houghton–Miffin.

Rogers. C. R. (1969). *Freedom to learn*. Ohio: Charles E. Merril.

Rogers. C. R. (1983). *Freedom to learn in the eighties*. Ohio: Charles E. Merrill.

Rosenberg, M. (1985). "Self-concept and psychosocial well-being." In R. Leahy (ed.), *The development of the self*. Orlando, Fl: Academic Press.

Rutter, J. C. (1990). "Elementary school counselor preparation: Past, present, and future." *Elementay School Guidance and Counselling*, 24, 180–188.

Samuel, S. C. (1977). *Enhancing the self concept in early childhood*. New York: Human Science.

Schmuck, R. (1963). "Some relationships of liking patterns in the classroom to pupil attitudes and achievement." *The School Review*, 71, 337–359.

Shavelson, R. J., Hubuer, J. J. & Stanton, G. C. (1976). "Self-concept: Validation of construct interpretations." *Review of Educational Research*, 46 (3), 407–441.

Shavelson, R. J., & Marsh, H. W. (1986). "On the structure of self-concept." In R. Schwarzer (ed.), *Self-related cognitions in anxiety and motivation*. New Jersey: Lawrence Erlbaum.

Super, D. E. (1963). "Self-concepts in vocational development." In D. E. Super, R. Starishevsky, N. Marlin, & J. P. Jordann (eds.), *Career development: self-concept theory*. Princeton: NJ College Entrance Examination Board.

Truax, C. B. & Carkhuff, R. R. (1967). *Toward effective counseling and psychotherapy*. Chicago: Aldine.

U. S. Department of Ed. (1986). *What works: Research about teaching and learning*. Washington, D. C.: U. S. Department of Education.

Walz, G. R. & Bleuer, J. C. (1992). *Student self-esteem—A vital element of school success* (Vol. 1). Ann Arbor: MI: ERIC Counseling and Personnel Services.

Watkins, C., & Wagner, P. (1988). *School discipline: A whole-school practical approach*. Oxford: Basil Blackwell.

Wexler, D. B. (1991). *The adolescent self*. New York: W. W. Norton & Company.

Wiggins, J. & Giles, T. (1984). "The relationships between counselors' and students' self-esteem as related to counseling outcomes." *School Counselor*, 32, 19–22.

Wilgus, E., & Shelley, V. (1987). "The role of the elementary school counselor: Teacher perceptions, expectations, and actual functions." *School Counselor*, 35, 259–266.

Williams, D. L. (1984). Highlights from a survey of parents and educators regarding parent involvement in ed. Paper presented at the Seventh National Symposium on Building Family Strength, Lincoln, Neb.

林孟平："師生關係"，《香港中文大學教育學報》第十二卷第二期，18－23 頁，1984。

林孟平：《輔導與心理治療》(修訂版)。香港：商務印書館，1994。

林孟平：香港中文大學價值教育碩士課程講義，2008。

《第四號教育報告書》，香港：香港教育署，1990。

《學校本位輔導方式工作指引——小學適用》，香港：香港教育署，1993。

《學校本位輔導方式工作指引——中學適用》，香港：香港教育署，1993。

(撮自蕭炳基、譚添鉅 (編輯)：《教育質素：不同卓識之匯集》香港：香港教育研究學會 1995)

第四節　認識香港的青少年——香港青少年的價值觀

4.0

　　由於近年來香港青少年犯罪激增，問題學生也越來越多。事實上，青少年問題，和發展具效能的青少年政策，早已是政府和民間有關機構的重點關注議題。當然，在一連串研究和探討之下，青少年固然有機會實受其惠；但另一方面，卻出現了一個令人惋惜的現象，那就是由於大家過分着重問題的黑暗面，加上傳播媒介對青少年的描繪往往缺乏正面形象的介紹，以致許多人談青少年而色變。這種以偏概全的態度，造成了一個危機，就是誤導了一般人對香港青少年的看法，使他們產生了成見；這對大部分香港青少年來說，是極不公平的。故此，今天在此和大家探討香港青少年的價值觀，我會嘗試將青少年大致上分類來討論，以期向大家展示一個較中肯、較正確的圖畫。

4.1　普通青少年

4.1.1　家庭

　　香港大學學生會及社會科系會於一九八二年四月發表的"八十年代的香港青少年——中學生心態與大眾傳媒"[1]研究報告書中顯示，被訪者大多數認為"良好家庭"十分重要，也相當重視親人的關係，絕大部分認為要聽取父母意見。這現象顯示，代溝的問題不像一般人想像的惡劣。而這一點與《突破》雜誌在一九八二年五月間進行的"中學生的社會及國家意識"[2]研究所顯示的頗為協調，在一羣中四至中七的學生中，大部分認為應供養父母，以盡為人子女的天職。從這兩個研究看來，香港中學生對家庭和人倫的看法，是令人鼓舞的；我深信他們對家庭有健康的看法。倘若父母能對他們的要求和需要作出適當的回應，很自然他們會對家庭有一定的投入與承擔。

4.1.2　人際關係

　　若能在家庭好好的植根，青少年尋找自己的歷程應該會有一個良好的開始，下一步就要進入與他人相處的態度了。在前述香港大學的報告中，三成同學認為香港人是不可靠的，是自私的；佔五成同學認為自己與同學的關係很普通；而接近八成中學生與師長關係亦很普通；同時，約四成的同學相信"最好的朋友可能是自己的敵人"。在驚訝之餘，教人懷疑他們是否有真正的朋友。同時，這種態度是循環性的，假若一個人認為其他人是自私和不可靠的，他與別人的關係就會變得冷漠和虛假。這種人際關係肯定會影響中學生羣性的成長，個人對他人、對社會的關心程度也會減低。同時，由於人際關係的冷漠，疏離感就會出現，彼此不會有融洽和諧的關係。難怪在中文大學學生會一九八一年十月所進行的"中學生學校生活"[3]調查中，顯示出中學生最嚴重的問題之一就是"疏離感"。當這種疏離感出現在師生、同學甚至家人之間時，一個青少年往往會陷於不安和困惑中，因為人本身是與生俱來地需要與人建立良好關係才能得到滿足的；不少心理學家早就指出人在安全感、被接納感、愛與被愛等各方面的需要的重要。而且，中國文化一向着重倫理關係，我們一向推崇的仁、義、忠、孝、信等都是涉及人際關係的，足見良好關係之於人生的重要性。

4.1.3 對香港的認同與對中國的關注

在前述《突破》的研究報告中，有一個令人興奮的現象，就是中學生普遍地對香港有強烈的歸屬感。被訪的同學八成以上覺得有責任去建設香港，超過六成的同學希望參與服務社會的工作和社區活動。其次，大部分受訪者表示樂於作一個中國人，更覺得中國文化是獨特而珍貴的。此外約有八成以上的中學生對中國內地十分關心，願意了解內地人民的生活，甚至願意為中國貢獻個人的力量。換言之，香港年輕的一代已對香港培養出良好的感情，另一方面也願意去了解及關心內地的情況。這種良好的意識，若能在適當的輔助下繼續健康地發展，對內地、對香港、對個人都有一定裨益。

若干年前九一八維園集會中聚合了約三萬人，其中極大部分是青年人，他們慷慨激昂地唱着"龍的傳人"，以中國人的身分譴責日本篡改侵華歷史；港大學生更為此向政府呈遞血書。從近年來所發生的一連串的事件，顯示出香港青少年對自己民族植根的重視。不過，他們一方面努力在追尋，卻又一方面感到徬徨，因為事實上在香港這環境長大，他們在國家觀念、民族意識上都很薄弱，當時一九九七逐漸迫近，上一代的"難民心態"生活方式已不再適用時，誰去教導和協助年輕的一代對這轉變作出適應？誰與他們並肩去尋覓失落的根呢。

4.1.4 金錢

許多人認為青少年人過分着重金錢，故此極感不安。不過，到底青少年對金錢的看法如何？是否已走了極端呢？《突破》雜誌曾在一九八二年底進行了一項"高中學生對金錢的態度"[4]調查，發現中學生對金錢的態度是相當健康的。資料顯示：健康、溫暖家庭、友誼、身體健全、智慧、見識及人格等都比金錢重要。這對關心青少年的人來說，實在是件令人高興的事。至於大學生又如何呢？劉誠最近曾在香港的大學生中進行價值觀與性格的研究，[5]若將兩組人作個比較，會發現他們所重視的頗為相近，在後者，首六項最被重視的依次為：友誼、幸福、自尊、自由、智慧、成就。

4.1.5 宿命論與享樂主義

在香港大學的"中學生心態"調查中，百分之六十至七十的中學生相信宿命論，並具享樂主義的傾向，認為"在香港講理想是不切實際的"，他們相信"命裏有時終須有、命裏無時莫強求"的宿命論；這反映了香港青少年價值觀的塑造是與社會風氣有緊密的關係。香港社會一方面缺乏了理想主義的精神，再加上傳播媒介普遍性的頹廢、消極、及時行樂的訊息和物質主義的泛濫，年輕的一代在這些衝擊中通常又很難獲得父母和師長適當的輔助，結果往往形成短視與錯誤的人生觀，人生既然沒有明天，如何敢奢談理想？更遑論強調永恆價值的宗教信仰，和需要忘我，捨己與犧牲的各種主義和信念了。

在現實生活中，青少年生長於香港，不但親身經歷了殖民統治的許多限制，同時，也感染到上一代"不談理想，降低期望，得過且過"的旅居心態。在無奈中，他們往往只有接受了"歡樂今宵"的哲學來生活，也藉此來逃避許多的痛苦和怨憤。於是，對自己前途的看法，就免不了存有消極的態度。例如在前述香港大學的報告中，"負面心態"最嚴重的是中四與中五學生，他們當中只有極小部分有機會升學深造，在殘酷的現實下，"莫強求"的態度雖則似乎悲觀，卻又是迫不得已的。在身不由己的情況下，惟有放棄和逃避，繼而以物質上的滿足、官能的享受取代了精神生活的重要地位；正如報告書中就顯示出有四成以上的中學生贊成"人生短短幾十年，無論如何都要享受一番"之說。

中學生欠缺鬥志，固然令人憂心，不過，若我們嘗試根據另一些社會現象作判斷，似乎又有一線曙光。就以夜校學生為例，現於各類型夜校修讀正規課程的學生，總數接近十萬人，若連同在志願機構、團體、教會等提供的短期課程修讀的學生也計算在內，數字就更叫人感到意外了。雖然，夜校學生讀書的目的不一定每一位都正確，但事實證明，就大部分夜校同學來說，他們相信讀書是求知、求上進、邁向成功的正途。面對着如此龐大的夜校學生數字，我不禁對青年的一代又增添了一份信心。

在一九八一年八月，突破輔導中心曾進行一項"價值觀與根的追尋"[6]研究，資料顯示在八百位青年人中，大多數對個人的學業和工作，甚至對生命的意義的取向都是正面而積極的；受訪者對自己的學業和事業前途大多充滿把握和信心。有更多的人重視個人的學業與事業，以求在積極的發展中可以享受滿足感和成就感。最令人興奮的是：七成以上的人願意為個人的理想而選擇一份入息較低的工作。至於這一輩人的價值觀為何會大異於香港大學所作研究的對象，我也沒有確切的答案；唯一值得注意的是，在個人背景方面，這八百位青年人的年齡較長，而其中八成是基督徒，但這兩點是否形成那差異的主要因素，尚有待深入的探討。

4.1.6　男女角色

一九八二年初，《突破》雜誌以戰後出生的第一代為對象，進行了一項"八十年代兩性對女性的看法"[7]調查，資料顯示香港戰後的第一代青年男女在對女性的工作能力、分析力，兩性交往和家庭經濟的承擔上，觀念相當正確、開放而平等。不過，在對女性的外表、家務的承擔、養兒育女的責任和有兒女的女性事業與家庭的兼顧等問題上，則仍然相當受傳統觀念所影響。

其次，筆者八二年初在中文大學學生中所作的一次調查，[8]顯示今天的大學生在男女平等這課題上看法相當健康。與前述調查對象作比較，大學生對女性是更加尊重，觀念上是更加突破傳統。其次，女性本身，由於受了高等教育，不但自信增強，同時，也較重視工作的機會；例如超過半數的女同學表示就算經濟上沒有需要，有了子女，也應出外工作。不過，有七成女同學認為作賢妻良母較事業有成更有意義，這一點明顯表示她們對女性身分角色的接納。最後，在此調查中，在選擇配偶時，男女雙方在職業、教育程度和家庭背景方面的考慮十分接近，要求也大致相同。

4.1.7　性與婚姻觀

活在一個充滿性挑逗和引誘的香港社會，青少年對自己性慾往往會產生一種手足無措的感覺。可惜，當父母、師長、社工人員通常仍是避而不談和欠缺適當教導的同時，大眾傳媒卻不遺餘力地在進行"性教育"，在鼓吹一些歪曲的觀念。結果，青少年在迷茫中，也在無可選擇下，往往就接受了這些不健康，且具摧毀力的性價值觀。

到底今日香港青少年在性方面價值取向如何呢？對於這個重要的問題，香港並沒有任何具代表性的研究，實在是可惜的事。在一個小型的"中學生婚前男女關係"[9]的調查中蘇劉君玉與劉綺華發現在受訪的十六、十七歲中學生中，有三成對"婚前性交"、"性交是愛最昇華的表現"、"要勇於做愛"、"性解放"和"未婚女子應有懷孕的權利"等都表示贊同；約四成同意"每個人可有與異性性交的自由"。看了以上的數字、難免令人擔憂；不過，當我發現有百分之九十六同意"性交不單是交合，而且是心靈的溝通和結合，牽涉到關係與責任"這一項時，我深深體會到中學生在性觀念上的混淆和他們內心的許多矛盾。實在，一套得到學校與家庭協調合作的良好性教育課程，是今天青少年迫切的需要。

筆者曾在一個"他與她"研討會中向九十位中文大學的學生進行性價值觀的調查，其中約八成的男女同學不同意已訂婚的人婚前有性關係；六成半的男同學和八成半的女同學認為女子婚前應守身如玉；至於男子在婚前可以有性的自由，只有百分之五女同學同意，但卻有約三成的男同學認為男性可享有這自由；對於同居，約四分之一的同學表示贊同；至於男女戀愛期的交往，有六成同學認為只要能避免性交，戀愛中男女互相愛撫是沒有問題的。

在一個純以基督徒為對象的調查中，[10]突破出版社研究組發覺受訪的四百五十五位青年對婚姻有相當嚴肅的看法。對於離婚，頗多保留；在貞操方面，九成多的男女反對同居，表示重視婚前個人的持守，不同意婚前有性關係，此外，資料顯示：被訪者年齡較輕者，當配偶出現問題時，較易傾向離婚。

實在，從筆者輔導經驗中，深覺香港青少年一般上在性與婚姻觀上十分紊亂，結果帶來許多的焦慮不安與困惑。部分青少年更因為錯誤的性價值觀，給自己和他人帶來許多的傷害，阻礙了個人正常的成長。故此，師長社工與父母應該在這課題上給他們加倍的關心和輔導，以協助他們作出正確的抉擇。同時，在這過程中，輔導者本身的價值取向，是一個嚴肅而不容輕忽的課題。

4.2　問題青少年與青少年罪犯

香港的青少年罪犯和問題青少年近年來不斷增加，就如具體數字所反映，問題的確嚴重；但縱然如此，在比例上，他們始終在整個香港青少年人口中佔少數。不過，這少數青少年的特質與心態，卻是絕對不容忽視的。因為照現今的趨勢，他們雖然是少數，卻是領導潮流，具影響力的一羣。實際上，在許多環境因素助長下，他們的價值取向對其他青少年有一定的吸引力，若不從速加以遏止，正統觀念會面臨被取代的危機。

隨着香港的都市化和現代化，在中西文化的交匯點上，許多固有的行為標準與道德準則被懷疑，甚至被摒棄；隨着個人主義的高漲，"無絕對標準"的"價值標準"成了時尚。結果，在面對本來已經複雜的成長危機的同時，在瞬息萬變的社會中，價值觀的瓦解增加了青少年生活中的困惑；而城市生活的加速、社會風氣的頹敗、社區生活的貧弱、同儕間的圍牆、親屬間的疏離和家庭功能的動搖、甚至解體，每每令青少年變得更無助與失落，在無所適從的情況下，錯誤的價值取捨自然是難免的結果。最令人惋惜的是，錯誤的價值觀導致了青少年行為的失誤，而他們往往在極年輕的日子，就要去承擔行為所導致的惡果。

當我們詳作探討後，往往會發覺問題青少年與犯罪青少年背後總是出現了問題父母和問題家庭。家，原本是一個讓人可以擁有安全感、歸屬感與愛的地方。可惜，越來越多的家只徒具虛名，欠缺實質，以致許多青少年不但不能經歷成長，更相反地遭受傷害，使自我形象殘破不全，自卑自憐。

"讀書不成"通常也是這類青少年的特徵之一。無可否認的，香港的教育制度本身已不斷地在製造無數的"失敗者"，倘一旦欠缺了父母師長的體諒扶持，這失敗會對青少年造成一蹶不振的惡果。被否定的凌辱，令他們很容易覺得自己在社會是沒有用的人，受人鄙棄，深沉的自卑往往只有通過最直接的刺激才能得以麻醉。於是，社會中享樂主義和消費文化就乘虛而入，再加上傳播媒介大力渲染的簡化社會觀和世界觀，青少年逐漸認定：一切問題，都可以通過暴力，靠小聰明來解決；而一切不快，也可以藉着消費、享樂一掃而空。但這種完全不落實的生活方式，解決不了青少年基本的問題；相反地，只會促使他們以不法的手段來供應一己或羣黨經濟上所需，結果成為青少年罪犯。

根據一羣外展工作者的分析，許多邊緣青少年生活中往往只追求一個目標："威風一下！"的確，這一類青少年生命的歷程中充滿了失敗與挫折感，在家被忽略，遭打罵，在學校被否定，受凌辱，甚至在街上遊蕩，也會遭警察截查盤問，只有透過作弄別人、惹事生非、香車美人、華衣美食等來尋求"自我"，獲得"認同"，取得"成功"。有人形容這一類青少年努力"製造"騷亂，以暴動作玩耍，絕不是毫無根據的。

不少人批判這類青少年不知長進、好逸惡勞、崇尚奢華，因此而誤入歧途。但在我看來，固然青少年本身對自己的抉擇與行為有不可推卸的責任，可是，嚴格來說，我們不應該要他們承擔全部的責任；因為我看上述的批評只是結果，事實上，在他們作這些選擇之前，是有許多因素促使他們作了常人難以明白的取捨。在我輔導這些青少年的過程中，發覺他們通常來自父母關係惡劣的家庭，學業成績亦欠佳，自我形象貧弱，通常覺得自己按着正途發展，限制極大；在沮喪失望中，他們嘗試找一條出路，於是"笑貧不笑娼"、"金錢＝成功"等觀念的接受就成了他們解決問題的捷徑。而事實上，不少人親口告訴我，具備高度的消費力不但帶來及時的滿足和享樂，最重要的是，有了錢，居然可以在家人、同儕中贏得表面的"接納"和"尊重"。所以，縱然他們明白箇中的虛假，但卻又始終珍惜這唯一可以"證實自己"的途徑，我常常想，當一個人生活各方面都無法獲得歸屬與安全感時，那種無根而飄浮的感覺，很可能就直接或間接決定了他的人生取向。靜思之中，我只覺內心的絞痛，又有那深沉的惋惜和遺憾。

4.3　成人的自省

從以上的論述，我們肯定了社會風氣對青少年價值觀的塑造力，到底社會風氣是如何產生的呢？主要是在成年人的集體行為，成年人的意願塑造下而逐漸形成的。換言之，當我們同意青少年的價值觀受到社會風氣影響，也就是同時承認他們在受成年人的影響。當然，其中主要的影響力來自家庭成員、師長等他們成長期接觸的重要人物。

可惜，核心家庭的出現，部分傾向個人主義的不負責的父母，使家庭的維繫力大大減弱；而家庭亦未能發揮社會教育的功能，對於社會接受的規範和標準，青少年接受的程度就相應減低。若再加上父母長者自己本身未能有好的典範，青少午對於社會規範的觀念混淆就更加大了。

在學校，情況又如何呢？香港的教育制度極多弊病，基本上，殖民統治下的教育並無更高的理想，整個教育歷程過分着重學科知識的傳授和應付考試，缺乏了德育的培養與思考和辨識力的訓練。青少年批判力低，再深受大眾文化不良意識的薰陶，就很容易接受物質和享樂主義的價值觀和歪曲的性觀念。在青少年犯罪問題研究小組所舉行的記者招待會中，一位女記者問及在學校課程中，究竟有沒有教導學生認識人生的目標？主持人支吾以對，顧左右而言他。避而不談，在此可能是一種外交手法，不過我們總不能否認，在現實生活裏，香港不少成年人，已為人父母，為人師長，卻不能肯定人生目標，於是形成瞎子領瞎子的可悲現象。

面對香港青少年價值觀的問題，我們一方面不容他們推卸責任，應要求他們"反求諸己"，強調一個人本身的自覺自主和責任的承擔；另一方面，成年人對他們的行為、價值觀應作懇誠的了解，而不是隨意醜化。當青少年在成長中出了問題，他們需要的是愛心的扶持與輔助，而不是唾棄與否定。同時，深信父母，師長亦應常作自省，先律己，然後律人。

4.4　總結與建議

　　錯誤和不健康的價值觀導致香港青少年在成長期產生了極多的困難和問題，但青少年問題並非孤立地發生的；正因為整個社會缺乏歸屬感和理想主義，正因為家庭、父母、學校、師長和整個社會的結構充滿了不協調和混亂，才會塑造出那許多差誤而令人擔憂的價值觀。針對無根所帶來的困惑，我們最基本、最重要的是努力培養香港人的歸屬感，使多數的人熱愛這個社會，積極投入生活，建立起理想主義的精神。

　　廉政公署特派專員衛理欽形容今天的香港是"矛盾的時代"，是痛切時弊的；青少年從學校獲知的是要踏實、謙虛、刻苦簡樸、互助互愛、服務社會，但從社會，從成人身上體驗到的卻是惡性競爭，巧取豪奪、投機、狡詐、奢華宴樂、自私自利……結果這些矛盾形成了思想上的困惑，甚至最終形成雙重價值標準的人格。故此，針對這個問題，我們應着手改良社會風氣，在傳播媒介方面，有誠意的傳媒工作者應率先倡導，勇敢地承擔社會教育的使命；倘若傳媒能夠自律，再加上政府有適當的管制和監察，傳媒的正面功能，是大而深遠的。不過，在情況未改善之前，教署應訂定傳媒課程，在師長與父母的努力與配合下，讓學生有機會學習如何善用傳媒，卻又不會毫無防禦地受不良傳媒的侵蝕。

　　今天，我們當前的急務不單是要幫助不健康的青少年和犯罪青少年，同時也要思想如何進行培育下一代的工作。今天部分香港青少年的價值觀不僅會令他們成長受阻，生命受損，同時，也給香港社會帶來極大的隱憂，要兼顧治療、補救和發展性、教育性的青少年工作，具體來說，我有以下的建議：

　　(1) 積極提倡家庭生活教育，重新鞏固家庭基礎

　　在社會署於此方面已有的基礎上，配合學校、教會、傳媒和更多市民積極的參與，謀求增加家庭生活教育的深度和闊度。其中，性教育、男女角色、

婚姻觀和婚前的準備等不容忽略，而中國文化中人倫關係的確認，更是不容或缺的一環。

(2) 改善教育制度，增強教育的功能

政府應正視教育制度的漏洞，校正教育的理想，增加教育經費，以求減低教師與學生的比例；此外，也要加強啟發教學，提高教師訓練的質素，同時，也增加學生升學的機會，減低考試壓力。在全人教育的大前題下，將德育納入課程，同時，認定母語教學的重要和中國傳統文化的價值。

(3) 抗衡文化

移風易俗，不是容易的事，但努力建立一股正面的力量來抗衡今天腐蝕人心的香港文化，卻又不是不可能的。除前述的重點外，我們應知道香港"電視的第一代"的確有其獨特的意識形態，倘若我們不清楚文化氣候的轉變，就會無法了解青少年價值觀的社會文化根源；倘若我們任由傳媒取代了師長和父母，任由大眾文化取代了正統文化，情況是只會每況愈下的。

(4) 制訂長遠的青少年政策

多年以來，香港政府在青少年問題上一直只有消極的反應，而沒有積極的行動，以致通常是頭痛醫頭，腳痛醫腳，結果不但收效不大，而且完全不能促進正面的功能。故此政府應從速進行具體的探討，切實確立長遠的青少年政策，以便各有關方面在同一方向目標下有更好的配搭與協調。

(5) 社會改革

基於香港政治地位、經濟政策的特殊，整個社會結構確實給青少年帶來極大的壓力和無奈；故此，政府應增加高中教育的機會和大學學位，令中產階級相應增多，藉以減輕貧富懸殊的張力，同時也要改進社會福利制度，提高工人的地位。此外，改變重英輕中的政策，和建立長遠的文化目標，都有助青少年健康的成長。一九九七的接近，必定會給香港帶來極大的轉變，香港政府如何因應市民的心態和需要，在政策與社會架構上作出改革與適應，實在是這變動過程中不容忽略的。

(6) 增加學校社工人手，培育更多教師參與輔導

現今一個社會工作者要負責三至四間學校的學生，工作效果，自然大受限制，故此，改善工作者與學生的比例是應該致力的一環。同時，由於學生適應的困難日益增多，而九年強迫教育亦令學校出現了更多問題學生，故此，為求事半功倍，訓練教師在教學過程中從事最基本的學生輔導，應是教師訓練課程中的必具科目。

雖然大部分香港青少年仍是持有還算正確的價值觀，故此在許多限制和困阻中，仍能健康地成長，但面對着數以萬計，且日益增多的問題青少年，誰能無所感觸？有人困擾之餘，斷言實在是束手無策；亦有人無限激憤，認為無可救藥，只好放棄，他們認為問題青少年是自甘墮落，自取其咎……。到底，問題青少年是否值得幫助？他們的問題應如何解決呢？殷海光曾經說："我認為人之所以為人，是懂得在價值層面上創造活動。"為甚麼香港有那許多青少年無力思想與體認較高層面的價值，而選擇了偏低、甚至接近動物本能的取向呢？在痛心之際，幸而我察覺到雖然他們作了錯誤的價值選擇，不過，在他們那些不正當行為以及犯罪的表現的背後，主要的動機卻往往是要想重拾自尊、重獲接納與認同；縱使他們行為干擾法紀、破壞公安、甚至傷害自己、禍及他人，但你若能深入地剖析，就會驚訝於他們是在不惜任何代價地在找愛，找安全感和歸屬感，當然，最終目的是盼望尋覓到失落的自我。馬思勞（Maslow）說："人人都有一些基本需要。"當我肯定了這一羣青少年內心深處最重視、最渴求滿足的正是馬氏所描述的人的基本需要時，我驟覺釋然於懷，也高興地告訴自己：工作雖然艱巨，但既然已把握到癥結所在，該可以起步了！

註釋

1   "八十年代的香港青少年"，香港大學學生會及社會科系會，一九八二年四月。

2   "香港中學生的社會及國家意識"，突破出版社研究組，一九八二年五月。

3   "中學生學校生活"，香港中文大學學生會，一九八一年十月。

4   "高中學生對金錢的態度"，突破出版社研究組，一九八二年十一月。

5   陳文，"八十年代香港青年心態"《學生時代》，一九八二年五月。

6   "價值觀與根的追尋"，突破輔導中心，一九八一年八月。

7   "八十年代兩性對女性的看法"，突破出版社研究組，一九八二年二月。

8   林孟平，"香港中文大學學生的性價值觀初探"，一九八二年三月。

9   蘇劉君玉、劉綺華，"中學生婚前男女關係"，一九八二年三月。

10   "香港青年基督徒的性價值觀"，突破出版社研究組，一九八二年十一月。

第五節　輔導與訓導的協調配合

現在中小學的訓育工作，不能像過去單憑經驗或傳統方法便做得好。需要各方面的人，大家協調、學習、共同摸索一些新的方向去嘗試。去年中文大學教育學院畢業的一位經驗教師，今年在一間新的中學任教，學校裏有許多不守校規的學生，老師們都感到煩惱。於是這位老師便開始了一個新課程——邊緣學生。他和幾位志同道合的老師，把校中最頑劣的學生集中在一起；週末時，便和這些學生一同去遠足、宿營、看天象等。經過兩三個月後，關係建立好了，彼此思想感情都能溝通。及至這課程辦了四、五個月之後，老師們都覺得這羣學生大有進步，在課室中能專心上課，有些學科也有顯著的進步。現在，有幾十個學生主動的參加這個活動。這位老師用輔導的理論所設計的訓導模式，很值得我們參考。

我們今天看訓導問題，需要突破過去許多框框，突破過去許多限制。因為新的時代有新的問題。而在全民教育之下。更需要我們不斷去嘗試；而其中的關鍵，很在乎我們能否正視輔導，和協調輔導與訓導的功能，使從事這兩方面的工作的人能夠衷誠合作。

處理訓導工作，除了認識理論之外，個人經驗的覺認也是很重要的。教師責罵學生或處罰學生，不一定這學生真的頑劣到正如教師所指責的情形一樣。譬如說有時教師的心情不好，就很可能指責得過了分。所以教師的心理健康實在很重要。有一次，我向一班老師講話，我發覺其中一位老師在流淚。後來校長告訴我，我的講詞，觸起了這位老師的傷感，因為她的丈夫正和她辦理離婚手續。其實老師也是人，每天受到各方面的衝擊，本身也被各種問題所困擾，如婚姻問題、婆媳問題、兒女不聽教問題、工作調配及升職問題等，往往都會帶給他們許多困擾。人的精力與忍耐力都是有限的，假如我們把它分為十份，各種煩惱若消耗了我們精力十分之八，只餘下十分之二來應付教學工作，那就會發生問題了。例如有一位訓導主任本來對待學生是和藹可親的，學生也很敬服他，但近來卻暴躁得很，動輒拿學生出氣，為甚麼會這樣突然失常呢？當校長與他傾談後，發覺背後有幾件突發的家事，使他不能像平時一樣執行他的任務。為甚麼我提出這問題來討論呢？就是為了說明今日訓導工作的困難，實在有許多因素存在。一個學生不單受老師的影響，他的父母、家庭、社區環境、社會風氣、電視傳媒，都不斷在塑造他。而教學的果效就更難控制，面對工作的日益艱困，教師需要有良好的質素，且對於工作要能更專注、更投入。這對校長來說，責任會越來越大，除一般常規工作外，還要關注到老師們的情緒、心理健康。例如一位年輕的女教師，由於男友要與她分手，正在鬧情緒問題，心情惡劣，自然影響教學。換言之，在此我提出的是教師或輔導員要着重個人的成長，要有均衡的生活，健康愉快的心境，這樣，在執行任務時，就會事半功倍。相反的，如果本身的問題太多，便很難把工作做得好了。訓導工作無疑是艱巨的，但若能在本身方面做好，相信會較為有效。

其次，我們成長的經歷，尤其是父母教養我們的方法，對我們今天如何教導學生有很大的影響。在個人的經歷中，我的父母極少體罰，他們通常很清楚讓我們眾弟兄姐妹知道規律和要求，知法犯法者，就會嚴正地處罰，對我們無意的錯失，卻又會有很大的體諒和寬容。故此，雖然他們的管教頗嚴，但由於賞罰分明，處罰亦很合理，在甘心受罰後，我們會改正、成長。在此我很感謝我的父母，基於他們對子女的信任和愛護，為我提供了一個正面、積極的"訓導模式"。反觀不少父母時常打罵兒女，兒女的行為反而每況愈下，結果父母失望、痛心，而兒女的成長亦大受限制，到兒女日後為人師、為人父母時，就會較多採取惡毒的責罵和體罰，實在令人遺憾。故此，我們做老師的，應該對自己有清楚的認識，當我們有較高的自覺時，那些負面的經歷就不易影響和操縱我們了。

第三點我想提醒大家的是，由於全民教育的推行，學生良莠不齊的情況變得更為嚴重，而其中有問題的學生亦相應增加，許多教育工作者往往搖頭慨歎"問題學生"令他們束手無策。固然，我很能體會今天教育工作者百上加斤的苦況，但亦同時想大家校正一個錯誤的觀念，因為在一般教育工作者所指的"問題學生"，往往包含了無可救藥的意思，有時更會與犯罪青少年等同起來，但這種觀念，實在值得商榷。固然，學生是有很多問題，學校中我們也天天面對許多品學俱劣的學生，但這些絕大多數只能算是"有問題的學生"，絕不能隨便冠之以"問題學生"。教導"有問題的學生"，我們會設法對症下藥，透過訓導與輔導來協助他改變。當我們有機會了解學生後，我們會發覺雖然學生要對自己的行為負責，不過大部分的禍根，還是來自問題家庭、問題父母和不健康的生活環境。對於這些受害者，我們豈能將他們歸類為"問題學生"而推卸掉我們為人師的責任呢？面對香港的都市化、物質化，面對大眾傳媒的影響，再加上越來越多的問題父母，學生難教是必然的現象；讓我們努力校正自己的人生觀，學習欣賞今天香港教育制度所給予每一孩子的民權和機會，積極裝備自己，以有教無類的精神來迎接未來更艱巨的挑戰吧！

近年來不少人在傳媒中着意醜化教師，甚至侮辱教師，令教育工作者的地位受到打擊。固然，這是令人痛心難過的事；有機會時，我總會盡力保護這專業，設法肯定各同工的努力。不過，有時面對一些具體的事例，我們就應該謙卑作自省，改過與更新。例如一位朋友告訴我多年前與他一起工作的一位訓導主任，用電震的設計來嚇唬和處罰學生。相信除了這極端的例子外，學界中還有不少不良分子，他們的態度和行為，影響了教育界的聲譽，也導致學生對訓導主任產生了錯覺。故此我們每一位負責訓導的教師，很需要作自我省察，檢討訓導的方法；正確的，加以發揚光大；未完善的，加以改進；至於錯誤的，更應該有勇氣徹底作改正。

5.1 訓導在教育歷程中的重要性及其功能

　　部分教師由於觀念的不正確，就否定或輕視學校的訓導工作。其實，訓導在學校教育中扮演着一個相當獨特的角色，是教育歷程中不可或缺的一環。它的特色是着重成人的經驗和社會的常模與規範，故此往往以成人的經驗與價值為出發點，希望協助學生在逐漸成長中學習成人社會接納的模式和規範。故此，訓導通常會偏重外在行為標準的要求，而在學校中這就是紀律與校規的維持了。事實上，訓育可以促進道德教化及提供人格積極發展的機會；不過由於是以團體來做出發點，自然就較易忽略學生個別的差異與發展，這是訓育在本質上的限制，無可避免。在學校中，訓導最大的功效是幫助學校裏多數正常的學生達到社會和文化的成熟，以下我會分四點來闡釋：

　　（一）幫助學生認識團體及文化所認可之行為在學生成長歷程中，是必須要學習的一種規範，換言之就是幫助他們認識社會文化中的行為標準。倘若在學校中的訓育工作做得不理想，整個社會的正常秩序就會遭受影響，故此在學校中我們要訓練學生守秩序、集會安靜等；這並不如一些走極端的人所批評的是扼殺了學生的自由發展，因為我們不能否定人是羣居的，而需要在某種羣體關係中生活時，他們就要透過在校守秩序的學習，預備自己在一個社會中的適應。常在巴士站看見穿着校服的學生爭先恐後的上車，也曾一再於音樂會中被一些旁若無人的青少年的談笑聲所打擾，看來我們在學校的訓導在這一點上仍須加強教導哩。

　　（二）幫助學生培育成人品質，讓他們認識教育是一個成長的歷程。透過教育，我們也不斷地預備學生將來成人後可以在生活上作出適應，故此訓導往往透過不同的方法和設計，讓學生有機會學習自我控制，體諒羣體利益，遵守規律，獨立自主和忍受挫折、失望等成人品質。例如在學校中一個學生絕對不能任性地我行我素，於是他就要學習認識校規的限制，學習在一些限制中運用一己的自由。現今青少年往往表現得相當自我中心，很情緒化，很衝動，極端者在遭受打擊與挫折時就無法面對，走上自我毀滅之途。實在，我們要預備他們去面對人生的不完美、不理想，有能力在許多限制和殘缺中仍然健康地面對生活。

（三）幫助學生透過實踐而把道德觀念內在化。學生在學校中要有機會認識健康而正確的道德標準和社會義務的要求，同時，透過活動與實踐，將觀念內在化，這一點是一個人良知發展的必經過程。可惜有一部分老師和社工持着"無價值標準"的價值觀來與學生相處，致令學生的混淆加深。深盼我們正視自己的工作範疇是學校，面對的是一輩成長中的青少年學生，我們將一些文化和社會認可的標準介紹或教導他們，在這階段是無可厚非，且是有必要的。當然，我們也樂於見到他們長大後，不斷明智地作出修正和新的選擇。

（四）學生的判斷力和自制力不足，需要外力的幫助。我們不應早估了青少年的能力，也需要清楚他們的心態。如今部分父母和教育工作者採取完全放任的政策，發覺果效並不如他們理想一般。因為事實上中學年齡的學生心中雖然渴望自由、自主，但也同時祈望成人的輔助和指引，故此在學校中適當的規範和管束是會減輕學生心頭的焦慮的；當然，年級越高，自由度也相應放寬；換言之，應逐步讓他們自主，讓他們學習將外控力變為內控力，在生活上有自律和負責任的表現。故此，我堅信在家需要適當的家規，在學校需要適當的校規。因為這些規律能夠幫助青少年在未有足夠能力定取捨時，知所依從。當然，同時還要加上有思考啟發的訓練，幫助他們明辨是非，有判斷和抉擇的能力。

5.2 訓導與輔導，相輔相成，殊途而同歸

在輔導的過程中人的價值是被重視的，它的重心是個人，強調以全體學生為服務的對象，而目的是要協助學生充分發揮潛質，達至完美的全人發展。換言之，輔導與教育有不可分割的關係，彼此相輔相成，殊途而同歸。當然，

我現在所指的教育，是具教育理想的教育，也是具有民主社會特質的教育，在這種教育之下，我們深信每一個學生都是一個很獨特的個體，他有自己的潛質，故此可以改變及成長。同時，每一個學生都有其個人的價值，故此有權利去享受被接納、被教導和被愛護。無論一個學生成績和行為怎樣，我們教育工作者都有責任去協助他邁向成長，有責任去關注他的快樂和福利。

其實，學校中開始對每一學生予以重視，以學生為中心，並提供輔導的服務，是教育進步帶來的轉變。可惜我們在學校中往往只留意那些優秀或是頑劣的學生，許多在常模中的學生，卻被忽略。一些關心教育的教育工作者就是洞察到這偏差，於是倡導以輔導促使教育的功能能夠惠及每一學生。故此，正式來說，輔導在學校中，首先的工作是發展性的教育範疇的建立和預防性的工作，目的是協助學生健康愉快地邁向成長；其次，才是補救性的治療服務，就是幫助學生面對生活中的困難和成長中的危機，除去障礙後再重新踏上成長之途。不過，可惜由於時間關係，今天社工在學校中能提供的只是片面的輔導服務，只能主要着手為有問題的學生和頑劣的學生提供服務；而在這種補救性的工作上，極需要與學校的訓導有良好的配合，彼此協調合作，才能產生預期的果效。不過，在實況中，事與願違，以致嚴重影響了工作的效度，社工士氣受挫，學校對輔導果效置疑，這種情況，務必從速改善。

人是社會動物，是社會中的一分子，故此就必須注意到行為的社會性，生活中就要兼顧權利與義務，與及個人自由與社會責任之承擔。學校中的訓導工作，若能按上述四種功能作重點的推動，情況一定有別於今天香港不少學校的訓導工作。換言之，訓導並不是負面的、消極的、嚴刑峻法的，而是在規範中產生積極果效的。而在此基礎上，訓導與輔導就是在同一目標下，用不同的方法來促進學校教育之功能，完全不會出現彼此排斥的現象。事實上，訓導與輔導各有獨特的長處，但也同時有限制，需要互補所短以帶給學生全面的幫助。從下表我們可以較具體地將兩者作一比較：

訓導	輔導
肯定社羣的重要	肯定個人的價值
維持社羣的秩序、紀律	在責任中善用個人的權利與自由
協助個人於社羣中作出適應	促進個人全面之成長
偏重外在行為	全人的關注
重整齊劃一	容納並重視個人之獨特性
從外而內	從內而外
抑制性、約束性	啟發性，着重自動自覺
重外控力的培育	重內控力的培育
集體而公開	個人而保密
具法治精神	重情愛、體諒、寬宥
管教加上懲罰，故較消極	管教中重自律，故較積極

　　一個學生犯事，訓導主任按正規進行管教，甚至正確地進行懲罰，是無可厚非的，可是，由於時間不足，訓導主任或老師往往未能作進一步跟進來處理學生受處罰過程中產生之負面情緒，如驚懼、羞憤、自疚、自貶、反叛、敵意、自暴自棄和消極逃避等，若能加上社工或輔導員從旁加以教導，透過關心、忍耐、信任、體諒和接納，該可以進一步協助學生從記取教訓中獲取一個成長的體驗。故此，深盼在學校中訓導和輔導的負責人，都能努力促進溝通，透過對話能彼此有更多的接納、體諒與欣賞，以致能在教育工作上有同工、協調合作的表現。故此現在我想和大家再探討幾個關鍵性的課題，包括懲罰和管教的比較，認識學生犯規的原因和如何運用懲罰等。

5.3 懲罰與管教的比較

懲罰（Punishment）	管教（Teaching）
本質：	
1. 犯錯後之懲治，學生學習承擔自己行為的後果；但這是相當消極的處理錯失的方法。	針對錯失行為作規勸，協助學生學習承擔行為的後果，明白犯錯的因由和探索改善之方法；並協助學生學習此後謹慎處事。
2. 只着重已發生之過錯，作事後的補救。	着重將來的正確態度及行為。
3. 具阻嚇力，往往要求學生作出補償。	預防性及教育性，往往防患於未然。
4. 運用外控力，以外在之規律控制行為。	重視培育內控力，棄惡擇善。
5. 只重壓抑，沒有積極的功能協助成長，而且，不適當的懲罰往往對負面意欲產生增強作用。	訓練學生慎思明辨，是積極性的，乃達致成長之重要助力。
教師的心態： 沮喪、失望、洩憤、無助、敵意、挫折感、失敗感、無能感、消極、衝動、對學生不信任。	關心、啟導、輔助、信任、忍耐、期望、寬恕、積極、誠懇、了解、同感、體諒
學生產生的情緒反應和心態： 感到被否定、自疚、自貶、驚懼、消極、敵意、反叛、自暴自棄、不信任、懷疑、絕望、無助、對自己失卻自信、自尊受挫損	被接納、被了解、被尊重、產生安全感、悔過、遺憾、難過、自制、自律、信任、激勵、肯定方向、進步、進取、負責

5.4 認識學生犯規的原因

若要防止或處理學生越軌的行為，該先行明瞭他們犯規的原因：

1. 學生在學校裏遭受挫折或失敗，情緒不安寧，故此要以不同的行為與途徑來發洩。至於受挫折之原因，可能是成績低落，追不上功課，故上課時搗亂；可能因被同學排斥，故此故意地向同學報復；可能是要對一些措施作出抗議，或因教師處罰方法太嚴、太不受尊重而表示不滿。

2. 對學科缺乏興趣，或感到教師教課沉悶無意義，故此要自己做點有興趣的事，如看課外書、或捉弄人，以作調劑。

3. 不少學生無法從正面的標準獲得注意時，惟有透過犯事、犯規來獲取負面的注意，來肯定自己之重要和存在；根究起來，犯事的目的就是在尋找自己和肯定自己。

4. 學生在家庭或在校外有不愉快和傷痛的經歷，在無從處理的情況下，惟有將所有的不快和鬱悶帶到學校中，這些積鬱有如計時炸彈，偶一"碰撞"就會爆發，而所謂爆發，就是用各種越軌行為來發洩心中的不快，常見的是打人和犯事搗亂。

5. 過多、過於繁瑣或不調和的規則會令學生產生混淆，無所適從，甚至犯規。此外，一些不協調的情況，例如在同一所學校中，不同的教師所施用的規則和懲罰差異過大，亦會令學生產生混淆和不滿，以致作出不適當的行為。

6. 學生因無知而犯規，或無心而誤犯校規。

7. 部分學生為要達到某種個人目的而甘冒犯規之險；在這原因下犯規好些時是漸進式的，先行試探規則執行之嚴與寬，看看是否有彈性。

8. 學生對成人、對學校有所不滿，卻又不懂循正當的途徑爭取改善，也就只好以犯規來表示反對、反叛，向成人和權威挑戰，試圖導致改善和改進。

5.5 如何運用懲罰？

很不幸，香港現行之訓導往往缺乏積極的指導；而整體性的教育功能，亦缺乏了人格的感化。當學生犯錯時，似乎唯一的處理方法就是懲罰。固然，我同意學校應該設有適當的懲罰，但我們要小心，要是懲罰不當，是會產生許多流弊的。因為基本上懲罰是一種負面的經歷，是一種令人相當羞愧的經驗，一旦處理不當，很易使學生產生怨憤，乃至產生反叛和極端的回應。此外，更重要的是很容易令學生喪失自尊和勇氣。其中惡劣的例證，甚或會發現學生因此而否定自己，從此無法接納自己和建立自信。極端者甚至會進行自我毀滅的行為。

5.6 要建設性地運用懲罰，應留意下列各點

1. 基本上教師與學生在平時要建立良好的師生關係，以致一旦要運用處罰時，學生能明白教師的出發點是為學生的好處，是期望他改過成長。

2. 先檢查一下自己當時的情緒狀態，也問一問自己為何要對該學生進行懲罰，以免是因為要發洩自己的惱怒而處罰學生。

3. 應該讓學生預先知道甚麼是不良或犯規行為，應先讓他們有機會了解規則和犯規的後果。而在處罰前要讓他知道錯在何處，在他心服口服後，才施予懲罰。

4. 應該讓學生知道甚麼是正確的行為，甚麼是較好的行為；換言之，我們要教他處理事情的正確方法。例如要讓他知道，當他要達到某一目的時，甚麼才是被容許和被接納的方法。以免他被罰之後，卻仍不知道怎樣做才好。

5. 處罰的嚴厲程度應適中，以期產生警惕作用，幫助學生改過。因為過嚴的處罰令學生覺得羞恥，甚至無地自容，喪失改過的勇氣，結果依然故我，或甚至變本加厲。

6. 在尊重每一個學生的價值和尊嚴的大前提下，我們不要以殺一儆百的心態，在大庭廣眾之前處罰學生，而是要在秘密的地方施罰。因為學生雖然犯事，卻仍是一個人，而且是我們的學生，我們不能因他犯事而不尊重他是一個人，趕狗入窮巷是無益且有損的。故此，切忌將學生的過錯私下轉告他人或在教員室公開宣揚，以免學生因當前的錯失而令所有教師對他產生成見。而事實上，我們處罰他目的可並不是想他沒有翻身的機會。

7. 處罰要有意義，要有建設性的功能，和補救的作用；例如可要求學生賠償他破壞和私自偷取了的物件；切忌抄書、抄校規、抄聖經，免致令學生對學習和學科產生厭惡。

8. 處罰要公平，一視同仁，不能輕此重彼。

9. 教師本身要有原則，持之有恆，令學生容易適應，容易依隨指導處理自己的行為。此外，在一所學校中，全體教師應有協調，採納一致的途徑和原則，這樣才能較易獲得學生的信服。同時，處罰要盡快執行，以期能及時制止越軌行為再次出現。

10. 由於處罰往往只能制止不良行為，補償錯失，故需適當地輔以教導和輔導，才能幫助學生有新的行為和有成長的表現。這雖然是最後列出的一點，卻是最重要的一點。

5.7 輔導和訓導配合的建議

在香港的中小學中，由於教育工作者對輔導缺乏正確觀念，以致輔導工作未能適當地發揮功能。同時，從事輔導的輔導員、社工、或教師，往往亦對學校的訓導工作有所誤會，結果導致了許多流弊，而學生亦未能充分享受應得的幫助與福利，實在是一個值得大家反省和關注的問題。我深信當輔導者和訓導者清楚彼此的功能從，應該可以共同作出研探，尋求出實際可能的合作方法和模式。盼望學校當局能視輔導員和學校社會工作者為學校大家庭的一分子，設法協助其適應，把他們納入學校架構，並給予實質與精神上的支持，從而加強這些生力軍對學校教育沉重的負荷所能帶來的支援和助力。論及輔導員和社工在學校訓導的配搭與分工，我對輔導員與社工的參與，有以下的意見，可供參考：

（一）參與或出席訓導組會議

目的是了解校內學生生活和訓導的情況，並在有關課題上，從輔導立場提出意見作參考。例如在校規之訂定和修正過程中，若能加上從輔導的角度來看各規條，相信不但較合理且較合乎人性，同時，亦可避免日後學生對校方許多不必要的誤會與怨憤。

（二）協助處理複雜的個案

現在許多學生問題和問題學生的背後，都極可能有一個問題或病態的家庭，會見家長或家訪等，由社工來承擔比較適宜；同時，透過深入的輔導，社工往往能協助一個問題學生改過、更新與成長。

（三）輔助與教導學生接納並服從學校的規條

在社工推行的預防性和教育性工作中，透過小組或各類活動往往可以協助學生認識社羣生活的特質，從而自覺地在學校生活中作出適應。

（四）協助推行家庭生活教育和德育

社工的專業知識，能幫助學生正確地面對青春期生理、心理的困擾，同時，也可以協助訓導組，在德育上有相當之承擔。

（五）幫助校方人員，尤其是訓導組，了解學生的需要和認識處理問題的方法

同時，在有關課題上，可作為訓導組的諮詢對象。

（六）擔任學校與各種社會服務間的橋樑

這可以填補學校服務不能滿足學生需求之處。

（七）協助校方在教鞭與愛之間有一均衡

希望能建立一個更良好和諧的學習環境以促進學生全人的發展。

第六節　事業輔導教師的角色與訓練

6.0

透過工作，我們嘗試在成人社會中建立滿足愉快的生活。而事實上，工作在人的一生中的確重要，因為它往往決定了一個人的收入、生活水平、社會地位、社會接觸面、時間的分配、個人的價值和生活的滿足愉快與否。若我們再深入剖析，會發現當一個人踏入成年階段後，工作會為他提供一個新的身分；在正常的情況下，個人往往透過這身分去表達自己、發展自己和達

致自我實現。

不過，很可惜的是，人們很少有機會在工作中獲得充足的快樂，更遑論藉此促進自我實現了。就專業人士來説，情況可能不太嚴重，但對其他的人來説，越來越少人可以透過工作去獲得個人的滿足，去發掘和肯定人生意義。

6.1 事業輔導的重要

在學校中推行事業輔導，目標是幫助學生選擇適合自己的工作，將來在社會中扮演積極有意義的角色。同時，透過適合的工作，學生個人可以得到充分的發展，發揮潛質，邁向豐盛滿足的人生。當我們根據這事業的目的來看時，會發覺事業輔導與教育是殊途同歸地朝向同一目標的，兩者實有不容分割的關係。

事業輔導，當初是因社會與工作的日益繁複帶來的挑戰而產生；時至今日，隨着都市的現代化和科技的發達，工作的種類和行業的眾多，更為驚人。如美國的職業名稱字典（Dictionary of Occupational Titles），就列舉了超過二萬種不同的職業。[1] 固然，對工作不滿的人，很需要轉換一份令他快樂的工作；不過，即使那些享受工作的人，在人生中基於種種因素，也會多次轉換工作。美國政府曾作出估計，在八十年代，美國人平均會改變工作十二至十五次，而事業的改變，亦高達四至五次。[2] 面對着五花八門的工作世界，年輕的學子，出現困惑，是可以想見的。今天，而對着香港社會及當代科技的急劇發展，如何協助學生在擇業上有明智的決定，如何協助他日後在生活中有能力面對日新月異的工作世界，在職業、事業上有能力隨時作出適應，有能力重新作抉擇，是今天事業輔導教育不可輕忽的一環。

不少人誤會事業輔導是替學生選擇工作，或是協助學生選擇工作，這是有待矯正的。事實上，事業輔導有更高的目標，是協助學生在職業上作抉擇，和探索出一個終身的事業。在人生中，每個人都需要建立一個健康的職業自我形象，而一個人在事業上的成功與否、滿足與否，往往關鍵於他是否能在所選擇的工作中發展和實現他的自我形象，和享受他所選定的一種生活方式。

當一個人事業觸礁，例如失業或事業發展上出現力不從心的現象時，往往會對自己的價值和身分產生疑問，甚至在人生意義和人生目的這些重要的課題上也會出現極大的危機。

教育的目的，是要培育一個人有美好的發展與成長；在中學階段，學生都在經歷不同的成長危機，其中最艱巨的一項，就是身分危機。從上述的論點來看，事業輔導在學生自認過程中毫無疑問是會扮演一個重要的角色，能夠協助學生尋覓和肯定自我，讓他們可以健康、自信和愉悦地踏進成人階段，迎接成人所要面對的新挑戰，而其中主要的挑戰，就是在經濟上的獨立和事業上的發展。

6.2　事業輔導模式的改變

早期的事業輔導模式，只着重確定人的才能，然後讓每一個人因他的才幹而予適當的工作配合，重點是指導學生找出他們最有可能做得成功的工作。但到了六十年代末期和七十年代初期，這種模式已漸漸被一個發展性和教育性的事業教育（Career Education）所取代。事業教育強調這教育應遍及每一學生，而且越早推遍就越好；理想來說，從幼年入學，這項教育就可開始。這項教育應成為整個教育中的一個重要環節，統整於學校教育中，可以混合於其他科目，甚或可以作為一門獨立科目。這股新的改變動力，也影響了事業輔導教師傳統的輔導角色，主要是產生了一種新的會談方式，焦點不再是指導，而是真正的輔導。在觀念上，過去相信一個人年輕時在工作上所作出的選擇，就會決定他一生的路向，但近代的看法是將擇業輔導看作一個"事業教育和發展"的過程，是持續一生的，觀念較前拓闊了。[3] 除此之外，在擇業過程中，強調工作要與一個人的自我形象協調，要有個人發展成長的機會，故此在輔導過程中，輔導員要協助受導者在認識工作世界之外，還要認識自己，同時要學習隨時有能力對自己和自己的事業作檢討，衡估和作必要的改變。

導致這種改變的原因何在呢？

真氏伯（Ginzberg）、舒伯（Super）和泰德文（Tiedeman）等幾個近代受到重視的學者，都在他們的事業輔導理論中採納了發展理論作為基礎。[4]例如舒伯建立了一套職業發展理論，要點包括一個人所要經歷的不同的職業人生階段、職業成熟、從自我形象到職業的自我形象和事業模型等四大項。他重視一個人的事業發展，視之為一個人統整發展中的一個重要環節。[5]

而真氏伯的"職業選擇理論"，實際上也是一個"職業發展"理論。在他的理論中，他認為一個人隨着年歲的增長，會經過不同的、卻又彼此相關連的階段。其中人的價值觀、現實環境、心理因素、教育機會和個人的成就等，都一一影響着這過程的發生。同時，他不同意事業的決定是人生某一特定時間所作的唯一選擇，他以為那實在是一個過程；在那過程中，是隨時可以作出修改，作出新的抉擇的。[6]

至於泰德文的理論，是主張透過分辨和統整的過程，發展一個新的事業的自我。他認為事業發展主要是決定一個工作的方向，是一個持續不斷的心理社會性的發展過程，而在這過程中，個人可以漸漸建立一個事業的自我身分。[7]

6.3 事業輔導教師的角色

以下我嘗試從兩方面剖析事業輔導教師的特色：

一、他是誰？

原則上，他是學生事務組的一個專業成員，基於輔導的民主教育哲學與信念，他重視每一個學生的價值和獨特性。同時，他把學校的功能看作是一個民主的結構，目的是盡力幫助每一個學生在教育歷程中獲得最好的發展。而他的工作，如其他教師和輔導員一樣，主要是透過不同的輔導服務和資源，協助學生對事業、前途和人生目標，及當前的需要作出明智的決定，以祈邁向美好的發展與成長。在學校中，他一方面有既定的工作範圍和特別的任務，獨立地承擔和推展，但也在許多其他工作中，和學校其他成員協調合作。

二、他做些甚麼？

主要的是進行個人或小組的事業輔導，面談是最普遍的形式。

其次，他的工作主要包括：

1. 致力發展集體性、全校性的教育活動，推動和提高學校在事業教育方面的功能；

2. 提供升學和就業的資料，與工作的安排；

3. 評鑒與測量；

4. 參與學生家長的輔導或會議；

5. 參與學校行政人員及教師的會議，及擔任諮詢人；

6. 訓練及督導非專業輔導員，協助推動有關活動；

7. 研究學生的需要及服務的有效性；

8. 社區關係的建立。

近年來，事業輔導教師的角色已有了轉變，就如上文列舉的工作，已可看到輔導教師要走出輔導室，去接觸學生，去找出問題的癥結所在。羅撒（Rosen）更強調輔導員要主動到社區中，搜集有關資料，並結識各有關行業的人士和工會領袖，同時也運用自己的專業訓練和知識來鼓勵工商領袖改善勞工福利，和發展實際而又適當的就業機會。[8] 換言之，他認為事業輔導員不應滿足於幫助學生應付現有的困難和安於現狀，而是應該主動外展，成為社會改變的動因（social change agent）。

6.4　事業輔導教師的資格與訓練

尋求事業輔導的學生，固然多數有擇業的急切需要，他們需要有關工作的資料，要知道教育和受訓練的機會，要認識各項工作的性質和要求，但更多學生需要獲得有關自己的資料，例如，他的長處、短處、潛能、性向、人際關係與價值觀等。故此，事業輔導教師的工作性質在許多方面，與其他輔導員是相同的，所以他們在基本上也要有一般輔導員的訓練；其次，他們要再就事業和工作這獨特的範疇，加強訓練。嚴格來說，事業輔導教師若要在學校推動事業教育，就要在下列三方面有充分的準備：

一、認識工作世界

在事業輔導發展較好的國家，我們較容易從不同的途徑獲取各不同行業的資料。可惜，由於事業輔導在香港僅處於萌芽階段，欠缺完備的資源可供參考和應用，這固然是一個限制。但從另一角度看，經同業多年來的努力，我們的職業資料整理，已有初步的成果。當然，仍需要在已有的基礎上，再參考各先進國家已有的成就和經驗，繼續努力，以祈整理出一套完備的香港適用的職業資料。

在現今的限制中，相信輔導教師仍需要透過不同的方法，盡量認識香港的各行各業，充實自己，我們起碼要有能力指導學生到適當的地方獲取有關資料。除此之外，在輔導過程中，我們要準備自己對各行各業有以下基本的認識：

1. 工作的性質；

2. 個人資歷的要求，包括能力、興趣、技巧、經驗和體能的要求；

3. 需要何種訓練？何處提供訓練？訓練時間和費用等；

4. 有沒有教育、性別、年齡、宗教、體能的限制；

5. 工作環境和時間；

6. 起薪點、薪酬進度和福利制度；

7. 工作對個人生活的影響，例如假期、工作制度、超時工作與工作地點等；

8. 晉升和個人發展的機會。

二、認識受輔導者

專業的事業輔導員，有基本的心理和輔導基礎，同時對青少年心理及成長等，亦有一定的認識。此外，他們常常會應用不同的測驗和量表，以便協助學生更準確地認識自己和對將來有較準確的計劃；這些評鑒與測量的工具包括了學能、成就、性向、興趣、性格和特別才能等不同的測驗，而這些測驗的應用與分析，都需要特別的訓練。

三、有能力協助學生作出事業抉擇

事業輔導是輔導中一個特定的範圍，擁有自己的理論學說基礎和輔導技巧，故此對各派理論有所研習，從而建立一個鞏固的理論基礎，是很有必要的。有了這基礎，就要嘗試進一步作技巧的訓練，而實習和實際的工作經驗，也都是不能缺少的。

要從事有效的事業輔導，要有效地在學校全面進行事業教育，就需要工作者有充分的準備，較完善的訓練課程，通常會包括下列各項：

青少年成長；

諮商導論；

輔導理論與技巧；

團體輔導理論與技巧；

事業教育的歷史和哲學基礎；

事業發展理論；

職業資源的運用；

輔導實習（擇業和教育問題的輔導）；

統計學；

評鑒與測量；

事業教育課程的組織與編訂；

在事業教育場所的實習。[9]

6.5　從工作小組到文憑課程

隨着社會的轉變與需求的增加，教育當局於一九五八年成立了一個工作小組，目的是指導青年人在就業方面作出準備。當時工作小組建議每一所中學設置一位事業輔導教師，來推動此項工作。翌年五月，在工作小組策動與協助下，香港事業輔導教師協會（The Hong Kong Association of Careers Masters）正式成立，一九八六年易名為香港輔導教師協會（Hong Kong Association of Careers Masters and Guidance Masters）。該會主要的目的是統籌有關職業的資料，安排和促進會員與各行業僱主的溝通，此外，並協助會員為學生與家長提供就業的途徑。[10] 至一九六八年，勞工署成立了青年就業輔導處（Youth Employment Service），主要為中途離校及即將畢業的學生提供服務，功能包括印製完備的就業手冊，為將畢業的同學作就業演講，並嘗試與教育署、事業輔導教師協會及有關機構等緊密合作，一方面在事業輔導此課題上交換意見，另一方面，亦透過有效的途徑，將印製之資料分發。[11]

多年以來，透過上述各單位的努力，與其他機構的支持和合作，中學的事業輔導服務，得以逐步推廣。不過直到一九八三年，才有了突破性的發展。其一，就是人手的增加；其二則是教育署和勞工署初次合作舉辦一個為期九個月的文憑課程，為事業輔導教師，提供一個較系統性和深入的課程。現在，第一期訓練課程已完滿結束；但為長久計，該課程已正式交由香港大學校外課程部主辦。以上的轉變，是象徵着香港的事業輔導踏入一個新的紀元，在欣悅與興奮之中，更期望此課程能不斷在質方面有所改善，而在量方面也能增設學額，以便每一位參與工作的教師，都能早日得到培訓。

6.6　全面的培訓

在工作範疇中，資料提供是香港的事業輔導教師做得較好的一環，但由於許多教師缺乏適當的訓練，再加上缺乏學校行政方面的支持，對大部分學校來說，連這最基本的工作，亦未能做到，實在難以稱得上事業輔導。[12] 要解決這問題，有賴於各校行政人員衷心的支持，亦具體給予事業輔導教師較充裕的時間來執行任務。而全面的培訓，更是刻不容緩的要務，切切影響這工作在香港的發展，以下我會從兩方面作出論述：

一、良好的甄選，認識教師本身的重要

在輔導過程中，輔導員本身是影響輔導成效的最主要因素，他的輔導知識和技巧固然重要，但更重要的是他這個人本身的成長。[13] 事業輔導的目的之一是希望學生在將來的事業上能獲得成功，除了我們經常着重的要點外，教師要注意培育學生對工作在正確的觀念與態度，例如對工作的承擔、投身、熱忱、勤懇、忠心、敬業樂業和職業道德等。不過，在培育學生們這些信念和特質之前，教師本身對工作，對生活的態度如何，實在是箇中關鍵。故此，學校對事業輔導教師的委任聘用，應該是選賢與能，絕對不能基於任何偏差的理由和標準，馬虎了事。因為人才是否適當，會嚴重影響工作的果效；這是因為在一個輔導關係中，輔導者往往被視為典範。我們該注意，在事業輔導中，我們不只是協助學生選擇一份工作（job），也不只是一個職業（vocation），而是一個終生的事業（career）；前者通常只是一種謀生的方式，後兩者卻具有不少其他的特質，如責任與承擔，而在事業的層面，就更可能加上理想、投身和使命感。工作中具有這些特質，認為我們的生活帶來目的與意義。就從詞義上來看，已經可以認定進行事業輔導，對教師本身來說實在是一個挑戰。故此，良好的甄選是不容忽略的。

二、對事業教育有正確的觀念

不少人由於觀念的錯誤，導致了不正確的事業教育方法，亦訂定了錯誤的輔導目標，故此工作者本身必須對事業教育有正確的觀念，明白到事業教育是整個教育當中的一個重要部分。在這個教育的環節中，我們透過不同的方法、技巧和工具，去輔助一個學生認識到工作的意義和價值，去認識不同的工作和工作的機會，同時，也協助他們清楚了解自己，進一步有能力為自己的事業定方向、作抉擇；這是一個幫助學生達到自助的學習歷程，也是個成長的歷程。

三、加強輔導訓練

多年來不少事業輔導教師，由於欠缺基本的輔導訓練，故此在工作中只能提供資料，沒有能力，也沒有信心進行真正的事業輔導。正如上文曾提及，事業輔導是輔導中的一個特別範疇，在接受特別訓練前，基本的輔導理論和實際經驗是一個基礎，是不容跳越的。

四、奠定理論基礎，增加實習課程

事業輔導已有既定的學理，在培訓中，學理的認識和研習，可以鞏固基礎，令工作有所根據；在此基礎上再加上技巧的訓練和實際工作經驗的吸取，也就可以有效地促進培訓的果效和實用性。

五、認識青少年成長

有些事業輔導員在工作中往往將學生分割地來看，這是錯誤的。因為每一個人都是一個完整的個體，我們絕不能將他抽離了其他範疇來處理。透過青少年成長與發展心理學的研習，相信可以幫助我們認識到一個人的成長的複雜性；這樣我們在事業輔導中，便能有更多的同感，且更會明白到一個學生在擇業過程中，除了基本有關的問題外，往往牽涉到其他因素，例如父母的期望、社會的壓力、經濟狀況、升學機會、理想與現實的種種衝突和矛盾等。認識到學生是一個完整的個體，具有獨特的人格，是輔導過程不能忽略的信念。

6.7　結語

在學校中推行事業教育和進行事業輔導，往往會視乎重點是在學生的個人發展，抑或在社會整體的經濟發展而有所定向。而事業輔導教師本身的信念和理念架構如何，亦自然會支配了他個人扮演的角色，影響了他的功能。同時，事業輔導教師在不同的學校中，通常會被委任以不同的工作和賦以不同的職權，結果就直接間接影響了他的角色和工作。[14] 換言之，要清楚界定事業輔導教師的角色，牽涉許多內在外在的因素，十分複雜，一方面學者各持異議，另一方面亦受不同的社會結構與教育政策所影響，很難一概而論。不過，在香港的學校發展事業教育，固然一九八三年是有了一個新的里程碑，卻仍需要當局和學校行政人員繼續的支持，也有賴每一位參與這工作的教育工作者能擁有一份熱誠，能夠切實承擔，且能在種種限制中，不斷突破、嘗試，而透過經驗與研究，探索出一個實際可行的工作模式。只有這樣，才能在一個高度競爭的現代化的香港，透過事業教育而更有效地培育新的一代。

註釋

1　　L. Isaacson, *Career Information in Counseling and Teaching* (Boston: Allyn and Bacon, 1977).

2　　B. Haldane, J. Haldane, and L. Martin, *Job Power Now! The Young People's Job Finding Guide* (Washington, D. C.: Acropolis Books, 1976), 2.

3　　H. L. Munson, "Career Education Reconsidered: A Life–Experience Model," *Personal and Guidance Journal,* 57 (1955), 136–39.

4 E, Ginzberg, et al., *Occupational Choice: An Approach to a General Theory* (New York: Columbia University Press, 1951); D. E. Super, *Vocational Development: A Framework Research* (New York: Teachers College Press, 1957); P. Daws, *A Good Start in Life* (Cambridge: CRAC, 1966); Hopson and J. Hayes, *The Theory and Practice of Vocation Guidance* (Oxford: Pergamon, 1969).

5 D. E. Super, "A Theory of Vocational Development," *American Psychologist,* 8.5 (1953), 189–190.

6 E. L. Tolbert, *Counseling for Career Development* (Boston: Houghton Mifflin, 1974), 37–40.

7 D. V. Tiedeman and R. P. O'Hara, *Career Development Choice and Adjustment* (New York: College Entrance Examination Board, 1963).

8 H. Rosen, "Guidance Counsellor–A New Activist Role," *Occupational Outlook Quarterly,* 14.3 (1970), 20–22.

9 S. C. Stone and B. Shertzer, *Careers in Counselling and Guidance* (Boston: Houghton Mifflin, 1972), 63–64.

10 C. K. G. Law, "Vocational Information–Careers Section of the Education Department." A paper presented in the Employment Service Seminar sponsored by the Hong Kong Council of Social Service on llth and 12th March, 1970.

11 Hong Kong Association of Careers Master, Research Section: "Survey on the Duties of Careers Masters," June, 1982.

12 M. C. Lao, "Employment Service Provided by the Labour Department." A paper presented in the Employment Service Seminar sponsored by the Hong Kong Council of Social Service on llth and 12th March, 1970.

13 G. Corey, M. S. Corey, and P. Callanan, *Professional and Ethical Issues in Counseling and Psychotherapy* (California: Brooks / Cole, 1979), 19.

14 R. Ward, "Career Education and Guidance: The Rise and Decline of a Consensus," *British Journal of Educational Studies,* 31.2 (June, 1983).

第七節　香港學生輔導的檢討與建議

7.0

　　現代教育已超越了知能學習的範疇，學校的學習，不再狹隘地只為獲得書本上的知識和應付考試，而是在知能發展之外，還包括了個人情緒方面的發展與個人潛能特質的發揮。這協助學生有完美整全發展的教育目標，對香港傳統的教育模式，實在是一個頗大的挑戰。再加上年前香港全面推行強迫教育，衝擊就更加大了。而強迫教育在香港推行以來，各方之評議是毀譽參半；但無論如何，對愛護青少年和關心教育的人來說，這是香港教育的新里程碑，始終是件值得興奮的事。因為這新的紀元其實是強調了每一個學生的重要性，也重申了每一個體的權利，正符合了民主社會教育的基本精神。固然，這轉變給教育工作者帶來了許多新的負擔和困難，但既然這在本質上是件美好的事，就值得我們共同努力、耐心去處理與堅持了。而其中一個輔助的有效途徑，就是加強學校的輔導的工作。事實上，因應着需要，輔導在香港已逐漸被重視；可惜的是不少人未能認識輔導是教育歷程中不可或缺的重要部分。

7.1　香港學生輔導的發展

在香港，早在一九六六年，一些關心教育的校長與教師們已在一次"香港學生輔導的需要"研討會中強調過學生輔導的重要。其後教育署長陶建在一九七四年"明瞭與幫助問題學生"的研討會上也同樣強調學生輔導的重要，且呼籲所有校長、教師、職業輔導教師、家長和社會工作人員鼎力負起學生輔導工作的責任。事實上，一直以來，香港的學生輔導工作，通常是班主任自行策劃和進行，他們多利用課餘時間來輔導有需要的學生；至一九七六年，港督着令制定青少年輔導社會工作計劃，指出學生社會工作應為一項獨立完整的服務。在一九七九年四月政府所發表的"進入八十年代的社會福利"白皮書中，指出中學的學校社會工作將由專業社會工作者負責；小學方面，由於預料將會缺乏足夠的專業社會工作者，因此將由學生輔導主任負責。這項計劃，正式列為政府政策，而在政府全力支持下，推行至今。

在現況中，學校輔導工作是由教育署、社會福利署及志願機構聯合推行。小學由教育署統籌，中學則以學校社會工作中央指導委員會為最高決策及監管者，而自由社會服務聯會負責統籌及分配。一九八二年度駐任中學有一百二十位學校社工，分別來自社會福利署及十七所志願機構，服務已擴展至所有中學。其中三百九十三所中學有部分時間駐校社工，而七十七所則可以轉介學生到某一指定機構。至於小學方面，現在約有一百五十位學生輔導主任部分時間駐校。此外，自一九七七年開始，政府在特殊學校資助則例中，規定為特殊學校提供全時間駐校社工，好讓學生能獲得較全面的照顧與輔導。香港各學校分別有了學校社工及學生輔導主任，為學校中的教育工作者分擔了工作，也共同為學生的學習與成長努力，成績到底如何呢？

7.2 問題學生與青少年罪犯激增

學校社會工作的推行，是否已經滿足了學生輔導的需要呢？青少年問題是否迎刃而解呢？從很多跡象看來，計劃的果效並不如理想。其實，由於近年來香港社會的更趨都市化、城市生活的加速、社區生活的貧弱、同儕之間的圍牆、社會風氣的頹敗、親屬關係的疏離，再加上家庭功能的動搖、甚至解體，凡此種種，往往在青少年成長過程面對之常見問題與危機外，增添了更多、更複雜的困難，於是青少年在行為及生活取向上之失誤，更為普遍。其中明顯的事例，就是青少年罪犯的激增，即如皇家警察所公佈一九七九年的數字，青少年在刑事案件中被控的百分比為十一點三，這數字比起一九七四年至七八年之間的百分之七，有很顯著的增加。而在一九七八年至一九八〇年三年內，青少年罪犯中，學生佔最多數，且有增加之趨勢（一九七八年為百分之五十，一九八〇年已增至約百分之六十）。若將一九八〇年的數字與一九七八年比較，可見七至十一歲年齡組的罪犯數字增加百分之九十六，十四至十五歲組增加百分之一百三十六，而最令人擔心的是：十二至十三歲年齡組罪犯數字增加率高達百分之一百七十三。此外，在一九八〇年十一月廿八日警方三合會調查科透露警方在一九八〇年上半年已拘控了六百一十一個與黑社會有關連的問題學生，並表示香港不少學校經常有黑社會活動。在一九八二年內，年齡介乎十四至二十歲的男性被控謀殺罪行的人數佔被控以該項罪行的總人數百分之四十一；嚴重毆打罪行佔總數百分之二十九；行劫罪行方面佔總數百分之四十九；爆竊方面佔總數百分之四十四。[1] 再看警方在一九八三年七月發表的數字，在過去三年中，在這年齡階段的青少年男性因觸犯刑事罪行被檢控者佔總數三分之一，且所犯案件許多屬於嚴重及暴力罪行，以致署理港督夏鼎基公開表示關注，而政府亦以一百萬元在八三至八四年推行一個新的撲滅罪行運動，目的是針對在此年齡範圍的男性青少年，以減少他們對治安所構成的威脅。[2] 在強迫教育制度下，為甚麼有那許多學齡的青少年會淪為罪犯？為甚麼他們不在常規中成長？實在值得我們身為教育工作者的再三思考。

7.3　政府及有關方面的回應與建議

面對着香港青少年問題的日趨嚴重，設立了學校社工及學生輔導主任，又似乎成效不大，到底該有甚麼行動呢？在謀求對策中，港府、社團、機構及有關人士分別發表了不同的看法和建議。綜合各方面的意見，教師質素的提高，是重要的一環，而其中改善與加強教師在學生輔導方面的訓練，普遍地受到重視，認為是在許多限制中一個較可行而又能收實效的途徑。以下是其中較具代表性的研究報告及建議：

一、青少年罪犯教育的問題

1. 有鑒於青少年罪犯數目日益增加，前港督麥理浩爵士於一九八○年終授命政府各有關部門組成"青少年犯罪問題研究小組"，對此問題作詳盡之探討。在一九八一年三月三十一日該小組發表的研究報告書中闡明了導致青少年不良行為的先決因素為：

(1) 家庭關係惡劣，

(2) 閒暇活動選擇不當，

(3) 缺乏德育輔導，

(4) 損友之影響。[3]

該報告書同時亦建議加強對教師輔導方面之培育。[4]

2. 一九八○年十一月廿四日，民政司黎敦義曾就此問題，建議加強各類輔導工作。[5]

3. 一九八○年十月廿五日，香港教育行動組對此問題作出反應，在教育質素的改善方面，建議擴展為現職教師而設的輔導訓練班，使教師能掌握輔導技巧，為學童進行適當的輔導。[6]

二、強迫教育之影響

1. 助理民政司范知能及何錦輝議員於一九八一年四月三日發表的意見中，

建議培育更多教師參與輔導，來協助解決強迫教育實施後所出現的更多問題學生。[7]

2. 一九八一年三月二日譚惠珠議員認為若要強迫教育發揮其長處，應將輔導性工作增加。[8]

3. 華仁書院巴烈德神父在一九八〇年十二月十八日，亦曾就此轉變作出分析與建議，他認為在此轉變下，有更多學生需要獲得特別的注意與照顧，而學生輔導的需要亦迅速增加。[9]

4. 一九八一年二月三日香港釋囚協會發表該會對四千名中、小學生之調查，顯示其中百分之七點六九曾受黑社會干擾，因此該會呼籲教育當局留意九年免費教育所帶來的副作用，導引程度不足及沒有興趣讀書的學生對學校發生興趣。[10]

三、現行教育制度的限制

1. 現行教育制度的不足，其實是一個最關鍵的問題，韓德生（Henderson）認為香港的教育制度不能適切地為學生提供所需，特別在學生的全人教育上，欠缺尤其大，故此他建議加強教師對學生的輔導，來彌補教育制度之不足與限制。[11]

2. 一九八〇年十一月，香港中文大學學生會教育檢討委員會，曾發表一個"中學生學校生活調查報告"，報告書建議中包括由校方委派一些老師兼任輔導工作（例如班主任），配合學校社工服務，從而給學生提供健全的個人輔導。[12]

3. 一九八一年九月廿二日香港教育推展組在其"教師工作量與教育質素調查"報告書中，認為若要提高教育質素，若要實際改善幫助個別學生成長的工作，就要加強師資訓練，而進行學生輔導的訓練，是有力的一環。[13]

4. 實際上，現行教育設施在量方面已達到一定的發展，但在質方面仍有待改進，這是不容忽略的。就此需要，中文大學教育學院校友會於一九八二年十月九日及十六日曾為香港中學的校長及行政人員舉辦了一個"德育研討會"，綜合各教育工作者的意見，大家極同意提高教師質素是教育質素改善的基要工作，故此大會具體建議加強教師德育和在學生輔導方面的訓練。[14]

7.4　正視香港新一代的需要

由於近年來香港青少年犯罪案件激增，黑社會滲入學校，已成為公開的秘密。不過，有明顯問題的學生始終是少數，此外有更多的學生表現得無心向學，對學業採取放棄態度，卻不一定會逃學、打架、作弊、賭博、偷竊和破壞公物。而另外一部分，在高度競爭的教育制度中，呈現出招架無力而長期情緒不安。在高度的焦慮中，亦往往容易出現異常的行為，表現得很膽怯、害羞、退縮、說謊、孤立、或甚至離家出走。至於心因性病症，亦頻頻出現。最軟弱無助的，甚至會進行自我毀滅。可惜，長久以來，對上述一羣在學校往往被視為"安靜"、"內向"並很少犯校規的一羣，通常較許多外顯行為有偏差、犯校規和觸犯法紀的一羣，容易被忽略，但他們的需要和困擾，絕對不比犯事的學生為少，只不過大家是透過不同的行為和途徑，宣洩內心的情緒，同時，也向成年人發出求助的訊號。

學校輔導工作，最終目的，是要協助青少年穩步邁向成長，而輔導服務的設計和安排，最重要的是能切實回應學生的需要和困擾，而這一要務的完成，很在乎我們對青少年的認識如何。香港新一代的青少年，表面看來，似乎較前代的青少年幸福，生活得多采多姿。不過，在他們高度物質享受的背後，我願意嘗試從以下幾方面來作點剖析和探討：

一、孤單而寂寞的一代

在一份"中學生學校生活"調查中顯示中學生當中最嚴重的問題是"疏離感"，其中包括無能感、無意義感、無規範感、孤獨感和自我疏離。[15] 而在"中學生德育及生活"報告中有九成半同學表示贊同"千金易得、知己難求"。[16] 在初中學生中，研究顯示在家庭中，有 41.6% 同學表示沒有一個可以談心事的人，至於在學校中，亦有 37% 表示沒有可以談心事的同學。而總的來說，有 49.2% 的同學表示心裏的苦悶沒有人可以訴說。[17] 此外，亦有研究顯示有 62.9% 的中學生覺得很悶，不知道如何打發時間。[18] 以上的數據，充分反映出香港青少年的一個特徵。的確，隨着城市生活的加速，社區生活的貧弱，同儕間的圍牆，師生關係的淡薄，親屬關係的疏離，並家庭功能的動搖，甚至解體，令香港的青少年成為喧鬧卻孤寂的一代，往往要獨自面對成長期的困擾，徬徨無告。事實上，人本身是與生俱來需要與他人建立關係才得到滿足的。心理學家早已指出人在安全感、被接納感、愛和被愛等各方面的需要，而中國文化也一向着重倫理關係，其中主要的觀念：仁、義、忠、孝和信等，都涉及人際關係。可惜，今天學校的課程中，極少教導人際關係和溝通的方法和原則，以致青少年在學校中，亦無法經歷共歡樂、共患難的深交關係。

二、自我認同有困難的一代

在艾力遜（Erikson）的理論指出，一個人在青少年期最主要是能肯定自我，也就是自我認同，但很不幸的是，香港的青少年在這方面出現了很大的困難。研究顯示有超過六成的學生不了解自己的優點和缺點，也覺得自己能力不及他人。[19] 至於對自己有很多不滿意的同學，高達 53.8%。在同一研究中亦顯示，有 65.1% 同學常常擔心自己的前途，59.3% 常常擔心自己會失敗。[20] 事實上，香港高度競爭的不健全教育制度，不容易為學生帶來成功感，相反地，在受教育的歷程中，許多本身具有一定潛質的學生也往往無可奈何地被淘汰，成為失敗者。換言之，對一個青少年人來說，學業的自我觀通常難以建立，再加上近年來香港家庭問題的增多，父母關係的失調和破碎家庭，亦再增強了青少年在自我認同上的困難。

在尋找自己的身分過程中，青少年還通常要遭遇到性的困擾。隨着身體的成長、性荷爾蒙的分泌，青少年本身出現的生理變化，及對異性的興趣都會帶來心理衝擊。生活在一個充滿性挑逗和引誘的社會中，青少年對自己的性慾往往會產生一種手足無措的感覺，對性價值觀也往往無所適從，在許多似是而非的標準和思潮衝擊中，他們不但對自己身為男性或女性的角色感到混淆，同時，對個人存在的價值和意義，往往亦出現迷惘與不肯定，以致在行為表現上，產生錯誤。

再者，在尋找自己的過程中，成長於殖民統治的香港，青少年還要面對一個相當獨特的問題，那就是民族身分的問題：我是香港人？是英國屬土公民？抑或是中國人？一般而言，香港年青的一代大部分不單是"政治冷感"，而且國家觀念、民族意識和社會責任感等各方面都薄弱，這種"難民心態"可能適用於殖民統治下的生活，但是在一九九七年之後，卻不容這種心態長久維持下去，事實上，青少年在九七過渡期的氣候中，亦自然會感受到民族認同的壓力。研究顯示香港青少年在理性上承認自己是中國人，卻又同時清楚表示不希望回中國內地長期居留。換言之，青少年在國家民族上，存在着理性認同和感情歸屬上的矛盾。因此往往出現無根和失落的無奈，而自我的認同，倍增艱困。

三、缺乏理想而輟學頻仍的一代

香港青少年普遍性地相當現實，不談理想，研究顯示香港的青少年有超過半數贊同"人生短短幾十年，不管怎樣都要享受一下"，"職業就是為了賺錢"，"在香港講理想，是不切實際"，"命裏有時終須有，命裏無時莫強求"。[21] 上述生活態度傾向享樂主義，並夾雜了一種"無能感"。同時，此現象背後反映出香港青少年的"理想真空"。當人生缺乏了高層次的理想時，物質享受及官能刺激成了彌補這空檔的代替品，只可惜物質和感官的享受並不能滿足人更深層精神上的需要。青少年對學業和擇業這兩大重要課題，也往往只看重市場價值和經濟收益，而忽略了個人的興趣、理想和工作的意義，因此往往欠缺了對學業和工作的投入感、責任感和滿足感。此外，"理想真空"和"精神真空"有密切的關係，當青少年相信"人不為己，天誅地滅"之際，[22] "利己"就自然成了他們唯一的人生目標，因此，任何與個人利益有衝突的情況出現時，整個人生都會動搖，導致各種危機。

當青少年缺乏長遠人生目標和理想時，無心向學是十分自然的現象，其極端者，往往輕率輟學。根據教育署資料顯示，在一九七九年至一九八三年，小學一年級到中學三年級的停學率平均為 22.2%，人數達 24,580 眾。而在一九八一年至一九八四年，小學六年級到中學三年級的停學率平均為為 20.9%。張振威和梁景輝指出青少年輟學的主要原因是沒有興趣唸書。[23] 這結論和其他研究的發現相當協調,例如,青少年對上課完全不感興趣的高達40%,[24] 在初中學生中,有 53.8%覺得用英語教授的科目,感到特別困難。同時,有半數以上的初中學生覺得教科書內容太艱深,不容易了解。在輟學的理論上,輟學的動機通常有二,第一類的輟學者將失敗的原因歸咎於個人能力的不足,他們的輟學,是避免了自己與他人的比較,也保護了自己的自尊,防止再次受損的可能性。至於第二類的輟學者則將失敗的原因歸咎於社會制度的不公,因而對社會的道德準則感到無所適從,在受到其他越軌行為的朋友影響下,自己本身亦沾染了越軌行為,最後導致輟學。[25]

輟學與失學,對青少年來説,往往引致人生改道,而早年的輟學,往往成為不少人成年後最大的懊悔。多年以來,青少年的失學原因不外是家貧,中途輟學通常是一個沉痛的打擊。但現今不少的青少年,自認不是讀書的材料而隨便自動輟學。換言之,他們很不珍惜受教育的權益,因為一切來得太易,再加上功利主義的思想,他們認為九年免費教育根本不會為他們帶來甚麼實益,於是乃另謀"成功的捷徑"。[26]

7.5 學校輔導工作果效不如理想的主因

一、輔導目標偏誤

從積極角度看,教署多年來在學校推動輔導,是香港教育的一大進步。但可惜的是,由於教署對學校輔導工作,根本缺乏長遠和通盤的計劃,同時,一直以來,亦較忽略輔導目標的闡明,至於在一九八六年九月教署出版的《中學生輔導工作——給校長和教師參考的指引》中,雖然有相當正確的目標,但遺憾的是,在同一指引中,服務的重點都是在如何處理在行為上出現偏差的學生,而非照顧每一學生的發展與成長。此外,由於學校社工和輔導主任駐校時間太少,再加上本身訓練的限制,並部分教育工作者對輔導觀念的混淆,以致工作者通常只是提供補救性的工作,缺乏了有系統、全面的教育性和預防性服務。結果,學校輔導的目標,往往被認為是解決問題和處理學生的偏差行為，很少人認識到輔導乃促進學生個人潛能的發揮，和促進美好發展的正確目標。

二、工作者不足

雖然自一九七九年開始，香港的中學增加了專業社會工作者負責學校的輔導工作，但在社工與學生的比例上，除特殊學校為 1：115–160 外，普通中學為 1：4,000。至於小學學生輔導主任與學生的比例在市區為 1：3,000，而在新界區則為 1：2,000。從以上數字可見，除特殊學校的情況可接納外，其餘的比例都實在太大。且一個工作者通常要同時負責三、四所學校的工作，時間的不足與工作量過重，逐漸造成了輔導工作的片面化，同時，輔導的功能亦往往被扭曲，甚至被否定。因為事實上學校輔導的基本取向該是成長性和預防性的，大有別於今天在學校所出現的治療性或補救性的極端偏向。至於工作者提供的輔導服務沒有果效，除時間不足外，尚有許多因由，我們不能單看現象而妄下判語。

三、學生輔導主任訓練貧弱

鑒於專業社會工作者不足，教育署為應急需，設計了一項三個月的特殊課程來訓練一批文憑教師在小學擔任輔導工作。可惜整個訓練，毛病甚多，主要是：(1) 招收學員時甄選標準不當，故大部分學員質素未符理想；(2) 整個課程時間太短促；(3) 諮商訓練太弱，上課時數只有二十七小時；(4) 參與授課的人太多，在配搭及銜接上出現不少問題，以致課程連貫性不足，嚴重影響了教學的果效。

再看另一個重要的環節，就是在實習方面，時數看來雖然不少，但基於上述的因素影響，就難免令人對實習的質素置疑。事實上，研究證明這短期的學生輔導主任訓練課程未能提供教師們適當的裝備來面對艱巨的工作。[27] 同時，當局的原意是每一學生輔導主任必須完成整個課程，但在實際執行時，可能由於需求迫切，結果部分參與該項工作的教師，竟未能達到這起碼的要求。[28] 由於當局態度未夠嚴謹，最後就導致了工作者本身限制重重。最令人惋惜的是，當他們工作果效不理想時，不但令自己沮喪失望，令學童得益有限，同時，更間接影響了人們對輔導的接納，結果會限制了輔導在香港教育上的發展。幸而，此項訓練已作初步改善，除了為過去三屆的學員提供進修機會外，課程現正由理工學院社會工作系負責，不但內容充實了，同時由於參與的講師人數適中，故此配搭亦較理想；不過，此訓練時間仍是太短，再加上工作者離職的太多，招募亦不容易，當局實在不應再拖延，該及早按當初計劃對此嘗試作出徹底的評估和修正。

四、教育工作者對輔導欠缺認識

社會工作者的進入學校，實在是一個早產的嬰兒，在先天不足當中，最大的病弱是當局在事前未曾作妥善的準備工作，以致教育工作者一般上不清楚社工在學校的角色和功能，更加不認識何謂輔導，故此不懂得作出適當的安排來配合與支持，以致社會工作者未能人盡其才，未能充分發揮社工的功能。更不幸的是部分教育工作者對社會工作者持錯誤觀念，產生抗拒與排斥，於是令本來已夠困難的工作百上加斤，倘若再碰上該社工對教育和學校認識不深，工作果效就會更是微弱；結果不但學生得不到應得的幫助，社會工作者在士氣上也大受挫折，這確實是可惜的。

7.6　總結和建議

今天，青少年在銳變中的香港的確是經歷着極多成長與適應上的困難。至於教育工作者，隨着社會的急遽改變，也面臨空前的挑戰與衝擊。在家庭功能的重整，社會風氣改良需時的情況下，學校在無可選擇下就要承擔更重的責任。本來，學校社工與學生輔導主任的出現，應該在學校面對的難題上扮演重要的角色。可惜，事實並非如此。所以，改善學校中輔導工作的果效，乃當務之急，就此課題，針對現況，筆者有以下的建議：

一、重新校正學生輔導的目標

現在香港學生輔導的許多流弊，都因由於目標混淆，甚至錯誤，故此，我們應首先從觀念上着手，在現代學校教育中，輔導是一種由專業人士提供的專業活動，與教學和行政鼎足而立，彼此相輔相成，共同促進學校教育的功能。輔導具以學生為本的取向，是一個民主社會中教育的特色，因為輔導是以全體學生為工作對象，重視每一個體的價值和尊嚴。同時，也強調學生在學校教育中，在智性發展之外，應該有機會和權利在教師和專業人士的協助下，在持續的教育歷程中，透過輔導服務，個人在情感和性格上，可以達致美好的發展。以下是學校輔導的基本原則：

1. 是為全體學生而設的服務。

2. 是個人化的服務，強調每一個學生的尊嚴和價值。

3. 肯定每一個學生有平等機會受教育，發展個人潛能、成長和進取。

4. 重視和強調人積極向上的一面。

5. 重視學生全面均衡的成長，配合教學，協助學生在心理、情緒和性格上有美好的發展。

6. 配合教育目標，以隊工形式提供服務。

7. 是一種有系統、持續性的學習過程。

二、改善學校社工和輔導主任的比例

在一九八二年港府提出的"青年社工服務程序計劃"中，早已建議將學校社工和學生的比例改善為一對二千。可惜，至今仍未實行，在一比四千的情況下，社工平均駐校時間僅為一天，以致許多學生問題要達致惡化階段才獲得處理。社聯一份調查報告顯示。九成被訪學校行政人員要求社工駐校時間能超過兩天，其中四成更表示需要一位全職社工。固然，增加輔導人手，政府在財政上會增加負荷，但事實上，倘若將學校社工人手編制提高至一比二千，實際上只需增加約一百名社工，每年額外支出約為八百萬元。面對着日益顯著的青少年問題，政府實在應該立刻履行當年的諾言，使學生的問題和困難得到適當的輔導，而他們在成長期的掙扎，亦可以得到足夠的支援。

三、提高學生輔導工作人員的質素

基於各方面的批評與建議，當局曾努力改善學生輔導主任的訓練課程。不過，筆者欲強調的是：該改善的不單是輔導知識的增強，更重要的是要認定輔導員本身在輔導過程中的重要性。[29] 因為在這大前題下，課程的設計就不應再以知識的灌輸與技巧的操練為主，而是着重輔導主任本身的態度及個人成長。事實上，輔導最終極的目的是幫助一個人邁向成長，故此我們需要一批不斷成長的教師來擔任這項嚴肅的工作。不過，當我們校正了目標和方向，在學生輔導主任的甄選上，首先就要相應作出極大的轉變和改進。其次，課程要延長，內容要適切和實習的督導要縝密有效。當然，最重要的是，擔任此項訓練的導師，務必在輔導方面有相當的資歷和臨牀經驗。

此外，由於不少社會工作者在推行學校輔導時的確時常感到力不從心，無法徹底幫助受導的學生，基於在專業上的承擔和守則，他們多期望除了加強在職的跟進培訓外，治本之方，就是加強社工職前訓練中輔導的成分。在此我建議負責社工培訓的有關當局應早日對課程作出全面評估，從速設法作出調整，正視工作者的困難和需要，作出回應。

四、增加專業輔導員的培訓

教師普遍上接受非專業的輔導訓練後，固然能在學校進行一些起碼的輔導，但由於學生的問題日益複雜，以致需要專業輔導的情況越來越多。同時，普遍教師在基本的輔導上，也需要有專業輔導員的協助與督導。可是現在香港提供專業輔導的課程極少，以致不少從事輔導的人士，普遍上是欠缺適當的訓練，[30] 因而出現"不少自認為輔導員的，自己也弄不清楚甚麼是輔導"的可悲現象。[31] 至於提供專業的幾個課程，平均來說，質素相當不理想，故此，當局應努力提供及支持質素優良的專業輔導訓練課程，面對廣大的需求，這實在是刻不容緩的工作。

其次，由於輔導服務與文化有不可分割的關係，在外地受訓的專業輔導員，不一定能夠在香港社會中作出調適，結果就會限制了工作的成效。故此，我們極需要具本地色彩，適合中國文化的專業訓練課程，長遠來說，這是嘗試為中國輔導專業奠定基礎的必經之路。

五、加強教育工作者對輔導的認識和訓練

面對眾多而艱困的學生問題和問題學生，學校社工獨自的努力是不夠的，還需要有其他專業人士的配合，共同努力。當然，理想的模式是加上專業輔

導員、心理學家、醫生和護士等，各展所長，為同一目標而努力。不過，這模式在富裕的美國亦不易出現，倒不如實際點來訓練一般教師來分別肩負此項繁重的工作。事實上，在學校中教師是與學生接觸最多和最直接有交往的人，故此，他們往往有最大的機會在第一時間去發現有需要幫助的學生。其次，在正常情況下，他們與學生已有一定的認識與關係，由他們來進行輔導，較社工和學生輔導主任方便得多。在此課題上，除了上面曾引證的有關研究與建議外，蔡元雲亦曾具體指出若教師能有基本的輔導訓練，以教師身分，配合社工和社區資源進行輔導，可收事半功倍之效。[32] 再者，近年來不少中學先後成立了輔導小組，由幾位教師共同策劃在學校中推行輔導。不過，由於通常欠缺適當的訓練，結果是事倍功半，甚至成績令人沮喪。其實，輔導小組的紛紛成立，也充分反映出需要的迫切，可惜，有關當局並未作出適當的回應，現況中僅有中文大學教育學院將學生輔導列為必修之核心課程，雖然參與此課程之教師及學生一致上認為時間極為不足，但無論如何，總是一個正確的起步。在香港大學教育學院，則將此科列為選科，不過基於種種原因，選修者不多。至於四所師範學院，雖然教育署去年曾着令加強學生輔導的課程，但實際上並無具體行動，是頗令人失望的事。

此外，另外一件需要正視的問題是，在學校中，行政人員往往是學校發展的定向者、政策的制訂者，他們的信念和態度，在在影響整個學校的運作和功能。故此，他們很需要對輔導有正確的認識，接納和尊重，以至在這學生輔導的萌芽期，能大力給予支持和協助，否則，輔導的發展和推廣，必定會有很大的限制。

要教育工作者接納輔導，首先該協助他們能對學校輔導的基本哲學有所認識，要讓他們知道學校輔導的要點是重視全體學生，又同時以個別學生為主體，目的不僅是要解決學生問題，更重要的是在基本上幫助每個學生在其獨特的情況中健康愉快地生活成長。其實，早在一八九九年，杜威（Dewey）已指出教師應注意兒童的天性與需要，他認為學校教育的中心，應是兒童整個人的發展；故此，他建議學校教育的各種措拖，包括設備、課程、教材、教法、教育活動等，都應以學生的生活經驗、能力、個性、興趣、以及需求為出發點，以便有效地幫助他們在學校中發展。[33]一九七六年，貝爾堅 (Belkin) 綜合了羅哲斯 (Rogers)、卡科賀夫 (Carkhuff)、史班代 (Sprinthall)、泰勒 (Tyler) 和亞畢告 (Arbuckle) 等人的觀點，提出下列四個原則來闡明輔導在教育上的地位：

1. 輔導與教育目標一致，彼此相輔相成，殊途同歸。

2. 輔導員與教師雖各有特別發展的領域，但功能往往有相疊之處，不易清楚地分割。

3. 現代教育包括了智能與情緒發展的培育，而後者的重要性應大於前者，因為知識和智力皆是利器，可為善，亦可為惡，必須正確地使用。

4. 求真、求善、求美是輔導員與教師都應具備的態度，雖然這哲學的細則會因人而異，但它總是強調個人的尊嚴與價值、個人的獨特性、以及個人選擇的能力與權利。[34]

現今香港學生輔導的模式幾乎是將集中力全放在少數的問題學生身上，其實是極不妥當的，針對這個問題，榮恩 (Wrenn) 就曾強調："輔導的重點基本上並不是去滿足一小撮學生補救性的需要，也不是在這些人遇到危機時給他們提供援助；正確地說，輔導的重點應放在全體學生發展性的需要和抉擇點上。"[35]換言之，輔導是為了協助每一位學生獲得完美的發展。

從以上的論述中，教育工作者應該可以看到輔導與教育的共通性，再加上適當的輔導訓練，就更會欣賞到輔導在教育歷程中的重要性了。有了這樣的理解，他們就不但可以有效地輔導學生，同時更可以促進自己教學的果效。故此，在教師教育中輔導訓練實在應該予以重視。除上述的兩點外，教育工作者對輔導有了基本認識，才會懂得與社會工作者或學生輔導主任協調合作，以收相輔相成之效。例如當學校行政人員對輔導有正確認識後，就自然會嘗試將輔導主任與學校社工納入學校的架構，以祈學生能因此獲致最大的福祉。事實上，面對強迫教育推行後所出現的眾多學生問題與問題學生，學生事務和德育等範疇必須增加人手來應付需要；而有關的各方面也務須共同摸索出一個適宜香港學校輔導的有效模式，一起在全人教育的艱巨工作中分肩重任。

面對問題學生與青少年問題的嚴重，為了下一代得以美好快樂地成長，改善與加強學校的輔導，固然是重要的一環，但事實上即使我們將課題局限於學校教育的範疇，姑且暫時不談家庭與社會，一些基本的問題，也必須要從速着手改進。主要者如改善教師與學生比例；將小學教育恢復全日制；改善教師教育；校正教育的目標與理想；具體將德育納入課程體制；與及正視學生的個別差異，設計多元化、多形式課程和設立不同類型的學校等。當然，學制的連貫性，以及語文教育政策的檢討與正確方案的制訂等都是與整個課題有關的環節，需要政府當局和每一位教育工作者的承擔與努力。

註釋

1　"謀殺案件被告，青年佔逾四成"，《明報》，一九八三年七月十一日。

2　"過去三年犯刑事罪年青男子佔三成"，《華僑日報》，一九八三年七月二日。

3　"青少年犯罪問題研究小組報告者"，香港政府出版，一九八三年三月，第十三頁。

4　同註 3，一五八頁。

5　"青少年犯罪問題，當局將全力對付"，《大公報》，一九八〇年十一月廿四日。

6　"全面提高教學質素，減低青少年犯罪率"，《星島日報》，一九八〇年十月廿五日。

7　"黑社會滲透數十間學校"，《大公報》，一九八〇年十一月廿九日。

8　"實行強迫教育制度，學生輔導亟需擴大"，《明報》，一九八一年三月二日。

9　"教師不足輔導不周，青少年問題難解決"，《星島日報》，一九八〇年十二月十八日。

10　"促當局設學校警察，專責對付黑幫滲透"，《星島日報》，一九八一年三月廿五日。

11　N. K. Henderson, "School Guidance Service and Individual Counselling in Hong Kong," *Educational Studies and Research Papers* No. 2 (Dept. of Educational Research Unit., U. of H. K., 1974), 3–22.

12　"中學生學校生活調查報告"，"撮要"第五頁；香港中文大學學生會。

13　"教師工作與教育質素調查報告書"，第十七頁；香港教育推展組。

14　"德育：知易行難？"，香港中文大學教育學院校友會，一九八三年五月，第五十二頁。

15　"中學生學校生活調查報告"，香港中文大學學生會。一九八一年十月。

16　"中學生德育及生活"，香港學聯，一九八二年。

17　"初中學生適應問題研究及教學建議"，學教團編。香港青文出版社，1985 年，第十九頁。

18   "教育與成長──中學生意見調查",香港:教育行動組,一九八三年七月。

19   同上。

20   同上3,第十六、十七頁。

21   "八十年代的香港青少年",香港大學學生會,社會科學學會,一九八二年三月。

22   同上2。

23   見張振威、梁景輝:"香港青少年輟學問題研究報告",香港仔明愛服務中心,外展社會工作隊,一九八五年十二月,第五至十頁。

24   陳曉昭,"香港青少年的依附感"。中大研究院社會學部碩士論文,一九八四年。

25   同上3。

26   D. S. Elliott & H. L. Voss, *Delinquency and Dropout* (Massachusetts: Lexington, 1974), 9.

27   P. S. Diana Mak, "Evaluation of the Training Program of Student Guidance Officers." Unpublished Master's Thesis submitted to the Chinese University of Hong Kong, 1981; P.61.

28   同註3,五十九頁。

29   G. Corey, M. S. Corey, and P. Callanaan, *Professional and Ethical Issues in Counselling and Psychotherapy* (California: Brook/Cole, 1979), 19.

30   "Counselling Training in Hong Kong." Unpublished report prepared by APECA, Hong Kong, 1983; P.66.

31   M. C. Fanuy Cheung (ed.), *Counselling & Counsellors in Hong Kong.* Counselling Survey Task Force of Educator's Social Action Council, Pamphlel No. (7), 1980, P.13.

32   蔡元雲:"如何在香港推行輔導服務",《突破輔導中心輔導簡訊》。一九七九年秋季,第一頁。

33   J. Dewey, *The School and Society* (Chicago: The University of Chicago Press, 1899), 3–4.

34   G. S. Belkin, *Practical Counseling in the Schools* (Iowa: William Co. Brown C., 1976), 437–439.

35   C. G. Wrenn, *The Counsellor in a Changing World* (Washington, D. C.: American Personnel and Guidance Association, 1962), 109.

第八章 學校性教育的推行與實施 *

第一節　引論

1.0

　　在香港的學校中推行性教育，是學生輔導一個很重要的發展，而教育署亦因應需要，在一九八六年，發表了中學性教育指引。固然，指引對一輩推難和問題，令大家感到相當的困惑，而工作進度和果效，亦大受影響。本文嘗試就近年來教師、社工和家長所關心的課題，如性教育的涵義、目標、範圍、推行者和籌劃的原則和程序各點，作出探討和建議，以供有關人士參考，可以更有效地在學校推行性教育。

　　在談到性教育的功能時，許多人會指出性教育可以減少未婚懷孕、未婚媽媽、濫交、墮胎和性犯罪的案件。此外，還可以遏止性病的蔓延。固然，性教育若推行得有效，在某個程度上，往往可以產生上述的功能。不過，值得關注的是，性教育的取向是絕對正面的，而功能亦是積極性的，並非將重點放在以上那些消極的功能上。可是，人們這種態度，是反映出一般人對性教育的觀念和看法不夠全面，有所偏誤，在香港性教育剛剛起步之際，務必加以糾正，才有利於性教育的實施。

---

* 本文原載香港中文大學《教育學報》第十五卷第二期（一九八七年十二月）

1.1　甚麼是性教育？

性教育是為了協助人們生活得更好。[1] 故此，性教育所關注的是學生的整個人，包括了他的身體心理和精神各方面，以致在這種關注和培育下，可以協助他們發展良好的性格，健康愉快地生活。一個全面的性教育應該包括：（一）提供與性有關的知識。（二）培養對性有正確的態度。（三）建立健康的性價值觀。[2]

由於人的性慾（human sexuality）"不單是指器官的結合，性是一股與生俱來的生活力量，影響着每一個人的人際關係。"[3] 故此，性教育課程絕對不應該只停留在生理的層面，當我們正視人的整全統合性時，實施性教育，就要作出全面的處理，嘗試從生理、醫學、心理、社會、歷史、倫理、文化、道德和哲學等不同的角度來看一個問題。至於在性教育的內容上，也要從以上不同的角度來加以釐定、配合優良的師資和各種設施，性教育才能收到預期的效果。

1.2　性教育的目標

性教育的目標，簡言之，就是培育"負責任的性態度和性行為。"[4] 在中小學推行性教育，美國俄亥俄州所訂定的目標是要協助青少年明白一個人成長過程中生理、心理的成長；了解和養成對他人和社羣有負責任的行為，學習建立正確的價值觀和人際關係，以期達致美好的性格。[5]

一九八六年香港教育署發表的中學性教育指引中指出在學校推行性教育，可以達致下列的果效：

一、尊重個人的性身分

二、對自己的性行為負責

三、良好家庭關係的價值

四、尊重和容忍別人和自己不相同的價值觀。同時，指引亦說明性教育在廣義上的目標是"關注每個人對自己的認識，和與他人的關係。"而性教育主要的範疇有二，那就是提供事實性的資料和道德輔導。[6]

一九八五年九月，在香港大學舉行的一個"性的疑惑"活動中，曾將性教育界定為一項人格及知識的教育，認為性教育不僅灌輸和解釋各種與性相關的知識，同時更培養人對性有更健康及良好的態度。至於性教育的目的就包括：

一、　幫助人認清自我的本性和異性之間的差別。

二、　幫助人明瞭我們不能以自己所設定的標準作為衡量他人的準則，培養出一個充滿自信而又能容納他人的人。

三、　建立一個負責任的性態度。

四、　減少青少年在發育期間對各種身體變化所引起的困惑與掛慮，以及婦女在面對妊娠或節育時所產生的驚惶與懼怕。

總而言之，該會認為推行性教育可以澄清流傳於社會中的各種錯誤性知識和態度，使每個男女都能發揮天賦的本能和個性。[7]

根據多年的工作經驗，蔡元雲指出不少人誤以為性教育不外是灌輸一些性生理常識和技巧。他強調性教育應該是全面性的，包括了下列三項：

一、　提供與性有關的知識，包括生理的成長過程和心理的成長特徵。

二、　培養對性有正確態度：接納性為生命中重要的一部分，從兩性平等的基礎去認識兩性的角色。此外，還要對兩性之間之關係持正確的態度。

三、　建立健康的性價值觀：正確的性、愛、婚姻、家庭觀念和健康的性道德標準。[8]

根據香港家庭計劃指導會的報告，該會推行性教育的原因有五要點：

一、　協助青少年了解和接納自己在青春期中生理和情緒上的改變。

二、　協助青少年了解男性女性的意義，並對自己的性角色建立積極的態度。

三、　為青少年提供正確而全面的，與性有關的資料。

四、　協助他們對性養成健康的態度，以致在他們的約會、戀愛和婚姻上可以作出負責任的決定。

五、　為婚姻、家庭生活和養兒育女等課題奠定根基，以期將來有良好的適應。[9]

　　總的來說，性教育不是教孩子們性交，而是一種人性教育、性格教育和人際關係教育。不過，雖然性教育的主要取向是積極和發展性，由於香港社會的複雜，在一個備受污染的環境中，黃潮泛濫和性犯罪的激增，以致有些青少年陷在嚴重的性困擾中，產生了各種性偏差的問題；同時，部分青少年受到各類的性侵犯，故此，在正面和教育性的大前提下，在整個性教育過程中，也包括了矯治性、補救性的層面，除了課堂和集體性的學習外，通常會配合個人的輔導，為個別有需要的學生處理他所面對的獨特問題。

第二節　性教育的範疇和推行

2.1　性教育的範疇

　　從上文可見，性教育的內容不單只是生理常識的教導。性知識只是性教育的一部分，最重要的是建立正確的性觀念和態度。在香港部分的性教育課程中，常見的流弊是狹義地解釋性，也忽略了性觀念、倫理價值觀和人際關係。其實，正常的人倫關係，包括我們與家人、親戚、朋友、戀人、丈夫或妻子，並姻親等的相處。而穩固的婚姻、幸福的家庭往往關係社會的安定和質素。當我們就成長心理來看，青少年期是一個人的人生觀定型期，在此期間，他們所採納的人生觀、人生意義和生活方式，直接地影響他們如何處理生活中與性有關的問題，故此，性教育是不可能輕忽價值觀的，嚴格來說，從廣義的角度來看，在性教育的過程中，是包涵了最基本的人生哲學。

　　雖然，學者如 Pomeroy 認為性教育只包括生理性的課題，[10] Karmel 亦強調性教育只教性知識，[11] 但有更多的學者，就研究所得的證據，強調雖然性教育固然不是價值觀的灌輸，但由於性教育是一種性格教育，故此除了性知識以外，正確的態度和價值觀的培育，卻是不可或缺的。[12]

一、針對全人發展的課程設計

一個全面而有效的性教育課程，正如前文所言，應該涉及人的生理、心理和精神三個層面的需要，包括了知識的傳授和態度、觀念、並生活方式的培養。至於在實際內容上，我建議在香港的中學中，主要有下列各項目：

生理的成長　　　　　　人際關係
心理的成長　　　　　　性與文化
婚姻、家庭和倫理觀念　性與社會
交友、約會　　　　　　社會性的問題如節育、
性與愛　　　　　　　　　同性戀、性病、娼妓
戀愛、婚姻　　　　　　性與色情
為人父母、養兒育女　　性變態和性差異行為
兩性的身分與角色

二、具爭議性的範圍

在推行性教育時，課程內容往往會產生許多的爭論，原因是不少教師和學生家長仍然害怕性教育會導致反效果，其中一個他們的擔憂，是恐怕性知識成為青少年的一種刺激，促使他們去作種種新的嘗試。其次，就是恐怕在老師進行性教育後，青少年性知識增多，就可以有備而無患地去胡作胡為。固然，倘若課程設計流於片面，而師資又欠優良時，很有可能會出現以上的毛病。事實上，西方性教育的果效，並不一致，會因着課程和師資的差異，產生或正或負的結果，他們的經驗，可以作為我們的前車之鑒。

不過，正式來說，家長和教師們不必過慮，因為研究的結果，在某程度上，已經證實性教育不會助長濫交。[13] 沒有資料可以證實性教育會導致青少年的性活動增加，或是在接受性教育後，青少年因此而蒙受傷害。同時，研究數據顯示當青少年缺乏性教育的情形下，他們往往會進行不負責任的性活動，結果不幸地，這些行為，為他們帶來了羞辱和傷損。[14]

性教育中具爭論的課題不少，現僅就其中爭議最多的"避孕"，舉例以加說明。那些反對教導避孕的人，通常是抱着懷疑和恐懼的心態，他們最大的

憂慮是認為教導避孕，會促成性濫交。有些父母，雖然原則上贊成兒女接受學校的性教育，卻反對課程中有避孕這一個問題，他們認為青少年們會因此而有恃無恐。[15] 他們相信，部分青少年是因為害怕懷孕，才着意約束自己。對這一類人來說，教導避孕，會成為他們的一種解脫，產生一種鼓勵的作用。例如美國一個全國性的"鷹論壇"（Eagle Forum）組織，就曾經指出，由於教師是權威人物，當教師在學校討論避孕的時候，就等於同意這種行為，對學生來說，是老師表示准許他們進行性交，唯一要小心的就是採取避孕措施來避免懷孕。根據以上的論點，論壇的成員要求學校集中精神來教授傳統的學科，專心協助學生升學就業。[16] 不過，根據前文所述，這些人是忽略了科學研究的數據，才會作出建基於主觀的看法和感受的要求。

那末，為甚麼在學校的性教育中要談及避孕呢？原因很多，主要包括：

一、青少年表示有興趣和有需要知道有關的知識和途徑。性教育成功因素之一，是關係於課程是否能夠配合和回應青少年的興趣和需要。那末，當他們表示有興趣的時候，表示需要這方面的知識時，我們為甚麼要否定這課題的重要性？同時，倘若我們始終不能克服心中主觀的疑懼，認定他們知道後就會照做的話，嚴格來說，性教育的內容將會受到大大的剪裁，以致殘缺不全。況且，認為他們不去濫交，是因為對避孕無認識，這說法的真確性如何？到底是否有數據可追尋呢？事實上，性教育課程的設計，身為教師的要避免過分主觀的毛病，廣集意見，才是上策。

二、在推行性教育時，我們不但要對自己的課程設計和教學有信心，同時，對於施教的對象，我們亦需要有一定程度的信任和尊重，否則，性教育是不應該展開的。

三、正視青少年濫交和婚前性行為的逐漸增多。透過避孕的措施，可減少私生子和未婚媽媽的悲劇，香港大學學生會指出："現今有一部分的人，鼓吹'想做就去做'的思想，認為人生匆匆，應該於短促的生命中盡情享受。這種享樂主義的思想，使濫交和婚前性行為更趨普遍。為求官能上的滿足，忽視了因此而可能帶來的影響。"[17] 的確，青少年的濫交和婚前性行為的增多，已經是不爭的事實，我們盲目地否定這事實的存在，是絕對不智的。例如在一個對四百四十六個懷孕女學生所作的研究中，其中竟然有三百個都以為自己年紀很輕，不會懷孕。[18] 事實上，我們現在討論的問題，就正如其他許多青少年的問題，或甚至許多社會問題，我們至今仍未有能力找到完美和理想的解決方法。故此，我相信我們要接納限制，只能盡能力去協助他們，期望他們在適當的教導和輔導下，可以在許多衝擊中作出明智而負責任的抉擇。

四、協助青少年減少因墮胎而帶來的身心傷害。青少年未婚懷孕，往往為了解決當前的困難，就輕易採取墮胎作為解決問題的捷徑。可惜，他們不知道墮胎往往為他們帶來身心的傷損，其中尤以後者更為嚴重。在缺乏適當的教導下，有些青少年女性會因濫交而導致一次或多次懷孕和墮胎，其所遭受的生理和心理傷害，影響深遠。在這不幸而令人傷痛的現實中，就算她們依然選擇濫交的生活方式，但卻能妥當使用避孕的方法，最低限度可以減少墮胎和私生子的數字，同時，她們也可以避免更多身心的傷害。

五、可以防止青少年在缺乏醫務人員的輔助下，隨便服用避孕藥物，以致帶來許多不良的後果。

2.2 誰最適合推行性教育？

推行性教育，最適當的人選，應該是父母。而推行的場所就是家庭。原因是父母可以從兒女年幼時就開始性教育，而且，父母是與他們同住在一個屋簷下，可以一同陪同他們去經歷人生中的不同階段，例如當兒女踏進青春期，父母只要稍加留心，就可以發現兒女在這期間的，許多生理、心理轉變，以致可以很生活性地，很自然地作適當的教導和輔助。學校中的教師，社工和輔導員，若與學生的父母作比較，就欠缺了這些條件，以致會影響性教育的果效。可惜，父母推行性教育，往往是一個理想，不容易付諸實行。父母沒有在家庭中進行性教育，主要是因為：（一）沒有能力，亦缺乏適當的性知識。（二）不肯定性教育過程中應該用甚麼詞彙。（三）認為孩子們不需要認識"性"，以致設法保持他們那份"無知"。（四）害怕兒女會從性知識的討論對自己引發出一些個人性的詢問，或甚至要求要觀察自己的性行為。（五）恐怕自己不能滿足兒女，一旦他們向其他成年人求問性知識時，自己會感到傷心，難以接受。（六）單親家庭的父母，害怕兒女提出難以答覆的尷尬問題。（七）沒有時間。（八）本身仍然經歷太多的性困擾。[19]

至於在香港，雖然香港人的生活漸趨西方化，但文化傳統仍然深深影響我們的心態和行為。香港的父母多數未能對子女進行性教育，主要是對性教育有誤解，以為性教育就只是教導男女的性交，一方面他們認為是禁忌，也感到尷尬和難於啟齒。同時，他們也往往相信，這是人的本能，根本無需教導。其次，有些父母縱然觀點正確，卻又害怕性教育會產生反效果，令孩子對性的好奇加強，或甚至作嘗試。至於有少部分父母，觀念正確，亦沒有以上的憂慮，但卻礙於已在這課題上缺乏知識和教導的技巧，結果惟有慨歎有心無力。

由於父母普遍性地在有意無意的情況下沒有對子女進行性教育，結果，這重要的責任，很自然地，就從家庭轉移到學校身上了。在現況中，香港的青少年，多在學校接受性教育。不過，由於性教育是一個牽涉人生各個層面和範疇的科目，如果要收到良好的果效，一定要得到父母的配合，並社會各有關方面的合作，否則，往往會事倍而功半，或甚至果效微弱。

在學校負責性教育的最主要是教師，輔導員和社會工作者，他們通常很少獨力承擔一個課程，往往是採用組團制，以便各人可以發揮個人的專長，對學生作出全面而統整的教育。不過，雖然各參與性教育的分子在學科，甚至事業上有不同，但既然要教同一個課程，總有一些共通性的要求。除了一個普通教師的專業特質外，負責性教育的教育基本的條件是：

一、性格成熟，有健康積極的價值觀和生活方式。

二、對性教育各有關課題有充足的知識和明確的教學目標。

三、對性存健康的態度，可以自然從容地擔任教導。

四、有能力開創一個適當的，自由自在的氣氛，促進學生積極投入，參與討論。

五、有能力帶領課堂或小組討論，並保持客觀無偏見的開明態度。

六、能接納學生，以尊重、真摯和同感的態度來體驗他們的需要和困難。同時，在教學中，在適當的時機會與學生分享個人的經驗。

七、願意承認個人和學校的限制，主動邀請家長和社區有關專業人士參與和支持。

2.3　籌劃的原則和程序

性教育是否能夠產生理想果效，很在乎學校上下有整體的合作，選用優良的師資，設計出全面的課程。此外，周詳的計劃和適當的程序，也是關鍵性的因素。在香港的現況中，學校多透過非正規課程推行性教育。至於少部分有正規課程的，節數亦不多，並常常規範於某年級。以下是就這些限制作出的建議，教師可就個別學校的情況，靈活運用。

一、首先要得到校長的認可和支持，進一步得到學校校董會的首肯，然後就可以逐步展開工作。

二、選擇適當的性教育小組成員，校長可以由個人作決定，選擇一個學校中對性教育最具資歷和經驗的教師作為小組的組長。然後，再進行甄選，組成一個五至七人的小組，分工合作。固然，教署建議選用家政科科主任，綜合科學科主任，倫理／宗教／德育科教師、社主任／課外活動主任、社會教育科科主任、輔導組負責教師和生物／人類生物學學科科主任，[20] 是相當適當的建議，不過，在此我要強調，教師任教的學科和個人的學養，固然重要，但最重要的一點，應該是教師本身對性教育的態度和信念，和他個人的質素、修養和成熟與否，因為這些才是一位成功性教育工作者的關鍵因素。

三、教育全校上下，以收相輔相成之效。在小組成型後，首要的工作是對全校教師、行政人員和職工作好定向的準備，以使協助他們對性教育有基本的認識和接納，在需要的時候，對小組的工作給予適當的支持和幫助。

四、工作小組進行自我研習。在香港，由於曾接受性教育師資訓練的人不多，故此小組本身的準備工作，相當需要，其中一項，就是分別就性教育的有關課題，作出探研。途徑方面，包括了閱讀、研究、訪問專業人士和有關機構、搜集資料和教材、教具等。其後，小組組員可定期或非定期的共同討論，交換心得。在這階段，及前述的 (二) 階段，若有需要，可以邀請專業人士協助，擔任講員、導師或顧問。而小組組員，也應該多爭取機會，參加性教育進修課程。

五、徵求家長的意見，爭取他們的支持。前文曾提及父母與子女在性教育過程中之關係，故此，要學校的性教育有良好效果，就必須得到家長的接納和支持。最好是在性教育的準備階段，我們已能邀得家長的參與。例如，作全校性的有關調查，獲取家長對性教育的看法，和他們對一些關鍵問題的態度和價值取向。同時，亦適宜用不同的活動來對關心此事的家長進行適當的教育，為以後性教育的實際推行工作宣傳和鋪路的工作。事實上，父母本身往往亦期望有人協助他們對子女進行性教育，而學校是一個適當的資源。至於對父母的幫助，資源提供，可包括健康教育工作者、醫生、護士和社區中的有關機構。[21]

六、訂定性教育的目標和範疇。任何成功的教育計劃都必須先確立目標和對象，以下三個問題，是小組必須有具體的答案：甚麼是性教育？性教育的範疇包括甚麼課題？甚麼是性教育的目標？在訂定的過程中，小組除了參考專家的意見外，還要尊重校長、同事和學生家長的意見，設法協調，最後作出明確的界定。

七、擬定小組工作的立場和觀點。在順應潮流的風氣下，部分有關人士認為性教育不應灌輸任何價值觀。對於這一點，除了前文作出的交代外，要補充的是，性價值觀和性教育，基本上不容分割。況且，在性教育的推行過程中，機靈活潑和個人化的教學法是影響成效的關鍵。換言之，在這性格培育的過程中，教師是不可能將自己個人抽離於教學過程之外，他的態度、價值觀，會自然地流露，而身教的功效，根本無法遏止。故此，筆者要強調，我們不容洗腦式的價值灌注，但卻要十分小心，也要承認當我們強調"無價值觀"和"價值中立"時，本身就是一套價值觀。教育是促進學生有統合美好的成長，不可能完全不觸及價值觀。性教育過程摒棄了價值觀的探討，是一種不負責任的教育。

基於上述的原因，工作小組很需要對小組和個人的觀念和立場作出探討。例如，最基本的，是對人性觀和人的性慾（human sexuality）兩個重要的課題作界定，絕對不能各持己見，甚至出現強烈的衝突，因為這些衝突和不協調，很可能為所教導的學生帶來混淆。觀點和立場，在此不可能作一標準界定，因為在香港這自由的社會中，價值觀的取向，因人而異，我建議小組成員除了個人的看法外，還要留意性教育是學校教育的一環，其取向應該與教育的理想和目標協調。同時，要尊重辦學團體的哲學和信念，以致性教育的推行，可以和學校其他活動相輔相成。

八、有效的教學法。要性教育產生實效，傳統的單向式講授是不足夠的。在教學設計中，我們要設法讓學生有高度的參與，而且，盡量避免說教和生硬死板的程序。學習的形式，力求活潑，在善用視聽教材的同時，可以用座談、閱讀報告，角色扮演、戲劇、辯論、信箱、小組討論、研究、問卷調查等方式進行。

九、靈活和個人化的性教育，有時會刺激某些同學對個人作反省，以致觸發他的一些問題和困擾。不過，這些個人的困難，不宜公開地在課堂討論，故此，小組適宜提供小組或個人輔導服務來做跟進。不過，這些輔導，亦可由小組以外的人士如輔導教師和社工等分擔。

十、性教育的目標，應該分為最終目標和短期目標，而短期目標的訂定，最好是能夠具體明確，以方便每學年和每不同階段作出評估，以便不斷有所改進。此外，在不同年齡特性的班級，性教育的課題，要安排得適當，例如中一和中五的學生，大家的成熟度和需要就很不同，選定教授範圍時就要加以留意。總的來說，短期目標的釐定，可以就小組為不同年級同學所選的範圍來制訂，而評估的結果，亦有助我們檢討選材的適當與否。

第三節　結語

　　在個體的行為中，性是貫穿於人生中的其中一環。[22] 現代的青少年，由於青春期較前平均提早了三年，令他們的發展時間表出現了具體而巨大的改變。童年期縮短了，隨着性的成熟，社會的要求和壓力亦隨之提早出現。而性的早熟，亦令青少年在面對急劇改變的社會環境時，無論在性態度和性行為上，較諸年長者，有明顯的差異。[23] 其次，基於醫學和營養上的進步和改善，年青人在生活上早趨成熟，性需要也迅速增加。但與此同時，他們在心理上的發展則較慢，以致在處理性需要的問題上，出現困難。[24] 可惜，成年人，尤其是父母，往往不願意，或者是無力在家庭中推行性教育，結果，青少年在青春期的性困擾，更顯嚴重。故此，在學校推行性教育，是當務之急，期望政府和有關當局，早日重視這問題，作出具體有效的回應。其中首要的，包括科學性的本地研究。不過，由於性教育的需要殷切，在現況中，教育工作者也就需要在眾多限制中，根據前線工作者的觀察、報導，和社團機構所提供的研究數據和訓練，作大膽而又謹慎的起步。正式來說，性教育的範疇是從一個人的出生到老死，是人生、性格和人際關係的教育，故課題的安排務要配合學生的年齡特性。在學校推行性教育，理想的是始自年幼，換言之，從幼稚園開始。[25] 至於教學法的運用，應該活潑而重啟導，重視學生有個人化的參與，西方的經驗告訴我們，性教育的推行，倘若不收效，往往會有相當負面的結果。故此，在學校推行性教育，千萬要慎重，以小心和嚴肅的態度來籌備和進行，其中課程的釐定安排和教學法，固然重要，但最關鍵的因素是教師本身的質素和修養，千萬不能掉之以輕心。

註釋

1　Collier J. Lincoln (1971). "What Sex Education should Do," *Sex and Marriage*. Reader's Digest Asia Ltd., p.12.

2　蔡元雲（一九七八）：《你也可以推行性教育》，《突破》第四十六期，第九頁。

3　Harry N. Hollis (1976). "A Christian Model for Sexual Understanding and Behavior," G. R. Collins (ed.), *The Secret of Our Sexuality,* Word, pp. 69–85.

4　Rachacl Winder, "The Values Underlying FPA Sex Education," *Teaching about Sex: The Australian Experience,* edited by Wendy McCarthy. Australian Federations of Family Planning Association, Inc., p.11.

5　*The School and Sex Education* (1975). Ohio: Health, Physical Education and Recreation Section, Division of Elementary and Secondary Education, Ohio Department of Education, p.3.

6　*Guidelines on Sex Education in Secondary Schools,* (1986). Hong Kong: The Curriculum Department Committee, Education Department, pp. 1–2.

7　《性的疑惑》，香港：香港大學學生會醫學會，一九八五年五月，第六十八頁。

8　蔡元雲：《你也可以推行性教育》，第九頁。

9　*Sex Education in Hong Kong.* (1984). Hong Kong: The Family Planning Association of Hong Kong.

10　Dr. W. B. Pomeroy 是已故金賽博士的多年同事，曾在美國的 Indiana University 專門進行與性有關的研究。

11　L. J. Karmel (1970). "Sex Education No! Sex Information Yes!" *Phi Delta Kappan 52*, pp. 95–96.

12　D. Barnes (1970). *From Communication to Curriculum*, Penguin; A. Grams (1970). *Sex Education.* Danville, Illinois: Interstate Printers and Publishers, p.6; H.F. Kilaned (1970). *Sex Education in the School: A Study of the Objectives, Content, Methods, Materials, and Evaluation.* New York: Macmillan, p.6; Dilys Went (1986). *Sex Education: Some Guidelines for Teachers.* London: Bell & Hyman, pp. 19–20.

13　C. Farrel (1978). *My Mother Said... The way young people learn about sex and birth control.* London: Routledge & Kegan; D. Reid (1982). "School Sex Education and the Causes of Unintended Teenage Pregnancies: A Review," *Health Education Journal*; R. Rogers (1974). *Sex Education Radionale and Reaction,* Chapter 14. Cambridge University Press; *Health Education* 13–18, School Council of Health Education Council Project. London: Forbes, 1982; M. Zelnik & Y. J. Kim (1982). Sex Education and its Association with Teenage Sexual Activity, Pregnancy and Contraceptive Use," *Family Planning Perspective* 14.3.

14　參 閱 I. C. Ashken & A.G. Suddy. "Study of Pregnant School-age Girls," *British Journal of Family Planing* 980. 6, pp. 72–82; British Pregnancy Advisory Service (BPAS) 1970 *Annual Report*; C. Fanell *My Mother Said: Pregnant and School.* London: Joint Working Party on Pregnant school-girls and Schoolgirl Mothers, National Council for One Parent Families, 1979; R. Rogers *Sex Education Rationale and Reaction.*

15　Collier J. Lincoln *"What Sex Education Should Do,"* p.14.

16　Sharon Johnson (1986). *Tragedy of Teen-age Pregnancy in Asahi Evening News.* Japan. 13.

17　《性的疑惑》，第十九頁。

18　British Pregnancy Advisory Service, 1976 *Annual Report*.

19　M. Perrin and T. E. Smith (1972). *Ideas and Learning Activities for Family Life and Sex Education.* Dubuque, Iowa: W. C. Brown. p.4; D. Went *Sex Education.* London: Ball & Hyman, pp.13–14.

20 *Guidelines on Sex Education in Secondary Schools*, p.86.

21 See Appendix 4, *Guidelines on Sex Education in Secondary Schools.*

22 J. E. Birren, D.K. Kinney, K.W. Schaie, & D. S. Woodruff (1981). *Developmental Psychology: A Life–span Approach.* Boston: Honghton Mifflin, p.619.

23 R. E. Schell, & E. Hall, (1983). *Developmental Psychology Today.* 4th ed. New York: Random House, p. 426.

24 《性的疑惑》，第十九頁。

25 R. & J. Goddman (1982). *Children's Sexual Thinking.* London: Routledge and Kegan Paul; Sharon Johnson, *Tragedy of Teenager–Pregnancy.*

第九章　華人社會的輔導專業——現況及前景

第一節　引言

　　心理輔導與治療，乃現代行為科學中較新的一門學科，在中國人聚居的幾個主要地方，的確是一新興的事業。在中國內地，心理輔導的發展只有約二十年歷史，在香港約為四十年，至於在率先引進這項事業的台灣，至今亦只不過是約五十年。這門專業在各地華人社會發展的情況與步伐都略有不同，但發展到今天，可喜的是無論是參與工作的人員，還是政府當局與社會羣體，都越來越接納並重視這專業，大家亦對此專業產生更大期望。故此，我們很有必要在現有基礎上繼續努力，朝着專業化方向作出改善、發展與開拓。

第二節　心理輔導的概念與功能

2.0

　　甚麼是心理輔導？在心理健康的範圍中，我們該如何給它定位？在香港和台灣，心理輔導的地位逐漸清晰。惟在中國內地，雖在過去幾年，情況有所改善，但整體上仍未能專業化，除了偏重醫療與病態取向之外，還夾雜着與思想教育和德育的千絲萬縷關係。

　　在搞清楚心理輔導是甚麼之前，首先要明確，心理輔導不是甚麼？我首先要説明，心理輔導不是思想教育，心理輔導亦不等同於德育。在少數學派的心理輔導過程中可能會有一些教導，但倘若只有教導或只是在説教，卻又不是心理輔導了。心理輔導也不是僅僅進行邏輯分析，給予忠告與建議，更不是幫助當事人解決問題。在心理輔導過程中，雖然往往會包括提供資料，但單單提供資料，並不是心理輔導，心理輔導也不是普通的會見，不是社交式的談話，更不是指責、批評、遊説、嘲諷或恐嚇。至於用同情的態度、行為去安慰與開解等，也都不等同心理輔導。

2.1 改變、發展和成長

多年來，學者專家紛紛為心理輔導下定義。從狹義看，心理輔導最簡單的定義是"幫助一個人自助"，若從廣義看，心理輔導是促進人的全面發展。在多年的工作中，我也曾嘗試為心理輔導下一個定義："心理輔導是一個過程。在這個過程中，一位受過專業訓練的人，致力與當事人建立一個具治療功能的關係，來協助對方認識自己、接納自己，進而欣賞自己，擁有自尊自信，以克服成長的障礙，充分發揮個人的潛能。使人生有統合並豐富的發展，邁向自我實現。"（林孟平，1998）

當我們將不同學派的學者對心理輔導所作的定義作出整理時，會發現其中都包括有改變、發展和成長的含意。個人身心發展，傳統上是心理輔導的核心（Mycick, 1987），Remley（1991）曾指出，心理輔導專業已否定了在服務工作中的醫療和疾病取向的模式。論到心理輔導在心理健康領域的獨特性，他認為診斷並不是人們接受心理輔導的必經步驟，並強調人人都可以透過心理輔導而得助益。他深信一個建基於發展取向，聚焦於預防和身心健康的信念，會讓當事人達至明天會更好的人生。Ivey（1991）等的看法與 Remley 相同，他相信心理輔導的核心是發展取向的（Van Hesteren & Ivey, 1990）。不過，不同於Remley 的是，他認為我們的工作是去促進人的發展，人生中免不了有問題發生，故此，我們應該珍惜問題的出現，因為它也是一個發展與成長的機會。

論到心理輔導在中國內地的定位，我很認同以上的信念。醫療模式的心理健康服務，其功能往往只是將人的病醫好，不像發展與成長取向的心理輔導，其功能是促進人整體上積極的改變與成長。我樂意委身心理輔導工作，是因為我個人深信，它是一項優化國民素質的重要而莊嚴的專業。

第三節　研究與本土化

3.0

　　心理輔導的本土化，自然是一個不容忽略的課程。楊國樞（1993）強調，建立中國人的本土心理學是一種學術運動。在此運動中，所有有志於此的心理學者應當同心協力地促進中國人本土心理學的發展。他建議內地、台灣及香港的心理學者，應各自在當地努力，同時也要不斷分析與比較三地民眾在各種心理與行為上的異同，然後加以組織與統合。不過，在一九九四年，他又補充指出，過去四十多年來，內地、台灣和香港的變化和發展很不同。結果是使三地的中國人在心理、行為及生活等方面各有特點。故此在心理學的探究上，他提醒大家，除了要留意三地中國人的共通性外，一定不能忽略其獨特性（楊國樞等，1994）。

　　楊中芳（1992）多年來對本土心理學努力不懈。她指出，本土心理學致力於把歷史、文化和社會體系，放入我們對中國人的心理與行為的研究架構中，至於如何將這個體系放入研究架構中，則是目前許多研究者探索的問題。令人遺憾與擔憂的是，對於以上問題，研究與實證剛起步，大家仍然未有把握時，已有不少人在有關本土化的心理輔導課題上，作出了結論。其中包括"在西方發展起來的心理輔導理論和實踐方法，不適用於中國人"這樣的結論。

　　近年來隨着心理健康受到重視，公眾亦紛紛要求此專業提出研究實證。為了給當事人提供有信譽保證的優質服務，也為了發展高學術和專業水平的培訓課程，使新的心理輔導人員有能力在專業發展上，與其他心理健康專業人士競爭，我們除了要將研究成果聚合於心理輔導的培訓課程外，還要將它整合於我們為人們提供的服務中，來保證工作的素質（Sexton 等，1997）。

3.1 忽視研究成果的危機

從事心理輔導的人不重視研究成果，實在是一個嚴重問題。雖然許多人聲稱心理輔導既是一門科學，同時也是一門藝術。但實際上，心理輔導的科學性並未得到應有的重視。其表現之一是心理輔導從業人員很少做研究，同時也很少研讀有關研究報告（Morrow–Bradley & Elliot, 1986; Norcross, Piochaska & Gallagher, 1989）。如果我們不努力改善工作，將研究成果帶來的知識整合於臨牀的工作與培訓中，則心理輔導專業的信譽將會出現危機（Kanfer, 1990）。

前述西方學者指出，不少心理輔導從業人員忽視研究工作，往往過分依靠個人的直覺與經驗。與此同時，江光榮也指出，自 1980 年代中後期以來所出現的文化討論熱潮中，有相當多是談論中國人的心理與性格的。但在這些討論中，卻有幾個值得引為鑒戒的消極特點：(1) 研究死人多，研究活人少。(2) 思辯研究多，實證研究少。(3) 宏觀研究多，微觀研究少。(4) 文史哲學者參與研究的多，心理學工作者參與研究的少。我個人很認同江氏的觀察，而且發覺近年參與心理輔導與治療的研究人員，良莠不齊。不少人既缺乏心理輔導與治療的理論基礎，又缺乏臨牀經驗，在根本未弄清楚甚麼是心理輔導與治療的情況下，就草率作出種種素質有問題的研究。亦有些號稱專家的研究者，自己對某些心理輔導與治療的理論並未有認識和嘗試，更未具體驗證，就草率地作出否定。

就本土化的重點來說，情況亦不樂觀，部分中國學者過分強調文化的差異，在未經實證檢驗的情況下，只憑直覺與個人臆測，就言之鑿鑿地作出了結論，就肯定地宣告：西方建立的心理輔導理論，絕對不適用於中國人！與此同時，一些欠缺實證支持的、新穎的，甚至流於嘩眾取寵的新模式亦應運而生。在眼花繚亂之餘，想到我們這專業必須承擔的社會責任、專業職責和服務質量的保證，難免感到擔憂、不安與焦慮。

3.2 超越民族、文化間的差異

在個人的觀察中，多年來，學者專家反覆思考的一個重點問題是：不同民族、國籍、地域的人，在心理、認知與行為上，到底是相同的多，抑或是相異的多？不過，在這個問題未經實證檢驗之前，一些學者專家們就紛紛在認定差異較大，和較多的前提下立論和操作，實在容易產生誤導。

可以肯定的是，不同民族的人，基於歷史、文化和社會體系的不同，其心理與行為自有一些差別。心理輔導與治療既然是在特定的時空進行。對於由文化、社會環境造成的羣體或個人的差異，需要心理輔導從業人員敏銳地觀察、知覺和關注，如此才可為當事人提供最高效能的服務。但過分注重差異，而忽視相同相似之點的話，許多流弊也就隨之出現；而且許多基本的課題，看來亦難以解決。舉一個具體的例子：美國在心理輔導研究和服務上，通常將中國人、日本人、越南人、印尼人、印度人等都歸入亞裔美國人這一個人口類別 (Paniagua, 1994; Corey, 1996; Ivey, 1997)。但事實上，以上各不同民族，在歷史、文化、社會上差異極其巨大，卻被視為一個定型，實在很有問題。心理輔導的一個很基本的信念，是接納與尊重個別的差異，而上述的文化定型所引發出的理念和操作上的矛盾與問題，就變得十分嚴峻。

對於偏重差異的取向，一九九〇年代初有權威學者已作出總結性的說明。在一九九一年，Pedersen 與 Ibraham 不約而同界定心理輔導是共性的在此之前，Pedersen (1990) 已提到，在某種程度上，所有的心理健康輔導都是多元文化的心理輔導，同時他亦曾針對問題的癥結指出，來自不同文化背景的人的心理與行為，其差異被過分重視；而相同之處，則過分被忽略。至於 Sue & Sue (1990) 亦清楚地對多元文化心理輔導作出結論。他們認為心理輔導重視在治療過程中所提供的接納、尊重、同感、信任和關愛。這些令心理輔導產生成效的基本條件，是超越了文化的限制的。

早在一九七八年，Patterson 就已經指出，心理輔導與治療過程中的輔導人員必備的一些基要本質。他強調具有尊重、真誠和同感等條件的人際關係，是一般心理輔導的核心，也適用於多元文化的心理輔導和治療。

總的來說，約二十年有關跨文化和多元文化的輔導的爭議中，主流的聲音是：面對來自不同種族、宗教、文化、社經階層、年齡和性別組合的人，學者專家曾主張依個人之不同，選用特別的理論、方法和技巧來處理和治療。然而，到了一九九〇年代初，這信念開始動搖。轉變的結果是：視所有的心理輔導治療都是多元文化的。而成功有效的治療，其關鍵乃在於心理輔導員本人的素質與修養。

　　在個人的臨牀經驗中，無論在美國面對美國人、美籍華人，還是面對現代化社會居於香港的中國人（楊國樞，1994），或者是面對內地出生與成長的中國人時，我當然會發現各人之間有所不同。但更多的是，我發現各人有更多相同相似之處。Vontress（1988）就提醒大家：所有的當事人都是人。在人性與感情需要上有眾多的共通點。同時，他亦曾指出，文化可分為五個層次，最基本的是普遍性的文化。在其中，人類乃具有相類似的需要和權利（Vontress, 1986）。

　　隨着科技與現代化生活的進程，世界不同民族文化的人跨地域的互動和溝通，令人類的同質性不斷增強。而地球村的概念，亦日益顯著。在今天，心理輔導與治療在中國內地要向本土化發展，是一個可喜現象。前述西方學者所走過的路，可以做我們的參考和借鑒。的確，所有的當事人都是人，在我的工作中，我重視與專注的是來談的這個人，而這個人最基本的特性和需要，乃來自他身為一個人的本質。其次，才是文化、歷史、社會與他所處的現實環境，固然，我對後者保持敏銳的知覺，但卻不會與前者先後倒置。

　　面對心理輔導與治療的本土化，我們要對西方的理論存有一種開明的態度。迫切的問題是：我們如何以實證方式和研究結果，來檢驗有關理論在中國人中之有效性，然後去蕪存菁。同時，通過吸收、借鑒外來的理論和方法，在個人與集體的努力下，發展或創造出適合中國文化和中國人特點的心理輔導和治療體系。

第四節　政府的認同、支持和專業的制度化

4.0

　　一九六六至一九六七年，香港社會出現動盪不安，在政府回應市民的需要與問題的過程中，心理輔導的概念第一次正式出現。一九七○年香港大學聘用了香港歷史上第一位心理輔導員，第二年還增聘了兩人（Educators' Social Action Council, 1980）。隨着香港大學的倡導，香港浸會大學（當時為浸會學院）亦於一九七一年第一次聘用兩位部分時間工作的心理輔導員。至於在中學，雖然完全欠缺專業的心理輔導員，卻早在一九六六年的一個研討會上，講者曾提出應該聘請心理輔導員來協助學生的成長。可惜，直到十二年後，政府才回應此需要。當時，社會工作者被安排在中學工作，小學則由學生輔導主任來負責（林孟平，1997）。

　　香港的心理輔導，已有近四十年的歷史，可是發展很不理想。雖然從服務的層面與多元化上，應該是所有華人社區中情況最好的一個地區；但在質與量方面，較諸其他先進國家，則仍需要大力改善。在研究與培訓上，政府認可的學位課程，多年來只有一個。雖然中文大學的課程，除了提供碩士學位的研讀外，還有哲學博士與教育學博士的研讀，但為碩士與博士學位提供的名額很有限，無法回應需求，持有高等學位的心理輔導與治療學者，屈指可數。

　　時至今天，在二○○八年的香港高校，已出現好幾個不同重點的輔導課程。令人遺憾的是，在量方面大力增加的同時，素質方面卻有待改善。香港的心理輔導專業協會（前為亞洲教育與心理人員協會，香港分會）雖然已有超過三十年歷史，但由於政府對其支持很不足，人力並其他資源的限制太大，工作舉步維艱，不過仍堅持在學術與專業上為專業人員提供支援。其中包括開設培訓課程與出版學術期刊《亞洲輔導學報》。此外，亦制訂了香港心理專業人員的道德守則。

4.1 未能制度化之原因

總的來說，在香港，心理輔導專業仍未能制度化，原因很多。但最關鍵的是，政府雖然認可，亦一再強調心理輔導在學校教育、家庭、社區服務等方面的重要，但卻欠缺具體計劃與實質支援，大大限制輔導專業的發展。反觀台灣，它除了是所有華人社區最早（1960）開展心理輔導的地區外（Hwang, 1972; Kuo, 1977），也是此專業領域人才最多，發展亦較佳的一個地方。探索其原因，關鍵是從一九六〇年代開始，直到今天，政府一直重視，並且提供相當有力的支持。

在台灣，早在一九五四年已開始進行學校心理衛生工作實驗性探索，一九五八年成立"學校輔導學會"，輔導專業逐步走向普遍化與制度化。同時政府十分重視輔導人員的專業培訓，其中包括公費贊助，派送學者到海外修讀碩士、博士。到了一九六〇年代末期，台灣心理輔導的服務已經有高速發展。到一九八三年，台灣所有學校，包括小學至高校，都已開展了心理輔導與心理治療的服務（Barclay & Wu, 1986）。此外，政府亦強調心理輔導與治療在社會發展方面扮演着重要角色（Ministry of Education Department, Taiwan, 1991）。

一門新的科學與專業，其發展往往與學術機構的支援、經濟條件有關。台灣由於省政府的認可與推動，高校中的心理輔導培訓課程專業點有好幾個，質量亦不錯。持有高等學位的學者專家，數目相當可觀。至於資源方面，除了長久以來的支援外，在一九九一年至一九九七年實施的"教育部輔導工作六年計劃"中，政府所提供的經濟支援，數額高達約 24 億元人民幣，雖然此計劃是針對台灣當年青少年罪犯人數急劇上升的現實。計劃的總目標是"結合家庭、學校、社會、內地及外國資源，建立全面輔導計劃，統整規劃輔導工作發展，亦減少青少年問題行為。培養正確人生觀，促進身心健康，增益社會祥和。"從總目標中，喜見計劃的目標沒有局限在解決問題的層面，而且確實是反映心理輔導的哲學與精神。例如前述的"發展"與"成長"這兩項特質，就具體整合於總目標之中。

香港的心理輔導專業人員，曾經透過專業協會，嘗試在專業化的重要課題上跨步前進，香港迫切需要建立專業人員的證照制度。很可惜，經多次努力，都受制於種種因素，包括缺乏官方支援，至今毫無進展。反觀台灣，由於省政府的大力支持，"教育部輔導工作六年計劃"中，在第二階段就包括了這一項重要的項目。事實上，證照制度的建立，是將專業上的監管工作制度化，的確是心理輔導專業服務質量保證的重要關卡。

在人員的編制上，台灣由於資源充足，在此一方面的發展不斷完善，吸引和培育了不少優秀的人才。中國內地在二〇〇七年亦建立證照制度，縱然在各方面都有待完善，總算努力踏出第一步。反而香港輔導專業的證照制度，仍依然未能落實。

4.2　日本及美國的經驗

在日本，教育界人士對輔導的詮釋縱有不同，但未聞有否定輔導功能者。而早在一九五六年文部省已經對學校輔導作出肯定和支持，從所出版的《輔導手冊》亦可窺見，文部省對輔導的定義已經有正確的掌握。手冊中說明輔導的意義並非青少年不良行為的對策而已，應該在積極方面促進各個學生的性格發展。同時，文部省強調"輔導是達到學校教育目標的重要功能之一。"（文部省，1956）

一九七〇年代日本教育核心問題"學校人性化"，亦直接間接催化了學校輔導的良好發展，"學校人性化"是回應日本社會之非人性環境。面對這挑戰，教育工作者所定的學校輔導目標為：根據人性尊嚴的觀念，重視每一個學生。輔導是幫助具有內在價值之個人邁向自我實現的過程，以發展人性為目的。因為政府之認同與肯定，心理輔導的正確概念，很快落實於教育界，更得到校領導與決策者的認同。例如在全國中學校長中，有 94% 相信心理輔導是教師培訓中最重要的一環（仙崎武、吉田展雄，1980）。

在輔導與治療發展得最好的美國，雖然早在一九三二年，在明尼蘇達大學就已經設立了具有輔導功能的機構（Williams, 1939），但這一專業發展的轉機，卻等待了四分之一個世紀。一九五七年俄羅斯（當時的蘇聯）在太空科學上的一次超前，給美國政府帶來極大的震撼。在檢討該次競爭失敗的過程中，教育檢討是重點。結果在第二年，美國政府推出了一項"國防教育計劃"（*National Defense Education Act*）。此計劃為當時學者專家正努力推展的輔導專業，帶來了一次大躍進，且成為美國教育史上學校輔導的界石。此計劃不但有效回應國民之個人需要，同時，還確認了心理輔導乃國家富強並教育生命力所在（Gibson & Mitchell, 1995）。

"國防教育計劃"使美國教育從根本上向現代化急步邁進，意義深遠。它令美國教育從傳統的大量生產形式轉變為重視每一個個體，在尊重個別差異的教育原則下，為每一位學生提供個人化的關注與教育。在輔導這一領域，其支持力度大而且是多方面的。例如，自計劃開始推展的一九五八年至一九六四年的六年內，在人員編制上，高中的心理輔導員由 12,000 人增加到 30,000 人，增幅達 150%。在實質工作上，亦由 1：960 的心理輔導員與學生的比例，改善到 1：510。而在培訓方面，在一九六四至一九六五年，此計劃支持了 480 所高校改進培訓素質與數量，共有 15,700 位中學輔導員接受了培訓。

4.3　中國內地的輔導專業發展

在中國大地上，輔導概念得以正式從西方引入，是始自一九一六年。陶敕恆（2004）指出，當時北京清華學校校長周詒春倡導在學校實施職業輔導工作。一九一七年發起成立"中華職業教育社"。一九一九年該社的《教育與職業》雜誌曾出版"職業指導專號"。一九二二年，該社特設"職業指導股"，出版職業指導書，組織"職業指導委員會"。一九二四年，在南京、上海、武昌、濟南四地開展輔導工作試點。一九二八年，全國教育會議曾通過"設立職業指導所及屬行職業指導案"。一九三三年，當時的教育部頒佈了"各省市縣教育行政機關及中小學施行升學及指導辦法大綱"，將學校輔導工作內容延伸到教育輔導領域。但限於當時的社會歷史條件，這些議案和文件未能得到真正實施。

二十世紀三十年代初，在國際心理衛生運動日益發展的影響下，中國一些高等學府如暨南大學、浙江大學、中央大學、四川大學等開設了心理衛生課程。一九三〇年前後，中國著名教育家吳南軒先生在中央大學心理系開設"心理衛生"選修課，後又在中央大學《旁觀》雜誌中發刊《心理衛生》專號。至一九三六年，"中國心理衛生協會"正式成立。

從上文可見，最早期在中國出現的輔導工作是與升學、擇業和事業範疇的服務。稍後隨着普世性對心理衛生的重視，心理衛生課程開始在大學開設。惟整體上，在那時期，專業水平的心理輔導和心理治療尚未形成。一九四九年後，雖然在精神醫學領域，仍有醫學界有心之士對有關問題，如心理治療方法、神經症的病因和心理特點、精神病的病理心理特徵、針刺麻醉中的心理問題等有若干研究，但直到二十世紀八十年代，心理輔導在中國內地基本上是一片空白。

在中國內地，心理輔導真正萌芽始自一九八〇年代中期。一九八五年三月，中國心理衛生協會，經國家有關部門批准，再次正式成立，使心理衛生的發展開展新一頁。在協會的組織推動下，相繼成立了協會屬下的專業委員會、分會與地方協會，與此同時，心理衛生人員亦在各地不同人羣中積極開展了宣傳教育和學術研究（馬建青，1995）。

近十幾年來，中國內地的心理輔導和治療發展相當快，除了精神疾病防治機構外，各類醫院、許多大中小學校、羣眾團體，紛紛設立了心理輔導與治療的服務單位。目前，衛生系統的心理輔導與治療是內地的一個主要領域。而心理輔導的另一個主要領域是學校，尤其是高校。不過從整體來說，多數學校尚處於自發階段，缺乏制度上的保證，因而工作開展出現重重困難，包括人才不足、流失與設施上的匱乏。至於在理念上，人們對心理輔導與治療仍然模糊不清。例如自改革開放以來，隨着價值觀的急速改變，人們的心理矛盾與衝突以新的內容和形式表現出來。一些關心政治思想教育的人感到傳統的"思想工作"模式難以收效，寄望於心理輔導。甚至有人視心理輔導為"思想工作的現代化"（鍾友彬，1995）。至於心理輔導與治療的另一重要範疇——評鑒與測量，雖然已有專業協會，但由於未能制度化及規範化，以致心理測驗與評鑑工具隨意售賣和被濫用，問題相當嚴重。

有學者在分析以上種種問題後，指出主要原因為：政府有關部門認識不足，行動遲緩。除衛生部門外，教育、民政等有關行政機構未採取得力舉措來推動這項專業的發展；專業人員奇缺；教育和培訓工作，尤其是正規的心理輔導人員的培養跟不上；治療和諮詢效果參差不齊 (江光榮，1995)。不過，近年來教育部已確認心理健康的重要，主張思想工作的人員採用不同的策略，包括心理性的干預方法，來協助學生 (中國衛生協會，1995；國家教育部，1997)。基於官方的認同，時至今天，有越來越多省市的學校開始將心理輔導與治療納入課程，或者設立服務單位。

4.4 《心理諮詢師職業標準》的流弊

基於得到國家具體確認與支持，在二十世紀末，心理輔導在中國內地的發展出現空前的飛躍。固然，在此創始階段，百花齊放中，問題、流弊與錯誤，數之不盡，若不及早處理，將會嚴重影響此專業的健康發展。例如，在二〇〇一年，國家勞動和社會保障部正式頒佈了針對心理輔導工作資格的《心理諮詢師職業標準》。豈料在欠缺制衡與監督之下，弊端百出，最令人擔憂與痛心的是，許多以專業培訓為名的課程，實際只是以三數天至一週的時間進行授課。加上粗糙的素質，學員付了高昂學費，在專業與學術上，全無得益，卻又獲頒"初級""中級"或"高級"諮詢師資格。時至今天，在二〇〇八年中稍作總結，獲此證照的，可能已超過五萬人。大陸有心之士，視此事實為心理輔導專業發展的腫瘤，的確頗為貼切。如何切割？是一個急不容緩的關鍵問題。

從積極的角度來看，過去十多年，中國內地在心理輔導的領域，出現了為數不少對心理輔導、心理健康和人的整合成長的研究努力不懈的學者專家。尤其是在較早階段，阻礙與困難重重，大家憑一股熱誠來學習與改革。惟由於幾乎全面缺乏專業培訓課程的情況下，再加上語言的限制，同工們的沮喪、無助與無奈是顯而易見的。可幸的是，同工們長期渴望得到專業培訓的問題，得到了具體回應。

在專業心理輔導與治療的培訓上，被大家視為里程碑的有二：第一個是一羣德國學者，自一九九○年代後期至今，每年均以密集式課程，為內地有關人員進行系統性訓練。時至今日，各學員在不同單位，都有良佳的表現。可見該課程頗具成效。惟因執教的德國專家學者是德國人，在語言、社會與文化因素方面，始終是一個需要努力克服的限制。

輔導是一門實踐心理學，若要保證培訓的成效，一個本土化、系統而完整的課程，始終較為理想。有見及此，本人自一九九七年至二○○一年，長期以不同形式的義工身分，培訓內地學者。尤其是當中正式完成碩士學位或博士方面課程的學員，都能在學術和專業上得到扎實的基礎。事實上，當中很多學員，都能在不同崗位上擔負着推動心理輔導專業的工作。

基於上述《心理諮詢師職業標準》不幸衍生出的種種災難性問題，各有關方面都嘗試作出回應與抗衡。當中較有成效的是國家衛生部亦頒佈了《心理治療師的職業標準》，開始實行心理輔導和心理治療人員的資格認定工作。至此，中國內地的心理輔導和心理治療開始正式走上專業化的道路（陶救恆，2004）。

第五節　專業系統培訓課程

5.0

香港心理輔導專業的發展，相當差強人意。其中主要原因是，專業的系統培訓課程，遠遠未能回應專業和社會的需求。即使是全港最早開設心理輔導學位課程的香港中文大學，多年來無論在開設的科目，還是在教導人員的編制上，都有待進一步改善。由於該課程的名額有限，培訓出來的人員亦不能滿足社會急劇轉變所帶來日益增多的心理輔導需要。幸而多年來有不少人在外地獲得適當培訓後，回港參與此項重要的專業。不過，由於心理輔導和治療與社會文化的關係密切，長遠來說，我們仍需要在香港本土上開創更多的培訓機會。

至於台灣，正如前文所説，由於四十年來省政府對此專業的認同與大力支持，各方面的發展相當可觀。在大陸，隨着社會轉變，心理輔導與治療的需求日益增大和迫切。最急切和首先要解決的問題是，如何開展專業的系統培訓。鍾友彬（1995）對這個問題有相當透徹的分析，他指出由於歷史的原因，能勝任這個工作的合格從業人員太少了。儘管全國各地辦了許多講習班、培訓班、派人出國或請外國的專家來講學，並於一九九〇年成立了全國性心理諮詢和治療的專業委員會，出版了一些書刊，培養了不少從業人員，但水平參差不齊，至今還沒有培養心理諮詢人才的專業機構和系統的培訓課程，也還沒有正規的資格考試制度。（江光榮，2005）

5.1　專業培訓供不應求

根據過去幾年個人在大陸的訪學所見，正如前文指出的，具有心理輔導與治療系統本科培訓資歷的人，真是鳳毛麟角。不少已擔任培訓的人員，通過自學，理論上的知識往往很充實，令人欽佩與尊敬。但問題是，心理輔導與治療是心理學中一門實用科學。上述的學者專家因缺乏臨牀實踐經驗，使他們的研究有很大限制，甚至產生流弊。至於另一個重要課題是，到今天為止負責培訓的主力，來源主要是心理學本科畢業。遺憾的是，在心理學這龐大領域中，各個專門領域的主導哲學與理念並不一定協調。其中部分信念，正正與強調人的價值、人的尊嚴、人的潛能、主導性和創造性的心理輔導與治療理念，恰恰背道而馳。故此，個人要強調：一個人若已具有心理學本科基礎，再研讀心理輔導，往往事半功倍；但並不等於每一位心理學本科的學者都可以和適合從事心理輔導與治療。一個人是否適合做心理輔導工作，是因各人在心理學的領域和科目而有差異，更是因人而異。後者正是心理輔導與治療專業上學者專家公認的信念，在輔導與治療過程中，產生成效的關鍵是從業者本人的素質與修養。換言之，心理學其他專業方向人員的培訓，往往不像心理輔導與治療的培訓那樣重視學員個人的素質與修養。

中國在心理輔導與治療的發展，若要邁向現代化，專業系統培訓的設施，是當前急務。一個專業系統性的培訓課程，主要包括以下四個方面（Carkhuff, 1987; Walkins, 1997）。首先是理論學習。心理輔導與治療既是一門服務、一門藝術，更是一門科學。既是科學，自然少不了理論基礎。一個專業工作者，不能只懂操作。他必須清楚，並且能解釋他操作行為背後的理念。其次是從業員本身的素質與修養。故要為學員提供自我探討的機會，在深層次的自我反思中增強自我認識和自我覺察。第三是心理輔導的方法和技巧的訓練。第四就是實習。學員要有機會實際為人們提供心理輔導與治療。同時，他會接受導師嚴謹的督導。在專業的評核上，通常對實習的時間和接受督導的時間，都有相當嚴格的要求，而負責督導的人員，在學術、臨牀經驗與督導的資歷上都需要達到一定的標準與水平。

　　香港心理輔導與治療，邁向專業道路漫長而工作艱難。我們一方面繼續致力於專業化工作的改善和發展。另一方面，自墾荒工作之始，就同時嘗試腳踏實地地開展半專業和非專業的心理輔導與治療的培訓。這一層面的培訓，由於需時較短，各方面的資源要求亦較易解決，故此在量的供應方面，確實是紓緩了香港社會多年來工作人手的短缺問題。無論是高校和社會團體所主辦的半專業和非專業培訓課程，都相當嚴謹認真，各有關方面對他們服務素質的評估，相當不錯。

　　舉例來說，在香港中文大學為香港教育署主辦的半專業（paraprofessional）中學心理輔導教師證書課程，為期一年。上課的時間約相當於研究院三學科的要求。在課程的中段，學員要實習，並且以六人一小組的方式，接受督導，進行學習。此外，課程還設計了三次工作坊與個人成長的小組活動，整合於一年的學習中。學員獲得的證書與資歷，有助於他們職稱的提升。

　　香港中文大學提供的心理輔導課程，雖然有一定限制，但由於求過於供，往往可以甄選出一些優秀人才，納入課程。在多年培訓經驗中，前述的半專業和非專業培訓，實在是為我們的研究部課程作了不少準備工作。凡有此類背景的學員，學業上表現往往相對地良好。故此類課程，在心理輔導與治療邁向專業化的道路上，事實上扮演着重要角色，在中國遼闊的國土上，在可見的將來，心理輔導與治療的需求會日益增加。面對心理輔導與治療專業化的挑戰，香港的經驗，應該可以作為一個參考。

第六節　總結與建議

以上初步討論了心理輔導和治療的概念與功能，研究與本土化，政府的認同、支持和專業的制度化，專業系統的培訓等四個課題。其中固然有值得雀躍與欣慰之處，但同時亦有不少令人沮喪與擔憂的事實。不過，透過反思與自省，肯定會幫助我們對現況有較清晰的洞悉和覺察。個人深信，這會引發和促進我們更有決心、更有力地向着專業化的目標努力。面對這艱巨的任務，個人有以下九點建議：

（一）透過學術與專業的研討，澄清心理輔導與治療的概念，並且界定心理輔導與治療在心理健康領域中的位置與功能。我們的專業，在本質上是對人類個體的重視與尊重，是發展與成長取向的，而自我實現則是不同學派最能協調與認同的終極目標。

（二）心理輔導與治療（Counseling and Psychotherapy），在華人聚居的不同地域，翻譯名稱各有不同，多年來，無論在學術交流與溝通，甚至在日常運作上，已導致了不少混亂，及產生不少問題，實在是我們邁向專業化的障礙。故此，有必要盡快匯聚才智精英，以彼此尊重、欣賞的態度，超越各人的習慣與傳統的限制，從學理上為這專業找出最正確的中文名稱。

（三）為了專業的信譽和對社羣的負責，我們必須留意監察培訓質量與從業人員的工作水平。不同地區的人員，應加速專業制度化與規範化。工作要項包括設立專業道德守則，建立專業人員的證照制度，並對培訓課程訂出審核標準等。同時亦配合實務，發展心理輔導法規。

（四）組織各地人才，有計劃地整理現有測驗與評鑒的工具，尤其是常用的、重要的測驗等。務必要建立中國人的常模。同時，將工作人員的資歷規範化，並嚴格禁止測評工具隨便售賣與濫用。

（五）探討不同層面的心理輔導課程設計，規劃各級學校心理輔導課程，亦配合實務與實況，編製與修訂各級學校心理輔導工作綱要。

（六）在學術與專業方面，我們應面向國際，努力發展國際網絡，同時擯棄不必要的民族偏見，在尊重學術無分國界的前提下，以開放的心靈與開明的態度，透過個人並集體的努力，進行跨文化與多文化的研究，認真探索與發展本土化的心理輔導與治療。

（七）政府當局應肯定心理輔導與治療的概念，並且在編制與經費上，對專業有實際支持。在培訓工作方面，鼓勵與支持已有一定基礎的高校，開設碩士課程，進一步發展博士課程，為有志投身本專業的人，提供足夠的研習機會。此外，設法培育高素質的培訓人員，以期保證培訓課程的水平。至於在研究上，人力的配置與經費的支持，亦有待政府的鼓勵與支持。

（八）心理輔導與治療，既然是一個專業，就有責任回應有關方面的需求。故此，各地人員要針對不同地區的情況，作持續研究，以便能界定不同羣體在心理輔導方面的需要，並敏銳回應，令我們可以及時拓展工作與服務的新領域。

（九）中國內地、台灣與香港的從業人員，應設法增加溝通的渠道與機會。在求同存異的前提下，互助互補，以夥伴合作精神，共同為心理輔導與治療工作的發展盡責。這無論是對個別民眾，還是對整體國民素質的提高，以及國家富強，都是一項影響深遠的、值得我們為之獻身、嚴肅而重要的事業。

參考書目

American Association for Counseling and development. (1991). *AACD strategic plan*. Alexandria, VA: Author.

Andrews, E. G. (1994). Guidance survey of student problems. *Educational and psychological measurement, 4,* 209–215.

Carkhuff, R. R. (1997). *The art of helping VI*. Mars: Human Resource Development Press.

Congdm, N. A. (1943). Perplexities of college freshman. *Educational and psychological measurement. 3,* 367–375.

Corey, G. (1996). *Theory and practice of counseling and psychotherapy*. CA: Brook / Cole.

Dryden, W. & Thorne, B. (1994). *Training and supervision for counseling in action*. London: SAGE. Walkins, P. (1997). *Personal and professional development for counselors,* London: SAGE.

Egan, G. (1990). *The skilled helper: A systematic approach to effective helping*. (4th ed.) Pacific Grove: Books / Cole.

Gibson, R. L. & Mitchell, M. H. (1995). *Introduction to counseling and guidance*. New Jersey: Merrill.

Guo, L. (1997). Counseling in higher educational institutions in China: Current status and development. Unpublished manuscript. Center for Psychological Consultation and Research, Zhongshan University. (in Chinese).

Ibraham, F. A. (1991). Contribution of cultural worldview to generic counseling and development. *Journal of Counseling and Development, 70,* 13–19.

Ivey, A. (1991). *Development strategies for helpers, Individual, family and network interventions*. Pacific Grove, CA: Brooks / Cole.

Ivey, A. E., Ivey. M. B., & Simek–Morgan, L. (1997). *Counseling and psychotherapy: A multicultural perspective*. Boston: Allyn and Bacon.

Ivey, A., & Rigazio–Diglio, S. A. (1991). Toward a developmental practice of mental health counseling: strategics for training, practice and political unity. *Journal of Mental Health Counseling. 13* (1), 21–36.

Kanfer, F. H.(1990). The scientist–practitioner connection: A bridge in need of constant attention. *Professional Psychology: Research and practice, 21,* 264–270.

Morrow–Bradley, C., & Elliott K. (1986). Utilization of psychotherapy research by practicing psychotherapists. *American Psychologist, 41,* 188–197.

Myrick, K. (1987). *Developmental counseling*. Minneapolis, MN: Educational Media corp.

Norcross, J. C., Prochaska, G. O., & Gallagher, K. M (1989). Clinical psychologists in the 1980s: I, Theory, research and practice. *The Clinical Psychologist, 42* (3), 45–53.

Paniagua, F. (1994). *Assessing and treating culturally diverse clients*. CA: Sage.

Patterson, C. H. (1978). Cross–cultural or intercultural counseling or psychotherapy. *International Journal for the Advancement of Counseling, I,* 231–247.

Patterson, C. H. (1989). A universal system of psychotherapy. Keynote speech, Southeast Asian symposium on Counseling and guidance in the 21st century, Taipei, Taiwan, December, 1989.

Pedersen, P. (1990). Multiculturalism as a generic approach to counseling. *Journal of Counseling and Development, 70,* 6–12.

Pedersen, P. (1990). The multicultural perspective as a fourth force in counseling. *Journal of Mental Health Counseling. 12,* 93–95.

Sexton, T. L. Whiston, S. C., Bleuer, J. C. & Walz, G. R. (1997). *Integrating outcome research into counseling practice and training*. VA: ACA.

Sue, D. W., & Sue. D. (1990). *Counseling the culturally different* (2nd ed). New York: Wiley.

Van Herteren F., & Ivey, A. E. (1990). Counseling and development: Toward a new identity for a profession in transition. *Journal of counseling & development,* 68, 534–528.

Vontress, C. E. (1986). Social and cultural foundations. In M. D. Lewis, R. L. Hayes & J. A. Lewis (Eds)., *An introduction to the counseling profession.* IL: F. E. Peacock.

Vontress, C. E. (1988). An existential approach to cross–cultural counseling. *Journal of Multicultural counseling and Development.* 16, 73–83.

Williamson, E. G. (1939). *How to counsel students.* N Y: McGraw–Hill.

文部省:《生活指導手冊》。東京:大藏省印刷廠, 1956。

仙崎武、吉田展雄編:《學校生徒指導之理論與實踐》。東京:福村, 1980。

江光榮:《心理諮詢與治療》。合肥:安徽人民出版社, 1995。

馬建青主編:《大學生心理衛生》。杭州:浙江大學出版社, 1995。

陶敕恆, 鄭寧編著:《施暴者教育與輔導培訓手冊》。北京:中國社會科學出版社, 2004。

陶敕恆編著:《小學生心理輔導》。北京:高等教育出版社, 2004。

楊中芳:"試編如何研究中國人的性格:從西方社會／性格心理學及文化／性格研究中汲取經驗與啟發"。見楊國樞、余安邦(主編):《中國人的心理與行為:理念及方法篇》。台北:桂冠圖書。頁 319, 1992。

楊國樞、余安邦主編:《中國人的心理與行為》。台灣:桂冠圖書, 1994。

楊國樞主編:《本土心理學的開展》。台灣:台灣大學心理系本土心理學研究室, 1993。

劉琨輝:"日本輔導工作的現況與展望"。見中國學會主編:《輔導理論與實務——現況與展望》。台灣:心理出版社, 1991。